Emergency Management, Team Operations. Teamwork,
Great Things May Be Done By Mass Effort.

RESEARCH ON MULTI-TEAM COORDINATION MECHANISM OF EMERGENCY MANAGEMENT FOR MAJOR EMERGENCIES

———

重大突发事件应急管理的
多团队协作机制研究

肖余春　著

浙江工商大学出版社 ZHEJIANG GONGSHANG UNIVERSITY PRESS | 杭州

图书在版编目(CIP)数据

重大突发事件应急管理的多团队协作机制研究 / 肖余春著 . —杭州：浙江工商大学出版社，2021.11

ISBN 978-7-5178-4765-6

Ⅰ.①重… Ⅱ.①肖… Ⅲ.①突发事件—危机管理—团队管理—研究 Ⅳ.① D035.29

中国版本图书馆 CIP 数据核字 (2021) 第 253434 号

重大突发事件应急管理的多团队协作机制研究
ZHONGDA TUFA SHIJIAN YINGJI GUANLI DUO TUANDUI XIEZUO JIZHI YANJIU

肖余春 著

出 品 人	鲍观明
策划编辑	郑　建
责任编辑	郑　建
责任校对	何小玲
封面设计	浙信文化
责任印制	包建辉
出版发行	浙江工商大学出版社
	（杭州市教工路 198 号　邮政编码 310012）
	（E-mail：zjgsupress@163.com）
	（网址：http://www.zjgsupress.com）
	电话：0571-88904980，88831806（传真）
排　　版	杭州朝曦图文设计有限公司
印　　刷	浙江全能工艺美术印刷有限公司
开　　本	710mm × 1000mm　1/16
印　　张	25.25
字　　数	426 千
版 印 次	2021 年 11 月第 1 版　2021 年 11 月第 1 次印刷
书　　号	ISBN 978-7-5178-4765-6
定　　价	79.00 元

目 录
Contents

第1章 应急管理研究

1.1 应急管理

1.1.1 应急管理

1.1.1.1 应急管理的概念

应急管理对于我国社会稳定和国家治理具有重要意义，我国近十年来愈发重视应急管理建设工作。应急管理主要是用以应对突发事件，防范化解公共安全风险，开展的一系列综合管理活动，包括救援、后勤、供给等工作。应急管理在我国已有十多年的研究，经过不断完善和发展，已形成较为完善的系统及理论。

自应急管理这一概念形成以来，国内外有多位学者对其进行定义，学术界比较有代表性的定义是美国学者罗伯特·西斯（Robert Heath，2001）博士提出的，他认为突发公共事件应急管理包含对事件前、事件中、事件后所有方面的管理。日本学者龙泽正雄也认为应急管理是发现、确认、分析、评估和处理的过程，但是他认为在这个过程当中，要始终保持"如何以最少费用取得最大效果"。詹姆士·米切尔认为，应急管理是为应对即将出现的或已经出现的灾害而采取的救援措施，不仅包括紧急灾难期间的行动，也包括灾害发生前后的备灾工作和救灾工作。

除了国内外学者对应急管理做出了相关定义之外，各国政府和组织也对其进行了具体的定义。中国行政管理学会课题组做出的定义是：所谓政府应急管理，就是指政府为了应对突发事件而进行的一系列有计划有组织的管理过程，主要任务是如何有效地预防和处置各种突发事件，最大限度地减少突发事件的负面影响。

1.1.1.2 应急管理定义的角度

国内学者芮鸿岩认为应急管理是一个动态过程，它贯穿突发事件发生前后，不仅包括应急期间的行动，还包括事发前的准备和事发后的处置工作。

唐承沛在其博士论文中提到应急管理作为一门单独的学科研究只是近年来的事，并对应急管理概念进行定义：应急管理是指在应对突发事件的过程中，为了降低突发事件的危害，达到优化决策的目的，基于对突发事件的原因、过程及后果进行分析，有效集成社会各方面的相关资源，对突发事件进行有效预警、控制和处理的过程。

于瑛英分别从狭义和广义层面解释了应急管理，她认为狭义的应急管理指突发事件后，为了应对事件造成的人身财产伤害损失而实施的一系列计划、指挥、组织、协调和控制的过程；广义的应急管理涵盖突发事件发生前的预防准备工作、突发事件发生后的应对过程、突发事件处理后的恢复过程，即贯穿事件发展的始末。根据上述学者的定义，我们可以得知，应急管理不仅仅局限于一个片段式过程，而是一个涵盖前、中、后期的完整流程。

通过以上总结不难发现，应急管理就是指针对可能或正在面临的突发事件及危机情况，为了预防和消除危机可能和正在造成的利益损失和价值失衡，实现转危为安而调动各种积极力量所进行的一系列管理活动的总称。

1.1.2 突发事件

1.1.2.1 突发事件的相关概念及其关系

国内外研究应急管理的学者根据不同的视角，给突发事件定义了不同的概念。有的称之为"危机事件"，有的则称之为"灾难事件"。事实上，三者概念既相联系，又有细微之差别，有必要进行进一步的界定。

（1）危机与危机事件

"危机"一词在西方最早源于希腊语，被普遍应用于医学领域，用来形容一种至关重要，必须立刻做出相应决断的状态。西方学者将其引入政治和政府治理领域，因而有了现在的危机概念。在西方学者看来，界定危机主要有两种不同的视角：一是从决策的角度，二是从冲突的角度。前者的典型代表是赫尔曼，他认为危机是威胁决策集团优先目标的一种形势，在这种形势中，决策集团做出反应的时间非常有限，且常常向令决策集团惊奇的方向发展。后者的典型代表是新西兰官方对公共危机的阐释，他们认为危机是"指具有下述特征的一种形势，任何意外事件的结果引起或可能引起生命损失，或伤害，或疾病，或忧伤，或以任何方式危及新西兰或新西兰的任何部分的公共安全或财产紧急事态，服务部门对付不了，或另外要求依法案采取重大和协调应对行动的"。

在我国，危机蕴含着更为丰富的意义，一方面"危"意味着挑战与威胁，是危机可能造成的负面影响，另一方面"机"意味着机遇与转变，是危机可能带来的正面影响。我国学者对于危机的界定也不尽相同，中国人民大学张成福教授认为："所谓危机，它是这样一种紧急事件或紧急状态，它的出现和爆发严重影响了社会的正常运作，对生命、财产、环境造成的威胁、损害超出了政府和社会常态的管理能力，要求政府和社会采取特殊的措施加以应对。"薛澜教授等认为："危机是在决策者的核心价值观念受到严重威胁或挑战、有关信息不充分、事态发展具有高度不确定性和需要迅速做出决策等不利情景的汇聚。"关于危机事件，杨冠琼教授认为它是指"那些导致社会系统或其子系统的基本价值和行为准则趋于崩溃，在较大程度上和较大范围内威胁到人们的生命和财产安全，引起社会恐慌和社会正常秩序与运转机制瓦解的事件"。

可见，危机事件与危机事实上是形式与内容的关系。危机事件是危机的外化形式，一定的危机总要通过特定的危机事件表现出来，而危机又是危机事件的实质，只有把握了危机的本质和特点，才能对相应的危机事件进行预判和管理。

（2）灾难事件

美、俄、英等国政府都沿用了"灾难"这一概念。早些年，美国国会就通过了《灾难救济法案》，随后的《斯塔福德法案》保留了"灾难"概念，它将主要的灾难定义为"任何在美国任何地方发生的大灾祸包括任何飓风、龙卷风、暴雨、潮汐、海啸、地震、火山喷发、山体滑坡、泥石流、干旱，或者在美国任何地方，不论起因的任何火灾、洪水或者爆炸，在国家领导的判断下，认定其引起了达到足够严重程度的损失，须依据本法案授权援助增加州和地方政府以及灾难救援组织的努力和可用资源，以减少由此引起的损害、损失、艰难和痛苦"。俄罗斯将灾难事件界定为由于自然、技术与人为原因，可能导致人员死亡，损害人体健康，破坏周围环境，造成巨大的物质损失，破坏居民的生活条件，需要紧急救援的情况。英国政府则将灾害描述为，任何导致和可能导致人员死亡、社会动荡、财产损失或者环境影响的事件和情况。

（3）突发事件

突发事件，是指紧急情况和不测事件，又称为"紧急事件"。本文倾向于根据《中华人民共和国突发事件应对法》的规定，认为突发事件是"突然发生，造成或者可能造成严重社会危害，需要采取应急处置措施予以应对的自然灾害、事故灾难、公共卫生事件和社会安全事件"。

对比三个不同方式的界定，我们看到"灾难事件"的概念相对感性化，易于直接列举和对其所造成的损失形成直观的感受。"危机事件"则隐含着事件发展的趋向性问题，相对淡化了突发性和破坏性的意味。"突发事件"的概念基本上整合了其他关于突发事件的界定，既强调了其突发性、严重破坏性的特点，同时又指出了需要决策者紧急处置的迫切性，并从成因角度划分了突发事件的几个基本类型，是较为全面的一种界定方式。不过，尽管概念间有着种种细微的差别，许多应急管理专家在使用上面几个概念时并不刻意区分。如图1-1所示：

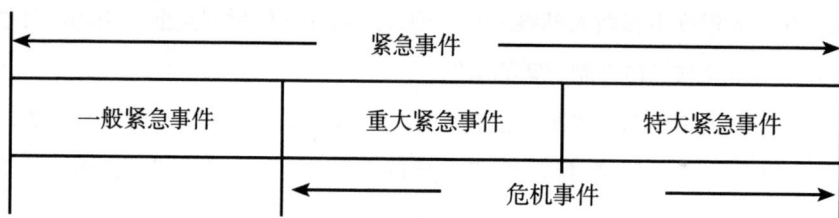

紧急事件		
一般紧急事件	重大紧急事件	特大紧急事件
	危机事件	

图1-1 突发事件的基本类型

1.1.3 突发事件的特点

虽然概念界定略有不同，但也可以看到，目前对于突发事件的基本特点，学术界已基本形成相对一致的观点。即突发事件基本都具有以下几个方面的基本特征：

1.1.3.1 突发性和紧急性

突发事件往往是在人们思想、物质上毫无准备的时候爆发的，很少有人能够准确预测事件爆发的时间和空间范围，突发性很强。而突发事件一旦爆发，就会在短时间内造成大量人员和财产损失，因而又具有紧急性的特点。

1.1.3.2　破坏性和威胁性

这是突发事件的又一基本特征，所有的突发事件都具有不同程度的破坏性和威胁性。破坏性不仅表现为对公民个人生命和财产的损害，特定的突发事件还可以给各类组织甚至是整个国家带来重大的物质和精神损失。它不仅威胁到个人的生存与发展，更可以威胁整个社会秩序、国际关系与生态环境等多个方面，绝不容忽视。

1.1.3.3　高度不确定性

突发事件的不确定性首先表现为其爆发的不确定，其次是其发展过程的不确定性，当人们无法确定突发事件走向时，其结果也将是难以确定的。因而，可以说突发事件从始至终都具有高度不确定性。

1.1.3.4　决策的非程序性

由于突发事件爆发的突然性，甚至是首发性特点，往往在决策时具有时间的有限性和信息的不完全性，因而要求应急管理人员迅速从常态管理转换为紧急状态下的管理，这就造成日常程序性决策的低效或失效，需要采取必要的非程序决策办法才能有效应对。

从突发事件发生发展的过程看，突发事件还具有明显的周期性特点。马克思主义认为，任何事物都有其产生、发展和消亡的过程，突发事件也不例外。学者们根据突发事件产生发展的不同时期的特征将其划分为几个阶段。一般认为，从突发事件的酝酿产生到最终消亡大致具有四个生命周期，即潜伏期、爆发期、恢复期和善后期。

（1）潜伏期

这是指系统内外矛盾仍处于量的积累和上升，并没有形成导致突发事件爆发的质变条件的状态。如果事件发展问题能够在这一时期得到适当的关注和解决，绝大多数突发事件都可以得到有效的控制，即便不能遏止其爆发，也能在最大限度上减少事件带来的负面影响。然而事与愿违的是，事态在这一时期的发展客观上具有极强的隐秘性，虽然有时会有种种征兆表明事件会突然爆发，但由于信息量与技术发展的相对有限和滞后，往往并不能据此确定爆发的具体时间和空间范围。加之人们主观上对突发事件的畏惧和侥幸心理，对突发事件的种种征兆总是缺乏足够的重视。这些在事实上形成了突发事件预控的困境。

（2）爆发期

当系统矛盾不能及时得到控制，矛盾双方力量发生质的转变之时，系统突变就随之发生，并外化为突发事件的爆发。在这一时期，系统内积聚的矛盾和能量瞬时爆发，往往造成系统无法正常运转，并给系统带来严重的损失，若任由其发展则可能使事态进一步恶化，继而产生次生危机和灾难。以洪涝灾害为例，当持续的降雨没有受到足够重视和相应的云层驱散作业时，洪涝灾害就可能一夜间爆发。它不仅可以造成巨大的人员和财产损失，如若不及时泄洪还会使水势进一步上涨，导致溃坝、决堤的危险增加，并引发疫病等多种次生灾害的发生。因而，在突发事件爆发后要求及时动员一切力量进行有效的控制和引导，使事件逐步得到缓和和消解。

（3）恢复期

这一时期是系统内外矛盾逐渐趋于平衡的过程，表现为突发事件基本得到了有效的控制和引导，事件造成的损失和影响正逐步减小。但此时，应急管理工作并不是就此轻松，相反必须深入分析事件爆发的原因，防止因措施失当而导致事态重新恶化和衍生其他新的事件。以地震灾害为例，当大规模的地震过后，救援工作会立即开展，进入震后恢复期。但如果不深入分析地震发生的原因以及再次发生余震的可能性，救援人员和救援物资就有可能在新的余震中遭受灾难。因而，突发事件的恢复期也是应急管理的一个重要环节，必须给予充分的重视。

（4）善后期

这一时期是系统矛盾逐步化解并趋于平衡后的时期，表现为突发事件直接影响逐渐减弱或消失，需要应急管理决策者采取进一步措施，进行事后的全面建设。在此基础上分析事件产生、发展全过程，从中归纳总结出经验教训，并不断完善相应的制度和政策设计，确保在未来面对同类突发事件时能够迅速、准确地采取措施，把事件负面效应减少到最小。事实上，不同类型的突发事件所具备的周期性特征也不尽相同。有的突发事件潜伏期较长而爆发和恢复期较短，一些突发公共卫生事件和某些社会矛盾引起的突发公共事件就具备这样的特点；有的则是潜伏期和爆发期极短，而恢复和善后期需要大量的人力、物力、资金和时间，像地震等自然灾害和突发生产事故等都有类似的特征。因而，在应急管理过程中需要善于区分，做到具体问题具体分析，使应急管理的效能最大化。

1.1.4 应急管理的意义

应急管理作为应对突发公共事件、防范化解公共安全风险而开展的综合管理活动，旨在减少甚至规避由突发事件形成的生命和健康损害、财产损失、社会危害或社会失序。国家应急管理体系和能力是国家应对突发事件的理念、制度安排和资源保障、动员能力的总和，也是国家治理体系和治理能力的重要反映。

1.1.4.1 推进国家治理体系和治理能力现代化

当今世界，突发事件多发频发，呈现紧急性、不确定性、公共威胁性、严重破坏性和扩散性等特征，给应急管理体系和能力建设带来了严峻挑战。加强国家应急管理体系和能力建设，以应对不断变化或难以预测的公共安全风险，是推进国家治理体系和治理能力现代化的基本要求。最近两年，国家尤为重视应急管理工作建设。2019年底，新冠肺炎疫情肆虐，给国家和人民带来沉重打击和深重灾难。这一事件，也给全国乃至全球敲响了警钟，加强应急管理体系和能力建设刻不容缓，将应急管理常态化也是国家和社会的必修课。习总书记在新冠肺炎疫情暴发之前就明确提到，我国是各类突发事件频发的国家之一，也是受灾最严重的国家之一，因此加强应急管理体系和能力建设是一项紧迫且长期的任务。

1.1.4.2 促进社会和谐

突发事件及应急管理是适应人类社会风险问题日益增多而逐渐产生和发展起来的新兴管理领域，它的目的就是减少经济社会发展中的诸多不和谐因素，它的价值归宿就是最终实现和谐社会。社会的持续健康发展，离不开和谐的发展环境，反过来和谐社会的实现更是离不开社会的有序发展。胡锦涛同志曾经指出，社会主义和谐社会的特征应该是民主法治、公平正义、诚信友爱、充满活力、安定有序、人与自然和谐相处的社会。民主法治就是社会主义民主得到充分发扬，依法治国基本方略得到切实落实，各方面积极因素得到广泛调动。公平正义就是社会各方面的利益关系得到妥善协调，人民内部矛盾和其他社会矛盾得到正确处理，社会公平和正义得到切实维护和实现。诚信友爱就是全社会互帮互助、诚实守信，全体人民平等友爱、融洽相处。充满活力就是能够使一切有利于社会进步的创造愿望得到尊重，创造活动得到支持，创造才能得到发挥，创造成果得到肯定。安定有序就是社会组织机制健全，社会管理完善，社会秩序良好，人民群众安居乐业，社会保持安定团结。人与自然和谐相处就是生产发展，生活富裕，生态良好。然而，频发的自然灾害类突发事件、事故灾难类突发事件、公共卫生类突发事件以及社会安全类突发事件严重地影响了民主法治的推行，挑战着社会正义和人际诚信友爱的关系，严重威胁到经济社会的有序发展和生态环境的良好发展，严重阻滞着和谐社会发展的进程。因而，突发事件应急管理的一大直接任务就是恢复秩序，走向和谐。社会的和谐发展就是应急管理的最终价值归宿，提供公共安全和秩序就是应急管理的基本宗旨。

1.1.4.3　防范化解风险

国家应急管理体系从纵向看，包括从中央政府到县级政府等各层级的应急管理；从横向看，包括针对公共卫生、自然灾害、事故灾难、社会安全等不同类型和不同等级突发事件的应急管理。当今社会，突发事件日益呈现多种致灾因素复合叠加的特点，要求国家应急管理体系注意不同类型突发事件应急管理的综合协调和多部门联合响应，防止针对各种突发事件的应急管理各自为战而影响总体效能；相对于自然灾害、事故灾难甚至社会安全突发事件，随着区域之间、国家之间经济社会联系和人员流动的日趋频繁，以重大传染病为代表的突发公共卫生事件，往往容易因人流、物流呈现穿插性、放射性、延伸性传播的态势，形成跨区域甚至跨国家快速传播扩散的现象。比如新冠肺炎疫情传染性强、感染速度快，是近百年来人类遭遇的影响范围最广的全球性大流行病。

应急管理得到重视，国家和社会各个层面不断强化应急管理体系和机制建设，使应急管理工作常态化、规范化，不断积累经验，防范化解风险，减少国家、社会以及人民的损失，守护生命安全和财产安全。

1.2　应急管理国内外研究现状

当前，随着经济、社会全球化的发展和自然环境的变化，我国已经进入自然灾害和复杂公共事件频发的阶段，面向非常规突发事件尤其是群体性突发公共事件的应急管理方法研究对各级行政管理部门应对自然灾害、维护社会稳定、保护广大人民群众利益日益显示其重要性，非常规突发事件的应急管理问题已经成为国内外相关领域研究的热点之一，本节将从应急管理理论、应急管理研究方法、应急管理系统设计及其评价等方面进行国内外研究现状综述。

1.2.1 近10年我国应急管理研究成果统计分析及主要成绩

近10年来，应急管理作为一个研究主题或课题，得到了国内外学者专家的广泛关注，近10年也是应急管理快速发展的10年，我们将统计这一时间段的学术研究成果并进行分析。

为确保统计分析的全面性和准确性，我们选取了中国学术期刊网络出版总库、中国博士学位论文全文数据库、中国优秀硕士学位论文全文数据库、中国重要会议论文全文数据库、中国专利数据库、国家科技成果数据库等6个库作为来源数据库。首先，以"篇名"包含"应急管理"作为检索条件进行模糊检索，可以得到9654篇文献；其次，将发表时间限定为最近的10年，即"2011–01–01—2020–12–31"再次检索，则可以得到7869篇文献。这说明我国关于应急管理的研究主要集中于这一时间段，其间的成果数量与所有年份的成果数量相差不大。因此选取近10年的研究成果进行统计分析能较好地反映我国应急管理研究的现状与进展情况。

1.2.1.1 发表年度分布

研究成果的年度分布状况可以反映近10年来我国应急管理研究的发展动态与趋势。为此，本文从年发文量和年增长率2个方面对上述检索结果进行了统计和分析，发现2018—2020年是我国应急管理研究快速发展的2年，呈直线上升趋势，不仅年发文量持续增加，而且继续保持较高的年增长率，截至2020年底，关于"应急管理"的发文数量达到顶峰，2019年年增长率最高，达到64%。我们有理由推测，这与2019年底暴发的新型冠状病毒肺炎疫情相关，应急管理的常态化和规范化使得更多学者关注并研究这一领域。此外，2016年的发文数量较少，但至此之后发文数量呈现出明显的增长趋势，这是我国应急管理研究由兴盛走向成熟的标志。如图1-2所示。

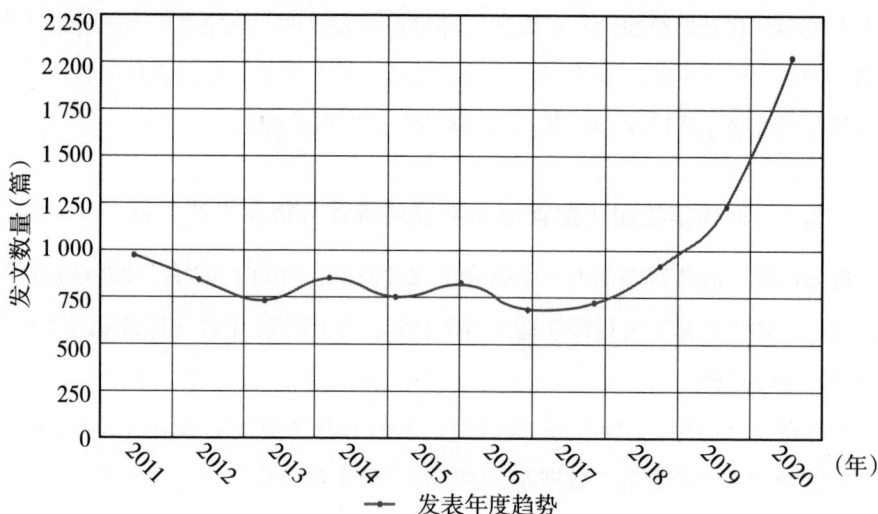

图 1-2　近 10 年来应急管理研究成果发文统计

1.2.2.2　研究力量分布

对作者单位进行统计分析可以看出，近十年来我国应急管理研究的力量分布情况。近10年我国应急管理研究的力量主要集中在高校、科研机构、企业团体、咨询与策划类公司，其中高校的发文量和成果最多，研究院、研究所、研究中心等科研机构次之。可见高校是应急管理研究的生力军，集聚了该领域的主要研究人才。

1.2.2.3　学科领域分布

通过对近10年来我国应急管理研究领域研究成果数量最多学科进行分析，我们选取了排名前十的学科，它们分别是行政学及国家行政管理、安全科学与灾害防治、中国政治与国际政治、工业经济、医药卫生方针政策与法规、高等教育、环境科学与资源利用、计算机软件及计算机应用、电力工业、公路与水路运输。如图1-3所示。

这10类学科中，文科和理工科领域都设置有"安全科学与灾害防治"学科，除此之外，文科有4个，理科有5个。从类别上分析，基本上文理科持平，但从数量上不难发现，行政学及国家行政管理学科成果占据了半壁江山，这说明我国应急管理的主要研究学科分布在行政管理领域。如图1-3所示。

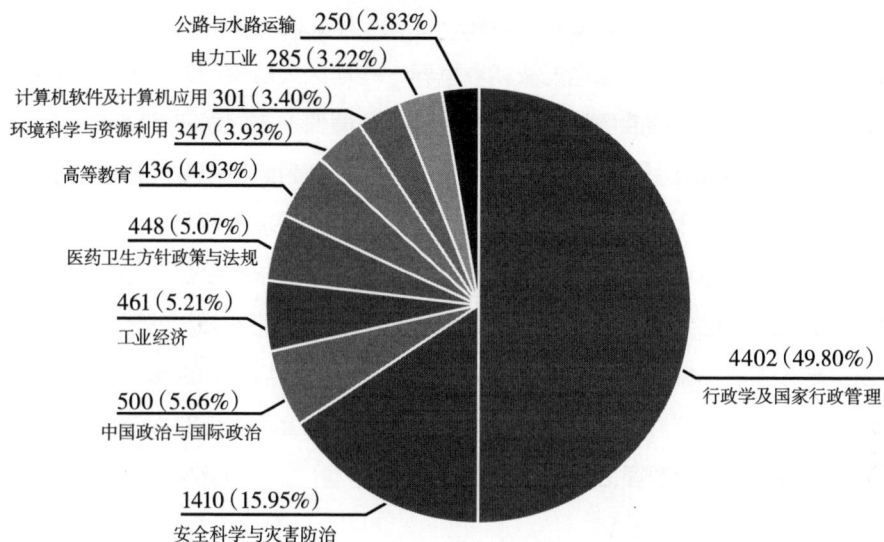

图1-3 应急管理研究成果学科领域分布

1.2.2.4 研究主题分布

主题分析可以说明一个研究领域的研究主题分布情况。为此,本书对近10年我国应急管理研究成果的关键词分布情况进行了统计,得出了词频最高的前30个关键词并进行了年度交叉分析,可以看出,近10年国内关于应急管理的研究在内容上主要关注应急管理体系、突发事件应急管理、突发事件、应急管理部、应急管理机制、政府应急管理等;这些关键词的词频都比较高,并且有很多相关衍生词。从研究领域上看,主要关注政府、城市、高校等部门的应急管理问题;而在研究对象上侧重于突发公共事件、自然灾害、安全生产等领域。

1.2.2 理论研究

1.2.2.1 治理理论

(1)治理理论起源

自从世界银行1989年在讨论非洲发展时首次提出"治理危机"以来,"治理"这个概念在学术界很快就流行开来。20世纪90年代以来,在西方学术界特别是政治学、行政学、管理学领域,治理理论成为探讨的热点,以治理为研究对象的著述大量涌现。治理理论的兴起有2个方面原因:一是由于西方福利国家出现管理危机。在国际市场上，随着全球化、区域一体化的逐步深入，联合国的安全机制和国际社会的和平力量也无法拯救世界一些地区大规模的无政府状态，尤其是毒品、跨国犯罪、核武器扩散、科技风险、环境保护等问题已对国际社会的管理提出了严重的挑战。在这样的背景下，治理理论作为既重视发挥政府的功能，又重视社会组织群体势力相互合作、共同管理的方式和理念登上了历史舞台。二是与市场机制和等级制调节机制发生危机有关。市场机制在发展和提高资源配置效率方面显示出巨大的优越性，但市场机制也会造成分配不公、外部化、失业、市场垄断等失灵现象。同样，等级制调节机制会造成政府机构数量过度增长、机构效率低下、行政信息受阻与失真等弊端。因此，社会急需新的调节机制。这个新的调节机制就是治理理论的网络管理体系。

（2）治理理论的内涵

治理理论的主要创始人詹姆斯·N.罗西瑙认为治理与政府统治不同，将治理定义为一系列活动领域里的管理机制，它们虽未得到正式授权，却能有效发挥作用。与政府统治相比，治理的内涵更加丰富，它既包括政府机制，也包括非正式的、非政府的机制。

另一位代表人物格里·斯托克将治理理论概括为5个要点：治理意味着一系列来自政府但又不限于政府的社会公共机构和行为者；治理意味着在为社会和经济问题寻求解决方案的过程中存在着界限和责任方面的模糊性；治理明确肯定了在涉及集体行动的各个社会公共机构之间存在着权力依赖；治理意味着参与者最终将形成一个自主的网络；治理意味着办好事情的能力不仅限于政府的权力，而且不限于政府的发号施令或运用权威。

联合国全球治理委员会也为治理做出了具有权威性的解释："治理是个人和公共或私人机构管理其公共事务的诸多方式的总和。它是使相互冲突的或不同的利益得以调和并采取联合行动的持续过程。它既包括有权迫使人们服从的正式制度和规则，也包括人民和机构同意的或以为符合其利益的各种非正式的制度安排。"学者张海波以"社会风险—公共危机""现实主义—建构主义"2个"连续统"为维度，划分了社会风险研究的4种基本范式（"现实主义—社会风险"范式、"建构主义—社会风险"范式、"建构主义—公共危机"范式、"现实主义—公共危机"范式），认为治理理论是"建构主义—公共危机"范式的代表，应急管理研究是"现实主义—公共危机"范式的典型代表，并进一步指出当前关于社会风险的研究大多只停留在宏观的现实层面，将研究的重点侧重于风险形成威胁后的应急管理，而忽视对风险的产生、传递和放大的研究，倡导公共危机的治理必须先由现实主义走向建构主义，最终才能回归现实主义。

1.2.2.2 全面应急管理理论

（1）全面应急管理的内容

全面应急管理涵盖突发公共事件的预案管理、预警管理、应急处置、善后处理、恢复重建、应急管理的评价、反馈与改善等一系列环节，是一种对突发公共事件的全过程、全系统、全面应急响应、全手段以及全社会的"五全"管理模式。

突发公共事件全过程管理是指在突发公共事件的爆发前、发生时、消亡后的整个时期内，依照既定的应急预案，用科学的方法对事前、事中及事后的所有相关环节加以干预和控制，最大限度地降低由突发事件造成的损失。

（2）全面系统管理内容

突发公共事件全系统管理主要包括指挥调度系统和处置实施系统。其中，指挥调度系统负责在应对突发事件过程中对其他系统行使指挥调度职能，处于整个体系的核心地位。处置实施系统是具体行动的实施部门，保障指挥调度的迅速和正确实施，包括资源保障系统、信息管理系统和辅助决策系统3个子系统，分别从资源、信息和方法3个方面为指挥调度系统和处置实施系统提供全方位支持。

突发公共事件全面应急响应包括对突发公共事件的分类分级管理和应急联动管理，对特别重大突发事件的国际间协调和全球合作管理。全面应急响应要求对突发公共事件、应急预案以及应急处置机构进行分类分级，建立重大突发事件的直接响应模式和快速垂直联动指挥机制，以便在应对突发事件时能对症下药，合理利用各种应急资源，提高资源的利用效率。随着全球化趋势的加快，突发公共事件的可能在全世界范围内引发连锁反应。因此，在应对突发公共事件问题上应致力于寻求全球合作管理，尤其要借助于联合国及其有关专门机构、红十字会与红新月会国际联合会等全球非营利性组织等相关领域国际组织的力量。

突发公共事件的全手段管理要求综合应用行政手段、法律手段、经济手段和技术手段进行突发公共事件的管理。由于紧急状态可能导致正常秩序的丧失甚至危及生存，行政手段在挽救危机以及尽快恢复正常秩序的理论和实践方面都有其他手段不可替代的优势。法律手段在规范应急管理机构对突发事件的应急管理行为，防止行政不当和滥用权力方面有着十分重要的作用，只有对紧急状态及紧急状态时期政府行使的紧急权力在法律层面上给予明确限定，才能贯彻法治原则，保障公民的权利不受非法侵犯。经济手段作为市场经济条件下重要的社会治理手段之一，对于金融危机等经济安全事件、群体性突发事件等社会安全事件、安全生产事故等事故灾害的管理是必不可少的。信息手段则有利于在全球经济一体化和信息多元化的社会通过坚实的技术平台和通畅的信息送达渠道有效进行应急管理。在全手段管理过程中，4种管理手段缺一不可，尤其要充分发挥经济手段对各方经济利益的调节、约束、补偿等功能，以及高新技术在全系统应急管理中的技术支撑作用，达到对突发事件标本兼治的效果。

突发事件的全社会管理的观点认为突发公共事件应急管理是一个涵盖了政府部门、非政府公共部门、企业等私人部门，乃至社会公众的分工明确、信息传导快速准确，遇突发事件能够快速启动的全社会应急管理体系。它号召动员一切可以动员的社会力量和资源，充分依靠群众，实施全员培训，加强对应急预案的演练，让全员参与到对突发事件的管理中，提高全社会的整体应急水平。

1.2.2.3 危机生命周期理论

危机生命周期理论是由美国危机管理学家斯蒂文·芬克于1986年在《危机管理：对付突发事件的计划》一书中，根据其对危机生命周期的划分方式提出的，他认为公共危机从其生成到消亡，形成了一个生命周期，一般经历4个发展阶段，分别是潜伏期、爆发期、恢复期和消解期，其核心是要求危机的全过程管理，每个阶段的应急管理主要任务各不相同，不同主体在不同阶段要采取的应急措施也不相同。国外关于危机管理过程的研究大多数从危机前、危机中、危机后3阶段模型的角度，从宏观的角度进行划分，基本上可以覆盖任何一种划分方法的每个阶段，得到了大多数学者的认可。

1.2.2.4 WSR 系统方法论

WSR方法论即"物理—事理—人理"，是最早由我国学者顾基发和朱志昌于1994年提出的具有东方思想特色的系统方法论，其核心是在处理复杂问题时既考虑对象的物的方面，又考虑如何将这些物更好地运用到事的方面，而问题的认识、处理和解决都离不开人。WSR方法论将"懂物理、明事理、通人理"作为其实践准则,其突出特点就是研究事物时注重整体性和层次性。WSR方法论的精髓可总结为表1-1所示:

表 1-1　WSR 方法论的主要内容

层面	对　象	学科及知识	分析焦点	应用原则
物理	物质运动的机理和规则	自然科学	是什么?	诚实、追求真理
事理	系统管理、安排设备和人员	运筹学管理科学	怎么做?	协调、追求效率
人理	群体关系、为人处世的道理	人文科学、社会科学	最好怎么做? 可能是?	和谐、人性、追求成效

虽然WSR系统方法论的正式提出距今不到30年的时间,但这一方法论是对我国传统管理哲学高度概括和创新的结果,许多学者已经将WSR方法论应用于管理学的众多研究领域,例如赵志兴等将WSR方法论应用于公共危机评估管理的应用分析,为我国的危机评估提供科学的理论指导和方法论框架;王云弟等以WSR方法论为研究视角,对古村落的旅游开发情况进行分析,将旅游管理与WSR方法论结合。此外,WSR方法论在图书情报领域也得到了分析与应用,例如杨敏等将大学图书馆突发事件应急预防管理与WSR方法论相结合,分析现有大学图书馆应急预防管理的现状与不足,再分别从物理、事理和人理3个层面提出对策,为大学图书馆的突发应急预防管理提供新思路;马海群等运用WSR方法论进行开放数据政策分析框架结构的解析,为我国开放数据政策研究提供启示;谢笑等将WSR方法论应用到个人信息管理领域,并从物理、事理、人理3个层面提出相应对策。

1.2.2.5　情景—应对理论

"情景—应对"理论已成为有效地应对非常规突发事件的基本范式,情景的研究则多集中于对情景的定义、情景要素和情景表达3个方面。

（1）情景的定义

情景中其实也包括了预测,只是侧重点不同,预测更多的是指基于现实的数据或案例,对未来进行判断和识别,而情景具有多样性和不确定性,更多的是一种愿景的构建,愿景有不同,从现实到愿景的过程中有不同的路径,就会导致最终的情景大不相同。情景是对未来愿景的一般描述,是一个过程,是从开始到最后的实际情况的说明或描述。情景不等同于预测,更多地强调情景本身是一系列预期可能出现的状况的集合。情景是通过一系列当时图景所表达的假设的将来，是对整个过程的判断，通过概率来界定和判断未来可能出现的一系列状况，情景具有较强的不确定性，更多的是对未来可能出现的每一种状况的提炼，是一种可能的假设或是判断。

（2）情景要素

所谓要素，是构成事物的必要因素和组成部分，反映了事物的实质或本质，是组成系统的基本单元。情景是由要素构成的，要素是情景的构成单元，也是分析情景间关系的重要依据。研究情景，就必须研究情景要素。情景要素是指表现、反映非常规突发事件发生发展状态与趋势的主要因素，包括指标、数据等。以地震为例，情景要素包括震中、震级、震源、受灾范围、伤亡与受灾人数、房屋与建筑物受损、基础设施破坏、灾区地理气候条件等。情景结构则是指情景的要素构成及其相互间的作用与关系，即要素间的关联关系。

关于情景要素的结构和内容，理论界进行了广泛的探讨。中国安全生产科学研究院的刘铁民教授从突发事件应急预案的视野，将非常规突发事件情景设计为三维结构：情景概要（包括事件简介、概要描述、制定应急预案的要点提示等）、灾害后果（人员伤亡、财产损失以及灾害在不同时空的影响）、应急任务（预防、监测预警、灾情收集与评估、应急响应、人员救援、医疗救援、现场保护与整理、防止灾害扩散、恢复等）。

（3）情景表达

突发事件情景的表达有多种形式：散文式、表格式、事件树形式、图形化表达式、数学表达式、网络表达式等。情景的网络表达能够对事件的当前状态以及未来的演变趋势、影响事态发展的因素、驱动这些因素发挥作用的力量等有一个清晰直观的概略展示。同时，非常规突发事件情景要素的网络表达，能够运用随机网络模型，因而得到广泛的应用。中国科学院大学的姜卉、黄均将非常规突发事件网络表达的元素设计为情景（State）、处置目标（Objective）、处置措施（Measure）、简称SOM表达。运用PSR模型（压力—状态—响应）的思想，在压力（事件致灾体）、状态（后果灾情承灾体）、响应（应对举措人为干预抗灾体）等因素的基础上，将非常规突发事件的推演过程引入，构建了非常规突发事件情景的新的表达框架。情景表达，要能够比较清晰、准确和完整地表达情景的要素及其相互关联，便于后续的情景建模和情景演化分析。

1.2.2.6 社会燃烧理论

社会燃烧理论是社会物理学中的一个理论，它认为自然界中的燃烧过程必须具备3个基本条件，即燃烧物质、助燃剂和点火温度，缺乏其中之一，燃烧都不可能发生。社会物理学应用该项原理，将社会的无序、失稳与燃烧现象进行合理的类比。引起社会无序的基本动因，即随时随地发生的"人与自然"关系的不协调、"人与人"关系的不和谐以及利益分配不平衡等，都可以视为提供社会不稳定的"燃烧物质"，由于主客观条件及认识水平的局限，一些媒体的误导、过分的夸大、无中生有的挑动、谣言的传布、小道消息的流行、敌对势力的恶意攻击、非理性的推断、片面利益的刻意追逐等，相当于社会动乱中的燃烧"助燃剂"，具有一定规模和影响的突发性事件，如社会巨变、突发的特大自然灾害等，通常可以作为社会动乱中的导火线或称"点火温度"。社会燃烧理论的基本原理指出，社会系统从井然有序到杂乱无章，最终可能导致衰亡即社会爆发重大突发性危机事件，其内在实质是一个从量变到质变、系统逐渐被破坏的过程。危机事件的发生实际上就是社会系统由有序向无序发展，从高秩序向低秩序退化，从初始状态量变到以后质变，最终爆发突发性危机事件的过程。

1.2.2.7 可持续发展论

危机往往给公民、财产、经济和环境带来重大的破坏，但是危机的修复却又需要经济资源的救济。因此，可持续发展理论从整体分析论的视角，深入地理解了危机与环境和经济的关系，认为应该将救灾项目纳入经济发展战略中，在可持续发展的进程中培养公民的自救和互助能力，规划好各项援助工作，提高各地区、各层级的公民对灾难的承受能力，最终形成全民防御的文化。

1.2.3 研究方法

1.2.3.1 案例研究

长期以来，灾害的社会科学研究多采用案例方法，究其原因：一是灾害具有不可预期性，研究者对灾害无法像对其他社会现象那样进行连续观察；二是灾害具有非线性，灾害的后果不仅取决于灾害的客观属性，也取决于社会系统的响应。这两大特征决定了灾害研究通常只能以个案研究的形式呈现，而且最好在灾后就快速启动。

例如，美国国家健康中心与美国自然科学基金合作，资助灾后"快速响应报告"（Quick Response Report）的完成，研究了自1986年"埃克森漏油"（The Exxonoil Spill）至2013年美国俄克拉荷马的"穆尔龙卷风"在内的数百个案例。从案例研究的发展来看，单个案例研究和比较案例研究各有所长。在初期，灾害研究多采用单个案例研究，这适合对灾害现象进行深入观察。20世纪60年代以后，社会学芝加哥学派的经验方法被批评过于经验化而缺乏理论张力，以塔尔科特（Talcott Parsons）为代表的功能主义兴起，倡导理论概化。中国的灾害社会科学研究大规模兴起于2003年"非典"疫情防控之后，在社会学、政治学、公共行政学等学科都出现了一定数量的单一案例研究，这为开展比较案例研究，实现中国语境中相关分析的理论概化提供了间接基础。

1.2.3.2 衍生研究

衍生效应来自突发事件所产生的次生、衍生事件以及它们与原生事件形成耦合作用的过程。因突发事件本身具有随机性、不确定性，应对不当可能发展为更大规模的事故。开展关于突发事件衍生效应的研究以突发事件为原生事件，分析其所产生的次生、衍生事件以及它们与原生事件形成耦合作用过程中导致的影响或结果，体现在事件链自身的演化、应对行为所产生的影响以及二者之间的耦合作用当中。

"衍"字在甲骨文当中的本义是水向四周浸润的过程，从字面上理解，所谓"衍生"就是一个长期的过程，同时，这个长期的过程中还有累积的含义。由于突发事件的发生具有不确定性，原生的突发事件经过动力学演化或非线性突变演化发展为不同类型的次生、衍生事件。分析突发事件和次生事件、衍生事件、耦合事件的关系为研究突发事件的发展、演化过程，以及基于这些过程形成的影响和造成的结果提供了有力的依据。原生事件是指初始事件，是从事件最初的状态去描述事件属性。在原生事件的基础上派生出同属一类事件性质的其他事件即为次生事件，它们与原生事件之间的作用关系可以通过对事件链的分析获得。与次生事件不同，衍生事件通常是事件在发生过程中性质发生了变化的事件，是由初始事件作用于承灾体产生的其他事件。耦合事件则是在原生事件发展、演化的过程中，事件要素、环境与行为主体共同作用导致的结果。

可见，从事件自身的演化、应对行为造成的结果等不同的研究视角，对突发事件衍生效应的概念存在不同界定。前者是指特定条件下，原生突发事件诱发、演化出的一系列新的次生、衍生突发事件形成的事件链式效应，强调的是事件发展、演化的动态过程；后者是指应对某一突发事件的措施导致了其他的危害事件，突出的是原生事件导致的结果。这些从不同方面对突发事件衍生效应所下的定义一定程度上也说明了突发事件衍生效应的复杂性。

1.2.3.3 情景构建和情景推演

（1）情景推演方法内涵

情景构建与情景推演是突发事件应急管理的重要方法，也是复杂突发事件应急决策支持的有效手段之一。非常规突发事件是指前兆不充分，具有明显的复杂性特征和潜在次生衍生危害，破坏性严重，采用常规管理方式难以应对处置的突发事件。非常规突发事件应对主要涉及突发事件本身、承灾载体与应急管理3个方面。应急管理决策主体采用的应急管理方法和措施对突发事件的发生发展及承灾载体的状态变化有重要影响。由于很难对非常规突发事件的发生发展进行准确及时的预警预测，传统的"预测—应对"管理模式在非常规突发事件的应对中显得力不能及。应急决策者须在事件发生发展过程中，针对实时发生的关键情景做出合理的决策，即采用"情景—应对"型应急管理模式。

（2）情景推演法现有研究

情景推演法可以对具有高度非结构性、非线性及高度不确定性的环境进行动态的模拟和仿真，从而进行战略规划。1974年，美国兰德公司利用情景推演法对导弹防御系统的部署进行了推演，详细分析了各种部署可能导致的后果。到目前为止，情景推演法的应用领域进一步扩展，被应用到企业战略规划，国家政治、经济、军事评价与预测，工商业发展，能源战略等方面。情景推演法可以弥补传统规划在处理非结构性规划领域的不足，国外很多专家和学者对该方法进行了研究。Brauers Jutta et al.（1988）利用情景推演法对专家知识获取的情形进行推演，分析了产生不一致性现象的原因，并提出了解决办法。Schoemaker（1991）分析了情景推演法在战略规划方面的优势，并把情景推演与其他方法相结合，进行相关领域的规划。

Bood et al.（1998）提出情景推演法可以提高具有非结构性事件的预测有效

性，该方法应该得到推广。Oryang（2002）提出情景概率的确定，即利用情景推演法与运筹学方法，建立专家系统知识获取的情景推演分析模型。Mietzner et al.（2005）对传统分析法和情景分析法进行了对比，指出了二者在不同领域应用时的优缺点。Cosgrave（1995）认为，"情景应对"就是对发生过的事件进行分析、推演、归纳，总结出其演化规律，并形成应急管理预案。非常规突发事件的分析与推演方法是采用"积木拼图"的原理（"积木"是指构成事件的各因素），进行具体情景的构建。用相同的"积木"，通过不同的排列组合，可以构建不同的情景，从而为应急管理决策提供参考。Kathleen et al.（2003）立足于"情景应对"型应急决策模型，对非常规突发事件演化机理进行了阐述。Dormer（2005）针对情景演化的过程及对决策主体制定应急决策方案的影响进行了分析。Britkov et al.（2013）采用"情景—应对"范式，构建了应急路网的情景分析树，规划了应急路网最佳铺设路径。Cohn et al.（1998）阐述了非常规突发事件情景表现通常采用的方法，构建了各个阶段处置过程中，情景表现的选择、应用的方法与步骤。Sinha et al.（2005）采用情景链方法对非常规突发事件的情景推演机理进行了研究，构建了情景推演步骤与框架。

1.2.3.4　CBR 案件推理

CBR（Case-based Reasoning）是从人工智能（Artificial Intelligence，AI）领域发展起来的一项技术，规避了传统人工智能技术在知识和推理规则的获取这一瓶颈上所面临的问题。CBR的逻辑起点是认知科学，而认知科学和心理学的研究认为人类解决问题的常用方式是基于经验（即已有事例）的推理和学习，这也正是CBR的工作方式。

因此，从认知科学角度讲，CBR系统的构建基于2个前提假设：第一，相同或相似的情况有相同或相似的解法；第二，相同或相似的情况会重复发生。同人类的思维和处理问题模式一样，CBR系统首先通过对比问题事例与先前事例的相似性，来决定选择以前的哪一个或哪一些事例，并修改或修正以前问题的解法。在这一点上，与其他的人工智能解决问题的方法截然不同，如传统的专家系统属于基于规则的推理，利用领域内通用的启发性知识和规则，通过逐步推导，得出问题的解。CBR系统采用增量式的学习方法，新的解决问题的方法和问题事例一同被系统记录并存储起来，以备将来之用，系统的学习能力不断提高，知识和经验也不断增加。同时，作为一个动态发展和开放的理论体系，CBR技术与其他技术如数据库技术、软计算方法、数据挖掘技术、Agent技术、网络技术等不断融合和发展，开发出新的应用。本书在撰写和系统开发中，就结合了数据库技术。

而在应急管理中，对突发事件的认识、理解、分类、分级都需要管理者根据已有的判别规则和以往的经验进行判断和推理。由于突发事件的多样性和复杂性，其内部规律难以有效总结，导致已有的判别规则在对新的突发事件进行分析时往往缺少足够的判别标准。这样一来，决策者在制定应对突发事件的决策时只能按照自己过去的经验进行判断，从而难以保证应对决策的有效性。对于全新的突发事件，如2001年发生在美国的"9·11"恐怖袭击事件，由于决策者不可能具备类似事件的全部经验，所以难以提出全面及时的完善应对策略。通过CBR技术构建的应急管理案例库则可以解决这个方面的问题。由于CBR技术包含了案例中的隐性知识，决策者在决策中不但可以参考已有的显性知识和规则，而且能够根据整体事件或者子事件的类比来做出有效的决策。在处理发生概率较小却有较大社会、经济或产业影响的突发事件时，根据CBR原理构建的案例库将能提供最大限度的决策支持。

1.3 应急管理的工作机制

1.3.1 应急管理的过程

关于应急管理的过程，学者们根据各自的理解，阐释了几种比较有代表性的模式。而早在应急管理研究初期，就有学者根据突发事件的阶段性特征将其划分为事前、事中和事后3个阶段。

随后罗伯特·希斯对此进行了发展，概括出应急管理的"4R"模型。即，应急管理包括缩减（Reduction）、预备（Readiness）、反应（Response）和恢复（Recovery）等4个阶段，由于这样表述的4个英文词语均以字母"R"开头，因而被称为"4R"模型。之后，希斯又发现了隐藏于"4R"中的第5个"R"，即恢复力。只是由于恢复力被认为是隐藏于"4R"之中的，并且是一种能力上的诉求而并非应急管理的过程，因而没有发展为"5R"模式。

我国危机管理专家张成福教授指出："危机的预防、准备、回应、重建与学习创新是危机管理的生命周期和过程。"同时，他还强调："危机管理的重点在于危机信息的获取和预警危机的准备与预防危机的控制与回应危机后的恢复与重建持续不断的学习与创新"。他在此基础上提出了全面整合的危机治理模式，主要包括政治承诺、政治领导与政治支持全过程的危机管理，发展途径的危机管理，全面风险的危机管理，整合的危机管理，建立在充分资源支持基础上的危机管理和以绩效为基础的危机管理等8个方面的内容。以下总结介绍在国内外得到较为广泛认可的应急管理模型和过程。

1.3.1.1 PPRR 模型

PPRR模型是指将应急管理划分为4个阶段，分别为预防（Prevention）、准备（Preparation）、反应（Response）和恢复（Recovery）。这个模型也是《中华人民共和国突发事件应对法》应急管理四阶段模型的蓝本。后来，美国联邦安全管理委员会（USA）对PPRR模型进行了修正，改为缓和（Mitigation）、准备（Preparation）、反应（Response）、恢复（Recovery）4阶段，所以又称"MPRR"模型。在危机管理的PPRR模型中，2P（预防和准备）比2R（反应和恢复）更关键，做好2P，才能处理好2R，如果没有做好2P，2R只能尽人事听天命，相反的做好了2P，即使2R没有做好，还能够在一定范围内控制危机的损害程度，这跟预防重于治疗是一样的道理。美国学者罗伯特·希斯提出的危机的4个阶段理论与史蒂芬·芬克的PPRR模型不同，他提出了4R模型，也就是危机管理的基本过程，包括减灾（Reduce）、危机的准备（Readiness）、危机的应对（Response）以及危机的恢复（Recovery）4个方面，其中危机的反应是危机管理的核心阶段。

第一阶段，预防（Prevention）。要想降低危机发生的概率，就要在危机来临之前加以预防，这是危机管理必备的环节。预防的具体环节有2方面：第一，环顾大背景分析危机的环境，对管理范围内的政治、社会、经济、自然等条件进行风险评估；第二，找出可能产生危机的因素，尽可能提早铲除这些因素，以防危机的发生。

第二阶段，准备（Preparation）。一方面要制定应急计划，在危机管理中，准备多种应急方案应对可能爆发的各种危机；另一个方面建立危机预警机制，分析可能存在的危机，检验危机的后续影响是否会增加，要认真落实预警机制，保障危机不蔓延不扩大。

第三阶段，反应（Response）。当危机发生时，人类都会做出一系列的反应，这些反应是危机管理的重要组成部分。危机一旦发生，就要注意各方面的问题，这样可以控制危机的扩散，具体包括以下几方面：第一，遏制危机。危机发生之前，应急管理部门要及时提供准确必要的信息，这样可以为应急管理部门迅速出击、解决危机创造条件；第二，隔绝危机，危机出现以后，要对风险进行隔绝，避险风险扩散和蔓延，这样能有效地降低危机带来的社会危害性；第三，加强媒体管理，避免谣言扩散，积极引导社会舆论。

第四阶段，恢复（Recovery）。注重危机过后的恢复重建工作，这样不仅可以恢复危机中受到的损失，还能让受害者的精神得到慰藉，及时弥补危机管理存在的漏洞，有效预防危机再次发生。

1.3.1.2 "一案三制"应急管理体系

自2003年"非典"疫情之后，中国形成了以"一案三制"（应急预案、应急体制、应急机制、应急法制）为核心的应急管理体系。其中，应急体制属于前述的政府架构尺度上的问题，应急机制则属于下文将要提及的运行机制尺度上的问题，在政策体系尺度上，应急管理的结构主要表现为应急立法和应急预案的关系。2003年"非典"疫情之后，2004年3月14日第十届全国人民代表大会通过《中华人民共和国宪法修正案》，将"紧急状态"入宪，2007年8月30日发布《中华人民共和国突发事件应对法》，2005年8月7日国务院发布《国家突发公共事件总体应急预案》，随后按照"立法滞后，预案先行""横向到边，纵向到底"两大原则建立起了应急预案体系。应急立法与应急预案的合理关系应当是"立法先行，预案执行"。例如，FRP是对《斯坦福法案》的执行，NRP则是对《国土安全法》的执行。在中国，考虑到成熟完善的立法时间较长，而应急管理又刻不容缓，所以采取"预案先行"的思路。必须指出，"预案先行"虽然能短期见效，但是在具体实践中存在的问题不容忽视：一方面，造成大量专项预案简化为部门预案，部门预案之间缺乏协同；另一方面，造成应急预案超前发展，进行体制、机制创设缺乏立法实践基础，结果导致应急预案难以有效应用，应急预案体系结构混乱，功能发挥受到限制。

应急管理体系建设任务十分繁重，既具有很强的重要性和紧迫性，又需要认识其艰巨性和长期性。我国政府在加强应急管理中，突出重点，抓住核心，建立制度，打牢基础，围绕应急预案、应急体制、应急机制、应急法制建设，构建起了应急管理体系"一案三制"的核心框架。

1.3.1.3 M模型

诺曼·奥古斯丁将应急管理划分为6个不同的阶段，分别是危机的预防阶段、危机管理的准备阶段、危机的确认阶段、危机的控制阶段、危机的解决阶段和从危机中获利的阶段。芬克借鉴医学术语提出了四阶段生命周期，包括征兆期、发作期、延续期、痊愈期等4个阶段。危机管理专家米特罗夫将危机管理分为5个阶段简称为"M"模型，包括信号探测、探测与预防、控制损害、恢复损害和学习阶段等。

信号探测：识别危机发生的警示信号并采取措施。

探测与预防：组织成员搜寻已知的危机风险因素并尽力减少潜在损坏。

控制损害：当危机爆发后，必须通过努力减少给主体带来的损失和灾难。

恢复损害：危机发生阶段，组织成员努力使其不影响组织运作的其他部分或外部环境。

学习阶段：组织成员回顾和审视所采取的危机管理措施，并整理使之成为今后的运作基础。

1.3.2 应急管理机制

1.3.2.1 应急机制的概念和内涵

"机制"一词，最早源于希腊文，用来指称机器的构造和动作原理。后来被应用于医学领域表示有机体内发生生理或病理变化时，各器官之间相互联系、作用和调节的方式。目前，"机制"这一概念已经被广泛地用于政治、经济各个领域。应急机制就是指"政府为应对突发事件而建立起来的一套应急组织结构和应急行动程序"。它主要包括"预测预警机制、信息管理机制、决策指挥机制、组织协调机制、行动相应机制、处置救援机制、社会动员机制等"。

就应急机制的内涵来看，应当包含相互联系的2个方面。一是应急组织结构体系，二是应急管理的运行程序及机理。应急组织结构体系，就是承担应急管理任务的主体构成及其相互间的职责划分和相互关系。当前学者们关于应急组织结构的构成方式有多种不同的设想，罗伯特·希斯很早就指出典型的应急组织结构（ICS）包括指挥、实际操作、信息规划、后勤保障和财务行政5个方面，并指出随着事件规模的扩大，应急管理组织可以逐层上升，直至中央政府层面。我国学者唐龙等认为管理体制包括管理机构、功能部门、指挥中心和救援力量4部分。张小明在介绍西方危机管理体制时，认为发达国家一般有架构三大平台，即机构运作、政策执行和综合管理等。应急管理运行程序是指应急管理行动的措施、步骤和时空顺序等的安排与协调。当前，在理论和实践中都形成了较为一致的意见，即应急管理应当看作是由预防、准备、反应和恢复4个阶段组成的完整的过程。根据这一过程，专家们对于应急管理的运作模式做了各种分析，郭济教授列出了应急行动程序的框架内容，沈荣华教授提出了全过程的应急管理运作模式，这些基本的观点在内容上都是大体一致的，如表1-2所示，即都将应急管理的运行程序描述为上述4个组成部分。

表 1-2　应急管理阶段框架

预防（防灾）	·纳入经济社会发展规划 ·加强土地、建筑、工程的标准化管理 ·组织实施减灾建设项目 ·进行灾害评估 ·监测监控风险源、排查隐患 ·进行减灾防灾教育、宣传、培训
准备（备灾）	·发布预测预警信息 ·组织应急演习培训 ·部门之间订立应急计划和预案 ·准备应急人员、装备和物资等
反应（救灾）	·启动应急预案和措施 ·实施紧急处置和救援 ·协调应急组织和行动 ·向社会通报危机及政府采取的措施 ·恢复关键性公共设施项目
恢复（灾害恢复）	·启动恢复计划和措施 ·进行重建、修复 ·提供补偿、赔偿、社会求助 ·进行评估和审计

1.3.2.2　中国特色社会主义的应急管理机制进程：三点一面

我国是一个有着5000年悠久历史的古国，在漫长的社会发展进程中，不断经历着各种各样的灾害和灾难，历朝历代都积累了比较丰富的应急管理经验。中华人民共和国建立以来，我国在应急管理工作方面奠定了一定的基础，取得了一定的成绩。但是，作为一个完整巨大的社会系统工程，我国应急管理体系建设的时间并不长。

应急管理体系是指应对突发公共事件时的组织、制度、行为、资源等相关应急要素及要素间关系的总和。只有建立比较完善的应急管理体系，才能保证在预防、预测、预警、指挥、协调、处置、救援、评估、恢复等应急管理各环节中各方面快速、高效、有序反应，防止突发公共事件的发生，或减轻突发公共事件的负面影响。

我国全面建设应急管理体系，起始于2003年总结抗击"非典"的经验和教训，以这一阶段的应急管理工作作为"起跑点"，发展于加强党的执政能力和政府的行政能力建设，从而把创新应急管理制度作为"着力点"，提高于贯彻落实科学观的实践，把应急管理摆放到全面建设小康社会的大格局中，并为其确立"定位点"，形成了应急管理"点"与常态行政管理"面"的结合，推动了科学发展。

（1）应急管理体系建设的"起跑点"

2002年11月8日，江泽民总书记在党的十六大报告中指出："各级党委和领导干部要不断提高科学判断形势的能力、驾驭市场经济的能力、应对复杂局面的能力、依法执政的能力、总揽全局的能力。面对很不安宁的世界，面对艰巨繁重的任务，全党同志一定要增强忧患意识，居安思危，清醒地看到日趋激烈的国际竞争带来的严峻挑战，清醒地看到前进道路上的困难和风险，倍加顾全大局，倍加珍视团结，倍加维护稳定。"2003年春，我国从南到北，经历了一场由"非典"疫情引发的从公共卫生到社会、经济、生活全方位的突发公共事件。在党中央、国务院坚强领导下，全国人民众志成城，取得了抗击"非典"的决定性胜利。在中国特色社会主义理论的指导下，党和国家及时总结我国经济社会发展中存在的不全面、不协调和不可持续性等因素，提出全面加强应急管理建设的重大命题。2003年7月，党中央、国务院召开全国防治"非典"工作会议，胡锦涛总书记在会上指出："通过抗击'非典'斗争，我们比过去更加深刻地认识到，我国的经济发展和社会发展、城市发展和农村发展还不够协调；公共卫生事业发展滞后，公共卫生体系存在缺陷；突发公共事件应急机制不健全，处理和管理突发公共事件能力不强，一些地方和部门缺乏应对突发公共事件的准备和能力。我们要高度重视存在的问题，采取切实措施加以解决，真正使这次防治'非典'斗争成为我们改进工作、更好地推动事业发展的一个重要契机。"随后国务院提出"争取用3年左右的时间，建立健全突发公共卫生事件应急机制"，"提高突发公共卫生事件应急能力"。而几乎与抗击"非典"同时，我们党确立了全面、协调和可持续的科学发展观。党的十六届三中、四中、五中、六中全会都对全面加强应急管理工作、提高保障公共安全和处置突发公共事件的能力，做出部署、提出要求。可以看出，党和政府对应急管理认识的提高，成为科学发展观产生的切入点和重要内容。

（2）应急管理体系建设的"着力点"

党和国家从经济社会发展、完善社会主义市场经济体制、提高党的执政能力的高度，着力加强应急管理制度建设。2003年10月，党的十六届三中全会通过《关于完善社会主义市场经济体制若干问题的决定》，深刻分析了影响生产力发展的体制性障碍，提出"为适应经济全球化和科技进步加快的国际环境，适应全面建设小康社会的新形势，必须加快推进改革"，"建立健全各种预警和应急机制，提高政府应对突发公共事件和风险的能力"。2004年9月，党的十六届四中全会作出《关于加强党的执政能力建设的决定》，从加强党的执政能力和政府执行力的层面，进一步提出"建立健全社会预警体系，形成统一指挥、功能齐全、反应灵敏、运转高效的应急机制，提高保障公共安全和处置突发公共事件的能力"。2006年8月，党的十六届六中全会通过《关于构建社会主义和谐社会若干重大问题的决定》，正式提出了我国按照"一案三制"的总体要求建设应急管理体系。该决定指出："完善应急管理体制机制，有效应对各种风险。建立健全分类管理、分级负责、条块结合、属地为主的应急管理体制，形成统一指挥、反应灵敏、协调有序、运转高效的应急管理机制，有效应对自然灾害、事故灾难、公共卫生事件、社会安全事件，提高突发公共事件管理和抗风险能力。按照预防与应急并重、常态与非常态结合的原则，建立统一高效的应急信息平台，建设精干实用的专业应急救援队伍，健全应急预案体系，完善应急管理法律法规，加强应急管理宣传教育，提高公众参与和自救能力，实现社会预警、社会动员、快速反应、应急处置的整体联动。坚持安全第一、预防为主、综合治理，完善安全生产体制机制、法律法规和政策措施，加大投入，落实责任，严格管理，强化监督，坚决遏制重特大安全事故。"

（3）应急管理体系建设的"定位点"

党和国家从经济建设、政治建设、文化建设、社会建设"四位一体"总体布局中，为应急管理体系建设定位。2006年3月，国家制定《国民经济和社会发展第十一个五年规划》，第一次提出"开创社会主义经济建设、政治建设、文化建设、社会建设的新局面"的要求，在这个总要求下，提出"建立健全社会预警体系和应急救援、社会动员机制，提高处置突发性事件能力"。加之此前，2005年10月，党的十六届五中全会通过的《中共中央、国务院关于推进社会主义新农村建设的若干意见》，对农村建设和完善突发公共事件应急机制做出过部署。这样，标志着党和国家把应急管理体系建设纳入国家经济社会发展战略规划和社会主义现代化建设"四位一体"的总体布局中，明确了应急管理的定位、目标、任务和政策。2003年12月，国务院办公厅成立应急预案工作小组；2005年7月，国务院召开第一次全国应急管理工作会议，国务院出台《关于全面加强应急管理工作的意见》，提出落实"一案三制"建设、加强应急管理的一揽子政策措施；8月，国务院颁布《国家突发公共事件总体应急预案》；年底，国务院办公厅成立"国务院应急管理办公室"和"应急管理专家组"。2006年7月，国务院召开第二次全国应急管理工作会议，进一步推动应急管理体系建设。2007年，国务院下发《关于加强基层应急管理工作的意见》，全国人大常委会通过《突发公共事件应对法》。国务院分别召开了大型企业应急管理和基层应急管理工作会议。由国务院办公厅主管、中国行政管理学会主办的《中国应急管理》（月刊）创刊。国务院办公厅首次公开发布《2006年我国突发公共事件应对情况》，对我国2006年突发公共事件应对工作进行了分析评估。与此同时，应急管理体系向各级政府和全社会延伸。全国有31个省区市成立了省级应急管理领导机构，国家防汛抗旱、抗震减灾、海上搜救、森林防火、灾害救助、安全生产等应急管理专项机构职能得到加强。这一系列政策和措施，推动了各应急管理专项机构和办事机构的协调联动工作机制基本形成，自然灾害、事故灾难、公共卫生、社会安全四大类突发公共事件预测预警、处置救援、善后处理等运行机制逐步健全。特别是党的十七大提出要进一步完善突发公共事件应急管理体系，"完善突发公共事件应急管理体制"，"坚持安全发展，强化安全生产管理和监督，有效遏制重特大安全事故"，"提高重大疾病防控和突发公共卫生事件应急处置能力"，"健全社会治安防控体系，加强社会治安综合治理，深入开展平安创建活动，改善和加强城乡社区警务工作，依法防范和打击违法犯罪活动，保障人民生命财产安全"。这为应急管理工作进一步明确了重点与方向。2008年6月，在经历南方雪灾和汶川地震后，党中央、国务院深入总结我国应急管理的成就和经验，查找存在问题，提出进一步加强应急管理的方针政策。胡锦涛总书记10月8日在党中央、国务院召开的全国抗震救灾总结表彰大会上指出："要进一步加强应急管理能力建设，大力提高处置突发公共事件能力。要认真总结抗震救灾的成功经验，形成综合配套的应急管理法律法规和政策措施，建立健全集中领导、统一指挥、反应灵敏、运转高效的工作机制，提高各级党委和政府应对突发事件的能力。要大力建设专业化与社会化相结合的应急救援队伍，健全保障有力的应急物资储备和救援体系，长效规范的应急保障资金投入和拨付制度，快捷有序的防疫防护和医疗救治措施，及时准确的信息发布、舆论引导、舆情分析系统，管理完善的对口支援、社会捐赠、志愿服务等社会动员机制，符合国情的巨灾保险和再保险体系。通过全方位推进应急管理体制和方式建设，显著提高应急管理能力，最大限度地减少突发公共事件造成的危害，最大限度地保障人民生命财产安全。"我国应急管理体系建设再一次站到了历史的新起点上。我国在应急管理的理论研究和实践探索方面的工作，通过对"三点一面"的总结，回答了历史提出的三大课题：第一，在新的历史时期政府如何认识风险，怎样防范和应对风险；第二，要建设什么样的应急管理体系，怎样建设比较完善的中国特色的应急管理体系；第三，应急管理体系与促进经济社会协调发展是什么关系，怎样通过加强应急管理体系建设推动国家治理方式创新，促进经济社会又好又快发展。

我国应急管理体系建设所取得的成就，在理论上丰富了科学发展观，在实践中发挥了应有的作用，成为马克思主义理论宝库中的瑰宝，成为中国特色社会主义事业的重要组成部分。

1.3.2.3 中国特色社会主义的应急管理机制：一个整体，四个结合

我国应急管理体系建设立足国情，坚持整体推进，注重与行政管理体制改革相结合，与公共政策优化相结合，与政府管理方式创新相结合，与法治政府建设相结合。

（1）应急管理体系建设注重整体性

从国外政府建设应急管理体系的做法来看，多数国家是在遇到某类重大突发公共事件后，有针对性地加强某一方面的机构和职能，"兵来将挡，水来土掩"。经过几十年、上百年甚至数百年的积累，发达国家逐步形成了比较完善的应急管理体系。而我国的应急管理体系建设实践比较短，按什么样的思路来推进应急管理体系建设，实现我国社会主义应急管理体系建设的高起点、跨越式、可持续发展，是抗击"非典"疫情取得胜利后，我国必须确定的重大方向性问题。当前，我国正处于城市化进程提速、经济增长和对外联系不断扩大的"发展黄金期"，同时又处于社会关系和利益结构发生重大变化的"亚稳定期"，因此，在自然领域和社会生活中都面临许多新的矛盾，导致突发公共事件具有形成速度快、发展范围大和易产生倍增效应等特点。与以往处理人与自然、人与社会的矛盾相比，这一时期的突发公共事件有更大的危害性，应对难度倍增。这一现实国情凸显了对建立健全有别于一般公共管理规律的突发公共事件应急管理体系的必要性和重要性。因此，忽视应急管理体系建设，必将危及我国经济社会的协调发展和经济增长的可持续性，而忽视从总体上加强应急管理，只注重零零星星、支离破碎地进行某些修复，同样于事无补，不能为我国改革发展稳定的大局提供有力的支撑。党中央、国务院按照科学发展观的要求，借鉴国际经验，结合我国国情，挺立时代潮头，运用系统理论、战略思维，集思广益、科学决策，提出"一案三制"的宏大构想，整体优化系统结构和功能，从而大幅度提高了应急管理能力。实践证明，"一案三制"这个应急管理体系的"顶层设计"，具有高屋建瓴、总揽全局的重大意义。"一案三制"是一个结构与功能高位整合的系统。在这个系统中，要分析突发公共事件的潜伏、发生、发展等自然过程；要借鉴国际国内应急管理经验，建立有效应对突发公共事件所采取的预测、预警、预防、控制、处置、恢复等应急管理工程；要研究从制度建设、物质建设和文化建设结合上构建应急管理的框架、结构、方法；要突出政府在应急管理中的责任，使各级政府更加积极主动地应对各类突发公共事件的挑战，提高党的执政能力和政府的执行力。要提高全社会的突发公共事件意识和应急能力。这一架构集中了现代突发公共事件管理理论研究的最新成果，体现了突发公共事件生命周期研究、组织理论研究、行为分析研究、案例研究等前沿探索的多项重要原则。应急管理体系在我国社会主义制度条件下，尤有意义，尤为可贵。社会主义具有集中力量办大事的优越性，能在突发公共事件高压状态下快速形成巨大的战斗力和号召力，能有效调动各方资源和各部门以及公民的积极性充分参与到应对突发公共事件的过程中去。但这种短时间内调动大量资源的体制和做法也存在很大的负面作用：一是容易出现应急过激反应现象，造成浪费，"只算政治账，不算经济账"；二是容易产生多个应急部门各自为政、协调困难的现象；三是容易形成地区资源分配不均或有的单位个体消耗过度的问题。这都会使应急效果大打折扣。而在"一案三制"的框架内，通过制度供给的约束和平衡，有助于消除集中资源时的盲目性，如应急联动机制要求部门之间形成协同关系，可以减少有些部门消极或有些部门过度扩张的现象，使行政人员主动性和能动性得到充分发挥。汶川特大地震后，党中央果断决策，国务院靠前指挥，灾区各级党委和政府沉着应对，广大干部群众万众一心、团结奋斗，各省区市对口支援，全国乃至全球无私捐助，志愿者广泛参与，取得了抗震救灾工作的重大阶段性胜利。

（2）应急管理体系建设与行政管理体制改革相结合

我国推进应急管理体系建设，是在加快和深化行政管理体制改革、建设比较完善的社会主义行政管理体制的背景下进行的。2003年以前，行政管理体制改革的重点是革除体制中不适应社会主义市场经济的因素，主要是做"减法"。2003年后，政府职能转变进入了一个新阶段，即既做"减法"，更做"加法"，加强政府社会管理和公共服务职能。近几年来，我国政府不断强化社会管理和公共服务职能，逐渐从计划经济条件下的管制型政府向适应社会主义市场经济、社会主义民主政治、社会主义和谐社会建设的服务型政府转变，对应急管理的重视成为加强社会管理和公共服务职能的有效措施，充实和完善了政府管理职能，保证了改革、发展、稳定各项政策的贯彻落实，维护了经济社会的正常秩序。同时，应急管理体系建设与转变政府职能的有机结合，也大大增强了国家加强应急管理的动力，增强了行政管理体制的协调性。

（3）应急管理体系建设与公共政策优化相结合

我国通过创新公共政策，推动应急管理体系建设，也走出了新路子，不仅使应急管理工作得到有力的政策支撑，而且有助于从整体上实现政府决策科学化、高效化。

一是运用公共政策调整应急管理力度。近5年来，中央制定了一系列居安思危、预防为主、预防与处置并重的政策。围绕加强政府应急管理职能，每年出台若干项政策，重点解决几个有条件解决的问题，滚动部署。如2004年重点围绕应急预案编制，推动突发公共事件预防工作开展；2005年推进社会预警体系和应急救援、社会动员机制建设，加强应急管理体制建设；2006年全面加强应急能力建设，促进应急管理工作步入正规化、系统化的轨道，重视培训、演练和科普宣教工作；2007年，应急管理工作进基层，将应急管理工作纳入干部政绩考核体系，重点加强企业应急管理工作，建立专兼结合的基层综合应急队伍，逐步推进各个层面的工作和整个应急体系建设，各地各部门狠抓落实，并结合实际细化工作部署，制定了相应的配套措施。

二是发挥公共政策规划对应急管理体系建设的引导作用。国家相继制定了《"十一五"期间国家突发公共事件应急体系建设规划》《安全生产"十一五"规划》《国家综合减灾"十一五"规划》《国家防震减灾规划》《全国山洪灾害防治规划》《地质灾害防治规划》《全国森林防火中长期发展规划》《气象防灾减灾规划》《三峡地区地质灾害防治规划》《七大流域防洪规划》等相关规划，对应急管理建设内容提出了明确要求和指南。

三是提高政策制定的科学化水平和强调政府的执行力。在时间维度上，强化政策过程的作用，强调应急管理是对突发公共事件事前、事发、事中、事后全过程的管理；在空间维度上，促进政策集群的形成，强调建立不同政策之间的有机联系渠道，形成政策的扩散作用，将政府常态政策与应急政策相互配套、相互促进，由此，形成比较完整的"政策过程链"和"政策群"，提高了科学决策和顺畅执行的能力。如国务院将《国家汶川地震灾后恢复重建总体规划（公开征求意见稿）》全文公布，向社会征求意见，欢迎国内外各界人士，特别是灾区广大干部群众提出意见和建议，以便进一步完善，充分体现了政府决策科学化、民主化程度的提高。

（4）应急管理体系建设与政府管理方式创新相结合

政府管理和服务创新，是指政府组织对结构流程、行为方式的改进，探寻和建立合理的政府运转模式，从而确保社会资源能够得到最优化配置，确保最大限度地实现公共利益。把应急管理体系建设与加快推进政府管理创新结合起来，就是寓应急管理于服务型政府建设中，在连续性的管理和服务发生中断的情况下，通过应急系统实现政府工作的连接，提高政府适应外在环境变化的能力。这既符合应急管理的内在规律，又适应行政管理创新要求，有助于全面提高行政效能。

（5）应急管理体系建设与法治政府建设相结合

应急管理法制化是法治政府建设的必然要求。我国在建设法治政府的过程中把应急法制体系作为重要组成部分。长期以来，我国法学界和实务界对行政应急性原则在行政法律制度建设中的应有地位和作用重视不够，制约了应急法制建设，也成为建设法治政府的"瓶颈"。应急管理作为特殊状态下的一种管理，必须做到有法可依、有法必依、执法必严、违法必究。就"非典"事件的前期来看，由于当时缺乏相关的法律法规，突发公共事件状态下的权力运行因此失序。2003年5月，国务院用18天时间出台了《突发公共卫生事件应急条例》，包括预防与应急准备、报告和信息发布、应急处置、法律责任等相关内容，虽然现在看来并不完备，多以原则性的描述和约束为主，但法规的出台还是给抗击"非典"工作提供了行动依据，增强了政府行为的合法性。2004年国务院颁布的《全面推进依法行政实施纲要》提出："建立健全各种预警和应急机制，提高政府应对突发公共事件和风险的能力，妥善处理各种突发公共事件，维持正常的社会秩序，保护国家、集体和个人利益不受侵犯。"将应急管理全面纳入依法行政领域。2008年汶川大地震后，国务院仅用5天时间就出台了《汶川地震灾后恢复重建条例》。这些都体现了国家运用法治力量加强应急管理和应急管理法治化的魄力与能力。

第2章 突发事件管理研究

2.1 突发事件的定义及特征

2.1.1 突发事件的定义

对突发事件的理解可以从"突发"和"事件"2个方面展开。"突发"是用于描述状态的概念，表示意料之外，突然发生，偶然发生；"事件"则代表的是对社会造成一定影响的事件，而非简单事件。对突发事件的完整概念，20世纪90年代学者们开始进行研究，并给出了详细界定。《中华人民共和国突发事件应对法》第三条规定，突发事件是指"突然发生，造成或者可能造成严重社会危害，需要采取应急处置措施予以应对的自然灾害、事故灾难、公共卫生事件和社会安全事件"。按照不同突发事件的性质、严重程度、影响范围等因素，突发事件分为4级。根据突发事件可能造成的危害程度、紧急程度和发展趋势，预警级别也划分为4个等级，用4种颜色标识。综合学者对突发事件的不同界定，本书将突发事件定义为突然发生的，会对人类生命财产安全、社会秩序和谐稳定以及自然生态环境造成损害的紧急事件。该类事件要求在短时间内迅速制定应对方案以阻断危害并防止次生灾害的发生。

2.1.2 突发事件的分类

2.1.2.1 类型分类

按照不同的分类标准，突发事件可以被分为多种类型。按照事件的可预测程度，突发事件可分为可预测突发事件和不可预测突发事件2类；按照事件自然属性，突发事件可划分为自然灾害型突发事件、疾病型突发事件、社会型突发事件；按照事件影响范围，突发事件可以划分为地区类突发事件、全国类突发事件和世界类突发事件3类；按照事件性质，突发事件可划分为经济类突发事件、政治类突发事件和生态类突发事件3类。不同分类标准下的突发事件类型不同，本书主要参考2007年11月1日起实施的《中华人民共和国突发事件应对法》对突发事件类型的划分，其根据事件发生的过程、机理与性质将突发事件分为自然灾害、事故灾难、公共卫生事件以及社会安全事件4类，具体内容如图2-1所示。

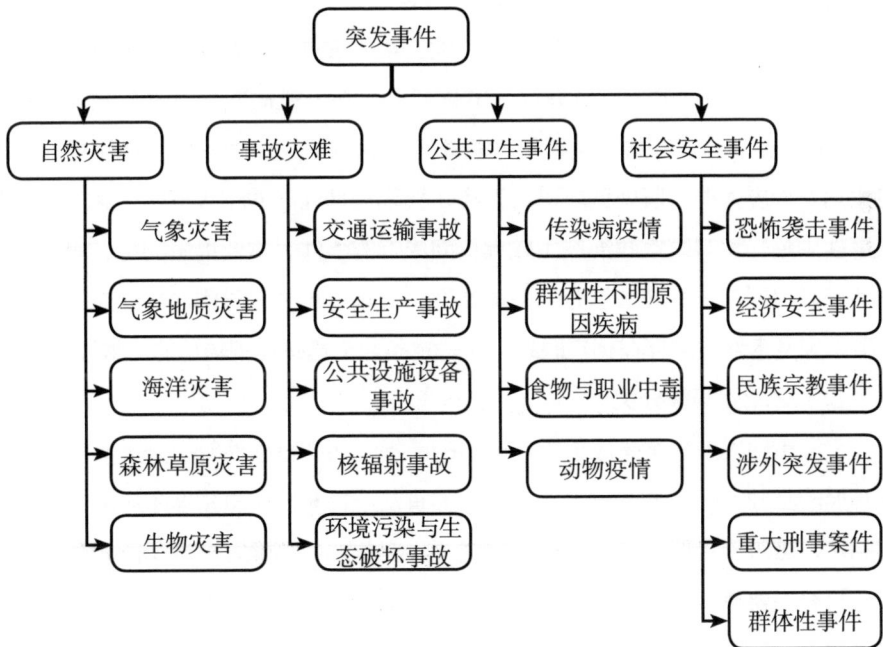

图 2-1　突发事件的分类

自然灾害：主要是指由于自然原因或人类破坏生态环境而造成的一类突发类事件。这类事件涵盖多种类型的自然灾害事件，如干旱、洪涝、台风等气象灾害，地震、泥石流、山体滑坡等气象地质灾害，海啸等海洋灾害，山火等森林草原灾害，以及农作物病虫害等生物灾害等。

事故灾难：主要是指由于人为操作不当或者管理失误而造成的事故，例如火车、飞机、汽车等交通运输事故，煤矿爆炸、危化品事故等生产安全事故，核泄漏等核辐射事故，水污染、土壤污染等环境污染与生态破坏事故。

公共卫生事件：主要是指一些传染性疾病疫情或者其他严重危害公众生命健康安全的事件，如2003年"非典"、2020年新型冠状病毒肺炎等流行病疫情事件，群体性不明原因疾病，三鹿奶粉事件、尘肺病等食品与职业中毒事件，非洲埃卡控猪瘟等动物疫情。

社会安全事件：主要包括"9·11"事件等恐怖袭击事件，网络诈骗等经济安全事件，民族宗教事件，涉外突发事件，重大刑事案件，邻里冲突等引起的群体性事件等。

上述4种类型的突发事件中，自然灾害一旦发生通常会对整个区域基础设施、公众生命财产安全产生影响。类似地，事故灾难一旦发生也会带来直接的危害。这2类突发事件的发生具有很大的偶然性，在一般情况下很难预测。相对于上述2类突发事件，公共卫生事件一般能够实现较强的控制，常用措施是在事件发生后对相应人群和所处区域进行隔离，杜绝与其他区域和人群的联系。社会安全事件则是一种对国家政治产生较大负面影响的事件。需要指出的是，虽然突发事件可以根据某一标准被划分为多种类型，但其边界并不是刚性和绝对的，不同类型的突发事件之间存在相互联系，在一定条件下具有互相转化的可能性。

2.1.2.2 等级分类

突发事件类型分类是应急管理开展的前提，而突发事件等级分类则是应急管理开展的基础。明确的突发事件等级分类有助于针对性应急预案和应急响应措施的制定，这对于合理有效地安排应急资源、应急力量，确定应急职能，分配应急责任具有重要意义。参照《中华人民共和国突发事件应对法》，依据事件性质、危害程度、影响范围以及可控性等标准，突发事件可以划分为4个等级：Ⅰ级（特别重大突发事件）、Ⅱ级（重大突发事件）、Ⅲ级（较大突发事件）和Ⅳ级（一般突发事件）。该法还进一步明确了突发事件预警分级管理，依照颜色对人视觉冲击力的差异，分别采用红色、橙色、黄色和蓝色对应4个等级的突发事件，如图2-2所示。

突发事件等级　　　　　　应急响应级别　　　　　　应急响应标识

特别重大 突发事件	→	I 级响应： 扩大应急	→	红
重大突发事件	→	II 级响应： 共同应对	→	橙
较大突发事件	→	III 级响应： 部门协调	→	黄
一般突发事件	→	IV 级响应： 自行应对	→	蓝

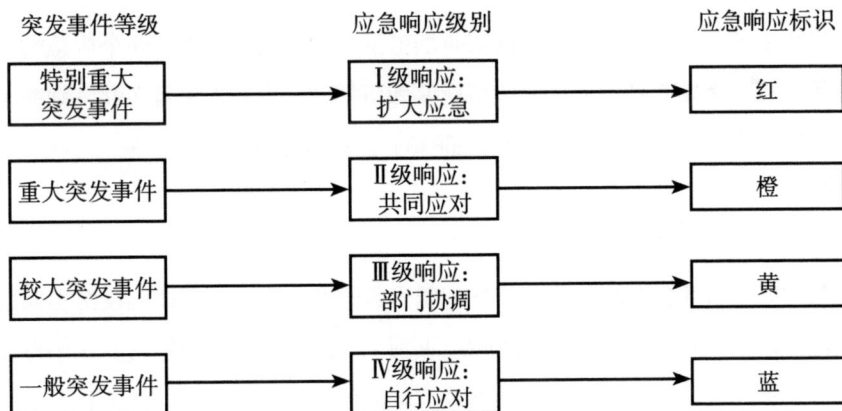

图 2-2　突发事件的等级分类

特别重大突发事件（I级）：是指突然发生，事态十分严峻，对所在区域甚至相邻区域内的公共安全和社会秩序带来严重威胁，造成或可能造成特别重大人员伤亡、特别重大财产损失或特别重大生态环境破坏的突发事件。其特征包括：①需调动地方管辖区域内所有应急力量，甚至在必要的时候需要中央政府的支持和协助才能有效控制事态蔓延；②需大规模人员疏散，或为其提供临时避难场所；③除动用本辖范围内的应急响应力量外，明显需要借助外部力量进行应急响应。

重大突发事件（II级）：是指突然发生，事态严峻，对所在区域甚至相邻区域内的公共安全和社会秩序带来严重负面影响，造成或可能造成重大人员伤亡、重大财产损失或生态环境破坏的突发事件。其特征包括：①发生在市级或者波及邻近城市；②需大规模人员疏散，或为其提供临时避难场所；③需要上级行政单位配合进行联合处置。

较大突发事件（III级）：是指突然发生，事态较为严峻，对所在区域甚至相邻区域内的公共安全和社会秩序带来一定危害，已经或可能造成较大人员伤亡、较大财产损失或较大生态环境破坏的突发事件。其特征包括：①发生在较大区域范围内，甚至影响到附近行政区划；②可能需要人员疏散，或为其提供临时避难场所；③需调动一定的应急部门力量和资源进行应急处置。

一般突发事件（IV级）：是指经常发生，发生频率较高，事态相对比较简单，影响程度和范围相对有限的一类事件。其特征包括：①发生区域相对有限或局限于特定有限人员，一般是社区和基层范围之内；②单一或者两个应急响应单元即可处置，例如交通事故，一般由交警即可处理；当有人员受伤时，则需医疗卫生部门协调处置；③需要协调应急部门的力量和资源较少。

2.1.3 突发事件的特征

重大突发事件主要涵盖两大特征：重大、突发。重大一般体现在伤亡人数、影响范围，还有对应的国家启动的响应级别上。对重大突发事件的要素和特征进行梳理，主要包括以下几点：突然爆发、难以预料、必然原因、严重后果、需紧急处理等等。

突然爆发：很多重大突发事件都是突然发生的，事先难以预料或者没有先兆。比如新型冠状病毒肺炎的发生就是12月初见端倪，1月后开始了从武汉向全国的大规模传播，这对政府的舆论引导能力提出了挑战。

难以预料：突发事件的发生一般是难以预料的。比如汶川地震、天津大爆炸一类的突发事件都是瞬间发生的，对地震的预估，虽然技术在不断地进步，但是考虑到反应准备的时间，重大突发事件在某种程度上还是难以预料的。

必然原因：突发事件的发生看似具有偶然性，实际上通过对突发事件的有效分析我们可以发现，很多突发事件都有一些相关的必然原因可以挖掘。比如说汶川处于地震带上所以相对容易发生地震，还有天津塘沽大爆炸的地理位置在化工厂附近，具有爆炸的物理条件，当然根本原因也涉及人为操作等其他因素。

严重后果：是否导致严重后果，成为很多突发事件尤其是重大突发事件的标准之一。比如2008年汶川地震、2020年新型冠状病毒肺炎疫情、2015年天津塘沽大爆炸、2003年"非典"都出现了较多的死亡人数，除此以外还有比较严重的社会、政治、经济、文化的影响。

需紧急处理：突发事件发生以后，政府部门会根据突发事件的级别大小启动不同程度的应急预案。可以看到，无论是突发的公共卫生事件还是自然灾害，都需要采取紧急处理措施。比如在2020年新冠肺炎疫情期间，武汉在国家的支持下率先开了"封城的举措"，这就是典型的紧急处理。比如火灾后，消防部门立刻去往现场进行紧急处理，比如地震后，拉响警报开始逃生或者躲在桌底等紧急处理。

2.2 突发事件与应急管理

2.2.1 应急管理的阶段理论与发展研究

2.2.1.1 应急管理的阶段理论

（1）早期研究

对应急管理或灾难阶段的研究由来已久。据尼尔（Neal，1997）的研究，对灾难阶段的早期研究大致经历了以下阶段：1932年卡尔（Carr）首次从灾难的社会属性的角度描述了灾难发生前后的4个阶段：初始或前驱、混乱和解体、调整和重组织、混乱延续。1954年鲍威尔（Powell）描述了社区经历灾难的6个阶段：灾前、警报、疏散、安置、短期恢复、长期恢复。1970年巴顿（Barton）描述了灾难的5个阶段：灾前、监测与预警、无组织自发响应、有组织社会响应、灾后长期复原。1970年达因斯（Dynes）基于鲍威尔的阶段论分析了灾难中的组织行为，并将其分为3类：灾前条件、应急状态（如警报、威胁、冲击、估损、抢救、救助）和灾后时期（恢复）；并且认为尽管致灾因素有差异，但灾难都经历相似的时间顺序阶段。1975年米勒提等（Mileti, et al.）通过对灾难研究领域的论文、书籍和学位论文的编码研究，将灾难中的各类活动划分为6类：准备/调整、预警、灾前早期行动、灾后短期行动、恢复、重建。（如表2-1所示）。

表 2-1 应急阶段划分

学　者	应急阶段划分
Carr，1932	初始或前驱、混乱和解体、调整和重组织、混乱延续
Powell，1954	灾前、警报、疏散、安置、短期恢复、长期恢复
Barton，1970	灾前、监测与预警、无组织自发响应、有组织社会响应、灾后长期复原
Dynes，1970	灾前条件、应急状态、灾后时期
Mileti,et al.，1975	准备/调整、预警、灾前早期行动、灾后短期行动、恢复、重建

（2）应急管理四阶段理论

1978年美国全国州长联合会（NGA）的应急准备项目最终报告（1979年5月压缩后以《综合应急管理：州长指南》的名称出版）提出了应急管理的4个阶段：减灾、准备、响应、恢复。

减灾包括所有可切实消除或减少灾难发生可能性的活动（例如，提升武力以阻止敌人的攻击或立法阻止不稳定的双层油罐车上高速公路），也包括旨在减轻无法避免的灾难后果的各种长期活动（例如，土地使用管理、建立综合应急管理项目、建筑安全立法等）。准备活动的必要性取决于减灾措施未能或无法防止灾难发生的程度。在准备阶段，政府、组织及个人编制预案以挽救生命和减少灾害伤害（例如，编制应急物资目录、实施培训演练或安装警报系统）。准备措施也试图改善灾难响应行动（例如，储存食物和医药等生活必需品，培训和演练，从后备基地动员救援人员，等等）。响应是紧随突发事件或灾难后的行动，通常包括为遇险人员提供紧急援助（例如，搜寻与营救、紧急庇护所、医疗救护、饮食供应等），以及减少次生灾害的可能性（例如，关闭受污染的水源，对易发抢劫的地区加强封锁和巡逻，等等）和加快恢复的行动（例如，损失评估）。恢复活动一直持续到所有系统恢复到正常或更好的水平。包括2类活动：短期恢复活动，将关键生命线系统恢复到最低运行标准（例如，清理现场、提供临时住房）；长期恢复活动，可能会持续到灾后数年，其目的是使生活恢复到正常状态或更高的水平（例如，重建贷款、法律援助、社区规划）。此后，四阶段理论成为应急管理的基础理论，在世界各国应急管理研究与实践中被广泛应用，虽然对4个阶段的定义并不完全相同。

（3）对现有应急管理阶段理论的评价

应急管理阶段的划分对应急管理学术研究与实践活动都具有重要的意义。对于学术研究来说，阶段划分是对大量研究成果进行归类的有效工具，也是对科学问题进行抽象分析、组织研究的手段；对于实践活动来说，阶段理论是开展各种应急管理活动、提升应急能力的重要理论基础和框架。但是，对应急管理阶段理论的批评也一直不断。现有应急管理阶段理论的不足之处，归纳起来主要有以下几类：

阶段的划分没有明显的分界线，因此在实践中很难判断特定的时间是处于哪个阶段，许多时候只能凭感觉武断地区分。

不同阶段并不是严格地按照时间顺序向前递进，在同一时间可能会同时开展几个阶段的活动。所谓阶段更多的是指活动的类别，而非真正时间意义的阶段。

传统应急管理理论的4个阶段，既不能包含所有应急管理活动，各个阶段也不是互相排斥。也就是说有些活动不好归入某一阶段，而另一些活动却可同时归入多个阶段。例如，购买灾害保险是属于减灾还是准备行动?在恢复重建阶段修改建筑标准，到底该归入减灾还是恢复阶段?

不同的社会成员会经历不同的灾难阶段，其对现实的认知也可能不同。因此对不同的个体、群体和组织而言，阶段也是不同的。也就是说，灾难阶段反映的应该是社会时间而不是客观物理时间。

在传统应急管理阶段理论中，没有将应急管理活动与事件本身的演化过程、受灾体受到的冲击和破坏过程等结合起来。因此，并不能全面地反映突发事件的生命周期。

（4）应急管理阶段理论新模型

根据以上分析，为了更全面地认识应急管理的阶段，有必要根据突发事件中不同主体（危害因素、受灾体、应急管理）的行为特征进行全面分析，并合理划分各自生命周期的阶段。

①突发事件危害因素致灾过程阶段划分。

从危害因素的致灾过程来看，可以简单划分为"事前、事中、事后"3个阶段，或者进一步细分为"潜伏期、显现期、爆发期、减弱期、消退期"等5个阶段。不同类别的事件，其不同阶段的特征和时间长短并不完全一样，一般可以危害因素的破坏能量或危险指数等作为阶段划分的特征值。

②突发事件受灾体受灾过程阶段划分。

对突发事件中的受灾体（如社区）来说，其安全程度和发展水平都会受到危害因素的影响，其过程也可抽象为"正常、冲击、恢复"3个阶段，或进一步细分为"正常期、扰动期、冲击期、复原期、发展期"等5个阶段。一般可以受灾体的发展水平、经济损失、脆弱性等作为阶段划分的特征值。

③突发事件应急管理过程阶段划分。

从对突发事件的应急管理活动来看，其过程可大致划分为"预防控制、应急响应、恢复重建"3个阶段，或者进一步细分为"预防、监测、响应、恢复、重建"等5个阶段。预防是为了避免事件发生所开展的各种活动。监测是对事件的特征参数进行观测以了解事态的变化，并尽可能阻止其恶化或在事件爆发前发出预警。响应是在事件即将发生前、发生期间或紧随发生后，为挽救生命、减少财物和环境破坏等而采取的各种行动。恢复是使受灾体的状态恢复到最低可接受标准的各种活动。重建是使受灾体的状态恢复到正常或更好水平的各种活动。传统"四阶段理论"中的"减灾"与"准备"活动，其实并不仅限于事前，而是贯穿于应急管理的全过程。例如，在响应阶段，对灾害损失的记录和初步评估是"减灾"的基础性工作。而对应急资源调配与使用情况的记录和评估也是"准备"的基础性工作，在恢复重建阶段，减灾与准备更是不可缺少的重要活动。因此，在新模型中将"减灾"与"准备"从其生命周期的阶段中独立出来，提升为贯穿应急管理整个生命周期的2类基础性活动。减灾是为了减轻事件损失而采取的有利于在事件发生时提供被动保护的各种行动。准备是为了减轻事件损失而采取的有利于在事件发生后提供主动保护或应对策略而采取的各种行动。

李湖生（2010）根据突发事件中危害因素、受灾体、应急管理的不同行为特征，对突发事件生命周期进行了重新认识，如表2-2所示提出了应急管理阶段理论新模型，包括其生命周期的"预防—监测—响应—恢复—重建"5个前后相续的阶段，以及"减灾"与"准备"2类贯穿应急管理生命周期的基础性活动（表2-2）。新模型中的"预防—监测—响应—恢复—重建"在时间上是前后相续的，构成一个完整的生命周期。新模型也包含了传统"四阶段理论"的全部4个"阶段"（实际上应为"类别"），有利于继承现有应急管理的理论成果与实践经验。新模型将"减灾"与"准备"从其生命周期的阶段中独立出来，提升为贯穿应急管理整个生命周期的2类基础性活动，既避免了各阶段在时间上重叠的问题，也为全过程开展减灾和准备活动提供了理论依据。

表 2-2　突发事件生命周期阶段划分

相关主体	主要指标	阶段划分		
危害因素	破坏能量、危险指数等	事前	事中	事后
		潜伏期	显现期　爆发期	减弱期　消退期
受灾体	发展水平、经济损失、脆弱性等	正常	冲击	恢复
		正常期	扰动期　冲击期	复原期　发展期
应急管理	风险水平、应急能力等	预防控制	应急响应	恢复重建
		预防	监测　响应	恢复　重建
		减灾、准备		

2.2.1.2 应急管理的发展研究

由于生产力落后和政府性质的原因，历史上的应急管理主要是为应对灾难而开展的部分预防工作，比如在2000多年前的我国战国时期，诸侯国就开始兴修都江堰、郑国渠等水利工程，在防备洪水危害的同时"变害为利"进行农业灌溉。成立专门的政府机构、健全机制体制法制、完善应急管理体系、全方位地开展应急管理，仅仅是近几十年的事情。应急管理的发展大体上经历3个阶段：①第一阶段是20世纪50年代以前。此阶段政府在处置灾害时采取的主要是孤立和临时性的行为，由临时组成的机构管理，对待突发事件基本属于一事一议、一事一管，法律责任上还是属于基本空白，没有形成制度体系。②第二阶段是20世纪50—90年代。西方政府从30年代经济大萧条中察觉到市场存在的"失灵"问题，开始不断介入社会经济和社会事务。"二战"后，各国逐渐开始认识到应急管理是政府应有的职责，于是开始设立专职的政府管理机构综合协调应对，制定完善法律和制度建设来规范应急管理工作。由于"冷战"的影响，许多国家的应急管理带有"军事"的色彩，后期逐渐从军事职能中剥离出来成为管理社会事务的单独体系。③第三阶段是进入21世纪后。美国"9·11"恐怖袭击事件为各国政府敲响警钟，全球各国开始极度重视国家应急管理的建设，应急管理也进入新的阶段。如今，应急管理已经纳入自上而下的整体国家应急管理体系，制定完善的法律制度体系，管理范围涵盖各类突发事件，形成以政府主导、全社会参与的格局。

早期的应急管理由于时代局限性，主要研究是在国际关系领域。随着国际国内形势的变化，应急管理的研究范围和涉及学科不断扩展。有学者指出："研究应急管理并没有一门专门的领域，而是夹杂在许多不同的领域中，如国际关系、战争、企业管理、组织行为、社会科学、心理学、生理学、决策理论。"可以看到，应急管理并不属于单一的学科领域，是研究者们从本学科出发，结合其他学科领域相互交叉融合，从而形成的交叉学科。当前研究主要是从国际关系学、公共关系与传播学、心理学、社会学、政治学、信息管理学、法律、自然科学等方面来介入。

2.2.2　重大突发事件下的应急管理

2.2.2.1　重大突发事件的应急机制

当前，我国的重大突发事件应急管理主要围绕"一案三制"展开。"一案"即应急管理预案，"三制"分别指应急管理体制、机制和法制。应急体制因具有一定的刚性，短期内难以改变；应急法制建设需经特定的立法程序；应急预案是应急机制的操作性计划。只有应急机制建设具有很强的弹性，被认为是最迫在眉睫又最大有可为之处。从所查阅的文献来看，我国重大突发事件的应急管理也主要集中于应急机制研究。

基于国内重大突发事件应急管理研究的这一现状，下面将对重大突发事件的应急机制研究进行重点回顾。重大突发事件应急机制研究的一个首要问题即是：应急机制该由哪几部分构成?在借鉴美国"综合性应急管理"模式的基础上，有研究者认为，重大突发事件的应急机制包括九大机制，分别是预防准备机制、预测预警机制、信息沟通机制、决策处置机制、社会动员机制、恢复重建机制、调查评估机制、平战结合机制和国际合作机制。如果同意对重大突发事件应急机制构成的这种分析，那么，我们将看到不同文献在应急机制研究中所处的位置及作用。重大突发事件的应急管理以预防为主，预防与救援相结合。因脆弱性被认为是影响重大突发事件扩散的本质因素，故如何降低脆弱性也就在预防准备机制中凸显出来。

在早期研究特别是自然灾害的研究中，重点关注的是自然脆弱性。但自然脆弱性研究忽视了社会经济文化因素，在重大突发事件研究中具有先天不足的问题。在这一背景下，社会脆弱性作为一个关注点和切入视角被引入。有研究者认为，只有进行社会脆弱性分析，才能真正为防灾和减灾提供有针对性的建议。除此之外，作为预防措施的应急救援设施选址等问题也被关注。

我国作为政府主导型国家，政府在重大突发事件预测预警中扮演重要角色。如何构建有效的政府预警模式、设计合理预警指标，是这方面的研究重点。2003年以来，我国政府在重大突发事件预警方面虽已取得一些成效，但被认为仍存在预警功能不足、预警管理体制与运行机制不健全、应急预案不完善等问题。通过对美国、英国、法国、俄罗斯等国政府管理模式的探讨，有研究者提出，我国应改变"重救轻防"的传统做法，构建有效的政府预警管理模式，并从政府预警管理目标、对象、原则等方面对预警管理模式进行探讨。在预警体系建设中，也有研究者认为，由于重大突发事件会对人的心理产生不同程度的影响，还应重视和加强社会心理预警研究，其目的旨在为政府部门决策和舆论应对服务。重大突发事件发生后，即刻面临的是信息沟通、应急决策和社会动员问题。对应急管理部门而言，需及时了解重大突发事件的相关信息，如事件发生的时间、地点、伤亡损失情况等，并将这些信息以恰当方式发布出去。研究表明，信息模糊性是重大突发事件中谣言传播的重要前提之一。如在2003年"非典"暴发初期，出于各种原因，有关"非典"的信息没有得到及时公开，从而导致"非典"谣言肆意传播，并造成民众一定程度的恐慌。所以，要减少重大突发事件中的谣言传播，手段之一即为及时的信息公开。重大突发事件的紧迫性还迫使应急管理部门做出即时的决策。有研究者认为，在罕见的重大突发事件中，传统的"预测—应对"应急决策范式已不适用，需向"情景—应对"范式转换。在重大突发事件处置中，政府部门理应发挥主导作用，同时还应动员其他力量共同参与。政府部门如人口计生部门可以通过提供人口基础数据和灾后人口伤亡数据、提供计划生育特别扶助等方式，发挥部门优势，为处置重大突发事件提供帮助；而非政府组织在重大突发事件处置中的作用也不应被忽视。

通过对汶川大地震发生后非政府组织参与情况的考察，有研究者发现，非政府组织可以起到动员鼓舞、补充资源、维护稳定、凝聚力量和组织协调5方面作用。所以，问题的关键是如何动员和组织非政府组织的有效参与。

重大突发事件通常会对事件发生地乃至其他地方产生不同程度负面影响。要消除这些影响，就涉及影响评估和恢复重建问题。在估算重大突发事件的经济影响时，常见的做法是通过计算年距增长（降低）量和年距增长（降低）速度等指标来进行，但这种做法被认为没有考虑时间序列自身的长期发展趋势，结果可能存在一定偏差。为克服这种偏差，ARIMA模型（自回归移动平均模型）被应用于重大突发事件的经济影响估算当中，这种模型因考虑到了时间序列自身的发展趋势，被认为比传统的"同期比"方法更加客观、准确。在灾后的恢复重建过程中，除了经济方面之外，心理危机的干预也是一项重要内容。有研究者认为，心理危机干预不仅针对个体心理，也应针对群体心理。要实现有效心理危机干预，可从建立心理危机专业队伍、学习掌握心理危机干预技巧等方面着手。此外，少量研究还涉及平战结合机制和国际合作机制，如工程兵部队如何参与处置重大突发事件等。

2.2.2.2　突发事件应急处置机制

（1）突发事件应急处置机制的含义

应急处置机制主要指针对发生的特殊事件、突发事件的紧急处理机制，也属于一种应急预案，即事先做好防备及应对策略，从而避免事件进一步扩大或事态加重，最大化减小损失。

应急处置顾名思义就是为了减少突发事件的影响所造成的伤害而采取有效措施或行动。其中处置措施包括启动应急预案、协调资源展开救援、控制信息传播、稳定群众情绪等。应急处置机制是应急管理处置机制工作内容中一个重要组成部分，曾有学者将应急处置机制定义为"有关管理部门为了应对突发事件而建立的行之有效的处置办法和制度安排"，结合上述定义我们可尝试将应急处置机制定义为：为控制和减少突发险情、事故、事件等，有关管理部门制定的与各部门相关的一系列紧急处置措施或行动的应急处置办法和制度安排。①应急处置机制与一般机制一样，是使各部分遵循的各种行为方式的有机总体。应急处置机制包括健全的事前预防机制、健全的事中处置机制及健全的事后恢复机制。只有事前预防、事中及时处置、事后妥善安置，才能应付频发的突发事件。

（2）突发事件应急处置机制内容

信息传递及事件预判：相关部门接到突发事件信息报警时，应对相关信息进行详细询问和记录，同时立即报送应急组，应急组负责人应根据有效信息进行事件预判，同时启动相应的应急预案准备。特别要针对敏感人群、敏感地带，在敏感时间所发生的事件以及发生初期情况不明的事件，一定要给予高度的关注，认真地预判，界定级别也要就高不就低，不能麻痹大意。

启动应急预案：在根据有效信息做出预判后，第一时间派出应急队伍进入突发事件现场，主动掌握局势，随后收集全面事件信息，据此对事件进行定级定性。为控制事件发展或扩大，负责人需迅速做出预案决策，并协调人力物力到位，正式启动应急预案，立即投入应急处置，并随时做好事态升级上报的准备。

救援处置：救援处置的第一步其实在预案启动前已经开始，应急队伍在接到警示信息之后第一时间到达现场进行布控，封锁现场，疏散人群，管制交通，同时核实现场人员伤亡情况，开展救援。应急处置措施属于应急管理处置机制的一部分，一家独立的管理机构具有行使强制性管理手段的权力，在保证能够快速有效地开展应急措施的同时减少伤害和损失。具体措施的使用可归纳为以下3点：

人员救治。应急组到位后本着以人为本的原则，组织人力物力和各种资源首先开展人员救治，疏散其余人员，同时不忘采取措施保障救援人员的安全，控制人员伤亡，防止二次伤害或产生新的伤害。应急组应科学制定救援或者处置方案，各部门要按照统一领导的原则，严格服从现场指挥部的统一指挥、统一调度，专家必须参与现场指挥部工作，并提出决策建议。

控制事态。一方面是控制现场，控制危险源、危险区域，隔离危险人员，防止事态扩大化，针对危险源应急组应充分与专家沟通，迅速判断应对措施，尽量尽早地消除危险源；另一方面，控制现场秩序，稳定人员情绪，稳住大局。

保护人员和财产安全。在派遣应急队伍前往事故现场的同时，后勤保障队伍也要安排好对重要应急物资、重点区域、重要人员的保护，合理地分配好应急资源，防止他人破坏和不可抗力的影响。

2.3　我国重大突发事件管理的研究进展

2.3.1　突发事件与应急管理理论基础

2.3.1.1　危机管理理论

危机管理理论的代表性著作主要有罗伯特·希斯的《危机管理》，他提出危机管理4R模式，将全过程危机管理定义为缩减、预备、反应、恢复的4个阶段，对危机的发生预防、处置预防、危机反应、秩序恢复、整体评价和社会风险评估等方面进行全过程、分阶段研究。

"缩减"阶段。政府做的各项预防工作都是为了消除危机的发生或减轻危机事件的危害。有些危机可以预防，有些不可避免，但可以通过采取行动来缩减危机所产生的后果。最常见的做法是进行全面的风险评估，及早预测风险和危害后果，并制定相应的预防措施。

"预备"阶段。政府为应对潜在的危机事件做的各项准备工作,包括专家研究、信息收集、常态化管理等一系列准备工作。

"反应"阶段。政府在危机发生和发展过程中采取的各种紧急应对措施。当危机发生不可避免时,政府迫切需要控制局势的恶化,尽可能减少人员伤亡和财产损失,树立公众信心并确保社会稳定。危机发生时,政府决策者应立即启动预案,采取有效措施,调配社会资源,开展现场施救和现场处置工作,迅速修复受损的社会系统,确保各项活动有序开展,维护社会稳定。

"恢复"阶段。政府在有效控制危机事件后,为恢复正常秩序所采取的善后措施。当危机得到有效控制后,人们从紧张和失衡中恢复,政府需进行危机后的恢复和重建,责任追究,公众心理慰藉和信息恢复,防止危机复发等工作。这个理论对各个领域的突发事件管理具有普遍适用性。

2.3.1.2 风险理论

20世纪80年代,德国著名的社会学家乌尔里希·贝克提出了"风险社会"理论。后来,英国著名社会学家、布莱尔政府的"精神导师"安东尼·吉登斯又丰富和完善了这一理论。贝克所谓的"风险社会"其实就是指20世纪50年代以来的后工业社会,各种自然与人为的事故与灾难频繁发生,自然灾害、传染病、恐怖主义袭击等使人类越发觉得自己的头上高悬着一把把"达摩克里斯之剑"。特别是,在经济全球化背景下,影响人类生存和发展的不确定、不稳定因素增多。"风险"是个常见的词汇,但人们并没有统一的界定。我们可以列举一两个。风险是危险在特定时期内出现的可能性;风险是由致灾因子暴露所导致负面影响的可能性与严重性。"寓非常态于常态"是突发事件应急管理的最高境界,使危机消失在萌芽状态。"有钱买棺材没钱买药""重救治轻防范"的思想必须通过合理的激励—约束机制有效地加以扭转。这样,在应急管理实践中,我们就能多一些"预防在先""未雨绸缪",少一些"亡羊补牢""痛定思痛"。

风险理论对突发事件应急管理的适用性表现在,虽然风险无法完全消除,但风险在发展方面具有不确定和可调节性。风险可能成为危险或灾难,成为紧急事件,也可能得到有效解决,将危险转化为安全。然而,这不是一个顺其自然的过程。如果我们能够坚持关口前移理念,控制和成功化解风险,那么突发事件就不会发生。因此,在日常管理中,我们必须重视隐患摸排工作,将突发事件消灭于未发之际。

2.3.1.3　社会冲突理论

社会冲突理论是一种社会学理论，主要是分析和解决社会发展过程中出现的社会矛盾这一人类社会普遍存在的社会现象。它对于研究分析应急管理的基本问题具有重要的意义。自20世纪50年代以来，美国社会矛盾不断凸显，社会动荡日益突出。西方社会冲突理论主要以达伦多夫、科塞等为代表，指出了当时社会上存在的各种利益分歧以及社会各个阶层之间的矛盾和冲突，解释了当时困扰人们的社会问题并提出了解决方法。根据德国达伦多夫社会学家所创立的辩证冲突理论，社会现象本身充满了辩证关系，并且经常呈现出双重矛盾，也就是稳定与动荡，一致与冲突，功能与反功能，价值共享与利益冲突，等等。社会冲突和社会变迁更迭，社会中的每个要素都可能促使社会变迁。美国社会学家科塞提出的冲突理论重视冲突过程和结果，特别注意分析社会冲突的功能。他认为社会冲突不仅有破坏社会安定与整合，引起社会变迁的一面，也有促进社会团结一致、统一的一面。冲突不仅具有负功能，而且具备正功能。社会冲突的正功能主要是冲突能激发社会的内部整合功能、稳定功能，新集体形成的促进功能，从而建立新制度和规范，恢复社会平衡机制。社会冲突的负功能主要体现在破坏、分裂组织甚至引起解体，导致社会动荡。科塞提出的"社会安全阀"理论主要讨论如何发泄不满和社会敌对情绪。社会冲突的"社会安全阀"功能就好比锅炉上的安全阀，不断排放猛烈的蒸汽达到内部压力的释放，保持内外部环境的平衡。"社会安全阀"功能：一是减轻或者减缓冲突双方的敌对感情，缓和社会压力；二是向社会管理者反映被管理者的真实状态，进行报警。

2.3.2　突发事件的研究进展

重大突发事件因其突发性、紧迫性和危害性等特征，一直都是政府管理和社会建设无法忽视的一个重要问题。我国本是自然灾害多发的国家，而近年来，随着经济的快速增长和改革逐渐向"深水区"涉入，重大事故灾难、公共卫生事件和社会安全事件的发生也屡见不鲜。据统计，仅2003—2009年，重大事故灾难类的突发事件就达10多起。重大突发事件的发生也引起了学界的关注，特别是自2003年"非典"暴发以来，重大突发事件的研究更是被提上议事日程。不同学科背景的专家、学者，基于不同的目的，从不同视角对重大突发事件展开了系列研究。这些研究为增进我们对重大突发事件的理解提供了有益帮助。为更好地促进这一领域研究，本书拟对近10多年来国内重大突发事件研究成果进行简要述评。

2.3.2.1　关于突发事件网络舆情演化研究

（1）突发事件网络舆情演变机理的研究

部分学者较为深入地探索了突发事件网络舆情的演变机理，如叶金珠等分析了突发事件网络舆情扩散过程中的各影响要素，且基于经典扩散模型建立了以水平个体为基础的网络群体行为扩散模型。张一文等将网络舆情演化态势的作用力分成了事件本身的破坏力、网络的推动力以及政府的调控力3种力，并据其对网络舆情态势的作用特点，分成了内源与外源两方面的动力。同时，还有一些学者研究了典型突发事件网络舆情的演化。如丁菊玲以"邓玉娇事件"为实例，不仅分析了突发事件演化过程中的作用因素，而且在此基础上提出了相应的舆情危机预警策略。李振华以药家鑫案件作为实例，分析了网络舆情演化的内部诱因，并认为其符合自组织演化的动力、路径、形式和过程等特征。孙振良等利用系统动力学和协同论研究方法，基于信息生态链理论构建突发事件舆情信息生态链系统，分析其系统构成要素，阐述突发事件舆情信息生态链系统的协同演化机理，并提出突发事件舆情信息生态链系统的治理策略。

（2）突发事件网络舆情演化周期的研究

比较典型的阶段划分有：三阶段模式是较早且典型的进程划分模式，主要为发生、变化、结束，以王来华等为主。宋海龙等根据网民情绪变化的维度将突发事件网络舆情发展过程划分为形成、高涨、波动和淡化4个阶段。余廉将网络舆情的生命周期看作5个阶段孕育、爆发、蔓延、转折和休眠期，他是从生命周期理论和政府管理理论角度出发的。

2.3.2.2　突发事件应急决策方法研究

国内研究突发事件应急的方向大致总结为以下几个方面：基于预案的应急决策、基于范例推理的应急决策和基于智能规划的应急决策。国内应用较多的是第一种，但已有的研究表明，应急决策逐渐转化到基于应急预案指导下的多阶段多目标动态决策，由以前的"预测—应对"转变为"情景—应对"。

不管哪种决策方法，都离不开权重的确定。权重的确定包括两部分：一是属性权重的确定；二是决策者权重的确定。关于决策权重方面的研究有：那迪（2011）等人根据熵权法确定属性权重，并引入了不确定度和偏离度的概念，建立以不确定度和偏离度最小为目标函数，属性向量距离最小为约束的拉格朗日函数，求得专家权重的方法。翟丹妮（2014）等人在传统的TOPSIS方法基础上增加了反馈机制，通过主观赋权、客观赋权、反馈赋权三者的线性融合得出综合属性权重，反馈权重的加入增加了过去决策效果对当前决策的影响，体现了"情景—应对"的思想。就其信息融合方面，管青云（2015）等人提出了基于距离熵的分层决策定权方法，通过局部融合权重和全局融合权重，利用线性加权求得属性权重。蒋风光等人打破传统决策的线性加权融合方法，提出了一种非线性的信息融合方法，为混合方法属性权重的融合提供新的思路。曾平（2015）从应急决策保障能力的特征出发，构建其指标评价体系和ANP网络层次模型，并根据ANP理论确定各指标对总目标的重要程度，进而确定属性权重。吴凤平等人（2014）在定量描述了应急方案在各阶段对应急目标满足的不确定程度的基础上，运用等差数列对多阶段的时间序列权重进行求解。李艳玲等人（2016年）提出构建专家个体与专家群体之间意见的灰色关联度以及熵值最大化原理，建立模型求出各决策者的权重。程砚秋（2015年）则提出了基于区间数的群组G1评价方法，为群决策中专家赋权问题提供了新思路。

国内关于应急管理情景及情景应对的理论研究起步较晚，而国外的研究也是在"9·11"事件后才引起重视，由于非常规突发事件的日益频发，应急管理刻不容缓。2009年国家自然科学基金委由管理学部牵头，与信息学部和生命学部共同提出了重大研究计划即非常规突发事件应急管理研究，提出了"情景—应对"是有效应对非常规突发事件的新模式，属热点和前沿创新研究领域。应急决策中决策者权重的合理分配，信息的高效融合，也是未来需要继续跟进并统一的研究热点。

2.3.2.3　应急管理绩效评价模型研究

张永领等（2020）基于应急资源保障度的应急管理绩效评价模型能从应急资源需求供给视角科学评判应急管理绩效水平，为应急管理绩效评价提供新思路。张永领等发现应急管理绩效评价体系包括处置与救援、医疗防疫、基础保障、灾民安置等4个方面。处置与救援是应急管理的关键环节，主要包括受灾人员的搜寻与救援、事故灾难的处置以及自然灾害的抢险救灾等。应急救援队伍尤其是专业救援队伍在人员搜救、事故控制、抢险救灾等方面发挥着重要作用，是实施人员搜救与灾情处置的人力保障，主要包括消防队伍、公安干警、矿山救护队以及危化品应急救援队伍等；医疗防疫所需的资源主要包括医护人员、医疗设备、药品、防护用品、防疫用品、防疫队伍等；基础保障主要包括通信、供水、电力和通用物资等方面保障；灾害尤其是巨灾发生后大量受灾民众就需要紧急安置，需要为灾民提供临时住所和生活用品。张永领等提出应急管理绩效评价准则设定。他们认为在突发事件应急响应过程中的应急资源供给应该秉承适度原则，如果太少影响应急处置效果，如果太多则会造成应急资源浪费。因此，将应急管理绩效评价等级划分为优秀、良好、一般、较差、差5个等级。"优秀"表示应急资源供给适度，刚好满足突发事件应急处置的需求；"良好"表示应急资源供给略微不足，但仍不影响突发事件的处置，或者应急资源供给稍多但没有造成太多应急资源浪费；"一般"表示应急资源供给稍微不足或者过度，突发事件处置效果一般或者造成了较多应急资源浪费；"较差"表示应急资源供给非常不足或过度，已经影响到了突发事件的处置效果或者造成了应急资源大量浪费；"差"表示应急资源供给严重不足或过度，突发事件处置效果差或者造成应急资源的严重浪费。

张永领等提出的应急资源保障度的应急管理绩效评价模型，既考虑到了应急资源供给不足对应急处置的影响，也考虑到了应急供给过度对应急资源的浪费，对于优化应急管理模式、促进适度应急响应具有现实意义，也为应急管理绩效评价提供了新思路。但是他们仅仅从4项基本应急响应任务入手构建评价指标体系，在实际中要对应急响应任务进行细分，并构建相应的评价指标体系。

2.3.2.4 应急管理机制和体系研究

杨月巧（2020）整理了应急管理部官网上"新闻"一栏中与机制相关的内容，经过梳理将应急机制分为六大体系。第一个体系是应急预案体系。组织编制国家应急总体预案和规划，指导各地区各部门应对突发事件工作，推动应急预案体系建设和预案演练，是应急管理部工作最主要和最重要的工作之一。第二个体系是应急救援指挥体系。应急救援指挥体系是应急管理体系建设的重要内容之一。第三个体系是应急处置体系。包括风险监测预警机制是突发公共事件应急管理的第一道防线。从内容上看，风险监测预警机制主要包括"监测""预测"和

"预警"3部分。第四个体系是救援力量体系，这主要有国家综合性消防救援队伍机制、社会力量参与机制和市场参与机制。第五个体系是风险防范化解体系。应急管理部组建的目的之一就是防范化解重特大安全风险。第六个体系是综合减灾工作体系（包含长效监管机制）。全面构建长效监管机制是防范化解安全生产具体措施之一。应急管理的生命周期涵盖预防、准备、响应、恢复4个阶段。防灾是对自然灾害与事故灾难进行预防与准备，而救灾是对其进行响应与恢复。综合以上对机制的梳理，可以总结出新时代应急管理机制的特管执法，深化专项整治，严厉打击各类非法违法行为。

赵红等（2006）引入了突发事件应急管理的机理、机制和体系的概念，介绍了突发事件的本质特点和应急管理机制的内涵，并详细介绍了突发事件应急管理体系的构建思路、体系框架模型和工作流程。他们指出，突发事件应急管理具有及时有效性、网络性和动态博弈性的特征。赵红等学者认为开展对突发事件应急管理机理、机制和体系建设与理论研究的工作应该从突发事件的本质特点入手，要理清应急管理的工作内涵，要找到应急管理机制设计的理论依据和具体方法，并结合一些典型案例进行具体验证。最后，必须与各行业进一步开展全方位的合作及深入探讨，推动研究成果解决实际问题。

陈安等（2008）从功能上对应急管理体制的架构进行了分析，认为应急管理体制应该包括以下4个系统：行政责任与社会责任系统，事件响应与评估恢复系统，资源支持与技术保障系统，防御避难与救护援助系统。行政责任系统是指与突发事件管理相关的政府机构及其管理效率评价等辅助规则。社会责任系统包括非政府组织、公民企业等责任主体以及对它们责任的认定。事件响应与评估恢复系统分为信息收集与加工子系统（信息中心与采集终端）、预警与现场指挥子系统、灾难评估子系统以及灾难恢复重建子系统。资源支持与技术保障系统分为资源支持子系统（人力支持、物质支持、财产支持、心理支持）、技术保障子系统（信息、通讯、检测、监测、备份）。防御避难与救护援助系统包括3个部分：工程防御子系统、避难子系统、救援子系统。

吴俊（2006）提出：应急管理机制应由预防和准备子机制、管理和反应子机制及恢复和重建子机制3部分有机构成。预防和准备子机制包括法律制定、资源储备和模拟演习。管理和反应子机制包括情景状态识别、常规决策、非常规决策、人员物资调度和信息发布。恢复和重建子机制包括秩序恢复、设施重建、人员安置、心理平复、独立调查和组织变革。

吴丹丹（2007）认为：一个完善的应急管理机制应该包括危机预警机制、反应机制和灾后评估机制。其中，危机预警机制又可细分为信息收集体系、信息处理体系、预警指标体系、危机警报体系、危机预案体系；危机反应机制又分为应对规模反应体系、应对机构反应体系、预案反应体系。

张海波等（2015）以2003年"非典"疫情至2013年"芦山地震"10年间的重大灾害为研究对象，通过比较案例研究，讨论中国应急管理在社会变迁、治理转型、政府架构、政策体系、运行机制这5个尺度上的结构变化。张海波等研究发现，在2003年"非典"疫情至2013年"芦山地震"10年间，中国应急管理结构固化与结构演进并存，目前以结构固化为主，呈现"彗星"结构，但也存在推动结构演进的动力，如图3-2所示。中国应急管理脱离结构单独推进是陷入目前发展困境的根本原因。他们提出了中国应急管理的发展需要回归结构，顺势而为，从而推动应急管理的结构演进。

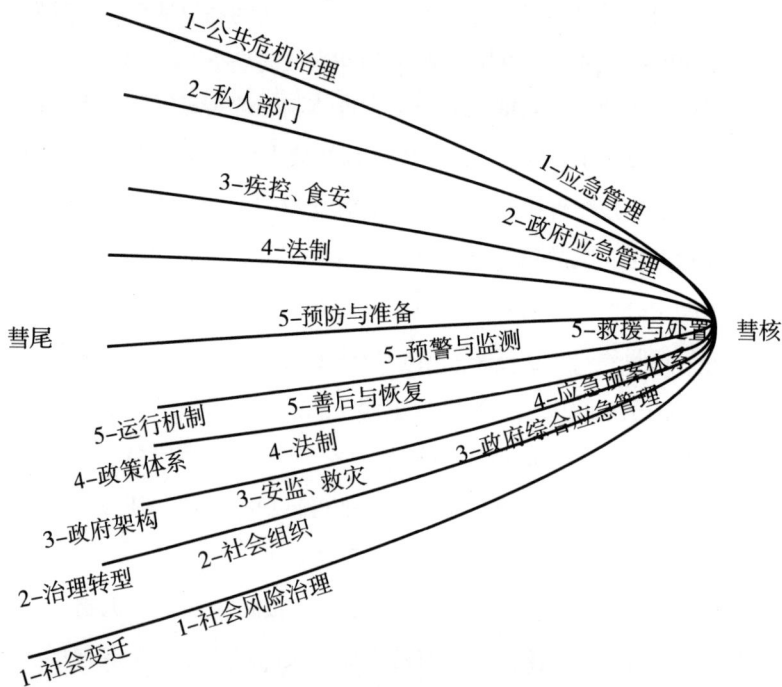

图2-3 中国应急管理的"彗星"结构

颜海（2010）等就2003年以来我国有关突发公共事件应急管理体制与机制的理论，从应急管理体制与机制内涵的界定、关系的厘定、功能的认定和架构的确定等方面进行全面、系统的评述，对完善和创新我国应急管理体制与机制建设有着积极的促进作用。

上述学者分别从不同的角度来构建应急体制、机制的框架模型，对深化应急体制、机制的认识具有借鉴意义。综合分析这些模型后笔者发现，学者有的是从政府应对危机全过程的各个阶段的业务活动来分析，有的是依据政府应急管理功能来搭建系统架构。但由于应急管理活动具有多主体、多层次、动态化的特点（其中，多主体指整个应急活动的主体不仅仅包括处于主导地位的政府，还包括各种社会主体和公众。多层次指政府机构的内部有着不同的层级关系，有处于核心的承担协调指挥职能的决策层，还有外围的各个承担具体职能的专门机构和组织。动态化指突发事件的特点决定了从发生到消除是一个动态发展的过程，同时在整个应急活动中存在物资、人员、信息的流动），所以，很难用一个标准化模型全面、完整地揭示它们的结构与各个要素之间的联系。

2.3.2.5　我国重大突发事件研究的现状

崔雪丽（2020）基于文献计量的方法，利用Vosviewer及Ucinet软件对文献数据进行可视化分析，揭示了当前国内重大突发事件研究的现状，深刻分析当前该领域的研究特征。研究发现，当前学界对该领域的研究深度总体不够，成果产量不足；研究内容主要集中于重大突发事件发生后的舆情引导和善后处理，事前预防相关研究偏少；关注该领域的科研机构及专家总体偏少，学者及科研机构之间的合作总体不够。最后基于文献计量的分析，崔雪丽提出该领域研究的对策建议：要还原事件真相，引导正向舆论；强化危机预警，注重事前预防；深化协同联动，整合科研资源。

崔雪丽进行文献整理后发现，1992—2002年的10年里，该领域的文献产出数量较少，属于研究起步阶段，表明学界对重大突发事件的重视程度不够，尚未形成体系化的研究。2002年之后，文献产出数量呈现波动性地增长，在2003年迎来第一个增长高峰，结合社会重大突发事件的实际来看，受2003年"非典"的影响，学界开始高度关注重大突发事件。2008—2009年，该领域的文献产出达到峰值。通过查阅资料可发现，2008年我国受重大雨雪及汶川地震的影响，重大突发事件的应对再次受到社会各界的关注，倒逼学界开展相关研究，社会各界再次意识到危机管控的重要意义所在。2008年以后，学界关于该领域的研究成果总体而言呈逐年下降的趋势。总体来讲，当前学界对重大突发事件的研究在持续开展，但相关研究多集于重大突发事件发生之后，有关事件前期的防控和干预研究较少。

2.3.3　突发事件应急管理典型案例分析

2.3.3.1　自然灾害——深圳发生台风"山竹"事件

（1）案例描述

2018年第22号台风"山竹"于2018年9月14日在广东省江门登陆，最大风力达到了14级，直径达1200千米，深圳、珠海地区出现16—17级阵风，香港地区最大阵风71.1米/秒，南海海域出现4—8米的巨浪，台风中心经过海域出现16.3米的巨浪，广东沿海13个气象监测站点潮位和海浪高超百年一遇，有11个站点超历史实测最高潮位。台风登陆期间，粤西市县和珠三角南部市县持续大暴雨，部分市县出现特大暴雨，最大雨量达400毫米左右；粤东、珠三角北部市县有持续暴雨，粤北市县中到大雨，局部暴雨。台风登陆前及过境后各种不同灾情叠加，全省受灾情况复杂，部分地区海水倒灌，港口、码头防台风压力大；台风登陆造成树木折断倾倒、玻璃幕墙破裂、高空物件掉落、简易建筑倒塌等破坏，威胁沿海地区核电、石化冶炼等高危企业，台风过境后，持续强降雨导致部分地区相继出现山洪、内涝、泥石流等次生灾害。台风过境后2天内，粤西部分地区仍有大到暴雨，珠三角部分地区中到大雨，这使得土壤含水量剧增，部分地方出现倒灌、漫顶等情况，农田受损，厂房及住宅被毁。台风"山竹"导致广东、广西、海南、湖南、贵州5省（区）近300万人受灾，5人死亡，1人失踪，160.1万人紧急避险转移和安置。广东省各部门也积极做好准备，应对台风"山竹"可能带来的损害。包括关闭受影响地区的海滨海岛旅游景点，组织居住在低洼地区的群众转移到安全地带，关闭沿海地带的道路、地下停车场以及加固广告牌等。台风登陆后，还启动了停工、停课、停市等一系列措施。2018年9月15日18时，阳江市宣布全市停工，所有公众聚集场所停止活动。当日晚上，广东省政府又发出紧急通知，全省进入防风I级应急响应状态。而到了17日前，广东省所有学校停课，其中风力较大的城市全部停工、停产，全部采取严密防御措施。台风山竹造成广东省19个地市102个县（市、区）共697个乡镇238.3万人受灾，209.8万亩农作物受灾，151间房屋倒塌，累计转移人员311.7万人，清理倒伏树木15.48万棵，直接经济损失超过76亿元。

（2）应急管理措施

根据4R危机管理理论，应急管理案例从其发生及应对的整个过程来看，可以分为减缓阶段、准备阶段、响应阶段以及恢复阶段，本节将从每个阶段入手，对台风"山竹"应急案例的过程进行分析。

①减缓阶段。

在减缓阶段，核电站、机场、石油化工、码头港口、油库等重点场所和项目工程单位被列为受灾重点目标和薄弱环节，对这些场所进行检查，对有可能引起事故的地方增加防护措施，还加固了桥梁和堤坝等，确保了重点场所、工程项目和重大危险源的绝对安全。台风登陆前，发挥微博、微信发布快、受众广、形式活等特有优势，在各级官方微博、微信公众号上提前发布防御台风提示信息，告知群众防御台风"防身术"，有效实现防范宣传效果最大化。同时，在应对此次"山竹"台风减缓阶段过程中，广东省制定了《广东省突发公共事件总体应急预案》，该预案是当前广东省应对危机事件的主要依据，强调了在处理危机事件时不同部门的责任，要求各部门切实履行政府的社会管理和公共服务职能，把保障公众健康和生命财产安全作为首要任务，把预防危害性突发公共事件作为应急管理工作的基础和中心环节，加强部门之间的配合，充分发挥专业应急指挥机构的作用。虽然预案已制定，但广东省台风应急宣传教育还存在一定的问题，很多群众就算知道台风要来袭，也不知道应该如何应对。正是因为缺乏危机意识，对台风的级别和破坏力认识程度不深刻，所以在进行日常隐患排查时有所疏忽，使得隐患长期存在，台风来临时给居民区、工厂企业带来更大的损失。

②准备阶段。

在准备阶段，广东省前期已经对多处隐患进行了排除，台风"山竹"结束后，根据省水务局统计可知，仅广州市排除的安全隐患就达到了134处，其中排除倒灌隐患32处、排除渗漏隐患55处、排除漫顶隐患25处、排除水闸隐患10处、排除堤围缺口隐患12处，这些隐患的排除也在一定程度上提高了整体应对能力。此外，全省消防救援队伍对装备器材进行了逐一盘点，准备了3000余辆消防车、

450艘冲锋舟艇、113架无人飞机、23套远程供水泵组，油水电气充足，3.4万余件（套）抗洪抢险器材完整好用。

③响应阶段。

台风"山竹"发生后，有10余位省领导带队深入各个地市进行抗灾救灾工作，武警和解放军官兵共出动12多万人次，财政部门拨付救灾资金6000多万元，为救灾提供了有力的资金支持。水利部门则根据台风情况对水利工程进行了科学调度，保证广东省各个城市的安全；交通部门则转移重要施工设备331台，转移施工船舶99艘，成立了应急抢险救灾队伍175个，江门市调集58支应急队，湛江市调集13支队伍；省安全生产监督局则派出6个工作组赴湛江、阳江等地协助做好防台风工作；省住房和城乡建设厅则出动应急人员4700余人次，应急车辆467次，启动应急设备171台套，转移人员15万人；省民政厅转移安置共9.02万人，省公安厅则共排查整改1500多个点段，维护交通安全设施约500处，投入警力6500多人次。在通信保障方面，广州、珠海、江门等12个通信分队组成"防风圈通信环动力量"，利用无人机拍摄实时全景图，为领导指挥决策提供依据，为各大媒体宣传提供最前沿、最实时的动态资料，首次全方位、多视角支持央视全程直播，保障大型复杂灾害现场指挥体系畅通。

④恢复阶段。

在恢复阶段，主要任务包括评估灾害损失，排水、供电、供水以及通讯设施恢复等。消防救援总队前沿指挥部将广州、深圳、东莞860名救援力量划分为127个作战条块，实行编号分片作战，迅速清除各类路障，40个小时对240余千米的道路进行了修复，确保灾后第二天城市道路基本恢复畅通。此外，在恢复阶段，广东省消防救援总队还加大了后勤保障，利用社会化保障资源，启动与三防、民政等部门物资紧急调用协议，进一步健全"社会储备、消防使用"的战勤保障机制。

（3）结论与分析

在应急管理过程中，减缓、准备、响应和恢复是一个整体，环环相扣，前一环节的应对情况关系着后一环节的资源投入状况，也关系着事件的最后处置结果。在4个环节中，灾前减缓和灾前准备直接关系着整个应急管理过程的成败。"山竹"过境前，气象部门就对其加以关注并通知相关部门采取防御措施；在准备和响应过程中，政府部门充分考虑各方面因素对防灾工作进行部署，各部门之间也相互协作配合，保证了防灾工作顺利进行；政府贯彻整体化、系统化的应急管理理念，在灾前减缓和灾前准备方面做了大量工作，加强了对市民防灾意识的宣传和防御措施教育，保证市民与政府相互配合，共同推动应急管理工作顺利进行，因此深圳市能平稳度过台风灾害，并迅速恢复正常的生产生活。

应急管理针对的往往是具有不确定性、动态性、紧急性和系统性的事件，要求在短时间内最大限度降低风险。因此需要全社会共同参与，将企业、公众和社会组织等主体纳入应急管理的体系中。在应对"山竹"过程中，政府居于主导地位，在防灾抗灾中发挥了重要作用，但是不能忽视深圳市民和社会组织的贡献。在灾前准备和灾后恢复过程中，深圳市妇女组织等社会团体充分发挥自身优势，协助政府转移和安置群众，安抚市民情绪，清理倒伏树木，抢修基础设施；许多深圳市民也自发参与到灾后路面清扫活动中，在台风过境后迅速打通交通主干道，恢复市内交通。

台风"山竹"的应急管理取得了成功，但还存在一些不足。从理念上来看，政府具有很强的应急管理意识并有条不紊地推进应急管理工作。但个别市民的应急管理意识相对薄弱，存在一定的恐慌心理，增加了应急管理工作量。从参与主体来看，公众和社会组织的作用还有待进一步发挥。从管理机制来看，这次应急管理在灾前减缓、灾前准备和灾害响应阶段做到了"分"与"合"的统一，但在灾后恢复阶段，统一指挥方面还有待进一步总结。针对这次应急管理中存在的问题，深圳市政府加强了应急管理教育，强化市民的应急管理意识；同时，鼓励和支持社会组织和公众参与应急管理，进一步推进应急管理主体的多元化发展；在应急管理过程中，要更加注重应急管理工作的系统化，既要重视灾前减缓和灾前准备，也要注重灾后恢复，尽快恢复正常的生产生活。

2.3.3.2　事故灾难——龙泉驿区"2·24"隧道爆炸事件

（1）案例描述

2015年2月24日13时10分左右，龙泉驿区成洛大道（东延线）建设工程项目工人孙忠亮、常金良、吴中秀、任举创4人翻越洞口隔离栅栏进入隧道右洞，约20分钟后，隧道内发生瓦斯爆炸。经事后对事故现场冲击波造成的痕迹和现场勘验情况分析，起爆点位于隧道右洞约582—588米处，常金良在检修车辆时产生火花引爆积聚的瓦斯，产生爆轰，爆轰火焰经隧道顶部聚积的瓦斯层迅速往右洞和左洞（经600米处的联络通道）的掌子面蔓延，分别在右洞和左洞的初支和二衬之间引发瓦斯爆炸。事故共造成7人死亡、20人受伤，全部施工机具被毁，直接经济损失达1000多万元。

（2）应急管理措施

①及时响应应急预案。

2015年2月24日15时，彭州市安监局接到求救电话后，立即通知春节休假期间的救援人员立即停止休假赶赴局上集合，经过20分钟左右的时间，在各地的休假人员基本赶到局上集合完毕，待清点人数和检查装备完毕后，紧急赶往80千米外的事发地。在不断堵塞的道路上，奔波了近1小时47分钟赶到了事故现场。

17时17分，到达事故现场。由于此次是瓦斯爆炸事故，必须要等后备小队赶到现场后，侦察小队方可进行灾区侦察。因《救护规程》中明确规定"侦察小队在入洞侦察前必须要有后备小队在现场值班，一旦侦察小队出现异常，后备小队立即地进入救援"，为此，小队只能在洞口待命。

17时24分，对洞口有毒有害气体浓度进行检测。

17时39分，现场指挥部下令，立即进入灾区侦察。

19时50分，出江中队到达现场并向指挥部报到。

20时05分，8名指战员冒着随时发生第二次瓦斯爆炸的危险，冒死进洞侦察。入洞后，队员行进至100米处，发现一辆自卸汽车残骸，车架与车厢完全分离并堵住隧道去路，此时确认有害气体浓度不高，队员从损毁的汽车旁翻越经过障碍。行至170米处，有毒有害气体浓度增大，烟雾增大。距洞口约220米处，全是浓烟，站直基本上看不清任何东西。距洞口600米处，隧道内出现浓雾，可视距离缩短至1.2米以内。

21时12分，随着进洞队员视线不清，无法看清检测仪器，瓦斯浓度是否达到爆炸界限也不知，部分队员氧气不够，在浓烟下，将会造成氧气耗尽而出不了有毒有害气体区域的问题。最后中队长于21时12分下令，小队人员全部撤出隧道。

21时20分，眉山救护队赶到现场，内江救护队24人于23时52分到达现场。至此救援现场共集结了4支救援队伍、5个战斗小队，共计53人的力量。这53名救援人员在救援指挥部的正确领导下，经过安全专家的出谋策划，抢险救援时间从24日17时17分开始，至27日11时12分结束，历时70小时55分。

②有力协调力量处置。

本次事故按以下3个阶段开展救援工作：

24日17时17分—25日01时34分开展紧急救援行动，主要任务是险情侦察和遇险人员搜救；

25日01时35分—27日08时33分开展排险工作，主要任务是通风排放洞内有毒有害气体；

27日08时34分—27日11时12分开展失踪人员搜寻和全面检查，主要任务是入洞寻找失踪人员和进行事故后洞内情况全面检查。

事故一旦发生，信息公开的方式、速度等也是考验我国政府执政能力的一个重要方面。要推进信息公开工作，不仅要充分发挥政府网站信息发布主平台和电视、报刊、广播等媒体的作用，还要不断完善事故的快速报道机制，同时也要充分重视舆情预判与引导。龙泉隧道瓦斯爆炸事故发生后，在短短的2个小时内，互联网上就出现了关于瓦斯爆炸事故的初步报道，虽然内容还不是那么详尽，但图文并茂，也算是及时把事故信息传递给了公众，并且，根据救援情况，新闻也在持续地更新。同时，当天的四川电视台新闻频道也实时报道了救援的进展情况，另外，第二天的地方报纸、四川日报等也相继报道了这起瓦斯爆炸事故。

③有序开展事后恢复。

事故应急管理分为预防、准备、响应和恢复4个阶段。而最后一个恢复阶段在整个应急管理工作中起着举重若轻的作用。在这一阶段，主要要做的就是当发生灾难事故以后，对事后的影响进行收拾整理，通过政府以及起协助作用的社会各界的力量帮助灾区因灾难而受损方面的复原和重建，其中影响的方面很广，主要包括了当地面貌、经济、人民生活保障、当地社会及环境等等方面，也包括对灾民的安抚等。突发性灾难具有巨大的社会破坏力，影响力巨大，给社会带来难以估量的后果，严重干扰和谐社会的构建，影响人民群众正常的生活和工作，影响社会稳定和国家经济发展。对灾难事故造成的后果进行恢复属于应急管理中的恢复阶段，这一阶段的任务是将社会各种活动最大限度地复原为原来的状况。首先是对当地秩序和人民生活的恢复，并且在恢复当地经济的过程中可以进行进一步发展，在恢复的基础上提升其发展，认识到之前的错误，提高公民的安全意识。危机恢复中，也常常会给社会公共安全管理和服务带来一些新鲜血液。

当应急阶段结束后，从紧急情况恢复到正常状态需要时间、人员、资金和正确的指挥，应急救援工作结束之日，就是恢复工作开始之时，恢复的时间长短受事故灾难造成的社会影响程度，可投入的人力、物力的数量，相关具有支持性的法律、法规，其他因素（地形、气候等）影响。一般来说，重要的恢复活动主要有以下几方面：恢复期间的管理、现场警戒和安全、员工的救助、损失状况评估工艺数据的收集以及事故调查等。

恢复期间的管理。恢复期间的管理具有独特性和挑战性。由于受到破坏，生产不可能立即恢复到正常状况。另外，某些重要工作人员的缺乏可能会造成恢复工作进展缓慢。恢复工作的成功与否，在很大程度上取决于恢复阶段的管理水平，在恢复阶段，需要专门组建一个小组或行动队来执行恢复功能。

现场警戒和安全。当救援工作结束后，由于事故区域还具有不稳定性，后续的事故调查需要保护现场证据等多方面的原因，应将事故现场隔离封闭起来，安保人员要严密监视，防止无关人员进入，管理层要向安保人员提供授权进入此区域的名单，安保和卫生人员应该及时地将事故区域的破坏面积和污染面积确认出来。内部的相关人员也要合理地保护自己，比如佩戴个人防护设备等。

（3）结论与分析

在统一指挥、多方协同的抢险救援格局下，政府迅速地凝聚起了各方力量，在短短的一天时间内，便完成了事故的救援及复查工作，最大限度地挽救了生命，降低了经济损失及社会影响力。并且，在救援的同时，也积极对死伤者的家属进行安抚，充分体现政府的人文关怀精神。在救援工作结束后，迅速封锁了煤矿井口，并派驻武警轮流站岗，在保护人员安全、预防次生事故发生的同时，还有力地保护了现场，为后续的事故调查提供了最真实的依据。这不仅体现了政府在应急处置工作上的执行力，同时也证明了在与时间赛跑的应急救援工作中，政府统一领导、多方协同合作的重要性。通过对事故发生后的相关事务的合理控制，有力地组建和完善善后工作，龙泉驿区区委、区政府积极协助和督促中水十五局迅速开展事故善后处置工作。截至2015年3月15日，死者亲属均与中水十五局达成赔偿协议并获得赔偿，死者遗体已火化。

对善后工作的合理化处理，保证了社会的稳定性，事件的发展态势也得到了相应的控制，逐渐将龙泉瓦斯爆炸事故的负面信息控制下来，保证龙泉隧道瓦斯爆炸事故得到相应的处理，降低社会不良效益。

　　在事件处理工作过程中，龙泉驿区区政府有效地进行了龙泉驿区"2·24"隧道爆炸事故的事后恢复工作。通过实施紧急抢险措施，增加事后恢复投入，保障应急效果，严格追究事故责任，回应公众质疑，积极疏导公共舆情，平复公众情绪，建立新闻应急机制，提升政府形象等一系列的做法，有效地解决了危机，防止了事故的进一步蔓延，较好地回应了公众质疑，获得了民众的认可，树立了政府的责任形象，提升了政府公信力，最终实现了龙泉驿区"2·24"隧道爆炸事故的圆满解决。

2.3.3.3　公共卫生事件——桂林"8·25"中毒事件

（1）案例描述

　　第二十一届中国计算机辅助设计与图形学大会暨第十一届全国几何设计与计算学术会议，于2018年8月23—26日在桂林电子科技大学举行。现场参会人员非常多，主要是来自全国各地的学术专家代表，还包括师生代表等，共计500余人参加了这次学术会议，声势浩大。在2018年8月25日这一天，参加完此次学术会议的500余人在桂林帝禾国际大酒店用过晚宴之后，陆续有人出现腹泻、头晕、呕吐症状，当事人怀疑与晚宴的饮食有关。此后，100余人分别被送往桂林市多家医院进行治疗。事发当天，一直到2018年8月27日18时，入院进行住院治疗的人员达到92人，所幸只是平常的食物中毒，没有重大人员伤亡，否则后果不堪设想。2018年9月1日，官方经过调查，对事件发生的原因进行探究与分析，初步确定了此次危机事件是一起食物中毒事件，由沙门氏菌感染所引发，随后，食品监管局和公安部门介入调查，进行立案处理，查处到的3名直接负责人被处以行政拘留的处罚。

（2）应急管理措施

　　桂林发生食物中毒事件后，当地政府、部门、机构组织成立了领导小组，对食品安全危机事件进行控制、抢救和调查。领导小组主要负责对此次食品安全危机事件展开救援，确保出现身体不适人员的安全，同时，对涉事酒店责令停业整顿，排查原因。政府和食品监管部门对食品安全事件的实际情况展开调研，分析事故发生的原因，并制定了处理方案，让危机事件在社会上不再蔓延，防止谣言的产生。在此次危机预案中成立的组织有：一是通信联络组。一旦发生食物中毒事件，相关部门应立即向上级组织报告，涉事企业应立即接受相关企业的检查，报告内容包括：中毒企业、地址、时间、人数、症状等。二是医疗救护组。及时出动医护人员和救护车辆、器材，及时对中毒人员进行抢救，并安排入院治疗。

（3）结论与分析

桂林食物中毒事件危机管理的"预警机制"分析。

一是预警准备不足。在此次食品安全危机事件发生之后，桂林市当地政府和相关部门对此事展开了调查。桂林属于旅游城市，在这之前，类似危机事件发生较少，危机预警工作做得并不充分。旅游城市人流量较大，食品经营企业较多，在政府和管理人员有限的情况之下，对食品监管力度不够，导致8月25日食品安全事故的发生。在此次食物中毒事件发生之前，桂林市的危机预警机制不是很完善，虽然在此次危机事件发生过程中，相关政府部门和机构均采取了一系列措施来应对危机，但是由于将中毒人员送往医院不及时，部分人员中毒症状加重，这是预警准备不足的表现。作为旅游城市，未对食品安全做出预警，其根源在于没有按照相关规定进行准确预警监测。

二是预警信息传递不到位。预警信息传递是危机管理及工作顺利开展的前提和保障，桂林的食物中毒事件在预警信息的传递方面存在问题。首先，当地政府未对食品安全信息进行大力宣传，民众对酒店食品过于放心，同时，酒店食品安全教育方面的力度也较弱，当地政府和相关机构、组织没有对重点区域进行食品安全教育与相关事项的提醒，没有提前做好充分的宣传工作；其次，在发生食物中毒事件时，在酒店和医院附近围观的人员、造谣人员数量较多，但是桂林当地政府和相关部门未按照要求对围观的人流进行有效疏散，导致看稀奇的人数较多，信息传播分散，谣言四起，关于此次中毒事件的原因各种版本都有，在社会上造成了严重影响；再次，涉事企业和相关责任人也未完全按照要求向桂林市政府、相关区政府汇报此次食品安全危机事件的背景、经过，相关企业和机构组织思想传统，麻痹思想较严重，面对危机事件，没有任何预防工作，表现十分慌张，对现场预估不充分，信息汇报不完整，不配合政府和食品监管局的工作，最终让食品安全危机态势继续恶化，100多人到医院检查，90多人须住院接受治疗。

三是预警工作落实不到位。此次食品安全危机事件中，就事件发生的背景、问题、原因分析情况来看，身体出现呕吐、头晕不适症状的人员数量不断增加，在酒店和涉事酒店围观的人员数量也在不断增加，社会谣言传播信息和速度同样在不断增强，桂林市安保人员表现出不充足的状态。面对此类情形，桂林市政府和相关区政府应将中毒人员送往医院进行治疗，对围观人群进行疏散，但是在保障升级方面，未按照真实需求，向上级政府进行安保人员增加的请示，上级政府在信息不完整的情况之下，也未对此次食物中毒事件进行准确预测，各级政府的预警工作明显落实不到位。桂林作为旅游城市，人流量本身就很大，但是相关政府却未对危机事件充分引起重视，未建立较完善的预警机制，导致危机一来，给社会公众带来了严重损失，同时给人们的身体健康和生命安全也造成了恐吓。

"8·25"桂林食物中毒事件危机管理的"控制管理"分析。

一是决策指挥不科学。在桂林食物中毒事件发生之后，桂林市政府、相关区政府虽然在应急方面采取了一系列措施，各部门、团体、机构、公益组织也纷纷参与进来，但正是由于参与事件的主体较多，出现杂、乱的状态，没有一个专业的综合性的部门来现场对危机管理事件进行指挥。事件发生之后，现场围观的人很多，许多群众跑到中毒人员就诊的医院，这些人员没有得到有效疏散，导致谣言四起，版本众多。包括在现场进行执法的人员，现场存在多个部门、多级领导。许多部门和领导同时赶到现场，并对执法人员同时做出指挥，导致执法人员较慌乱，处理事件不能站在科学、规范的角度进行，也让现场执法人员没有得到一个统一的指示，对事件的处理也较混乱，当晚中毒人员被送往医院的过程比较散乱，救援工作开展起来比较困难。此类决策指挥不利于应对今后各类危机突发事件。此次桂林食物中毒事件决策指挥不太科学，未按照规范要求进行。

二是社会舆论引导不到位。随着社会经济的发展，媒体发展非常迅速，社会舆论在网络上的传播范围较广，且速度非常快。因此，在危机事件的控制管理过程中，政府部门要重视社会舆论的内容、方式、平台，对社会舆论进行正确引导。在桂林食物中毒事件中，当有100人出现中毒现象之后，桂林市当地，整个广西壮族自治区，甚至全国都在对此次中毒事件的发生原因进行猜测，对酒店管理提出质疑，对市场监督产生怀疑，甚至对政府能力提出担忧，一时间食物中毒言论甚嚣尘上，网络上也流传着各种各样的版本。政府面对全市、全省、全国性的舆论压力，对该事件未及时发声，未及时进行新闻发布，导致桂林食物中毒事件在网上的热度持续了很长一段时间，在人们的言谈中也被议论了许久，这是此次桂林食物中毒事件的控制管理缺陷。

"8·25"桂林食物中毒事件危机管理的"应对处置"分析。

一是快速响应机制的不足。突发危机事件一旦发生，政府和相关部门、机构、组织须做出及时、准确的反应才能将社会影响和后果，包括人们的财产、生命安全损失程度降到最低。桂林食物中毒食品安全危机事件发生之后，桂林市政府、相关区政府通过群众举报和相关人员信息的上报及时收到了此起食物中毒案发事件经过，但是由于当时情况较复杂，用过晚宴的人反复出现头晕呕吐症状，原因不明，只是初步怀疑是晚宴导致的，人员较慌乱，公安警务人员最开始很难介入此事件中进行有效的疏通。公安警务人员应该即刻进行立案准备，对晚宴酒店进行调查，并对围观人群进行有效疏散，如此，才能将此次食物中毒事件的社会影响程度降到最低。

二是跟踪反馈不到位。在桂林食物中毒事件发生以后，对事件的总结还有许多不到位的地方。在网络媒体时代，舆论传播速度非常快，当危机事件逐渐消退时，政府要认真总结经验教训，对危机损失进行评估，对危机预防和处理过程中的不足之处进行整改。同时，注重民众的心理安抚工作，必要时进行心理干预，并通过网络对民众进行危机教育，注重培养民众的危机意识，筑牢安全防线。一次危机事件是整个危机的缩影，事后要形成危机管理方案，并制定相配套的政策法规，形成法律法规约束。在此方面，要进一步加强跟踪反馈，形成常态化机制，严肃杜绝可控性危机事件的再次发生，保障人民的财产安全、人身安全，促进社会和谐稳定、可持续发展。

三是信息传递不及时。在桂林食物中毒事件发生时，在上层，各级政府之间、各个部门之间、各个机构组织之间汇报事故信息和决策下达都不是很及时，基层政府、部门为了不让上级领导知道事故的严重性，在汇报信息的时候故意隐瞒事实，上报信息不完整，让事故决策下达不及时，给此次食物中毒事件的现场救援工作带来了一定影响。在群众之间信息的传递也是十分不准确的，群众对事故未完全知晓就在网上和人群中散播言论，导致危机事故性质上发生变化，社会上谣言四起，让事件未能在有效的时间里得到有效处理。在危机事件的救援工作中，相关信息若能被真实地公开，能减少人们对事件的猜测和揣摩，更加有利于工作的开展，信息的及时传递有利于让公众的疑虑得到消除，进而稳定社会情绪。

2.3.3.4　社会安全事件——上海地铁事故

（1）案例描述

2009年12月22日上午7时，号称中国最繁忙的城市轨道交通运营线路之一、日均客流超过100万人次的上海市交通运营"大动脉"的轨道交通1号线发生2辆列车碰撞事故，并由此陷入长达4小时的大瘫痪。由于事故发生当天又恰逢上班和冬至扫墓出行高峰，大量乘客滞留轨道交通站。乘客在转乘地面交通时，又面临打不到出租车、难以挤上公交车的窘状。事故发生后，政府管理部门、地铁运营单位、相关公交企业等及时启动了应急预案，一方面派出抢修队伍，一方面启动公交预案组织疏散乘客。上海巴士公交紧急增援的公交车多达105辆，大量公安干警紧急出动维持秩序。直到中午11时48分，乘客才疏散结束，整个应急疏散过程却长达4个多小时。在这之后，上海地铁又发生了3起事故。在同一天发生4起地铁事故，并造成7个小时的交通拥堵，这样的事故是上海地铁运营史上罕见的重大事故。

（2）应急管理措施

早上7点，2辆列车相撞事故发生后，根据现场记者报道，事后1个小时内，没有任何地铁工作人员前来向被困列车上的乘客解释和疏导。而且事故发生时，地铁列车上仅有司机一名工作人员，要一边向上汇报沟通，又要维持列车秩序。撞车后3小时地铁运营单位才来车救援。

根据《上海市轨道交通运营安全管理办法（草案）》，安全事故影响轨道交通运营的，运营单位应当通过车站及列车广播系统、告示、工作人员提示或者媒体等有效手段及时告知乘客和公众相关运营信息，做好乘客的疏散、转移工作。相关专家也指出，例如信息发布方面，不能仅仅依靠地铁站的广播喇叭，而应该充分利用电视广播、手机短信、高架公路上的电子信息牌等所有能够在公众场合产生影响力、让更多公众知情的告知手段。事故发生后，上海有关部门虽然在第一时间做出了反应，但并未达到预期的效果。

（3）结论与分析

预防和应急准备工作存在漏洞。《突发事件应对法》第二章的第二十二条规定："所有单位应当建立健全安全管理制度，定期检查本单位各项安全防范措施的落实情况，及时消除事故隐患……"上海地铁1号线在投入运营的十几年里没有按规定进行日常维护保养。由上海申通地铁集团负责维护的一些设备老化严重，许多设备基本没有什么备件。由于没有采取有效的防范措施消除事故隐患，最终导致了事故的发生。

信息发布滞后。地铁碰撞事故发生后，一方面，列车司乘人员没有有效利用列车广播等设施发布相关信息，没有有效地组织和说服故障车上的乘客尽快撤离，导致乘客长时间滞留车上，处于被动地位，一旦发生火灾或其他事件将会造成重大伤亡和损失。另一方面，应急管理部门与电信等移动通讯运营商之间没有搭建有效的地铁突发事件信息发布机制。碰撞事故发生后，应急管理部门没有运用各种信息发布手段及时、有效地发布有关事故的信息，没有对重点站滞留乘客进行及时有效的疏导，引导车站乘客改乘其他交通工具，让广大市民对自己的出行做出正确选择。

应急预案和救援体系不完善。此次事故反映出地铁应急预案和应急救援体系的许多问题。

第一，应急疏散方案制订不具体、不详尽。应对地铁区间隧道间的应急疏散方案制订不完善，导致事故发生后大量乘客滞留列车上，列车司乘人员也没有采取相应措施。

第二，没有有效地开展应急演练。上海的地铁有过数次紧急疏散演练。但这些应急演练的效果不佳，很多是流于形式，这次地铁突发事件就证实了这一点。特别是这次发生事故的临时交路，在该线路改造运营多年来，几乎没有演练过，调整运营线路后，列车司机对这条交路很陌生。所以事故发生后，列车司机作为第一现场应对者没有指挥引导乘客疏散。

第三，应急资源布局和配置不完善。上海地铁网络逐渐完善，硬件达到世界先进水平，但软件服务还不能有效应对突发事件。由于上海公交系统的短驳运输能力较弱，应急救援车辆的调度不科学，应急车辆的配置位置没有进行科学规划，应急车辆运营方向与等待疏散的乘客不同，大部分应急车辆没有起到作用，应急效率不高。

（4）上海地铁事件的启示

第一，建立完善应急处置体系，提高应急处置能力。

一方面，我们在应急体系建设中需更强调应急指挥及其体系的作用，把地铁上的工作人员作为应急流程中的一个环节。另一方面，我们更应该把事故发生时现场的工作人员作为应急处置的关键力量之一。现场指挥部是事故发生后赶到现场的救援力量，他们的应急处置属于救援应急处置。另外，地铁管理部门应该加强乘客自救方面的工作。在地铁司乘人员没有及时采取应急处置措施时，乘客应根据应急疏散标志采取积极行动进行自救。因此，要加强地铁应急疏散标识的系统化研究。

第二，建立有效的信息发布机制。

地铁突发事件带给民众的心理恐慌是巨大的，不完善的信息发布机制还会造成更大伤亡。应急管理部门要搭建共同的信息沟通、传递平台，建立由高新技术支持的地铁发布系统，保证信息能及时、准确、高效地传递。要保证在事故发生后，应急管理部门能迅速做出反应，可以通过广播电视、短信、电子屏等各种信息发布手段，向突发事件现场和突发事件现场外与之有关联的市民发布及时有效、实时动态的消息。

第三，完善应急预案，增强应急预案的可操作性。

应急预案是开展应急救援的关键，操作性强的应急预案则是应急救援是否有效的保障。应急管理部门要深入研究各种具体突发事件的机理，制定科学的应急预案。有效的应急演练要能够真实地模拟突发事件发生时的各种应急情况，让应急管理人员在模拟中锻炼应急处置能力，并验证应急设施的有效性。同时，我们可以从有效的应急演练中发现各种问题，以便改进。

第四，从城市安全管理的战略角度去建立健全地铁应急体系，提高突发事件的处理能力。

地铁作为城市居民频繁使用的交通工具，日均人流量大，突发事件造成的影响和危害更为严重，牵涉整个城市的安全。而我国许多城市对城市整体安全体系的认识不足，地铁安全在城市整体安全体系中没有得到应有的重视。因此，我们要从城市安全管理的战略角度系统地研究地铁安全和应急体系，将各应急部门集成为跨部门、跨行业的由职能部门或政府统一联动指挥调度的应急管理体系，并对各种资源进行整合，建立完善的应急资源保障体系。

第五，优化相应的地铁应急能力评价体系和风险评价体系。

从整个城市安全管理的角度，把政府作为、法制体系、公民参与、社会联动等系统要素纳入应急能力评价体系中。风险评价体系强调根据平时运营情况和数据，分析风险波动性的变化情况，从整体上考虑风险指标的变化趋势，从而为地铁突发事件预警和应急提供参考。

2.3.4 对突发事件现有研究的思考

通过对以往文献的回顾，发现有关突发事件的研究集中在以下几个方面：①突发事件的舆论引导研究，如谭正华（2020）探究了新媒体如何利用舆论引导策略，从而指出提升网络舆论引导力的有效策略。②突发事件应急决策研究，如刘好等（2020）通过采用文献计量法和知识图谱可视化分析方法，运用Citespace软件对与突发事件应急决策相关的文献进行定向定量分析，探寻其研究进展及热点，分析发展演变规律，发现突发事件的应急决策已引起大量学者的关注。③突发事件应急管理体系研究，如周兴波等（2021）在系统研究美国、日本、俄罗斯、荷兰、巴西等国家应急管理体系的基础上，将国外应急管理体系分为设立高级别应急管理委员会、设立国家综合应急管理部门、部门内设应急管理机构三大模式。结合我国应急管理发展历程和实际情况，提出我国应急管理体系和能力现代化应转变塑造新的应急管理理念、建立健全法规标准体系、深化完善应急管理体制、优化完善协同应急机制、大力提升应急准备能力和基础应急力量，为我国应急管理体系建设提供借鉴。④突发事件的预警、处置研究，如贾宝金等（2020）研究发现预警体系还存在以下不足：预警启动主体级别太高，不利于提前在特定区域布局管控；认知不确定性导致决策迟缓，不利于对风险的提前管控；首诊医院对可疑病例缺乏相应预警机制，容易错过最佳预警启动时间。并且提出相关建议：将预警启动的主体由省级政府降为基层政府，完善突发公共卫生事件应急管理体制；引入一线医生参与决策机制，健全医院内部的突发公共卫生事件防控机制；加强宣传和教育；提升公众配合政府应对公共卫生事件的能力。袁卫平等（2020）研究发现大数据的出现为突发事件应急处置带来新变化、新思路，突发事件应急处置与大数据结合颠覆了传统的突发应急管理理念和思维。⑤各个具体的突发事件研究，如陈伟等（2019）记录福建省成立了一支由地震、消防、武警、医院等多方联动协作的省级重型地震灾害紧急救援队，其参与多形式应急救援工作，对"2·16"福州民房倒塌事故进行了成功救援。

根据文献调研以及实际观察，应急管理是一门应用科学，时刻关注现实生活中的突发公共事件的问题才是应急管理研究的根本所在。面向实践、面向问题的研究才会有旺盛的生命力。所以对于应急管理研究的内容及未来发展方向，应当从应急管理实践需求谈起。随着应急管理实践的深入，政府已经认识到：由于突发公共事件的综合性，其预防、处置、后处理等工作都需要不同学科领域、不同组织的通力合作才能完成，所以应急管理应当回答：如何将突发公共事件消灭在萌芽状态？如何应对突发公共事件，使人们的生命财产损失降到最低？如何用最短的时间恢复社会秩序？如何将已有的分散在各领域的应急力量综合到统一的应急管理体系中来？应急管理的研究内容，就是为做好以上各项工作提供科学的方法。从宏观上讲，要研究突发公共事件的发生、发展、消亡的演变规律，要研究如何建立统一的应急管理体系。从微观上讲，要研究资源管理、预案管理、教育培训、人员撤离问题以及在线决策辅助的定量方法与定量模型。展望应急管理的未来发展，宏观层面上讲，应急管理不单单是政府部门的职责，而是社会各种力量的有机结合体。未来的研究工作应当致力于消除这些部门之间的不和谐因素。目前我国正在致力于建立一个完善的应急管理体系，但是现有的研究仍然停留在不断地提出原则和指导思想的层面，还没有一个真正能够指导应急管理体系建设的思路和方法。因此本研究认为，应急管理体系建设的思路与方法将成为将来应急理研究的重点之一。从微观层面来讲，应急管理中的决策辅助模型的研究与应用在我国还处于相对薄弱的状况。究其原因，除了实际部门的忽视之外，还有就是模型自身不能满足实际要求。从文献中可以看到，国外对资源的布局问题研究较为深入和完善，同时人员撤离问题的研究和应用也较为发达。随着中国不断加快地城市化进程，城市的容量不断加大，对应急管理的需求也将越来越迫切。所以从微观技术层面来讲，国内要加大对资源布局、资源调度、人员撤离的方法和模型的研究工作以及软件的开发力度。因此，结合实际需要建立易用的决策辅助模型也将是未来应急管理研究的主要工作之一。

第3章　多团队系统理论

3.1　多团队系统理论的内涵

　　现有的多团队系统实证研究都是针对由功能性专业组成的系统，该系统的基本属性是其大范围、模块化结构以及多个功能专业化的单元团队在追求共同目标时展现出的协同效应，对实现系统级超级目标做出了独特贡献（Luciano et al.2018）。尽管多团队系统在许多方面与传统团队、组织相似，但与传统团队相比，多团队系统的大型化和功能专业化提供了更多的资源容量，同时与传统组织相比仍然提供了更多的灵活性（Davison et al.，2012）。因此，多团队系统能满足复杂、不确定和高度险峻环境的需求（Zaccaro et al.，2012）。

　　Mathieu et al.于2001年提出多团队系统理论，他将2个或2个以上相互依赖、相互作用的团队组成的网络称为多团队系统，在该系统内每个单元团队不仅有自己的团队目标（即近期目标），且至少共同追求一个系统目标（即长期目标）。在此基础上，Sessa et al.（2019）将多团队系统看作是一种由多个团队组成的半永久性网络。MTS表示由不同但相互依赖的单元团队组成的网络，通过将目标和努力结合起来以实现上级目标（De Church et al.，2009；Zaccaro et al.，2012）。组成多团队系统的单元团队被认为是"不可简化且可区分的整体，成员相互依赖，目标一致"（De Church et al.，2009）。这些单元团队拥有清晰、可见的边界，能够独立完成行动（Arrow et al.，1995；De Church et al.，2009）。与此同时，他们的最终目标和行动紧密地联系在一个共同的层级上，在这个层级上，团队产出结合在一起，并产生上级效应。需要注意的是，单元团队的目标统一在多团队系统目标层次结构中，单元团队可能会追求不同的团队级别目标（Lanaj et al.，2018）。通常，跨越边界的团队（例如集成领导团队）的具体任务是通过跨越边界整合不同单元团队管理协调和冲突，而其他功能上相互依赖的团队则各自具有独特和专门的角色。因此，多团队系统中的性能通常是非简单相加，一个单元团队的失败威胁到其他单元团队和整个系统的成功（Davison et al.，2012）。在将传统团队理论结论推广到多团队系统时，多团队系统内单元团队间的相互依赖性成为重要边界条件（Davison et al.，2012；de Vries et al.，2016）。

多团队系统的组建方式以及管理方式都与传统团队和组织不同，跨地区、跨部门和跨专业的单个团队为了实现某个紧急共同的目标可以迅速组建和通力协作，快速形成是多团队系统的特点，以便立即响应。对于可用的团队，这可能是临时性的。因此，单元团队的能力和经验可能是可变的。MTS在处理复杂和不确定的情况时，系统需要迅速采取行动，确定需求并确定有效性。与团队不同，有研究表明，自上而下的控制在MTS中可能无法很好地工作，因为单元团队有自己的视角。

多团队系统的功能由团队内部过程和团队间过程组成（Marks et al.，2005）。虽然两者都有助于MTS的结果，但团队间过程比团队层面的过程提供了递增的有效性（Marks et al.，2005）。团队内和团队之间过程的同时运作证明了MTS 过程的复杂性，也突出了主团队系统和其他大型集体之间的区别。也就是说，松散的团队集合缺乏团队间流程，而大型单位或组织则缺乏描述单元团队的内部流程（Marksetal，2005）。这些多层级过程的组合方式以及团队间过程对多阶段管理结果的增量效应将由多阶段管理的功能相互依赖性所驱动（De Church et al.，2009）。具体来说，多团队系统中团队间的互依性将加强团队间过程在预测MTS水平结果中的作用（Marks et al.，2005）。虽然团队内部流程永远不会完全缺席MTS的运作（Mathieu et al.，2001），但当单元团队的近端和远端目标高度依赖于彼此时，交互（如协调、沟通）将变得越来越重要，团队间流程将根据系统目标成为流程核心。通过这种方式，整个系统决定了MTS成功所需的团队内部和团队之间流程的数量。

多团队系统的动态开放性使其能够对所处环境做出快速反应。MTS 越来越被认为是一个重要但具有挑战性的组织，越来越受到研究人员的关注，研究需了解其运作情况并找出提高其有效性的方法（Zaccaro et al.，2012；Shuffler et al.，2018）。虽然MTS在某些方面与稳定的组织和团队相似，但它们是不同的实体，因此有必要分别理解它们（Luciano et al.，2018）。

多团队系统与传统团队及组织有4个重要区别。其一，目标层级性差异。传统团队内成员目标是单维的，且能通过团队内成员努力实现。多团队系统内单元团队不仅拥有他们自己的近端目标，还有一个或多个远端目标（Bateman et al.，2002）。远端目标是单个团队无法实现的目标，因此需要组成多团队系统实现。单元团队的近端目标存在差异，但最终会结合起来为远端目标做出贡献（Arrow et al.，1995）。Mathieu et al.（2001）将目标层级性定义为"一个相互关联的网络集体目标，最短的（近端）目标是在层次结构的最低水平，长期（远端）目标有更高的水平，也代表了MTS目标层次结构的顶部。在一个层级中，更高层次的目标需要各组成团队之间进行更多的协调，总体上级目标需要MTS中所有团队的投入"。因为系统目标的实现需要来自几个（或所有）单元团队的输入，这些更高层次的目标是由团队间过程驱动和预测的。通过规划单元团队如何为远端目标做出贡献，目标层级驱动团队在近端目标上的松散或紧密程度，以及它们之间的相互依赖程度（De Church et al.，2009）。其二，互依性的单元差异。传统团队仅有团队内成员间的互依性，且互依的单位为个体。多团队系统包含传统团队的互依性，同时还具有团队间互依性（Marks et al.，2005）。多团队互依的单位是多层的，包含个体间和团队间。团队内部的相互依赖功能可以统一团队的努力、行动和目标，而团队间的相互依赖功能可以创建不同的团队边界，从而将系统与大型组织进行区分（Arrow et al.，1995；Marks et al.，2005）。跨团队边界互依性要求单元团队在输入过程和输出系统中至少与一个其他团队相互交织（De Church et al.，2009）。由于团队间必须有相互作用过程（如协调、沟通）以实现远端目标，因此MTS中团队间相互依赖的强度将会增强，团队内互依性居于次要地位，团队间过程对系统级绩效影响更大。其三，结果差异。团队间协同效应的产生会促使多团队系统绩效大于单个团队产出总和（De Church et al.，2009）。其四，身份多重性。多团队系统的单元团队有自己独立于多团队系统的生活和身份。单元团队与多团队中的集成领导团队间或依靠网络设备进行虚拟沟通，进入多团队系统后单元团队的认知需整合为整体。即多团队系统认知和状态不仅仅是其单元团队的简单相加。多团队系统有单元团队成员认可的身份和目的，包括每个单元团队具有差异性的目的，但又不仅限于这些目的。团队在一个或多个MTS的背景下独立运作，与具有不同身份和角色（工作、家庭和非工作活动）以及在这些不同角色中的身份（例如在工作中是不同委员会和工作组的成员）的个人相似，多团队系统需要适应不断变化的条件，加强对未来的准备，并不断做到这一点，系统需要成为生成型学习者，采用新的合作方式，结合新技术和工作方法，借鉴和整合组件团队的不同功能，并尝试新方法。

Luciano et al.（2018）基于类型学通过识别关键的潜在因素为多个独立和连续的维度建立多团队系统结构的多维框架。类型学有助于理解一个重要组织方式的复杂因果关系（Delbridge et al.，2013），同时它在对复杂现象进行分类时非常有用，能区别不同的复杂事物（Biggart et al..2004），此外还能促进对不对称因果关系的认识（Fiss，2011）。Hollenbeck et al.（2012）认为，将维度明确为连续、多维的，而不是二分的、分类的，可以用更准确、更细致的方法建立关键的潜在因素，从理论上和经验上区分其他多团队系统配置。

在 Luciano et al.（2018）的研究中，多团队系统包含分化和动态性2个维度，该框架总结了多团队系统结构的形状以及它如何随时间变化，每个维度下又包括5个子维度。

分化是指特定时间点上系统内单元团队间的差异和分离程度。分化也可称为差异化，包括描述单元团队间相互关系的5个子维度:目标不一致、能力分离、规范多样性、工作过程不协调和信息不透明。虽然这5种情况中的每一种都是差异化的潜在来源，但它们的影响可以结合起来，强化子群体心理边界，加深单元团队之间的分歧。①目标不一致。目标不一致性反映了单元团队间目标优先级的不同程度和目标不兼容性。这个子维度的范围从低端相似的目标优先级和兼容的子目标到高端不同目标优先级和不兼容的子目标。Luciano et al.（2018）认为目标优先级的高水平差异，特别是关于上级系统目标的差异，阻碍了共同目的的感觉，阻碍了团队间过程的参与。这将焦点从系统目标的实现转移到近端单元团队目标的实现。当单元团队的目标不兼容时，就会加剧团队之间的分歧并扩大分歧。先前对组织间伙伴关系的研究发现，组织伙伴对共同愿景的理解有助于发展合作目标，这反过来导致更低水平的机会主义追求自身利益（Wong et al.，2005）。②能力分离。能力分离反映了知识和功能能力在组成团队中的分布和不同的程度。这个维度捕获了使组件团队在替换或集成时更具挑战性的能力范围。当知识和功能能力在团队中是完全不同的和孤立的，它会加强团队之间的区别。③规范多样性。多团队系统的单元团队可能有不兼容的工作实践和差异规范，包含具有多种规范的组成团队的系统更有可能经历协调任务和协调工作的挑战（Zaccaro et al.，2012）。例如，Sarkar et al.（2001）证明互补的伙伴资源与兼容的文化和操作规范一般对联盟绩效具有积极的直接和间接影响。④工作过程不协调。该维度表现了系统中进程相互依赖和同步的缺乏程度。过程相互依赖有多种形式，包括有序的（例高分离）、互惠（中）、密集（低）（Thompson，1967）。跨单元团队的过程序列配置方式差异较大时会优化或阻碍跨团队的协调。Somech et al.（2009）从团队层面研究中发现，当团队认同度较高时，任务相互依赖水平与采用合作的冲突管理风格呈正相关，而合作风格又反过来促进了团队绩效。这表明，在较低水平的工作过程不协调中，单元团队可能会更积极地寻找协作方式来协调他们的行动，因为他们是更紧密地结合在一起的。⑤信息不透明。信息不透明表示系统中其他单元团队的输入、过程和结果的信息的缺失和不明确。在此子维度的较高级别上，多团队系统中其他团队的活动通常不可用或不可解释，而在较低级别上，活动是实时更新的，可以对其进行评估，以便精确校准。分化子维度的不同配置会导致多团队系统具有不同形式，不同形式的多团队系统会起到不同的作用。

动态性，对于发展多团队理论至关重要，描述了系统随时间变化的可变性和不稳定性。动态性包括5个子维度：目标层次的变化、任务需求的不确定性、系统结构配置的流动性、系统组成的流动性和注意力的转移。虽然这5个子维度中的每一个都是动态动力的潜在来源，但它们的影响可以结合起来破坏MTS的稳定性，并向系统注入不确定性。此外，每一动力来源在变化的速度和强度方面都可能不同。

目标层次的变化。目标层次结构的变化捕获了随时间变化系统目标相对重要性频率和幅度变化。该维度的较低层次代表一个稳定的目标层次，而中等层次反映目标层次中一些轻微的变化。Gersick（1988，1991）的间断均衡模型提供了一种相对简单的方法来捕捉目标层次结构的潜在变化。截止日期打断了团队的平衡，促使成员对自己的进展进行评估，并触发团队合作的性质和节奏向一个新的平衡状态转变。

任务需求的不确定性。它反映了实现系统目标所需的单元团队活动的持续时间和不确定性程度。

系统结构配置的流动性。该子维度指的是单元团队之间的联系变化的频率和程度，包括不同单元团队在系统中随时间变化的相对重要性或中心性。在流动性相对较低的情况下，多团队系统的工作安排会随时间和环境而保持一致。在较温和的层次上，具体情况决定联系的改变。系统结构配置的流动性在概念上类似于动态中心性（Davison et al.，2012）和权力异质性（Aime et al.，2014）。动态中心性的概念表明，随着时间的推移，网络节点并不是静止的，它们的角色或中心性可能会因环境而发生显著变化（Braha et al.，2006）。即一个焦点单元团队可能在某个时间点对系统目标的实现起到核心作用，但在另一个时间点就不那么重要。

系统组成的流动性。系统组成的流动性包含了系统中成员变动的频率和幅度。该变动可能来自团队内部或系统级别。Arrow et al.（1995）指出成员重组会降低成员之间的熟悉度，并破坏关系的稳定。但也有研究表明该影响并不总是消极的，Choi et al.（2005）研究了在一系列创造性任务中，成员关系变化对小组的影响，发现在任务中经历成员关系变化的小组产生了更多和更多样化的想法。

注意力的转移。该子维度指的是成员从多团队相关任务中转移注意力和努力的持续时间和程度。OLeary et al.（2011）提出了一个多团队成员理论模型，强调了注意力和信息上的竞争压力如何在个人和团队层面上对提高生产力和学习提出挑战。他们注意到，一方面，作为执行各种任务的多个不同团队的成员，增加了成员暴露于信息的数量。然而，另一方面，它也阻碍了类比学习，并可能增加信息负荷、个人切换成本和团队协调成本。

Luciano et al.（2018）是首次对多团队系统结构进行理论建构的研究，描述了多团队系统结构特征（分化和动态性）及其产生不同类型的力量（增强边界和破坏边界）。现有多团队研究文献经常使用复杂性描述多团队系统，但是这种复杂性的来源和性质并未被定义，也无法精确测量。通过差异性和动态性，研究描述了构成复杂性的 MTS的结构元素和由这些维度创建的2种不同而重要的力量。该框架有利于进一步捕获多团队系统的理论边界，提供多团队研究理论基础和通用语言。未来研究可就多团队结构子维度不同程度的不同组合进行研究，考量子维度具体组合与不同多团队类型的适配性。

3.2 多团队系统理论研究进展

肖余春等（2020）在研究中采用了知识图谱分析法对国际多团队系统理论研究现状及演进历程进行分析。知识图谱是以可视化的形式呈现科学知识发展进程与结构关系的一种计量学分析方法，它能够用可视化的图谱获取特定研究领域研究前沿与进展信息的结果，为研究者在最短研究时间里了解和预测前沿知识动态提供帮助（侯海燕等，2009）。Citespace是美国德雷克塞尔大学陈超美教授开发的信息可视化软件，是当前信息可视化技术高速发展背景下运用最广泛的信息可视化分析工具。该软件基于频次、中介中心性、突显词等指标识别知识网络中的核心共引文献和关键词，通过将知识图谱中零散的共引文献和关键词整合并可视化地展示其潜在内部结构和关系，判别多团队系统理论的演化轨迹和研究热点。知识网络中的中介中心性指标是指某一节点在其他节点关系中的中介作用，其数值越高，说明某节点在知识网络中对其他节点间的关系造成的影响越大；频次是指在知识网络中某一文献或者关键词出现的次数，频次越高说明出现次数越多，学者对其的关注度越高（Xiao Fengjun et al., 2017）。

国际多团队系统研究现状及演进历程分析的文献来源于Web of science 核心集合数据库，包括三大引文库（SCI，SSCI，A&HCI），以及科学引文检索扩展版（SCIE）、科技会议文献引文索引（CPCI-S）、社会科学和人文科学会议文献索引（CPCI-SSH）3个引文数据库，图书引文索引·科学（BKCI-S）和图书引文索引·社会科学与人文（BKCI-SSH）2个图书引文数据库，以及新兴来源引文索引（ESCI）数据库。检索项的主题选择检索词为 TS-（*multi-team systems"OR TS=（"multi-team projects"）OR TS-（"multiteam systems"），时间跨度选择2001—2021，学科类别选择经济管理、应用心理学、工程、医学等。根据研究方向和文献类型对检索到的文献进行一一筛选，删除无摘要文献和不相关文献，筛选出符合MTSs的相关文献。

3.2.1 国际多团队系统理论研究现状分析

3.2.1.1 时间趋势

如图3-1所示，国际上关于多团队系统理论研究的数量整体呈快速增长趋势。从研究数量看，多团队凝聚力研究大致可以分为2个阶段：自2001年 Mathicu提出 MTS概念后，2002—2013年是多团队理论的形成阶段，这阶段的研究成果相对较少并且主要来自美国，这些成果成了多团队系统发展的理论基础。2014年较之2013年，多团队理论研究数量呈现成倍式增长，年度发文量首次达到30篇以上，主要原因在于Shufler et al.（2014）出版了*Pushing the Boundaries: Multiteam Systems in Research and Practice*，里面收录了13篇有关多团队系统在航空、军队、石油化工企业、金融服务、医疗服务等领域应用的文章，拓展了多团队系统理论的应用范围，也引起了学者对多团队系统在各领域应用的关注。在2014年之后，多团队研究的发文数量都保持在两位数，这种快速增长趋势也说明多团队系统因其广泛应用性逐步成为多团队领域研究的一大热点。

3.2.1.2 空间分布

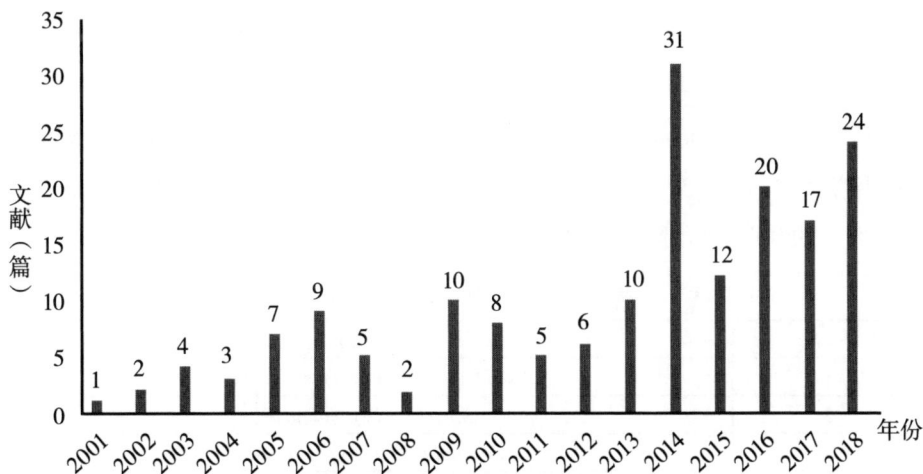

图 3-1 MTS 领域文献时间趋势

根据检索得到的结果，按照各国发文数量进行排序，排名前四位的国家如表3-1所示。可以发现，美国发文数量最多，说明美国在多团队系统研究领域处于绝对领先地位，位于第一梯队。而中国、荷兰、英国也是多团队研究领域发文数量贡献较多的国家，但其研究成果的数量与美国相比差距仍然较大。

表3-1　国际多团队研究文献空间分布

序　号	国　家	发文数量	占　比（％）
1	美国	104	59.43
2	中国	18	10.29
3	荷兰	12	6.86
4	英国	8	4.57

美国是多团队系统领域研究成果最为丰富的国家，佛罗里达国际大学、密歇根大学、康涅狄格大学、佐治亚大学、得克萨斯大学、马里兰大学是该国多团队系统领域研究具有代表性的大学。其他具有代表性的研究机构有英国利物浦大学、挪威科技大学、荷兰蒂尔堡大学、荷兰萨克逊大学、芬兰奥卢大学。其中，密歇根大学、佛罗里达国际大学、佐治亚大学是推动多团队系统理论新研究、促进该领域国际发展的核心研究所。

3.2.1.3　期刊分布

统计发现，发文数量在3篇以上的期刊排名如表3-2所示，*Academy of Management Journal* 作为管理领域的顶级研究期刊引领了多团队系统领域的研究，所发表的文献代表了该领域的主要研究趋势和前沿。值得注意的是，排名在前十位的期刊中，*Journal of Oncology Practice* 和 *Journal of Applied Psychology* 是各学科学者进行学科交流的纽带，刊载的内容多侧重管理和医学、管理和心理学的交叉，由此可见多团队系统理论受到许多学科学者的关注。

表3-2　MTS领域主要发文期刊

序　号	期　刊
1	*Academy of Management Journal*
2	*American Psychologist*
3	*Journal of Oncology Practice*
4	*Group Organization Management*

续表

序　号	期　刊
5	*Human Factors*
6	*Journal of Applied Psychology*
7	*Leadership Quarterly*
8	*Team Performance Management*
9	*Journal of Occupational and Organizational Psychology*
10	*Small Group Research*

3.2.2　国际多团队系统理论研究演进历程

本书对MTS理论研究的发展进行了分析，大致可以分为3个阶段，如下所示：

3.2.2.1　奠基期（2001—2006年）

这一阶段的研究内容以 MTS 协作、领导力研究为主，计算机仿真战斗机飞行模拟实验为主要研究方法。Dechurch、Marks、Mathieu是多团队系统理论的开创者，Marks et al.（2005）探讨了在MTS中跨团队过程和团队内过程对MTS绩效的影响，指出相比团队内过程，跨团队过程对 MTS 绩效积极影响更大。尤其在高度互依的 MTS 中，跨团队过程对MTS 绩效积极影响更强。Dechurch et al.（2006）将MTS领导团队职能型领导行为分成战略制定和协作促进2个维度，应用计算机仿真战斗机飞行模拟实验证实职能型领导行为2个维度对多团队绩效的积极影响，此外跨团队协作在其中起到中介作用。该文献区分了多团队系统在互动过程和领导机制上与单一团队的不同，解释了团队间交互过程在多团队系统中的重要性和复杂性，为后续的实证研究奠定了理论基础，因而具有较高的引用率和中心性，是 MTS 实证研究领域一部重要的奠基性文献。

3.2.2.2　深化期（2007—2013年）

这一阶段在研究内容上存在2方面重要特征：一是继续针对MTS协作、MTS领导的内涵及作用机理进行深化研究；二是对当前MTS研究成果进行阶段性总结。实证上，Dechurch et al.（2011）首次通过历史计量分析法推论出领导团队在多团队系统的单元团队、多团队系统及跨多团队系统3个层次上具有战略制定和协作促进的职能，并证实战略制定、协作促进对多团队过程、表现状态和绩效的促进作用。此外，Davison et al.（2012）在*Journal of Applied Psychology*发表的*Coordinated Action in Multiteam Systems*，以 0.31 的高中心性值位居中心值榜首位，采用空军领导力发展模拟实验范式，以美国军官为被试区分了MTS的6种协作行为，发现单元团队间的横向协作对MTS绩效存在消极影响，单元团队边界管理者与MTS领导间的垂直协作仅在解决情境要求该团队解决关键的任务时对MTS绩效存在积极影响。研究说明多团队系统中职能不同的团队（如执行团队、后勤团队、边界管理团队、领导团队）间的协作行为对多团队绩效的影响存在显著差异，直接处理任务的单元团队间的协作促进作用要强于领导团队间的协作促进作用。目前，多团队系统是政府应急救援系统、大型企业、金融机构等面临艰巨挑战时的重要组织方式，采取措施加强领导团队间的协作也将成为提高多团队绩效的方法之一。Lanaj et al.（2013）从目标设置过程角度探讨了MTS采取分散计划对MTS绩效的影响，发现在MTS中分散计划是一把双刃剑，一方面会提高MTS的主动性和抱负水平，另一方面也会增加风险寻求和协作失败的可能性，并且其消极影响要强于它的积极影响，因此MTS是否采取分散计划需要根据该MTS所处的情境谨慎决策。

上述3项研究以实验或计量分析的方式进行，分别考察了多团队系统的领导关系、协作行为、计划方式，表明了多团队系统运作的纵向性与横向性相结合特征。但这些研究多以美国空军军官作为被试，虽能有效揭露多团队系统的内在机理，但降低了结果的外部效度，结论的推广程度有待进行进一步本土化研究检验。不过值得注意的是，这些研究揭示了多团队系统和传统团队在运作模式上的重要差异，为在实践中发展多团队系统提供了方向。

综上，Dechurch *Team effectiveness in complex organizations: Cross-disciplinary perspectives and approaches*2009年在著作中发表了*Thinking in Terms of Multiteam Systems*和2010年在*Human Factors*发表了*Perspectives: Teams Won't Solve This Problem*，前者从方法学的角度探讨了 MTS 的研究设计与传统团队研究设计的差异性，重点介绍了美国多所大学的联合实验项目——计算机仿真战斗机飞行模拟（Air Combat Effectiveness Simulation, ACES）实验在MTS研究中的应用，该文献不仅深入解读了MTS背景下的情境模拟实验的设计方法，也是MTS理论前期研究成果的阶段性小结，其在方法论上的贡献有助于后续研究者借鉴。后者从复杂社会技术系统（complex sociotechnical systems）视角比较了MTS和单个团队的差异性，在动态复杂的环境下，MTS不仅是一种组织方式，也是一种方法论，即采用 MTS作为研究视角更有助于人们认清在复杂社会中的位置。Connaughton et al.在已有的MTS定义基础上进一步从组成特征（总规模、单元团队数量、地理位置）、联系特征（互依性、目标层级）、发展特征（如发展阶段）3个角度丰富了MTS内涵。

3.2.2.3　多元化期（2014—2018 年）

相比于前2个阶段，这一阶段的MTS理论研究在作者群体、内容、方法、研究对象上都有极大的丰富，多团队系统的结构特征、协作机理和在医护领域中的应用成为这一时期的关注重点。案例分析和计算机模拟实验是这一阶段主要的研究方法。Taplin et al.（2015）首次从癌症护理的视角对临床医师在群体间和群体内的互动过程进行了描述，并提出通过识别目标、角色并管理团队间和团队内任务的互依性可以促进临床医师对病人和护理协作过程的关注，从而推进护理质量。Gerber et al.（2016）以案例分析方式对一个治疗64岁肺癌患者的临床多团队系统进行了研究。案例叙述了在该系统中临床治疗小组和研究小组的冲突过程：研究小组需要治疗小组在治疗中及时回馈相关信息以调整临床试验，然而治疗小组将组内目标放于优先位置，并认为研究小组延阻了自己给其他病人提供标准治疗的时机。基于此，案例总结了以下3个原因：缺乏目标间的联合、团队间存在对立、角色和任务模糊。在重大疾病的临床护理中，研究与实践是互依的双轨，处于其中的多个医疗团队要在时间压力下及时共享信息、协同处理多维问题以达成共同治愈病人的最终目标，这正是在医护情境下建立多团队系统的应用价值所在。上述2项研究均以癌症患者为研究对象，结果均显示了相比于单个团队内要求个体对个体的交流与合作，多团队系统更强调团队间的沟通与合作的重要性，在治疗重大疾病的多团队系统中要完善团队间协作机制。

De Vries et al.（2016）通过对236个14人组的 MTS 进行计算机模拟实验验证了垂直协作行为能够增强团队内部职能多样化对横向协作的积极影响，并降低团队内部职能多样化对抱负行为的消极影响。Rico et al.（2017）论述了多团队系统的目标层级特征和功能过程互依性对动机过程（目标设置和目标奋斗过程）的影响。Luciano et al.（2018）解释了MTS的动态性和差异性特征所带来的边界力量提高和破坏性影响，以及对多团队系统状态（归属需求、情感积极性、认知积极性）的影响。

3.2.3 国内多团队系统理论研究现状及演进历程

3.2.3.1 多团队系统理论研究现状分析

（1）时间趋势

多团队研究在国内首次发文时间为2012年，至2021年国内研究者在核心期刊共发表18篇文献。相对于国际多团队研究阶段及文献数量，国内多团队研究存在起步晚、关注度低的特征。国内多团队研究大致可分为2个阶段：2012—2014年是国内多团队研究初步发展阶段，2015—2021年是国内多团队研究持续发展阶段。在前一阶段，特别是2012—2013年，研究成果主要出自浙江工商大学肖余春教授的研究团队，这些成果有助于国内研究者开始了解并关注多团队系统，为国内多团队研究奠定了知识基础。但自2015年后国内多团队研究呈无间断性、持续增长态势，在2019年度发文量达到4篇，在2020年度发文量核心期刊达3篇。文献数量的逐年持续增长也说明，在国内，多团队系统因其适应组织方式变革的特点逐步成为国内多所研究机构关注的热点。

（2）空间分布

在知网对国内多团队研究18篇文献进行可视化网络图谱分析发现，该领域的国内研究成果主要来自浙江工商大学、中南大学、河北工业大学和昆明理工大学4所高校。而肖余春团队、朱学红团队和刘兵团队为国内多团队研究的主要学术群体。但整个研究网络呈散点状，各学术群自成一个子网络，子网络间无直接或间接沟通和合作关系。国内多团队研究学术群间较为封闭，需要进一步加强跨学术群交流与合作。

（3）研究方法

理论性综述是发表文章最多的研究方法，说明当前国内多团队研究者非常关注国际多团队研究发展趋势，对多团队理论认识深度和广度逐步提高。在国内多团队实证研究中，早期研究者依然采用传统团队研究的主流方法进行研究，包括大样本实证调研和准实验设计。随着国内科研技术发展以及方法应用的多元化，研究者也开始采用国际主流的计算机模拟实验法进行研究，同时寻找研究中国情境下多团队系统的特色化路径，通过数学公式和矩阵计算是近年国内多团队研究使用较多的方法。建构数学模型可以对样本测量无法探及的复杂情境进行推理和演绎，但该方法多是建立在非自然条件下，在测量真实性和效度上存在局限性。案例研究方法是国际多团队研究应用最多的方法，这也说明多团队系统是情境化产物，该方法对了解不同情境下多团队系统的内部特征及优劣势有重要作用，国内多团队研究有必要针对中国情境下多团队系统进一步展开本土化研究。

3.2.3.2　多团队理论研究演进路径分析

对在核心期刊发表的国内多团队研究按照时间序列进行排序分析，可以看出，不同学术团队在不同时期发表的研究成果对国内多团队研究发展具有重要推动作用，代表了国内多团队研究的知识演进路径。

2012年，肖余春和李伟阳的《团队管理研究新视野——MTS 理论研究综述》和《多团队系统理论及其在现代企业管理中的应用》是国内多团队研究初始最重要的文献。论文运用分析、归纳、推理和演绎方法对多团队系统的出现、在我国企业管理存在的重要意义以及早期国际主要研究进行介绍和评述，有助于国内组织行为学研究者们认识多团队系统是团队研究的新方向，给国内多团队研究提供了较多有价值的知识。肖余春等（2013）在国家自然科学基金项目"企业多团队学习与协同机制研究"（71071139）资助基础上，将MTS 协作结构划分为过渡过程协作和行动过程协作，并得出过渡过程协作对行动过程协作具有积极影响。同年，肖余春等（2013）以所在学校216名本科生为被试探索了多团队学习对大学生学习效能的积极影响，进一步证明多团队系统对现代组织效率改革和提升的重要意义。

2015年后，随着国际多团队研究快速发展，多团队研究在国内也开始得到众多学者关注。中南大学朱学红教授成功申请国家自然科学基金项目"边界管理者心理契约对 MTS 绩效的影响机制研究"（71373287）。该项目是国内多团队研究的极大发展，同时说明多团队研究已得到国家高等研究院所的认可和重视。朱学红教授团队重点关注多团队领导认知和行为对绩效的影响，例如，朱学红等（2016）采用在线模拟实验组建因果互依型多团队系统，探讨领导团队任务型共享心智模型和领导团队型共享心智模型对多团队绩效影响的差异。该实验研究从多团队系统任务互依性、目标层级性和规模上组建合理的多团队系统及任务，与国际多团队实验研究流程相当，为国内多团队研究提供有价值的实验范式参考。

2017年后，考虑到多团队系统的复杂度以及传统团队研究方法（例如大样本调研）的不适用性，国内研究者开始积极寻找跨学科方法探索多团队系统，数学和经济学方法被广泛应用到多团队系统研究中。例如，朱学红等（2017）采用效用函数分析成员中所存在的差异。许成磊等（2018）的《多团队非正式众创网络界面耦合有效性研究》借助 ANP 方法从资源、前景、路径、效益4个多团队层面系统界定和梳理多创业团队非正式众创网络界面体系。刘兵等（2019）采用博弈模型分析多团队系统内团队间冲突管理策略是如何变化的以及受哪些因素影响，结果得出妥协与妥协、竞争与竞争这2种策略在多团队系统较为常用，其次该策略在国内多受信任、沟通、工作流程等因素的影响。肖余春等（2020）主要运用了知识图谱可视化计量分析法，对国际范围内的多团队系统理论最新演进与热点分析进行了研究。上述研究丰富了多团队系统的研究视角，拓展了多团队系统理论边界，但后续研究需增加对真实世界多团队系统的研究。

对比国际和国内多团队系统研究演进路径，国内多团队研究相比国际多团队研究有一定差距，主要体现在以下3方面：

（1）国内多团队研究学术群间未实现多团队合作。多团队系统规模大、任务复杂导致其研究特别是实验研究要求比传统团队研究更多的资金、人员及硬件、软件等设备，国际顶级期刊发表的多团队研究论文也多以美国高校间合作得以实现，国内多团队研究论文发表单位具有单一性，缺乏高校间合作与交流，这对国内多团队研究重要成果的研发存在不利影响，未来有必要加强多团队研究的跨团队间合作，实现优势互补。

（2）缺少针对中国特殊情境的多团队系统的典型案例分析。综观国际多团队研究发展路径，多是针对美国空军军官多团队系统或者应急医疗多团队系统开展，研究针对性较强，有助于分化不同多团队类型效能差异。牛楠等（2019）采用质性分析探索了团队间冲突的多阶段特征，但其研究对象较为泛化，受访者来自高校、科研院所、互联网、航空等行业。现有国内多团队研究缺少针对应急、医疗救护情境下的多团队系统典型案例研究，缺少对中国特殊情境下多团队系统如何运转的认识，未来有必要进一步发展该方面研究。也说明多团队系统是情境化产物，该方法对了解不同情境下多团队系统的内部特征及优劣势有重要作用，国内多团队研究有必要针对中国情境下多团队系统进一步展开本土化研究。

（3）国内实证研究有待进一步拓展。国内多团队研究重视对国际多团队系统研究的总结和分析，在实证研究方面不论是数量还是质量都略显不足，未来国内多团队研究需加强实证研究的发展。

3.2.4 研究小结

经过20年的发展，多团队系统研究已取得巨大进展。具体而言，多团队系统的概念和结构得到进一步完善，作为一种新的团队理论，多团队系统理论在组织行为学领域得到了越来越多的认可。同时，多团队系统的实证分析范围愈加宽广，多团队系统作为一种新的组织结构在医护、应急救援、航空航天、财政服务领域都得到了深度探讨。多团队系统的应用价值和影响得到多个学科重视，其内在机理也得到深入研究。当然，当前多团队系统理论研究仍存在诸多不足，具体表现在以下几个方面：（1）缺乏标准、稳定的测量工具。当前多团队系统的许多测量工具多以沿用团队理论的测量工具为主，尚未开发出多团队系统自己的测量工具，有效性也未得到专业检验，对分析结果的效度产生较大影响。（2）研究方法存在局限性。美国的学者主要采用计算机模拟实验法，而其他国家的学者则多采用案例研究法、扎根理论等进行分析。社会网络分析法虽然已经有学者进行尝试研究，但未来还需进一步探索及完善。（3）已有研究多局限在多团队系统内2个层次的分析上，未考虑到多团队系统与组织、社会的关系。为此本书认为，为了提升多团队系统的应用价值，有必要在组织系统中考察多团队系统与外界环境的相互作用。（4）研究视角有待丰富。当前，学者们对多团队系统的研究主要从边界管理、协作、认同理论等视角展开。

3.3 多团队系统理论对突发事件管理的意义

近年来，随着全球变暖加快、恐怖袭击增多、非常规突发事件频发，党的十九大提出要全面加强公共安全与应急管理工作。近年来，我国应急管理事业持续发展，应急管理法制建设也进入了全面快速发展阶段。全国各地应急管理部门应将党的十九大精神融入本职工作，抓紧抓好相关措施的贯彻落实，全面深入推进应急管理法治化进程。

应急管理部、国家减灾委办公室每年会同有关部门对全国自然灾害情况进行会商分析。相关数据表明，我国自然灾害以洪涝、台风灾害为主，各类自然灾害以及各类突发事件等造成人员及经济损失惨重。

近年来，我国不断加快推进应急能力建设，应急管理事业持续发展，应急管理法制建设也进入了全面快速发展阶段。为此，必须全面贯彻党的十九大精神，特别是要准确把握新形势新任务新要求，全力做好应急管理工作。目前，我国已基本形成了以《宪法》为依据，以《突发事件应对法》为核心，以相关法律法规为配套的应急管理法制体系。但是，根据《突发事件应对法》的相关规定，我国在当前形势下从立法层面设计的主要是实行单灾种应急管理体系，即不同的部门负责不同类型的灾害和突发事件的应急管理和应急力量建设。制定、修订的法律法规基本局限于各自的行业领域，内容存在交叉、重复甚至相互抵触的情况。近年来，随着应急管理工作的不断推进，仅靠单一部门单打独斗无法应对突发事件的弊端凸显。所以这时候就需要多团队的力量，需要依靠多个部门相互协作应对突发事件。

我国现行的部分关于应急资源管理、应急能力建设、应急救援、援助补偿、灾后恢复的国家标准、行业标准尚未健全。在工作实践中，缺乏一套科学完备的应急管理技术标准体系。因此，有必要尽快组织清理修订完善相关标准，废除过时的标准，同时多团队系统理论可以更好地适应"统一指挥、专常兼备、反应灵敏、上下联动、平战结合"的应急管理体系新要求。此外，在应急管理工作中的多团队系统形成的齐抓共管、协同配合的防御突发事件新格局，有利于大力推进地区之间、部门之间、条块之间、军地之间的跨域协作机制配套制度，建立完善鼓励社会力量参与的应急救援制度。因此，多团队系统理论为我国现有的应急管理工作提供了切实可行的科学理论指导意义，以促进应急管理工作实践中问题的解决。

第 4 章 多团队协作机制研究

4.1 多团队协作的概念与内涵

4.1.1 协作的概念与内涵

协作在人类历史进程中扮演重要角色。我国从古至今都很强调协作思想，"岂曰无衣？与子同袍""落篱之下，独木成林焉能存？""众人拾柴火焰高"等都揭示了团结协作、齐心协力的重要性。比起合作、竞争，团队协作被认为是影响团队运作的核心过程因素（Bell et al.，2002）。协作体现了人们的集体智慧，是团队提升竞争水平的催化剂，是国家和谐发展的基石。

虽然协作思想源远流长，但是19世纪铁路的出现才引起人们对协作的关注。随着大规模制造业的出现，协作的正式研究开始了（Blanke et al.，2007）。然而，协作的定义一直存在争议。在《现代汉语词典》中，协作被解释为"若干人或若干单位互相配合来完成任务"，而现有文献中，协作、协调以及合作都被认为是组织关系的核心，并且协作常常以"合作"来定义，例如Hardy et al.将协作定义为"在持续的沟通过程中进行协商的合作性组织间关系"（2003）。对于这三者的区分往往在战略联盟的背景下进行尝试，Gulati et al.（2012）将协调定义为"为实现共同确定的目标而对合作伙伴的行动进行的深思熟虑和有序的调整或调整"，他们将合作定义为"以对应于对贡献和回报的共同理解的方式共同追求商定的目标"。他们还提出，协作是联盟伙伴之间协调与合作的总和。

Kretschmer et al.（2017）采用博弈论的观点认为协调是行动的一致，合作是激励的一致，并且他们对Gulati et al.（2012）的观点提出了质疑，认为协作不仅仅是协调与合作的总和，协作更重要的部分在于排除了因追求个人目标而牺牲集体目标。Castañer et al.（2020）针对以往在协作、协调、合作三者之间的歧义，第一次对这3个术语进行系统回顾并提出概念性建议来明确三者的区别。因此，想要对协作的概念与内涵有更加深刻的了解需要从协作、协调、合作之间的差异切入。如表1所示。

表 4-1　协作、协调、合作定义的区分

作者（年份）	协作	协调	合作
Gulati et al.（2012）	合作与协调的总称	慎重而有序的排列（p.537）	共同追求商定的目标（p.533）
Tsanos et al.（2014）	业务合作（例如共同责任、共同规划）、信息交流（p.421）	人们用来创建、调整和重新创建供应链组织的过程（p.435）	买方和供应商之间的整合
Daudi, Hauge和Thoben（2016）	包括"合作、合作性组织工作"（p.19）		与协作互换使用
Salvato et al.（2017）	两个或两个以上的人为完成某事而一起工作的行为（p.963）	有条不紊、有效率、有效果的共同工作（p.963）	由拥有共同目标的人共同完成的工作，其中利益一致是核心（p.963）
Kretschmer et al.（2017）	禁止搭便车	行动的一致性	激励的一致性
Gazley（2017）	组织协作描述了动态关系，包括基于共同目标的协调活动（p.1）；这是一项跨越多个层面的人类活动		它涉及认知和心理2个方面
Castañer et al.（2020）	协作是指自愿帮助其他合作伙伴实现共同目标或他们的一个或多个私人目标	协调是指共同确定共同目标	合作是指实现这些目标

由表4-1可知，协调往往被认为是一种过程或是一种状态，从过程角度，Castañer et al.（2020）认为协调是指共同确定共同目标，Tsanos et al.（2014）从供应链管理视角下将协调定义为一种创建、调整和重新创建供应链组织的过程。从状态角度，协调强调了在行动上的一致性（Kretschmer et al.，2017），同时Salvato et al.（2017）则是将协调描述为"有条不紊、有效率、有效果的共同工作"。合作更多被描述为共同实现目标的过程（Castañer et al.，2020），并且涉

及认知和心理 2 个方面（Gazley，2017）。通过对协调以及合作定义的梳理，协作的概念和内涵就显而易见了。首先，协作是一种合作性的关系，并且这种关系是在一个持续的沟通过程中协商产生的（Majchrzak et al.，2015）；同时，协作能够被用来描述为一种跨越多个层面的协调活动（Gazley, 2017）；更重要的是，协作也能被认为是合作和协调的总称（Gulati et al.，2012），强调了对集体利益的关注（Kretschmer et al.，2017）。综上所述，协作应当是一种行为或是过程，行为角度的协作是在完成目标的基础上，采取的一种非常宽泛的交互行为；过程角度的协作明确了追求共同目标以及个人目标的过程特性，并且是在不损害集体利益的基础上发生的，是一种对相关任务活动进行的有效管理。

4.1.2　多团队协作的概念与内涵

Mathieu et al.（2001）将多团队系统定义为：2 个或 2 个以上的团队，在环境突发情况下为实现集体目标，直接且相互依赖地相互作用。多团队系统内的所有子团队在追求不同的近端目标的同时，共享至少一个共同的远端目标，并且每个子团队与系统内的至少一个其他团队展现出在输入、过程和结果上的相互依赖性。因此，多团队的组建通常是为了应对单个团队无法完成的目标。

为了明确多团队协作的概念与内涵，仅仅对协作、协调与合作的定义进行区分是远远不够的。在区分定义差异的基础上需要对协作的定义进行更加完整的梳理。经过 3 个多世纪的不懈研究，不同的学者对协作进行了不同的界定，主要从行为和过程 2 个角度对协作进行定义，如表 4-2 所示。

从行为的角度来看，学者将协作定义为在完成目标的基础上采取的一种非常宽泛的交互行为。例如，Blau（1962）认为个体协作是指成员为实现共同经过公认目标过程中的交互行为。Guastello（1998）认为协作是指 2 个或 2 个以上的人在完成相同的或具有互补性任务时所采取的行为。Janicik et al.（2003）认为协作是在任务执行之前，明确规划谁将要做什么、什么时候做以及和谁一起做。Faraj et al.（2006）将协作定义为在任务相互依存和不确定的条件下整合组织工作的行为。薛正芳（2017）认为在互联网企业多团队的工作情境中，协作是指成员间开放地分享想法，整合与任务相关的资源、信息和任务顺序，有效互助，保证多团队目标实现并伴随于任务过程始终的具有普遍意义的行为。

表 4-2　不同研究视角下的协作定义及比较

作者（年份）	主要观点	定义比较
Blau（1962）	成员为实现共同经过公认目标过程中的交互行为	行为角度：在完成目标的基础上采取的一种非常宽泛的交互行为
Guastello（1998）	2个或2个以上的人在完成相同的或具有互补性任务时所采取的行为	
Janicik et al.（2003）	在任务执行之前，明确规划谁将要做什么、什么时候做以及和谁一起做	
Faraj et al.（2006）	在任务相互依存和不确定的条件下整合组织工作的行为	
薛正芳（2017）	成员间开放地分享想法，整合与任务相关的资源、信息和任务顺序，有效互助，保证多团队目标实现并伴随于任务过程始终的具有普遍意义的行为	
Cannon-Bowers et al.（1992）	团队内部的相互交流以及复杂关系的过程	过程角度：对相关任务活动进行的有效管理
Braun et al.（1993）	通过采用时间或次序上的组合，使互依性任务能同步协调进行	
Marks（2001）	对互依性行动在时间和顺序上进行编排的一系列过程	
Hoegl et al.（2004）	团队内部的交互过程，包含团队行为、互动行为以及情感交流	
De Church et al.（2006）	整合团队间具有互依性行为的时间和次序的过程	
杨俊辉等（2008）	通过沟通、资源调配、有效分工来完成任务、实现团队目标的一系列与人和物互动的过程	
Okhuyse et al.（2009）	整合一组相互依赖的任务的互动过程	
彭增圆（2016）	协调与任务相关的成员互动行为和任务顺序，促使团队间有效沟通和资源互补，以实现多团队共同目标的过程	
颜志琼（2019）	组织为了完成一系列共同的任务，将不同的资源信息、人员等进行时间和顺序上的有效的整合与连接的过程	

从过程的角度来看，将协作定义为对相关任务活动进行的有效管理。例如，De Church et al.（2006）认为协作是整合团队间具有互依性行为的时间和次序的过程。Cannon-Bowers et al.（1992）对团队协作涉及的过程进行了更具体的界定，认为团队协作指的是团队内部的相互交流以及复杂关系的过程，包含团队成员以何种合作方式来确保特定任务的完成所需要的程序性知识、团队交流模式以及团队规范等。Braun et al.（1993）对协作涉及的团队成员间的合作方式进行了描述，他们认为协作是"通过采用时间或次序上的组合，使互依性任务能同步

协调进行"。Marks et al.（2001）认为协作是指对互依性行动在时间和顺序上进行编排的一系列过程。Hoegl et al.（2004）将团队协作理解为团队内部的交互过程，包含团队行为、互动行为以及情感交流。Okhuysen et al.（2009）则认为协作是整合一组相互依赖的任务的互动过程。杨俊辉等（2008）在虚拟团队的组织情境下将协作定义为一种通过沟通、资源调配、有效分工来完成任务、实现团队目标的一系列与人和物进行互动的过程。彭增圆（2016）以互联网企业多团队为研究对象，通过整合以往研究，认为协作是指协调与任务相关的成员互动行为和任务顺序，促使团队间有效沟通和资源互补，以实现多团队共同目标的过程。同时，颜志琼（2019）从组织角度强调了协作是一种组织为了完成一系列共同的任务，将不同的资源信息、人员等进行时间和顺序上的有效的整合与连接的过程。

综上，结合2种视角下的协作定义，我们认为多团队协作既要具有多样化的行为，又是一种动态的互依过程，是在应对环境突发事件过程中为了达成共同目标而在团队间和团队内确定互依行动的时间和顺序。多团队协作有3要素：第一，不同子团队人员拥有共同目标；第二，2个或2个以上小组共同完成任务；第三，需要将涉及的人、事、物、信息进行协调。

4.2 多团队协作研究现状

4.2.1 多团队协作研究综述

多团队协作这一概念自提出以来已经取得长足的进步，目前对多团队协作的研究主要包括多团队协作的结构与过程，其中对多团队协作结构的研究维度主要包括：（1）组件团队内与组件团队间的协作频率与协作密度；（2）组件团队内与组件团队间的协作中心度；（3）组件团队内与多团队内的协作集中化；（4）以上研究维度在多团队绩效片段中的变化（Mathieu et al.，2018）。上述研究维度的研究发展更集中于讨论组件团队内或组件团队间的协作强度，对协作本身性质缺乏一定的研究，这也使得在后续的研究中或现实的运用中过多地关注多团队协作的强度。

以往学者总结出对多团队协作相关因素的研究按照动态与静态的区别可以划

分为对多团队协作过程以及多团队协作结构的研究（Zaccaro et al.，2020），早期对多团队协作过程的研究主要集中在确认以下研究假设：有效的多层次协作过渡与行动过程对多团队系统的总体成功是必要的。Marks et al.（2005）使用跨层次的协作过程度量以及对目标层次结构进行操作以授权不同层次的相互需求互依关系来测试这一前提，他们从研究中发现，组件团队内部以及组件团队间的协作过渡与行动过程对多团队绩效有着显著的贡献。Marks et al.（2005）证明了多团队协作对多团队绩效的积极作用。在此基础上Dechurch et al.（2006）扩展了这一研究结论，将多团队协作作为一种中介变量，对多团队协作的前因进行探讨，将不同类型的领导团队训练作为多团队协作的影响因素，链接多团队系统内部的不同因素。在多团队协作过程的研究中，Davison et al.（2012）同样做出了贡献，研究的整体框架是一个以层级目标结构为根本的理论模型，在这样的设定下，延续了Mark et al.（2005）对多团队协作过程的研究。有趣的是，对于多团队协作过程的研究一直到2014年才由Murase et al.（2014）进行扩展，该研究同样将多团队协作作为一种中介变量，因其与多团队绩效之间的关系早已得到证明，拓展了有关领导团队训练作为多团队协作影响因素的研究思路，将领导团队的"多团队交互心智模型"准确性作为自变量，通过其对领导团队战略沟通的影响，进而影响多团队协作，该研究丰富了多团队协作过程的前因研究。同样对多团队协作过程前因展开研究的还有Zhang et al.（2017），以团队间的冲突类型作为多团队协作的前因变量，由此可见，在多团队协作过程研究中，多团队协作往往是作为一种中介变量，对多团队系统内部的不同因素进行连接，尤其是连接不同因变量与多团队绩效之间的关系，这一点是由于Mark et al.（2005）证明了多团队协作对多团队绩效的影响。

国内学者肖余春等（2013）以多团队绩效片段为划分依据，提出2种多团队协作构念，分别是过渡过程协作以及行动过程协作，研究指出过渡过程协作对行动过程协作起积极作用；同样，沈淑红（2014）在肖余春等（2013）的划分基础上增加了人际阶段协作，分别探讨了3种多团队协作过程对多团队绩效的影响；彭增圆（2016）则是将上述2种多团队协作过程作为中介变量，引入对多团队互依性与多团队绩效之间的讨论，并且对不同变量的不同维度之间的不同影响机制进行了区分以及分别讨论；司佳（2019）则是指出多团队系统中存在不同组织的不同多团队，因此多团队协作中存在跨界的协作过程，而这种多团队跨界协作共分为3种维度——使节行为、协调行为以及侦测行为，研究对不同维度的多团队跨界协作与多团队绩效中不同维度之间的关系进行了充分讨论。

对于多团队协作结构的研究主要以上文所提的4个维度进行：（1）组件团队内与组件团队间的协作频率与协作密度；（2）组件团队内与组件团队间的协作中心度；（3）组件团队内与多团队系统内的协作集中化；（4）以上研究维度在多团队绩效片段中的变化（Mathieu et al.，2018）。在划分了研究维度的基础上，通过对多团队协作结构类型的划分进一步明确对多团队协作研究的发展。O'Sullivan（2003）以案例研究的方法最早对多团队协作结构进行了研究，该研究将分散式协作引入多团队协作，指出多团队协作中领导团队的有效协调能够为解决多团队协作中不同子团队任务互依性的消极作用提供结构基础。在O'Sullivan（2003）研究的基础上，Dietrich et al.（2013）以集中式、分散式以及平衡式的多团队协作为中介变量，进一步分析了多团队协作对任务可分析性以及子团队互依性等影响因素的连接作用，该研究同样以案例分析为主要研究方法，对6个不同案例进行深入对比研究，从而完成了对上述3种不同类型多团队协作结构的验证性研究。Dingsøyr et al.（2018）扩展了Dietrich et al.（2013）的研究，以多团队协作中的任务不确定性以及任务互依性为影响因素提出多团队协作结构的可变性，以及不存在适用于所有情况的多团队协作结构，有效的多团队协作应当根据现实的任务不确定性以及任务互依性进行调整。

Davison et al.（2012）提出多团队协作的2类协作结构，划分了横向协作（Horizontal Coordination）和纵向协作（Vertical Coordination）。其中横向协作行为是指在组织一级的同行行为者之间进行的协作。纵向协作行为是指在范围和权限不同的组织级别的报告和直接报告行为者之间进行的协作。Davison et al.（2012）的研究明确了横向协作和纵向协作对多团队绩效影响的差异性。后续研究中，Lanaj et al.（2013）、Firth et al.（2015）以及De Vries et al.（2016）均对与Davison et al.（2012）相同的空军领导力发展课程进行了计算机模拟实验，进而扩展了多团队协作结构的研究，其中Lanaj et al.（2013）以分布式计划作为多团队协作的前因变量，需要特别指出的是，这里分布式计划主要影响的是多团队协作的成败，分布式计划使得多团队协作结构呈去中心化特征，能够为多团队协作带来更高的主动性、期望以及风险性，从而对多团队绩效产生影响；Firth et al.（2015）则是以表征差异理论为研究基础，通过将多团队协作中子团队内部协作以及子团队间协作2个协作维度作为调节变量和中介变量，解释了参照点训练是如何通过子团队间协作对多团队绩效起影响作用的，并且在不同类型的子团队内协作水平下表现出不同的协作机制。在此基础上，De Vries et al.（2016）利用微观层面组织行为学研究的观点和宏观层面组织理论，对横向协作和纵向协作进行了更深层次的研究：利用组织行为学的观点，通过较高的IFD（Intrapersonal Functional Diversity）为多团队系统提供有效地横向协作机制，从而使组件团队以一种更高效、自下而上的方式来实现这种协作，与此同时，横向协作反过来又能促进多团队系统的绩效；基于组织理论，研究纵向协作行动能使多团队系统更有效地利用IFD进行横向协作，同时也弥补了微观视角下研究的不足之处。同时，Espinosa et al.（2004）基于依赖性关系提出了多团队协作的2种构念：外显协作（Explicit Coordination）和内隐协作（Implicit Coordination）。其中，外显协作是以规划和沟通为基础，作为团队成员有意使用的协作机制来管理任务依赖关系。内隐协作指团队成员通过共享认知可以使用的机制，使他们能够解释和预测任务状态和成员行为，从而帮助他们管理任务依赖关系。他们认为这些机制是隐性的，因为它们以共享认知的形式服务于团队。当团队成员预见到同事的行动和需求以及任务需求，动态地调整他们的行为而不直接计划或相互交流时，就会发生隐性协作（Rico et al., 2008）。在后续的研究中，Rico et al.（2017）进一步从认知角度构建了过程互依性、多团队外显协作/内隐协作和多团队绩效的理论框架，他们认为在高效的多团队中存在更多的组件团队内部和组件团队间的内隐协作，明确了内隐协作对具有高度互依性的多团队的重要性。在国内，付音（2015）将隐性协作引入对多团队协作的研究，并将多团队隐性协作与多团队过程绩效进行因果关系验证，证明了多团队隐性协作不同维度对多团队过程绩效不同维度的影响差异。

颜志琼（2019）在他的硕士论文中采用元分析的方法对不同多团队协作机制——正式协作机制、非正式协作机制与多团队绩效之间的关系进行了归纳总结，并引入国家文化以及被试类型作为研究的调节变量。Ziegert et al.（2020）同样是对多团队协作中的非正式协作机制进行研究，但是该研究创造性地对子团队以及多团队系统整体之间的绩效紧张进行讨论，并强调了多团队非正式协作的不平衡性会造成多团队间的冲突，进而造成更加严重的绩效紧张。

总体而言，以往对多团队协作过程以及多团队协作结构的研究有着丰富的研究方向以及连续性的研究思路，在下一节将对相关文献进行统一的回顾以及详细的讲解。

4.2.2　多团队协作研究模型

O'Sullivan（2003）对产品成长项目中多团队系统中的分散式协作展开研究，研究对一个虚拟的多团队开发组织（VMDO）进行工作模式的归纳性案例分析。该组织由一个牵头公司及其供应商、制造商组成。这些公司组成的多团队系统成功地跨越地理边界共同开发了一种复杂的航空航天产品。研究发现，在分散式协作的情境中，通过牵头公司对关键工作内容以及工作时限进行统一规定并强制实行该标准，能够为解决多团队协作中的任务相互依赖性的消极作用提供一个有效的基础，从而使多团队系统形成一体化的工作模式。案例中的工作阶段如图4-1所示。

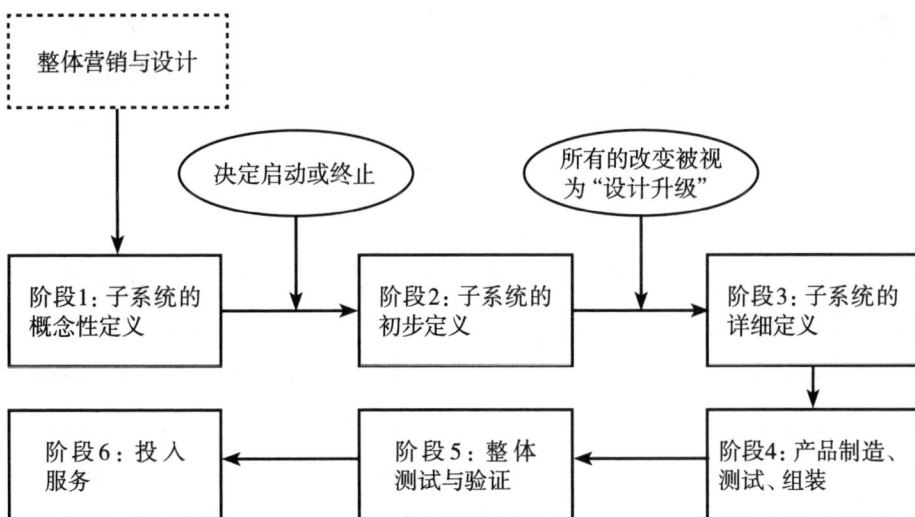

图 4-1　O'Sullivan（2003）案例研究的工作阶段

Marks et al.（2005）通过多团队系统仿真，探讨了在不同目标层级下，多团队系统内部过渡过程、行动过程以及多团队绩效之间的关系，并明确了过渡过程对多团队绩效更好的预测作用。他们指出，当进行多团队协作时，系统整体缺乏必要的灵活性来适应高度相互依存任务的内在复杂性和不确定性，导致过渡过程和行动过程之间缺乏一致性，需要子团队内部和子团队之间的一致性规划和预期适应，以提高多团队绩效。其关系模型如图4-2所示。

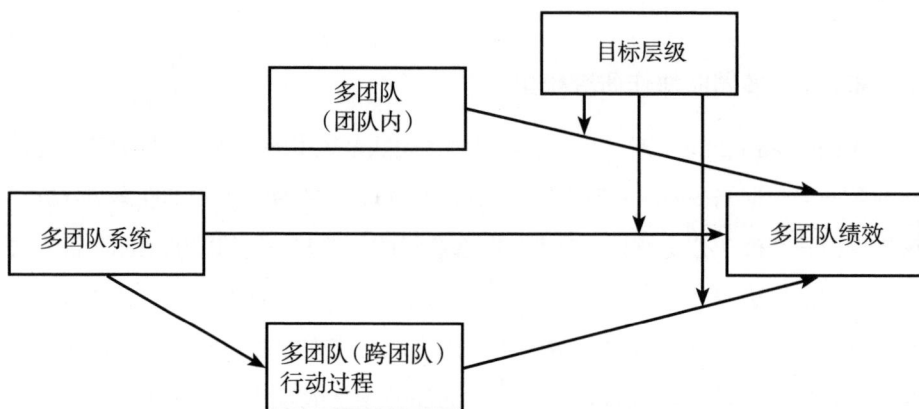

图4-2　多团队系统与多团队绩效关系模型

Marks et al.（2005）在研究中忽略了对多团队协作过程类型的考虑，因为多团队系统不同于简单的多个团队相互合作，多团队系统中有着更加复杂的层次目标结构，系统中的不同团队需要进行协作并且相互依赖地去实现共同的目标，这一点说明了多团队协作过程的复杂性.不同团队过程的相互依赖顺序存在差异，这一点促使在多团队协作中需要更加有效的边界管理活动。因此，该研究总体而言提供了一个有关多团队协作过程研究的框架，并且初步证明了多团队协作对多团队绩效的积极作用，但是缺乏对多团队协作过程动态性变化的持续研究。

Dechurch et al.（2006）运用多团队系统仿真模拟实验的研究方法，召集了384名本科生参与本次研究，共计创建64个多团队共同执行飞行任务。研究发现，首先，接受过领导团队战略训练以及领导团队协作训练的领导团队能够表现出更强的多团队职能性领导行为；其次，接受过领导团队战略训练以及领导团队协作训练的多团队系统能够展现出更加有效的团队间协作；再者，多团队职能性领导行为对多团队绩效起积极作用，并且这种积极作用由团队间协作完全中介。其关系模型如图4-3所示。

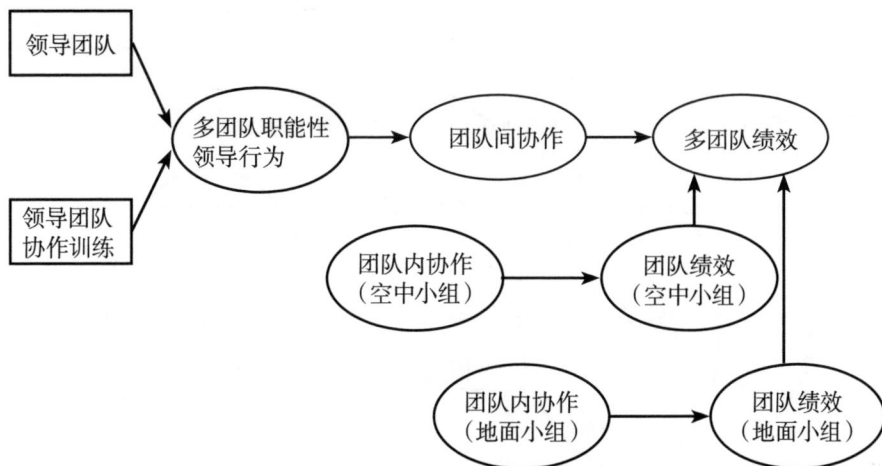

图 4–3　多团队领导团队与多团队绩效关系模型

　　Dechurch et al.（2006）验证了多团队领导团队2种不同类型的训练对多团队协作以及多团队绩效的影响，但该研究忽略了多团队领导团队在多团队协作形成和发展初期中的作用，并且缺乏对多团队领导团队内部动态的研究。

　　Davison et al.（2012）对233个多团队系统的协作行为进行了模拟演练，其中包括3个高度专业化的多团队系统，其中子团队的人数为6人。研究论证了单个子团队内部成员的相互横向协作能够提升单个子团队的绩效，反之在多团队协作的背景下，不同子团队成员之间的直接相互横向协作将会导致多团队绩效下降。此外，他们同样论证了多团队内部不同类型子团队的协作行为对系统整体绩效的影响，研究认为以关键子团队为中心的多团队协作能够提高多团队绩效，而以支持子团队为中心的多团队协作则会降低多团队绩效，并且承担领导任务的整合子团队与关键子团队的边界管理者之间的垂直协作能够提升多团队绩效，同时关键子团队的边界管理者与同一子团队内部成员之间的垂直协作同样能够提升多团队绩效。其理论模型如图4-4所示。

　　Davison et al.（2012）对多团队协作中以相互调整为基础的协作结构进行了讨论，但是该研究并未对多团队协作结构进行完备的讨论；并且该研究中对子团队间以及子团队内部的竞争或冲突无法进行有效的观察，而协作的相关测量也仅是以协作频率这一间接指标进行测量；再者，该研究中不同子团队的自身专业化程度对多团队绩效有一定影响，这一误差并没有很好地被考虑；最后，该研究以

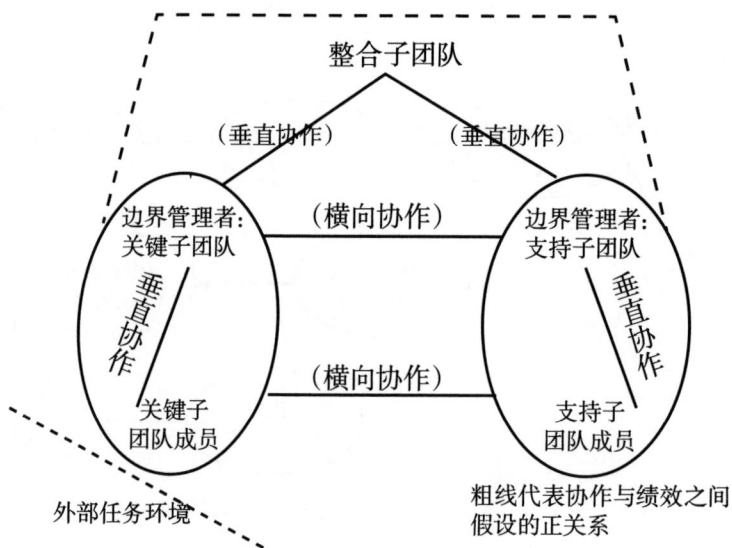

图 4–4　Davison et al.（2012）理论模型

关键子团队以及支持子团队进行子团队类型划分，但是多团队协作的动态变化可能会造成子团队类型的变化，这一点可能对研究结论产生影响。

Dietrich et al.（2013）对多团队协作的协作模式进行讨论，总结了3种多团队协作模式——集中式、分散式、平衡式，在此基础上进一步讨论了多团队协作的前因——任务可分析性、团队互依性，以及多团队协作的结果——协作效能、沟通、绩效以及学习。研究通过6个案例的分析对其中的因果关系进行了验证：

案例1：该案例存在于一家大型的物流企业，该多团队由1名项目经理、1个领导小组和6个不同职能的子团队组成。

案例2：该案例来源于一家大型跨国私营企业，该多团队由业务部门负责人搭建以应对市场条件的变化。

案例3：该案例取自一家中型私营医药企业，该多团队由企业的CEO发起，以对货币政策的变化进行应对。

案例4：该案例的目标是开发并运行一个全新的信息管理系统，从而管理与组织一个物流业务部门的客户信息处理和交付流程运营。

案例5：该案例发生在一家大型的跨国制浆造纸公司，目的是开发一种新的、更加有效的公司战略实施流程。

案例6：该案例是一家大型公共组织的战略性组织发展项目，以项目负责人确定的指导方针为准，目的是从财务和运营的角度确保组织的发展。

Dietrich et al.（2013）通过对上述案例的深入对比研究，验证了不同前因对多团队协作模式选择的影响以及3种协作模式对协作效能、沟通、多团队绩效、多团队学习的影响差异。其中，高团队互依性、高任务可分析性的多团队系统更适合分散式协作，这种多团队协作模式能够降低子团队之间的模糊，提高其自主性；相反，如果多团队系统的任务可分析性较低，则应当以集中式协作为主要的多团队协作模式。研究同样发现，分散式协作的沟通效率显著高于集中式和平衡式，但这两者之间无显著差异，并且集中式协作的协作效能显著低于分散式和平衡式，而后两者之间无显著差异。从协作模式对项目结果的影响来看，分散式协作的多团队绩效显著高于集中式和平衡式；而多团队学习结果则是分散式协作显著高于平衡式协作，其余两者之间并无显著差异。其具体理论模型如图4-5所示。

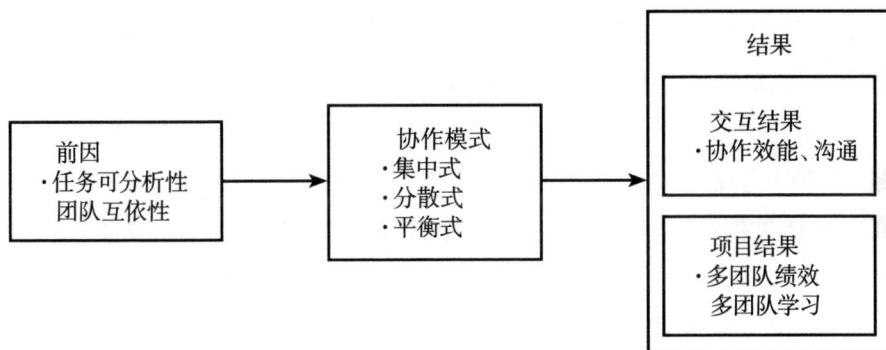

```
┌──────────────┐      ┌──────────────┐      ┌────────────────────────┐
│  前因        │      │  协作模式    │      │        结果            │
│ ·任务可分析性│ ───▶ │ ·集中式      │ ───▶ │ ┌──────────────────┐   │
│  团队互依性  │      │ ·分散式      │      │ │ 交互结果         │   │
│              │      │ ·平衡式      │      │ │ ·协作效能、沟通  │   │
└──────────────┘      └──────────────┘      │ └──────────────────┘   │
                                            │ ┌──────────────────┐   │
                                            │ │ 项目结果         │   │
                                            │ │ 多团队绩效       │   │
                                            │ │ 多团队学习       │   │
                                            │ └──────────────────┘   │
                                            └────────────────────────┘
```

图4-5　不同前因与多团队协作结果关系模型

Dietrich et al.（2013）通过对6个案例进行对比研究，明确了不同的多团队协作结构对多团队绩效的影响，以及不同类型的多团队协作结构是由哪些因素引起的。但在该研究中，所探讨的相关案例数量依旧不足，无法完全将研究结论进行推广，因此对于后续研究应当从案例本身的类型进行丰富，拓展研究的应用范围。除此之外，该研究的案例材料中忽略了多团队成员的个人差异以及文化差异，这一点可能造成多团队成员对任务可分析性的看法差异，不过该研究从过程角度对多团队协作问题进行探索，为后续研究提供了重要思路。

Dingsøyr et al.（2018）以一个由12个团队175人构成的大型敏捷软件开发项

目为研究对象，展开对多团队协作模式的进一步探索。研究案例从2008年一直持续到2012年，4年的时间内该案例通过广泛地使用敏捷开发方法实现了多团队协作的成功。Dingsøyr et al.（2018）在该研究中对12名团队负责人进行了访谈，收集了247页一手访谈数据，并且从互联网渠道以及官方资料中收集了277页二手资料。研究结果显示，多团队系统中的任务不确定性的提高会刺激系统内部出现更多的横向协作和群体会议，相比单一的协作模式，采取多种协作模式更能促进协作效率，并且协作模式是随时间变化的，随着环境复杂性的提高，早期的有计划会议会转化为无计划会议以适应变化的环境以及项目需求。不过，该研究仅仅对该采取哪些多团队协作过程进行了确定，但是对不同多团队协作过程的应用程度没有很好地进行衡量与判断，而且在该研究中针对全部3种多团队协作过程并没有很具有针对性的数据收集方案，这一点导致可能在研究推论上缺乏更标准的数据支持，并且研究中对案例进行的整理与分析无法实时跟进，也就是说研究者都是在某一过程完成后进行跟踪以及收集数据，这一点造成了研究数据的滞后性，进而导致研究数据可能被动地出现模糊或过滤。

Lanaj et al.（2013）以2940名美国空军军官为研究对象，邀请他们参与了历时5周的领导力发展课程，所有来自不同工作类型的军官们被分配到人数为210人的14个多团队系统中，并针对研究内容进行计算机模拟实验。Lanaj et al.（2013）控制了多团队系统的组成以及多团队系统的任务以确保对例外因素进行充分的控制。研究发现，分布式计划通过产生更高的主动性、更高的期望水平对多团队绩效起积极作用，但同时，分布式计划也会导致更高的风险性以及更多的多团队协作失败从而对多团队绩效起消极作用。其关系模型如图4-6所示。

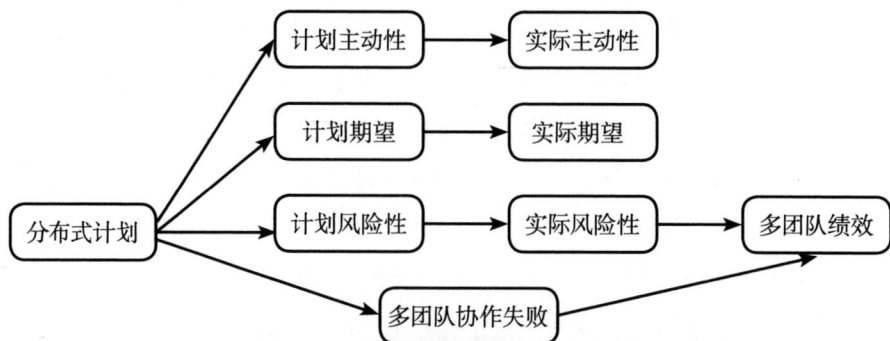

图4-6 分布式计划与多团队绩效关系模型

Lanaj et al.（2013）延续了Davison et al.（2012）的大规模多团队系统模拟实验，从研究工作量以及数据收集来看，提升了研究的科学性，但这一点也造成了对研究中行为变量前因的忽视，忽视了驱动这些行为的认知或情感因素，并且整体研究的范围之广，导致无法直接观察或广泛调查各个子团队的协作情况。Lanaj et al.（2013）同样只是对单一的组织环境进行了相关变量的研究，这一点限制了研究结论的推广，但这为后续的研究提供了研究思路，并且可以通过对样本、时间、任务等因素的控制，在一定程度上丰富研究结论的应用场景。

肖余春等（2013）根据绩效片段过程提出了2种多团队协作构念：过渡过程协作（Transition Process Coordination）和行动过程协作（Action Process Coordination）。过渡过程协作主要关注的是任务分析、目标设置和策略路线的制定。在过渡阶段，如果多团队系统在这3方面有较好的表现，则他们的协作水平较高。行动过程协作的主要关注点在于目标调控、系统调控和支持反应。在行动阶段，如果多团队系统在这3方面有较好的表现，则他们的协作水平较高。研究证明了过渡过程协作对行动过程协作的积极作用，但是2种协作构念对多团队绩效的影响尚未明确，这一点有待继续实证证实。其理论模型如图4-7所示。

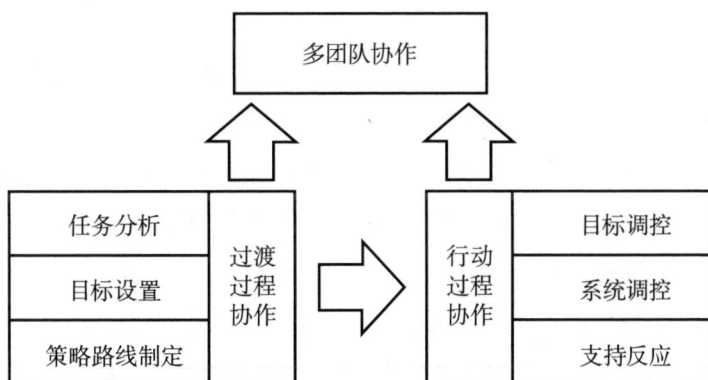

图 4-7　肖余春等（2013）的多团队协作理论模型

沈淑红（2014）在她的硕士论文中通过案例研究与问卷调查研究相结合的研究方法，以企业中的研发项目团队作为研究对象。研发项目往往需要多个团队进行协作从而达成项目团队的共同目标，因此被认为是一个完整的多团队系统[①]。

----

① 资料来源：沈淑红（2014）基于团队理论的多团队系统协作过程与效能的研究。

研究在肖余春等（2013）的研究基础上将多团队协作的类型进一步划分为过渡阶段协作、行动阶段协作以及人际阶段协作，并且运用层次回归模型对不同协作类型与多团队效能之间的关系进行了讨论，同时将任务互依性作为研究的调节变量使整体研究更具科学性。研究发现，过渡阶段协作的增加能够提升多团队的任务绩效以及合作满意度；行动阶段协作的增加能够提升多团队的整体效能；研究中创新划分的人际阶段协作对任务绩效和合作满意度起积极作用。除此之外，研究还证明了任务互依性在某些维度之间关系的显著正向调节作用。其关系模型如图4-8所示。

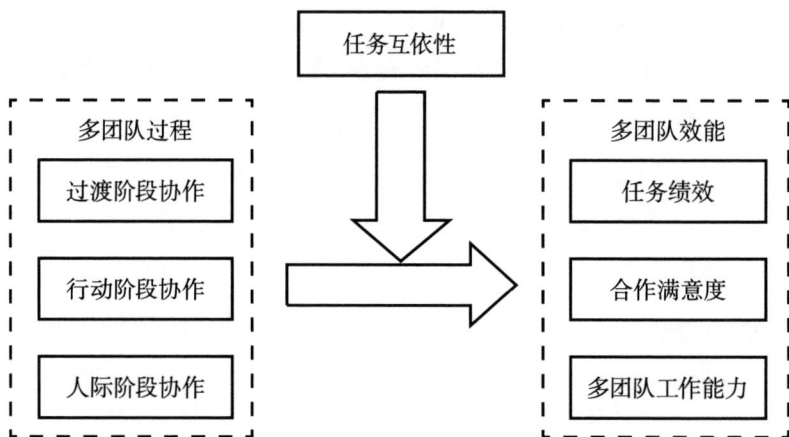

图4-8　沈淑红（2014）的多团队过程与多团队效能关系模型

沈淑红（2014）通过大样本调查的研究方式对多团队协作过程以及多团队绩效之间的关系进行验证性研究，但是本研究在研究设计上存在局限性，本研究的案例研究内容以跟踪式纵向调查为主，但在问卷研究部分主要是根据被试对象的回忆进行填写，这可能导致研究数据存在模糊，并且被试对象的选择主要是多团队中的关键性人物，这一点限制了多团队协作中真实信息的收集，因为关键性人物对协作过程存在综合性判断及输出，被试对象的主观想法影响了其对多团队协作过程的认知。最后，该研究将互依性中的任务互依性作为调节变量丰富因变量和自变量之间的研究关系推断，但是互依性还包括产出互依性，这一点限制了对互依性的完整性判断。

Murase et al.（2014）在Dechurch et al.（2006）的研究基础上，通过明确多团队系统领导运作的认知机制——多团队交互心理模型来扩展以往研究。研究目的在于确定并阐述领导者对多团队协作以及多团队绩效起作用的认知机制。Murase et al.（2014）以美国东南部某大学的心理学以及工商学科的本科生为研究对象，共计384名年龄从18—28岁不等的参与者创建64个结构相同的多团队系统。研究以多团队仿真模拟实验测试了各多团队系统在飞行任务执行中的相关内容。研究发现，首先，组件团队的多团队交互心智模型准确性对组件团队间协作起积极作用，并且团队间协作对多团队绩效起积极作用，团队间协作完全中介了组件团队多团队交互心智模型准确性对多团队绩效的积极作用；其次，领导团队多团队交互心智模型准确性对领导团队战略沟通起积极作用，并且领导团队战略沟通对组件团队多团队交互心智模型准确性起积极作用，领导团队战略沟通完全中介了领导团队多团队交互心智模型准确性对组件团队多团队交互心智模型准确性的积极作用；最后，组件团队多团队交互心智模型准确性完全中介了领导团队战略沟通对团队间协作的积极作用。其理论模型如图4-9所示。

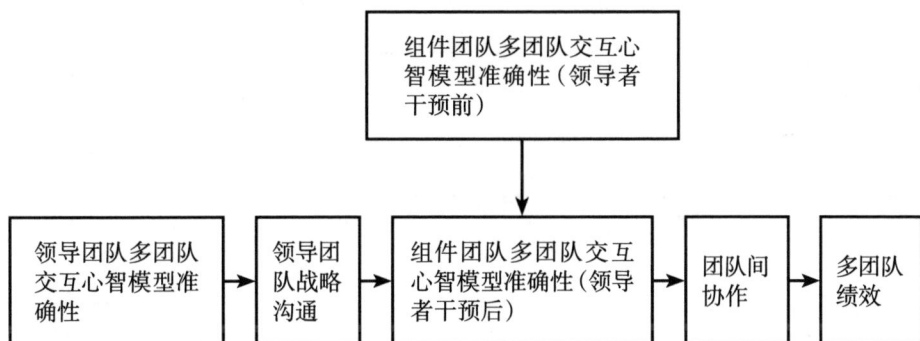

图 4-9　Murase et al.（2014）的理论模型

　　Murase et al.（2014）在研究中所针对的是规模较小的多团队系统，这一点限制了对规模较大多团队系统的深入研究。多团队规模的不同会造成多团队认知结构上的差异，而研究中的被试对象主要是本科生，这一点限制了研究在现实世界中的应用，并且现实中被试对象的认知结构构成更加复杂，不仅来自研究中的设定，被试对象的成长环境以及社会环境影响了多团队成员对多团队协作过程的判断。与此同时，该研究中的研究样本与以往学者Dechurch et al.（2006）所使用的相同，虽然是不同类型的研究数据，但是该研究受到了以往研究的影响，既有结论在一定程度上限制了研究的发展。

付音（2015）将隐性协作引入多团队协作的讨论中（Rico et al.，2008），强调了多团队隐性协作对多团队系统运行的重要性，并运用层次回归分析对多团队隐性协作与多团队过程绩效之间的关系进行了验证性分析。付音（2015）在研究中将多团队隐性分析归纳为期望以及动态调整2个维度并验证两者之间呈现显著正相关关系，并通过杭州、上海、长沙、苏州等地的新技术企业以问卷形式回收相关数据，进行统计学分析。付音（2015）在研究中将多团队过程绩效的评估划分为运行状况以及阶段性成果，其中运行状况包括团队沟通以及知识共享，而阶段性成果包括预算控制、研发业绩以及支持反映，在此基础上对多团队隐性协作以及多团队过程绩效之间的关系进行研究。研究发现，首先，多团队隐性协作中的动态调整维度对多团队过程绩效中的运行状况起积极作用；其次，多团队隐性协作中的期望维度对运行状况中的知识共享同样起积极作用；同时，多团队隐性协作（期望、动态调整）对多团队过程绩效中阶段性成果的3个维度均起积极作用。其关系模型如图4-10所示。

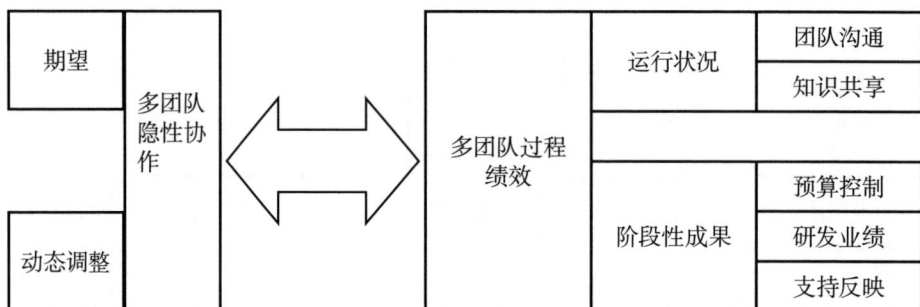

图 4-10　多团队隐性协作与多团队过程绩效的关系模型

付音（2015）在研究中证明了多团队隐性协作与多团队过程绩效之间的关系，但是该研究同样存在一些不足。首先，在研究的问卷调查流程中，进行数据收集所采用的问卷均来自国外的相关文献，因此在国内进行相关研究时需要考虑文化差异是否会对研究数据的收集造成影响；其次，也是问卷调查的共同问题，多团队协作是一种复杂的相互过程，这一点导致了在挑选被试对象时需要考虑到其对整个多团队协作的判断，但是对整体有着完整思考的被试对象也无法代表所有多团队成员的真实想法；最后，该研究缺少对多团队协作的现场观察，对与多团队协作中的细节信息缺少收集，导致研究结论不够具体。

Firth et al.（2015）以表征差异理论（Representational Gaps Theory）为研究基础，本研究同样使用了与Davison et al.（2012）、Lanaj et al.（2013）相同的美国空军军官领导力发展课程项目，研究中共有3486名军官被随机分配到249个14人的多团队系统中。虽然研究的目标群体一致，但是Firth et al.（2015）区分了与以往研究的相同点，并提出了相应的创新。研究指出，样本中有70个多团队系统与Davison et al.（2012）重叠，90个多团队与Lanaj et al.（2013）重叠，但Firth et al.（2015）在研究中引入了一种新的理论内容和操作形式，针对其中的119个多团队系统，在最大限度上达成了研究的差异性和结果的有效性。研究发现：参照点训练以团队间协作为中介变量对多团队绩效起积极作用；关键团队的团队内协作与团队间协作显著正相关，反之，支持团队的团队内协作与团队间协作无显著关系；同时，关键团队的团队内协作对团队间协作在参照点训练和多团队绩效之间的中介作用起积极的调节作用，而支持团队的团队内协作对团队间协作在参照点训练和多团队绩效之间的中介作用起消极的调节作用。其关系模型如图4-11所示。

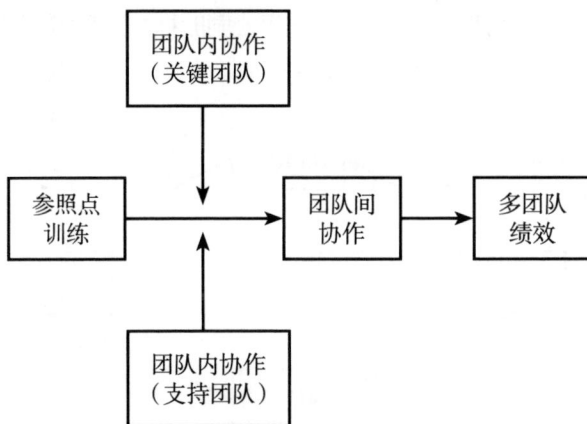

图 4-11 参照点训练与多团队绩效的关系模型

Firth et al.（2015）将行为指标作为数据收集的客观指标，但是在研究过程中对多团队成员的相关心理原因没有很好地进行捕捉。具体而言，在该研究中，Firth et al.（2015）并没有对参照点训练与多团队成员认知结构之间的关系进行有效的讨论，这一点限制了对多团队协作的深入探讨，认知结构的不同导致了多团队成员在协作中对不同任务的感知是不同的，而在变量设计中，将子团队内部协作作为调节变量，虽然区分了子团队类型不同对子团队间协作的影响，但是具体的影响机制还有待深入，因为从子团队内部协作到子团队间协作需要有边界管理者的参与，这一点对多团队协作结构而言是至关重要的。从研究维度来看，该研究将多团队协作从结构上区分了子团队间协作以及子团队内部协作，这一点与多团队复杂的层次目标结构有一定关系，而研究样本的局限性导致了对协作结构研究缺少推广的基础，所以在后续研究中，学者们需要对被试对象进行严格挑选。

De Vries et al.（2016）在Davison et al.（2012）的研究基础上，参照了Lanaj et al.（2013）的研究方法，对3304名美国空军军官的样本进行了理论模型的验证。研究邀请军官们参与为期5周的领导力发展课程，同时3304名军官被分配到236个14人的多团队系统中，并被要求在计算机模拟实验的环境中进行领导力发展课程的培训。研究发现，人员职能多样性能够促进多团队系统的横向协作，但同时会限制多团队系统中成员的抱负行为。因此，具有广泛职能的成员为多团队系统提供了巨大的发展潜力，同时也带来了独特的管理挑战。De Vries et al.（2016）同时验证了垂直协作对人员职能多样性的重要调节作用，简而言之，垂直协作能够促进人员职能多样性对横向协作的积极作用，同时抑制人员职能多样性对抱负行为的消极作用。其关系模型如图4-12所示。

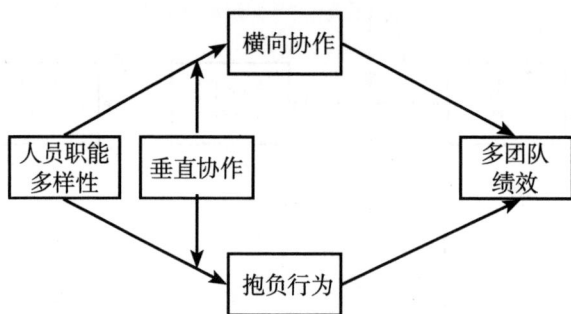

图4-12　人员职能多样性与多团队绩效的关系模型

De Vries et al.（2016）在研究中对高IFD（Intrapersonal Functional Diversity）进行了深入讨论，但是对多团队成员而言，研究无法对其为何参与如此多的团队职能进行分析，对多团队成员在多团队协作过程中发生的职能转变该研究也缺少了解。该研究所涉及的多团队规模相对较小，现实中的多团队往往介于大型组织以及独立团队之间，在规模上需要与现实问题进行匹配。与以往相关研究类似，本研究所讨论的研究对象在先前的研究中已经得到了讨论，研究主要是对同一样本的不同数据进行研究思考，这一点也可能使研究对象被其余研究影响，导致所收集的数据缺乏准确性。

彭增圆（2016）在"互联网+"的时代背景下，进一步讨论了互联网企业中多团队互依性、多团队协作过程以及多团队有效性之间的关系。研究借鉴了肖余春等（2013）对多团队协作过程类型的划分——过渡阶段协作、行动阶段协作，并将多团队协作过程类型作为中介变量加入多团队互依性与多团队有效性的关系讨论中，以此丰富研究的内容以及提升其严谨性。研究运用相关分析以及结构方程建模的方法对所提出的假设模型进行验证，发现：首先，多团队互依性对多团队有效性有着显著的正向作用，且多团队互依性对多团队协作过程有着显著正向作用；其次，不同类型的多团队协作过程对多团队有效性的影响作用不同，如过渡阶段协作对多团队有效性中的合作满意度以及生命力有着显著的正向作用，但对任务绩效无显著影响，而行动阶段协作则对任务绩效以及生命力有着显著的正向作用，但与合作满意度无显著关系；最后，研究验证了不同类型的多团队协作过程对多团队互依性以及多团队有效性的中介作用不同，如过渡阶段协作在目标互依性与有效性之间起中介作用，但只在作业互依性与合作满意度以及生命力的2个维度起中介作用，而行动阶段协作在作业互依性与有效性之间起中介作用，但在目标互依性与有效性中仅中介了目标互依性与任务绩效以及生命力的关系。其关系模型如图4-13所示。

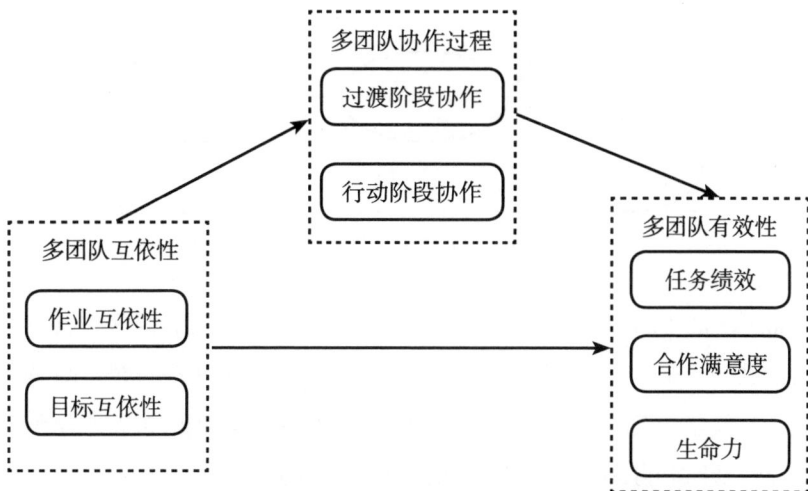

图4-13　多团队互依性与多团队有效性的关系模型

彭增圆（2016）验证了多团队协作过程作为中介变量在多团队互依性以及多团队绩效之间的影响机制，但是在问卷编撰上同样存在文化差异这一误差因素，国外相关文献在国内环境中是否能够有较好的代表性需要进一步考虑。该研究所挑选的被试对象是互联网企业多团队，与传统企业多团队存在性质和层级结构上的差异，这一点也使得问卷的适用性存在讨论的空间。除此之外，研究以截面数据作为研究依据，缺乏对研究对象的纵向动态研究，因此在研究的信度上存在一定的问题，也是后续需要改进的地方。

Zhang et al.（2017）基于合作竞争理论，对多团队协作中存在的子团队间冲突、子团队间协作以及多团队绩效三者之间的关系进行研究。验证研究模型的数据来自上海44个地铁站的123个运营团队。研究发现，多团队协作中的子团队间合作冲突管理与子团队间的协作呈正相关，而子团队间的协作又与多团队绩效呈正相关；但多团队协作中的子团队间竞争冲突管理与子团队间协作的关系并不明显，而是由合作冲突管理进行调节。因此，当多团队协作中的子团队间合作冲突管理水平较低时，子团队间竞争冲突管理与子团队间协作呈负相关。基于以上研究结果，Zhang et al.（2017）认为在多团队协作中能够通过对子团队的培训，强调以合作的方式解决子团队间的冲突，以促进子团队间的协作，进而提升多团队绩效。其关系模型如图4-14所示。

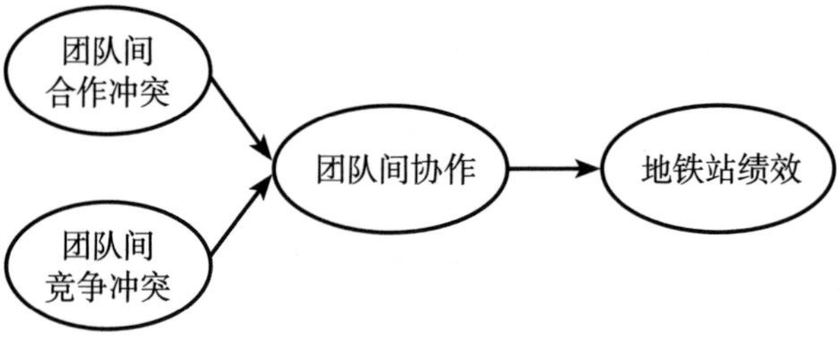

图4-14　团队间冲突与地铁站绩效关系模型

Zhang et al.（2017）在研究样本的挑选上存在一定问题，但这一点是绝大部分研究的共同问题，而研究数据主要是以自我报告的形式进行收集，使得研究数据存在一定偏差，无法准确描述不同变量之间的关系，数据的相关性导致变量之间的独立性受到影响，因此研究中的因果关系其实在证明上存在问题。

Rico et al.（2018）从认知的角度划分了显性协作与隐性协作，在组织设计、边界跨越以及多层次水平的文献基础上，提出了一个理论框架，扩展了有关多团队协作与多团队绩效影响因素的研究。研究中，Rico et al.（2018）整合了过往学者对多团队系统中的职能流程互依性的研究，并结合多团队系统中的整合机制研究，从2个角度阐明多团队协作的出现。Rico et al.（2018）在Davison et al.（2012）研究的基础上补充了多团队协作的类型：显性协作、隐性协作。显性协作是指多团队成员以规划和沟通为协作基础，从而进行的有意识协作；隐性协作是指多团队成员通过彼此共享认知的机制，解释并预测成员行为，进而能够动态地根据成员行为变化做出协作调整，且不需要直接的规划或交流。

研究认为，当职能过程互依性为顺序型、互惠型时，多团队系统中的子团队间呈现显性协作与隐性协作混合的协作形式，多团队层级整合机制将导致子团队内呈隐性协作，反之，多团队横向整合机制将导致子团队内呈显性协作。当职能过程高度互依达到密集型时，多团队层次整合机制将导致子团队间呈现隐性协作，而子团队内将是显性协作和隐性协作混合的协作形式，其中显性协作应当更加普遍存在；而多团队横向整合机制将导致子团队间呈现显性协作，子团队内将是显性协作和隐性协作混合的协作形式，更加普遍存在的是隐性协作。

总的来说，Rico et al.（2018）在研究中同样提出，多团队系统中更多的隐性协作对多团队绩效起积极作用。在职能过程顺序互依、职能过程互惠互依的情况下，多团队层级整合机制因其促进了更高水平的多团队隐性协作而对多团队绩效起积极作用，反之多团队横向整合机制对多团队绩效起消极作用，因其导致了更高水平的显性协作；而在职能过程密集互依的情况下，多团队层级整合机制将会对多团队绩效起消极作用，因其抑制了多团队隐性协作而促进了多团队显性协作，同样，多团队横向整合机制通过提高多团队隐性协作水平，从而促进了多团队绩效水平的提升。其关系模型如图4-15所示。

司佳（2019）基于多团队系统的固有特性——多团队系统是一种通过整合无组织边界限制的各种子团队，从而实现共同目标以及子团队目标的整体系统，提出对多团队系统中跨界协作的关注以及展开对其与多团队绩效之间关系的讨论。司佳（2019）以问卷调查法对北京、上海等地的互联网企业进行相关数据收集，并且同样以层次回归的分析方法验证不同变量之间的因果关系。研究将多团队跨界协作行为划分为使节行为、协调行为以及侦测行为等维度，与彭增圆（2016）

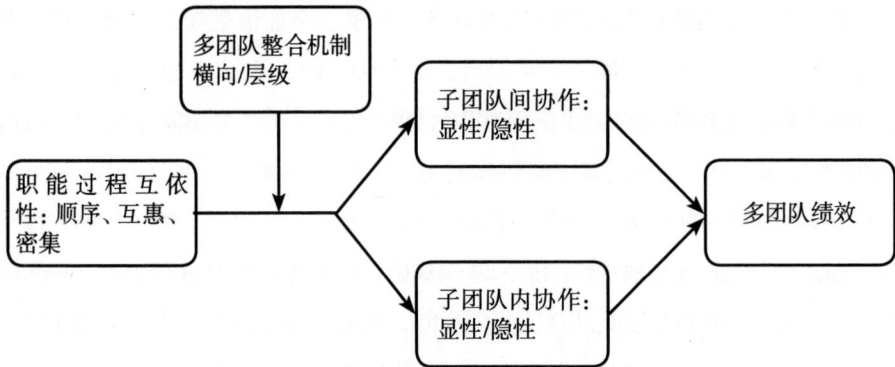

图 4-15 职能过程互依性与多团队绩效的关系模型

相同的是将多团队绩效划分为任务绩效、满意度以及生命力等维度。通过对两者共6个维度之间的关系研究发现，多团队跨界协作行为对多团队绩效有着显著的正向影响作用，但其中使节行为维度对多团队生命力没有显著的影响作用。其关系模型如图4-16所示。司佳（2019）的研究中，同样有文化差异的问题存在，因此问卷的适用性是国内学者在引用国外文献时需要统一进行思考和讨论的部分。

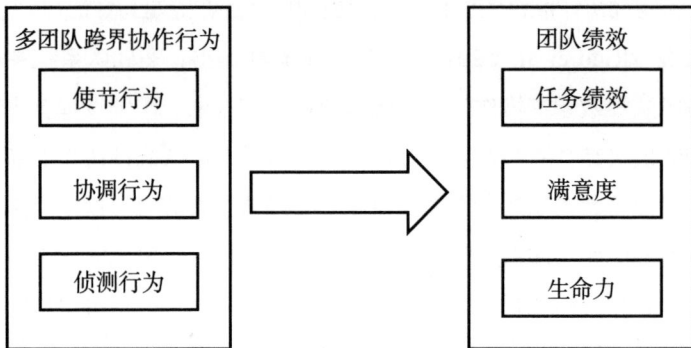

图 4-16 多团队跨界协作行为与团队绩效的关系模型

颜志琼（2019）以元分析技术对以往多团队协作领域的相关研究进行文献搜集、整理并分析。颜志琼（2019）指出，以往研究对多团队协作机制与多团队绩效之间的关系存在模糊的判断，因此，该研究通过元分析技术对这两者之间的关系进行探索。颜志琼（2019）将多团队协作机制划分为正式协作机制以及非正式协作机制，并且将国家文化以及被试类型作为调节变量提升研究的科学性。研究发现：首先，正式协作机制以及非正式协作机制作为多团队协作机制的不同类型均能够对多团队绩效起到积极的作用，并且不同类型的机制在不同的国家文化情境下起到的作用也有所不同，比如，非正式协作机制在中国文化情境下对多团队绩效产生的积极作用更强，而正式协作机制在不同文化情境下对多团队绩效的积极作用无明显差异；其次，当研究的被试类型为员工而非学生时，多团队的非正式协作机制对多团队绩效有着更强的正向影响；最后，该研究指出，在多团队协作领域的研究中，采用问卷调查进行验证的多团队非正式协作机制对多团队绩效的影响要强于在案例分析法下进行的相关验证，这是由于现实的场景中协作机制更加复杂，并且问卷调查法因其匿名答卷的特殊性质能够更准确地获取被试者的真实想法。其关系模型如图4-17所示。

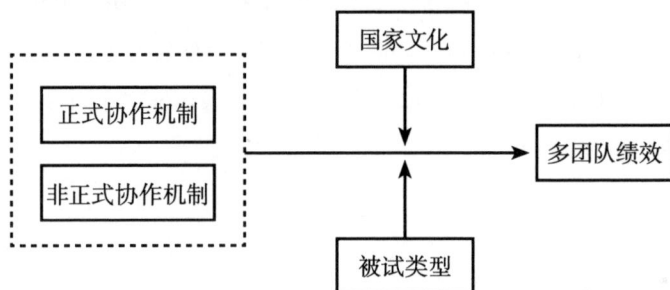

图 4-17　多团队协作机制与多团队绩效的关系模型

颜志琼（2019）在研究方法上有着十足的创新，元分析方法的应用扩展了多团队协作领域的研究，但是研究中的文献数量存在不足，无论是文献回收数量还是文献筛选数量都需要进一步增加，虽然过往研究中并未对元分析的研究数量做出明确规定，但是样本量的提升能够使研究结论更加严谨。另外，文献本身存在一定程度上的差异，表现为文献的是否出版，比如部分未出版的文献，以及文献在对自身研究样本进行统计时也存在描述上的差异，导致在数据编码部分有一定的研究误差。

Ziegert et al.（2020）认为多团队系统中的非正式协作机制对多团队不同层级绩效表现有一定的影响作用。因此，Ziegert et al.（2020）以美国东海岸的一所大学的本科必修工程课的实验室部分作为本次实验研究的场景，所有的学生均被要求以多团队协作的形式一同设计并制造一台Rube Goldberg机器，课程共持续11周，每周每个多团队系统一同工作大约2个小时。本研究中的实验数据来自930名参与者组成的44个多团队系统，并且数据收集的时间分别是第一周、第八周以及第十一周.第一周收集参与者的基本信息；在第五、六、七周给所有的参与者佩戴传感器用以测度多团队成员间的交互频率，并在第八周对相应数据进行回收；最后，在第十一周对各个子团队以及多团队绩效进行评估。

Ziegert et al.（2020）通过研究建立并测试了一种理论，将多团队系统成员之间的人际交互视作一种非正式协作机制，并认为这种非正式协作机制对多团队协作以及多团队绩效有一定的促进作用。研究发现，当子团队间人际交互频率高于子团队内人际交互频率时，会造成非正式协作的不平衡性进而导致多团队冲突的增加，从而降低子团队绩效；从系统层面来看，多团队协作中的非正式协作达到人际交互频率的平衡时，能够促进多团队绩效的提升以及多团队的成功。因此，Ziegert et al.（2020）通过强调多团队中的非正式协作机制如何使得多团队系统克服其协作挑战并解决不同层级绩效之间的紧张关系，促进了对多团队协作的理解。其关系模型如图4-18所示。

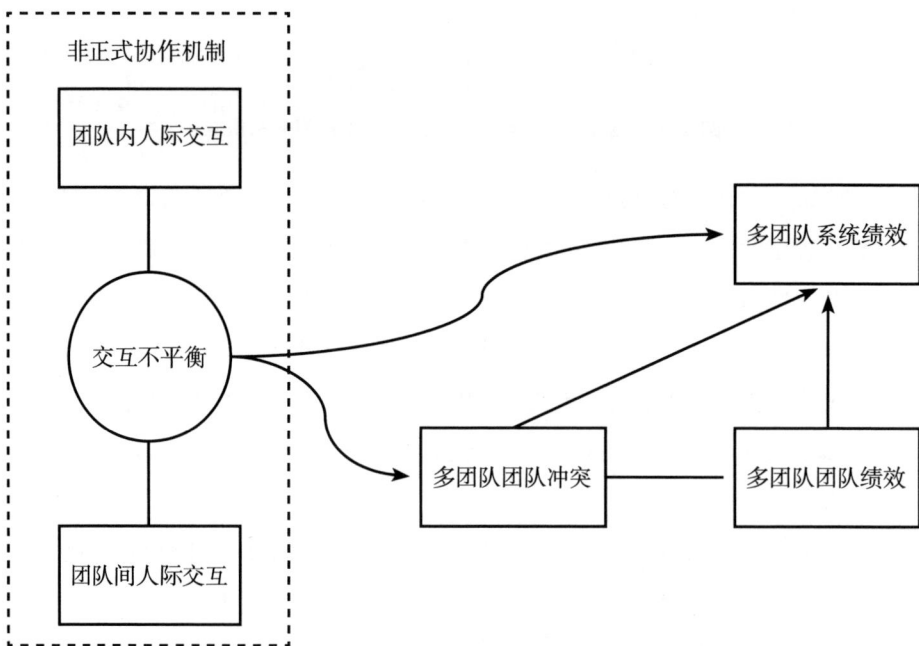

图4-18　非正式协作机制与多团队系统绩效的关系模型

虽然Ziegert et al.（2020）将非正式协作机制在多团队中的特殊性与多团队绩效紧张进行了深入研究，但是该研究同样存在一些不足。首先是在研究样本的挑选上，被试对象主要是顺序型的多团队，这限制了对研究结论的推广，而被试对象主要是学生群体也导致研究结论的局限性。与此同时，对非正式协作机制的评估同样有一定的方法误差，研究中利用传感器作为人际交互频率的评估工具，并且将人际交互频率作为多团队非正式协作的衡量标准，但是传感器是不是有效的研究工具尚未有定论，而传感器上人员的相互接近是否代表非正式协作的发生也是无法被实际观察到的部分。

综上所述，当前的多团队协作研究仍存在诸多不足，主要包括以下几点：首先，对多团队协作的研究缺乏有效的测量工具。当前的多团队协作研究以线性模型为主要研究方法，或是通过文献总结的方式进行，缺乏标准、高效的测量工具。其次，以往研究对多团队协作的研究着重于多团队本身，对多团队协作的动态发展缺乏研究角度，少数的研究通过社会网络分析法对多团队网络进行演化分析，但是在这样的运用中又缺乏从网络节点关系性质出发的研究，更多地集中于关系强度或关系数量。再者，目前的研究方法以计算机模拟实验和案例研究为主，存在一定局限性。

4.3　多团队协作与应急管理

多团队协作及其理念被广泛应用于应急情境中对不同职能团队的组织安排工作。应急情境下参与应急、救援、抗灾的各个子团队面临着高度的时间压力，同时要完成的又是性命攸关的任务，因此只有每一个子团队共同努力，并且将子团队目标与多团队整体目标进行有机结合，才能最终实现应急目标。在如此高压下，想要实现子团队间的有效协作是一项巨大的挑战（Dechurch et al.，2010）。

应急情境下，多团队成员在目标不一致情况时该如何行动、多团队的子团队间如何进行有效协作以及多团队如何提高应急情境下的适应能力是重要的现实问题。此外，如何应对应急管理效率问题、有效领导问题以及跨团队活动问题也是非常值得关注的。本节主要从多团队协作角度对如何更加有效地进行应急管理进行讨论，并介绍学者们从不同角度对应急管理中的多团队协作所进行的研究。

4.3.1 应急管理中多团队协作研究现状

4.3.1.1 进攻还是防守？模拟恐怖袭击的多机构应急响应中的接近和避免目标

（1）案例描述

Power et al.（2017）强调，在多团队应急响应事件中，"拯救生命"的目标是模糊的，对其的解释是开放的。当各团队假定它们正在努力实现同一个"拯救生命"目标，但实际上在如何实现这一目标方面侧重于不同的和特定于角色的目标时，可能会给多团队协作造成消极影响，因此通过一次模拟恐怖袭击演习，进而讨论应急管理中多团队的目标一致性对多团队协作的影响。

该研究从沉浸式模拟学习环境（ISLE）中收集数据，以探索应急指挥官对模拟多团队恐怖事件做出反应的实时决策。这项研究是使用Hydra进行的，"Hydra"是一个基于计算机的ISLE，参与者可以从中获得正在发生的事件的音频、视频和文本信息。信息以实时和动态的方式提供给参与者，并与代表所做的决策相关。要求参与者将其决策记录在电子"决策日志"中，控制室的演习主持人可以看到该日志，然后他们可以相应地调整事件的发展流程。

共有50名指挥官参与了这项研究，他们被分成13个小组。每个小组都完成了相同的模拟。参与者是来自警察部门（17名）、消防和救援部门（22名）、救护车部门（11名）的应急事件指挥官。参与项目的主题专家（SME）通过电子邮件招募了他们。大多数参与者为男性（46名），年龄在41—50岁之间（37名）。所有参与者都有经验，服务年限8—35年不等，平均24.03年。目的是在每次模拟期间，每个机构至少有1名代表在场；然而，偶尔会有同意参加的代表在最后一分钟无法到场的情况，因为他们必须对一个未预料到的现实事件做出反应。因此，有时3个机构中只有2个有代表参加模拟。尽管由于参与者的工作性质，这是一个公认的限制，但在总体分析中保留了这3组的数据。这样做的原因有三：第一，该研究的样本量较小，因为与高技能专业人员合作时很难获得数据，因此决定数据丢失比保留数据对研究结论的负面影响更大；其次，该研究的一个重点是机构成员的目标取向，这是在个体参与者层面上记录的，因此这些数据在这3个群体中仍然有效；第三，当机构代表缺席模拟时，多团队环境保留在控制室中，通过计算机的"通信器"系统代表缺席机构提供信息和决策，"模拟"缺席机构。

（2）模拟时间线

本研究的模拟时间线如表4-3所示。2个关键部分用以挑战专家或代表们所确定的决策。首先，"分区任务"要求指挥官决定在何处放置"热""暖"和"冷"区域。这是应急服务部门用于识别非发生事件期间的风险的程序。对于恐怖袭击事件，"热"区域是恐怖袭击事件再次发生的区域，而应急小组的警察则被安排到该区域。"暖"区域是恐怖分子已经进入或有可能（重新）进入的区域，只有来自3个军种的经过专业培训的应急人员才能在该区域作业。这意味着，工作人员数量有限，战区内的平民也只能暂时撤离。在事故发生地以外的地区，对响应者和平民几乎没有或根本没有风险。因此，伤员分类中心通常设在这里。"分区任务"要求学员共同决定并对这些区域进行分类，以方便其团队的工作，正如预期的区域生命事件一样。场景中的第二个关键注入是"会合点（RVP）的非专业人员"决策。

通过这次演习，资源被重新耗尽（由于火车站内的一场额外火灾），平民在大厅流血和死亡（现在应该将大厅划分为"暖"区域，而恐怖分子已经转移到地下）。授权非专业人员（具有救生技能但缺乏专业培训和适当的枪支等个人防护装备）自愿在该地区开展工作，并协助伤员救援和治疗；或者是否拒绝他们进入该区域，以保护紧急救援人员，并在人员伤亡加剧和死亡人数增加的情况下继续在资源紧张的情况下开展工作。无论答案是对是错，这些人员都收到了来自消防救援首席执行官的消息。这促使他们为自己的行为辩护，并对自己进行反思。

表 4-3 模拟时间线

序号	标题	消息来源	细节
1	初始调出消息	控制中心—电话呼叫（音频）	正在接收多个999呼叫。据报道，车站站台上有3名男子用自动武器向站台上的平民开火。高峰时刻列车
2	分区任务	通信器（文本）	代表们说他们现在在RVP。他们已获得地图，必须确定热/暖/冷区域并放置FCP
3	民用信息	民用—实时消息（音频）	1位在车站内的平民发出了疯狂的信息。大量伤亡人员流血，枪手仍在向平民开枪
4	伤亡最新情况	控制中心—电话呼叫（音频）	正在接收多个999呼叫。和平民信息一样——人们流血、死亡，枪手仍在开枪

序号	标题	消息来源	细节
5	向地下开枪的人	控制中心—电话呼叫（音频）	枪械官员报告说，枪手已进入火车站的地下线路
6	站内火灾	控制中心—电话呼叫（音频）	报道称火车站内的一家酒吧起火，有人被困。消防资源紧张
7	RVP的非专业人员	消防员—无线电信息（音频）	FRS和AS的新增员工到达RVP。他们没有接受过在消防事故中工作的培训，而是自愿承担责任。学员必须决定是否使用他们
8a	愤怒首领—承诺	FRS首领—电话（音频）	如果决定承诺——FRS主管会打响电话，要求了解为什么非专业人员被承诺进入风险领域
8b	愤怒首领—没有承诺	FRS首领—电话（音频）	如果决定不承诺，FRS主管会打电话询问为什么非专业人员会被承诺承担风险
9	TCG更新	警官—电话（音频）	必须向战略多机构团队发送情况更新消息

注意事项：RVP，会合点；FCP，前方指挥点；TCG，战术协调小组。

（3）演习过程

在进入会议室之前，为参与者提供有限的信息，以便复制现实世界中未预料到的重大事件。抵达后，代表们相互介绍，包括SME团队、研究团队和他们的日志管理员（他们代表团队键入并记录决策）。演习开始时，代表们坐在Hydra外部的一个房间里。他们得到了一张纸，其中概述了有关事件初步报告的机构具体信息（"3名持枪歹徒报告在市中心火车站开枪"）和可用资源（"一辆武装响应车辆正在途中，预计到达时间为7分钟"）。他们被要求想象自己正在前往事故现场的途中，预计到达时间为5分钟。在这5分钟内，参与者被单独留在现场，而协导团队则设置了控制室。促进者团队由每个机构的1名SME和2名进行运动控制的研究人员组成。5分钟后，参与者被转移到会议室并接受他们的初始任务。会议室里有普通纸和3张火车站的地图：一张车站大厅的特写；一张是车站和附近区域；另一张鸟瞰车站和更广阔的周边地区。SME对这项工作进行了监测，他们建议何时进行下一次任务（即，当他们认为该小组通过提问和记录决定做出了有效反应时）。在13次练习中，使用相同的SME降低了该过程的可变性。中小企业还帮助回答机构的具体问题，例如，提供英国交通警察总部在演习发生地区的当地信息。

（4）结论

参与者被要求："按顺序列出场景中的3个主要目标（从最重要的目标开始）。"对回答的归纳、自下而上的分析揭示了6种类型的目标，作者对这些目标进行了编码，并进行了讨论，以在编码不同时达成共识。不符合共同主题的目标未编码（例如，"测试程序知识"）。总体而言，参与者最常确定的目标是"拯救生命/治疗患者"，其次是"保护应急响应人员免受伤害""建立共享态势感知/联合工作""保护公众免受进一步伤害""定位/消除威胁"，以及"为事件后需求做好准备"。

结果表明，参与者根据其机构成员身份确定了不同类型的目标。警察指挥官最常提到的目标是"定位/消除威胁"，其次是"保护公众免受进一步伤害""保护应急响应人员免受伤害""拯救生命/治疗患者""建立共享态势感知/联合工作"和"为事件后需求做好准备"。消防和救援参与者最常见的目标是"拯救生命/治疗患者"，其次是"保护应急响应人员免受伤害""建立共享态势感知/联合工作""保护公众免受进一步伤害"和"为事故后需求做好准备"。"拯救生命/治疗患者"是救护车参与者最常见的目标，其次是"建立共享态势感知/联合工作""保护应急响应人员免受伤害"和"保护公众免受进一步伤害"。

参与者确定的6种目标类型根据选择倾向进行了额外编码，使用与上述相同的相互协商过程。方法目标与"攻击"动机相关，并侧重于采取可能对情况产生积极影响的行动（例如，"治疗患者"）；避免目标与"防御"动机相关，并侧重于采取行动防止对形势产生负面影响（例如，"保护应急响应者"）。

总的来说，接近目标和回避目标之间的比例相对平均，57%参与者的目标是接近目标，43%参与者是回避目标。方法目标包括"拯救生命/治疗患者"（对伤亡的积极影响）、"建立共享态势感知/联合工作"（对共享智能的积极影响）和"定位/消除威胁"（对威胁的积极影响）。避免目标包括"保护应急响应人员免受伤害"（防止对响应者安全产生负面影响）、"保护公众免受进一步伤害"（防止对更广泛的公众产生负面影响）和"为事件后需求做好准备"（防止对事件后调查产生负面影响）。

该研究探讨了模拟恐怖袭击事件中多团队协作的目标一致性。尽管指挥官认为他们的目标相似，但他们自我报告的目标却截然不同：警察指挥官在接近目标和回避目标之间左右为难；消防指挥官在转向接近目标之前，优先考虑初始回避；救护车指挥官一贯以接近为导向。这似乎反映了机构的具体角色和责任：警察部门有责任应对事件（攻击/接近），同时防止在更广泛的社区中产生伤害（防御/避免）；消防部门通常采取高风险程序，并使用复杂的设备来保护应急响应人员的安全（防御/避免），但一旦他们制定了安全预防措施，就会优先考虑救援平民（攻击/接近）；救护车服务的主要作用是为患者提供治疗（攻击/接近）。然而，参与者错误地认为他们的目标是一致的。这表明，抽象的"拯救生命"目标和纯粹的"联合"决策可能导致对应急响应期间机构特定目标之间细微差别的理解不足。因此，建议在多团队响应过程中，鼓励进行多团队协作而不是集体或联合选择的分布式决策模型可能具有更大的好处。在团队间层面上，攻击/接近目标在事件早期导致更快的决策，而防御/避免目标在事件后期导致更快的行动。因此，该研究认为当竞争性任务需求较少时，攻击/接近目标是有用的，而防御/避免目标则有助于在情况复杂时采取行动，将个人的注意力集中在实现"最少最坏"而不是"最佳"结果上。基于此，未来研究可以测试不同目标类型在复杂任务环境中的有效性，并且讨论应急管理中的指挥官培训是否应更加关注"攻击"和"防御"目标之间的区别，以预测何时"最差"的防御目标可能更合适。

4.3.1.2 使用现场灾难演习研究极端环境中的大型多团队系统：方法和测量拟合

（1）案例描述

Waring（2019）认为在极端环境下运行的大型多团队中，反复被发现存在多团队协作困难，这会影响响应效率。因此Waring（2019）以演习的形式在极端环境中观察多团队协作的发展规律，以完善团队间协作过程的时间理论，并了解如何在这些具有挑战性的环境中改进多团队协作。

在上述研究中应用的是一个9小时的现场灾难演习（以下简称为"JE"），涉及1000名来自警察、英国交通警察、消防、救护车、地方委员会、国家卫生服务、环境署、英国红十字会、天然气、电力和水公司、皇家空军和政府的响应者。演员和公众扮演了175名伤亡者的角色。5家媒体机构也出席了会议，以产生进一步的现实应用。

灾难事发地是一列火车的实体重建。火车脱轨，并与一栋多层建筑（第一区）和几辆车辆及电线（第二区）相撞，导致一辆公共汽车撞上一个成人学习中心（第三区）。除了这些物理特征之外，音频、视频和基于文本的注入也被输入演习中，以复制在真实灾难中面临的挑战（例如，是否向高风险区域派遣船员，释放哪些资源来协助第二次灾难）。在经历了多次真实的灾难后，研究人员凭借10多年在国内外向应急响应人员汇报情况的经验，协助制定了这些现实挑战，以测试灾害响应政策和程序。

在演习期间，作战指挥官驻扎在第三区事故现场。战略和战术指挥官驻扎在5英里外的一个指挥中心，这是英国的惯常结构。在事故现场作业的组成部分团队的数量在整个事故过程中发生了变化，符合形势需求。例如，最初的行动反应包括2个4人消防队、2个2人护理队和两个两人警察队。随着事件规模的扩大，相关团队和机构的数量不断增加，形成了60多个不同规模的组成团队。在战略和战术层面，组成团队的数量保持稳定。然而，由于轮班交接，多团队的成员会发生流动。

在该多团队中，差异化程度也很高，知识和能力广泛分布在13个不同公共和私营部门机构的组成团队中。机构内也有不同的专业人员，如救护车内的危险区域响应团队，以及消防系统内的快速响应和专业操作响应团队。类似地，虽然各机构都有拯救生命和减少公共安全风险的最高目标，但次级目标却各不相同。警方试图为调查目的保存证据，消防和救护车试图抢救和治疗伤亡人员，企业试图尽快重新开业。在整个事件过程中，子目标也随着情境意识的变化而变化。例如，在一个单独的站点引入第二个大型事件会影响目标优先级和所需资源的分配。各团队面临的挑战是如何协调和优先处理相互依存的子目标，以避免相互冲突的行动。

总的来说，这样的演习有助于研究在极端情况下运行的多团队内与团队间协作过程中时间关系的各个方面。这包括确定在极端环境下运行的多团队内部和外部促进纵向（不同层级之间）和横向（同一层级内的职能之间）协作的先兆，以及这些关系如何随着多团队大小和形状，以及事件的特点的变化而变化。

（2）数据收集

在演习之前、演习期间和演习后收集数据，以研究团队间的过程，收集方法为：①观察和录像，②对中小企业和对演习做出反应的从业者进行半结构化访谈，③总结。虽然采用一系列方法可能很耗时，但它允许从多个角度研究现象，为复杂的人类行为提供可靠的解释。

A. 演习前数据收集

在演习计划阶段，采用归纳法对所有3个应急服务的中小企业进行了访谈。这些访谈的目的是加深对以下方面的理解：①团队间协作过程对于改善救灾期间的多团队协作至关重要；②在这些情况下有效绩效的关键指标。在演习前使用定性分析对访谈进行转录和分析，该分析的结果为演习期间和演习后使用的其他几种定性和定量数据收集方法的发展提供了信息。

B. 演习期间数据收集

在演习期间，采取了许多措施来提高所收集观测数据的可信度。所有的方法都是根据他们的能力来采用，以尽量减少突兀。现实主义对于让演习者在心理上和身体上沉浸其中非常重要，这样他们才能像在真正的灾难中那样做出反应。例如，为协调信息、风险评估、战略和行动而召开的多机构会议在战略和战术层面使用静态摄像机进行记录，指挥官在作战层面佩戴头盔摄像机。虽然电池寿命有限目前引发了一个两难问题，即是集中精力记录作战指挥的最初几个小时，还是有可能中断更换电池的演习，但电池寿命和设备离散性方面的技术进步正在改善。

演习后，所有记录都被转录并加盖时间戳，提供团队间协作过程的记录，以及它们何时、如何表现和改变。对这些数据进行了定性编码（归纳第一阶段：在整个练习过程中观察到的行为描述，以识别和定义关键结构）和定量编码（演绎第二阶段：计算关键定义结构的发生频率）。多个研究人员能够在稍后的时间对录音进行编码，通过观察者的三角测量来提高可信度。一个由16名观察员组成的小组还保留了观察记录，以便在复杂而动态的事件同时发生在大量个人和地点期间提供更广泛的背景。为了提高在不同地点观察到的团队间协作过程的一致性，在演习第二阶段之前设计了一个标准化的编码框架，主要基于半结构化访谈，但也与详细的文献回顾进行了比较，以确保学术和实践的相关性。

标准化的编码框架包括一组关键的团队间行为和一组运动绩效指标。观察者被要求在0（完全缺席）到2（一贯存在）的范围内对团队间行为进行评分，并提供与这些行为相关的观察活动的定性描述作为背景。观察员被要求对绩效指标进行1分（非常差）至7分（非常好）的评分，并说明为什么给出该评分。观察者至少每小时完成一次编码框架，以捕获行为随时间的变化。虽然更频繁地在现场捕

演习前 演习期间 演习后

阶段2
方式:演绎
数据类型:定量
方法:使用定性观察描述分析得出的预定义码本类别,从视频中观察行为频率和绩效评级

阶段1
方式:归纳
数据类型:定性
方法:通过视频观察行为,在没有预先确定代码的情况下进行描述

阶段2
方式:演绎
数据类型:定性
方法:使用观察分析和对从业者访谈得出的问题进行总结(热和冷)

阶段1
方式:归纳
数据类型:定性
方法:在现场演习计划过程中对SME进行访谈,演习前进行分析,为后续数据收集提供信息

阶段2
方式:演绎
数据类型:定性
方法:根据对中小企业访谈的分析和文献回顾,采用预定时间表对从业者进行访谈

阶段2
方式:演绎
数据类型:定性
方法:通过对中小企业访谈的分析和文献综述,使用预定义的代码本类别,观察运动期间的行为

阶段2
方式:演绎
数据类型:定量
方法:通过对中小企业访谈的分析和文献综述,使用预定交的代码本类别,观察运动期间的行为频率

阶段2
方式:演绎
数据类型:定量
方法:通过对中小企业访谈的分析和文献综述中得出的预定义代码本类别,观察练习期间进行的绩效评级

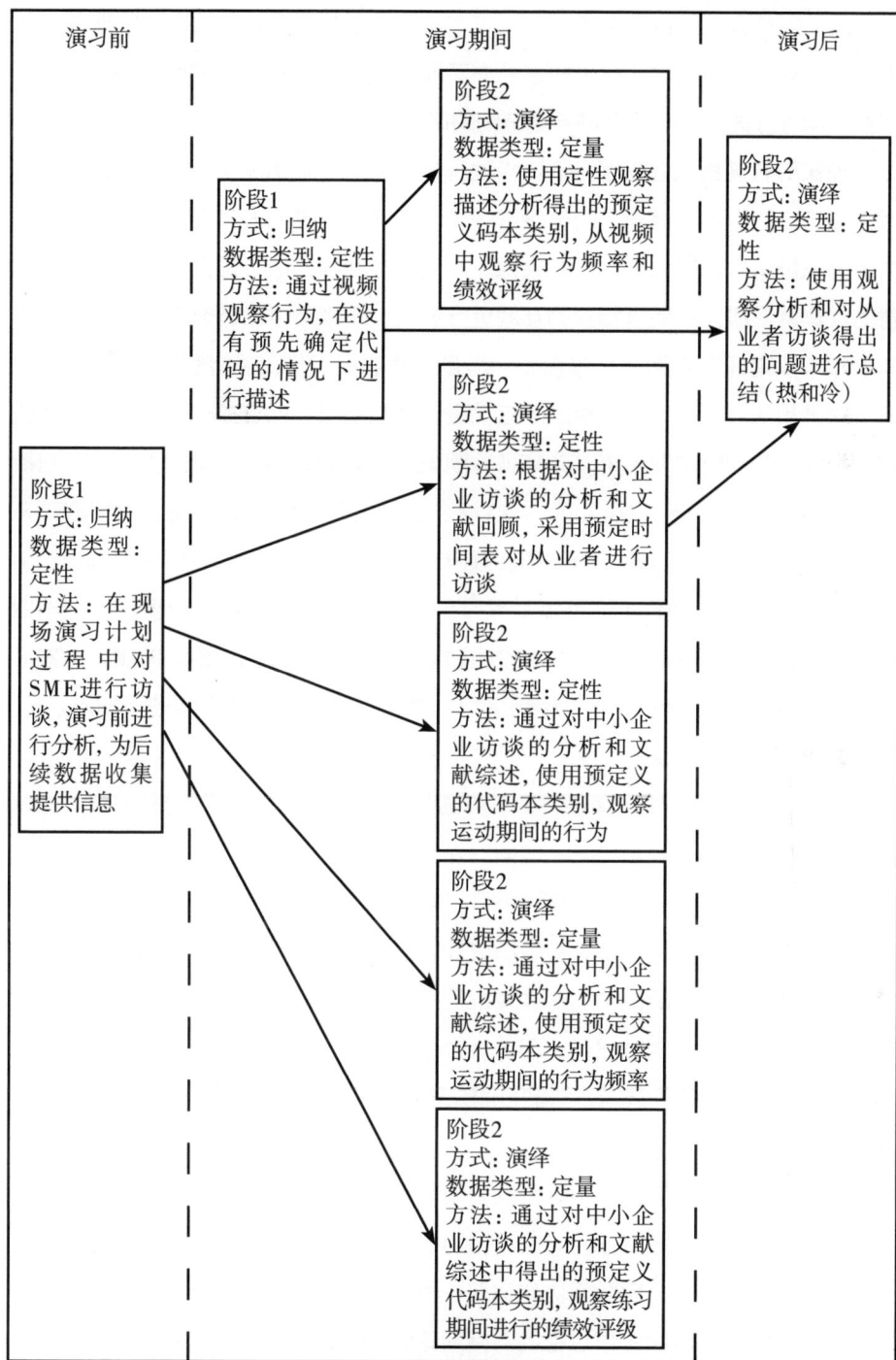

图 4-19 数据收集框架

获观察结果是有益的，但保留这些记录在认知上要求很高，并且有可能遗漏对关键行为的观察。相应地，编码框架补充了视频记录，这些视频记录在演习后使用归纳主题方法进行编码，以进行更精细的区分。

确保所有观察员在数据收集之前能够熟练地识别和记录团队间的过程，这对于证明可信度也很重要。对于参与多个现场练习的研究人员来说，可以将以前演习的记录作为观察训练材料的来源。对于本次演习，除了提供观察训练外，成对的观察者在演习期间对相同的互动进行编码。一半是学术研究人员，专门研究风险和不确定环境中的团队过程，一半是应急响应人员，具有8至37年的实践经验。学者和从业者配对，对相同的互动进行独立观察。此外，这16名观察员还使用一个安全的即时群发系统，分享各地观察到的活动细节。共享的文本消息包括"前2台消防设备已到达第二区，包含8名消防员"和"救护车战术指挥官正在结束轮班"，文本、音频、照片和视频消息被安全地共享，因为信息被端到端加密，并且消息被自动打上时间戳。共享信息使研究人员能够构建事件的全球图景，以协调数据收集活动，例如在发生转移时与从业者进行访谈。其次，这些活动的时间戳记录后续可以用于支持研究人员为出版物提供事件背景的详细描述。

C.演习后数据收集

在演习后立即与参与反应的各机构的从业者进行3次"热"情况汇报。这些总结是由演习规划人员领导的，但问题是由研究小组根据对演习的初步观察和访谈中提出的意见形成的。演习后1个月，对来自不同机构的150名从业者进行了"冷"情况汇报，这些从业者被组织成10人一组的小组，以了解他们合作解决事件的方式（演习第二阶段）。这些情况汇报由研究团队领导，采用基于观察数据（标准化编码框架和视频记录）和访谈数据的事后分析制定的半结构化时间表。在裁剪问题时采用这种演绎方法的目的是验证结论和澄清观点。

（3）结论

在灾害和其他极端环境中运行的多团队系统中，多团队协作一再被认为是有问题的，影响了响应的有效性。到目前为止，由于缺乏纵向研究来确定随时间变化的增长轨迹和波动，团队间协作过程在很大程度上被视为静态因素进行研究。因此，多团队中团队间协作过程的时间理论仍处于萌芽状态。这对理解和解决在极端环境下的多团队协作困难具有重要意义。该研究将重点放在多团队存在的环境中，研究团队间协作过程随时间的变化，以推进新兴理论，并制订证据驱动的有针对性的干预措施，以改善MTS在极端环境中的功能。与实验室研究和真实灾难相比，现场灾难演习提供了在极端情况下研究团队间协作过程的潜力。

然而，利用现场灾难演习进行研究，发展新生理论，在确保研究结果可信度方面并非没有挑战。因此，该研究提出了一个多方法和混合方法的数据收集框架，并采用归纳和演绎方法促进方法论和测量拟合。研究还讨论了提高所收集数据可信度的考虑因素，包括在整个演习计划过程中与从业者一起工作，以确定适当的不引人注目的措施，并制订可应用于多个演习的标准化编码框架，以协助测试干预措施。现场灾难演习中丰富的数据收集机会可以支持未来复杂模型的开发，以提高在威胁安全和安保的极端事件中的性能。

尽管如此，在使用现场灾难演习研究团队间协作过程时，需要注意的一个关键限制是所需资源的水平。这包括研究人员可能需要花费大量时间将自己融入机构和计划会议，以建立对组织实践的信任和了解，并了解与演习及其运行方式相关的活动。它还包括在整个演习过程中使用各种方法收集数据可能需要的资源水平和研究人员数量。根据需要，研究人员可以在不同的背景下采用不同的训练方法，以确保在不同的训练范围内获得不同的知识。类似地，分析和理解这一复杂的数据后练习可能是一个时间和资源密集型的过程，包括转录音频和视频片段，采用定性和定量分析方法来检查结构并提出研究结果以解决研究问题。

同样重要的是要注意到，对于设计和交付现场演习的机构来说，现场演习的成本很高，以测试其政策、程序和对独特事件的反应。在这些复杂和动态的环境中评估绩效可能很难实现，这限制了各机构系统地确定是否已做出改进以及需要进一步关注哪些方面的能力。标准化编码框架的开发，如通过本研究开发的框架，可以作为一个宝贵的资源，供各机构应用于所有现场练习，以提供一致性，并允许进行直接比较，这对于改进实践非常重要。

4.3.1.3 极端环境下多机构多团队系统的决策

（1）案例描述

Warning et al.（2020）以2次大规模的灾难演习来检验（i）多团队间的协作流程与协作决策之间的关系（ii），上述流程与决策在多大程度上与英国国家灾难响应指挥中心所引入的"联合决策模型"（JDM）相匹配。Warning et al.（2020）指出，在极端环境下进行的多团队协作往往存在协调信息、决策和行动的问题，仅有少数研究集中于团队间协作流程的讨论，而在极端环境中，就更加缺少有价值的思考。

该研究借鉴了在2次大型演习期间对SCG（战略协作小组）和TCG（战术协作小组）进行的自然主义观察，这2次演习在身体和心理上复制了人为灾害的条件。在整个演习中，召开会议的次数不是事先规定好的，但各机构必须在会议频率足以协调活动之间取得平衡，但不能过于频繁，以致无法实施行动。演习一发生在JDM引入指挥中心的前一年，演习二发生在3年后，允许对JDM引入前后使用的流程进行比较。

演习一是在英格兰北部进行的5小时演习，参与者来自英国3个地区。该场景包括一艘渡轮与一艘大型油轮相撞。一艘货船在同一条河上，造成70名乘客受伤，并被释放的未知物质污染，这些乘客由公众扮演，实施了放射性、化学、生物去污（CBRN）程序。事件通过三级指挥部响应进行管理，其中包括250多名来自警察、消防、救护车、地方议会、英国国民健康保险制度、铁路和渡轮旅行以及海事和海岸警卫队机构的响应人员。行动响应人员和消防战术指挥官驻扎在事故现场，而所有其他机构的战略和战术指挥层以及消防战术联络处驻扎在距现场5英里的指挥中心。为了保持匿名性和避免干扰，未捕获关于响应者人口统计的详细信息。

在整个事件过程中，发生了2次战术协作，均持续19分钟，发生了4次战略协作，持续17—47分钟。

演习二是一个由内政部资助的9小时演习，在英格兰北部进行，参与者来自英国6个地区。这个场景包括一列火车出轨，撞上一支购物游行队伍和几辆车和几条电线，导致一辆公共汽车与一个成人学习中心相撞。这次演习由2个地点组成，一个是火车脱轨的实体建筑，一个是指挥中心。该事件由三级响应管理，包括1000名来自警察、英国交通警察、消防和救援、救护车、英国国民保健服务局、地方议会、环境、皇家空军和住房部、社区和地方政府的从业人员，以及燃气、电力和水公司的从业人员。总共有175名公众、行动中的截肢者和演员扮演了伤亡者的角色。与第一次演习一样，行动响应人员和消防战术指挥官驻扎在事故现场，战略和战术响应人员以及消防战术联络人员驻扎在指挥中心。

总的来说，发生了4次战术协作，持续时间为19—37分钟，还发生了4次战略协作，持续时间为17—47分钟。

表4-4 参加每次演习的战略和战术会议的代表

演习一	演习二
1名警察、1名消防和救援人员	3名警察、2名消防和救援人员
1名救护车代表、1名英国国民保健服务局代表	1名救护车代表、1名NHS英格兰地方委员会代表
2名地方议会代表、1名海岸警卫队代表	1名公路局代表、]1名环境部代表
1名环境保护人员、1名旅游公司代表	1名英国交通警察、1名电力公司代表
2名渡轮公司代表	1名国防部代表、1名英国公共卫生部代表

（2）数据收集

数据包括战略协作小组和战术协作小组的转录记录，这些记录使用口述录音机和摄像机进行，以确定每个发言者所属的机构。成绩单准确、深入地记录了会议中发生的情况，包括所说的话、由谁说、何时说以及采取的选择和行动。

与研究人员试图操纵观察中的现象相比，采用一种不引人注目的观察方法可以更有机地收集数据，从而为极端环境中的联合决策过程提供更真实的表示。利用来自2次战略和战术层面灾难演习的数据，还提供了联合决策的更为全面的观点，允许对不同来源的调查结果进行三角划分，以确定一致性和差异性。例如，对2次演习中在战略层面做出联合决策的过程进行比较，以确定决策阶段的频率和顺序是否相似。

对上述收集的数据进行分析，检查了用于协调在极端环境下运行的多团队行动的联合决策过程，以及阶段顺序是否符合国家JDM。如果响应者采用JDM，则讨论应按线性顺序进行，从"①收集信息"到"②评估风险""③考虑权力""④考虑选择"，以及"⑤采取行动"，然后再回到"①收集信息"。

（3）结论

在2次演习的战略和战术层面上，响应者主要集中在收集信息上。事实上，他们从事这项活动的次数是其他任何活动的2倍多，部分原因在于多机构会议提供了一个共享和请求信息的平台。事实上，获取相关、及时的信息对于确保将对动态情况的了解保持最新状态至关重要，以便能够根据情况的变化调整和修改决策和行动。然而，联合决策不仅需要共享信息，响应者还必须整合这些信息，以形成对形势和风险的共同理解，并调整和优先考虑适合形势的目标和行动，以避免冲突和重复。

同时，不仅响应者参与的阶段对联合决策产生影响，而且这些阶段的实施顺序也是如此。反射、线性模型，强调最优决策包括采取步骤收集信息，使用这些信息来理解所涉及的情况和风险，考虑选项和形式并实施计划，然后审查，以确定是否需要修改。相比之下，目前的研究结果显示，反应者倾向于恢复收集信息，而不是逐步采取行动。

到目前为止，有限的研究集中在检查用于在极端情况下运行的多团队内现场协作做出联合决策的过程。尽管在这些复杂和动态的环境中，在进行协作的联合决策时一再遇到困难，但情况依然如此。在缺乏直接证据的情况下，英国在国家应急管理中嵌入了线性联合决策模型，目的是改进救灾期间的联合决策。根据对战略协作小组和战术协作小组的自然主义观察，本研究考察了在灾害应对过程中，在战略和战术层面上使用哪些过程来做出联合决策，以及联合决策模型的引入是否改变了这些过程。

研究结果表明，战略和战术响应者没有利用好联合决策线性模型，该研究表明他们仅进行了信息收集而不是采取行动，并且在没有明确计划的情况下采取行动。在联合决策模型层面上，回归到线性模型的迹象仍然是模糊的，尽管联合决策模型能够让多团队成员回归到信息收集阶段，但所能收集到的信息也极其有限。在战术层面上，尽管国家指导方针发生了变化，但联合决策过程似乎仍然相似。先前的研究表明，将培训重点放在目标导向思维上可以减少决策延迟和惯性，并改善个体决策者做出明确计划的行为。未来需要进一步的研究，以测试这种类型的培训是否也会鼓励多团队中的这些做法，以及维持这些复杂技能所需的培训形式和频率。

综上所述，以往文献中对多团队协作的动态演化鲜有涉及。应急管理中的多团队协作如何演化以及如何优化协作水平需要深入了解。应急管理中的多团队协作是对应急响应中各小组成员合理的安排和各个活动的先后次序以及关键的时间点的有效衡量，是各项活动能够同时有序进行的基础，应急管理中的多团队协作是对整体应急管理效率的提升，乃至对整个应急事件的管控，降低事故危害都至关重要。

第 5 章　绩效片段理论视角下的 MTS 协作行为与过程性之间的关系研究

5.1　研究目的

　　本研究的主要目的在于初步探析高新技术企业的研发活动在采取形式的组织下，团队间协作的表现形式及其对研发的过程性绩效的影响作用，以此来检验 MTS 系统这一崭新组织形式的某些特征，并为现实中高技术产品的研发活动提供指导。

5.2　理论构想和研究假设

5.2.1　MTS高协作性需求

5.2.1.1　目标层级

　　组建MTS是为了实现单个团队不能实现的目标，这种目标层层分解形成各子团队的目标，即目标层级。目标层级可理解为"集体目标相互连接形成的目标网络，近期目标位于网络的最底层，长期目标位于中间层，MTS的终极目标位于最高层"（Mathieu et al.，2001）。每一个特定的目标层级是确定的，但不同的目标层级有共性之处，其中最重要的一点在于，随着工作的开展和目标的逐级实现，子团队间的目标互依性会不断增强，因为高水平目标的实现在很大程度上要依赖于低层级目标的优先实现。即在低层级目标实现过程中，子团队可以独立运作而不需要过多的跨团队行为，但高层级目标的实现需要多团队间高度的协调性努力。因此，目标层级提供了剖析MTS高协作性需求来源的途径。

5.2.1.2 高度的过程互依性

MTS存在3种类型的互依性：输入互依性、过程互依性和输出互依性。其中最重要的是过程互依性，这可理解为"为实现共同目标而需要的跨团队交互作用的程度"（Marks et al., 2005）。过程互依性与团队中任务互依性的概念是类似的，但过程互依性更适合MTS，因为MTS在实现高层目标时更加关注团队间过程的互依程度。（Saavedra et al., 1993）认为当团队成员间的互依性强时，团队协作过程就显得重要，反之则显得不重要。这对于MTS也是适用的，因为复杂的目标层级会产生更强的跨团队互依，这导致需要高水平的跨团队协作来促进目标的实现，反之，目标更可能由单个团队的整合努力来实现。

5.2.2 高新技术企业研发组织的MTS形态

新产品研发是MTS的主要应用领域之一，因为"大型复杂产品如航空航天产品、大型计算机应用软件等的研发，尽管发生频率不及小产品研发，但由于涉及专业人员多、任务复杂且影响深远，远远超出了单个团队的能力范围而成为一个跨团队、跨组织的多边问题"。传统的产品研发多采用普通团队的组织结构，因为小范围的产品研发规模小、所涉及人员和资金投入少，以普通团队的形式来组织有利于促进沟通和问题的及时解决，但当产品研发涉及更多的个体以至于单个任务的完成需要2个或2个以上的人共同来实现时，产品研发便进入了MTS的应用领域（Mathieu et al., 2001）。

企业的研发活动是在研发管理支配下进行的，这包括研发战略管理、研发过程管理、研发组织管理、研发技术管理、研发人力资源管理等，其中研发过程管理是重心，过程管理的好坏直接关系到研发产出。研发过程管理指产品研发项目制定后，进行产品研发，形成可交付产品的过程（李丹，2011）。传统产品研发多处于静态环境中，常采用确定化的方法；现代市场多变，产品复杂化和顾客定制化需求使得企业的研发组织突破传统的内部研发，并试图有效利用外部力量，形成网络化研发（李欣桐，2011）。复杂产品研发多采用网络分布式协同设计模式，在这种模式中，工作包的设计是核心。工作包的获取多采用"分解—综合"的模式，将整体产品系统层层分解，分模块，以降低活动的复杂程度，并利用多层次设计结构矩阵（muti-level design structure matrix，MDSM）技术来处理分系统之间、分系统内组件之间及不同学科之间在研发过程中的相互关系。

在MTS情境下，研发过程分解得到的工作包（working package）是由项目经理管理下的子团队承担的，项目团队利用专业知识与技能完成分配的任务，并在彼此之间发生着互依关系，目的在于推进研发活动。即项目团队在研发机制作用下，实现由研发投入（input）到研发产出（output）的转换，在这个过程中，项目经理会利用项目计划和章程对项目进度进行监控，以便发现不足并及时采取纠正措施。MTS情境下的研发过程如图5-1所示。

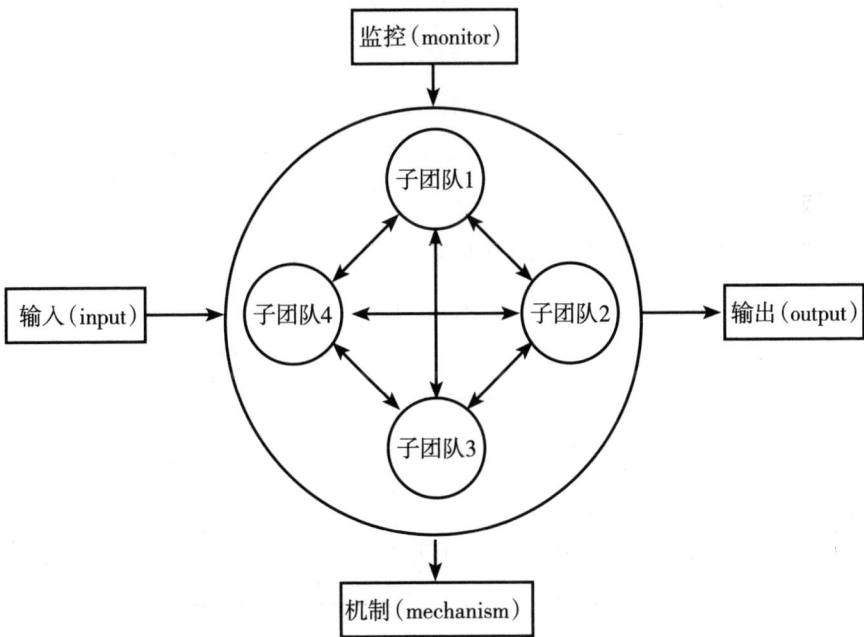

图 5–1　MTS 情境下团队研发过程

5.2.3　绩效片段理论

5.2.3.1　绩效片段理论的基本内涵

普通团队研究大多是基于范式进行的。与普通团队相比，MTS有两大特征：①MTS的主要作用之一是应对突发事件以完成单个活动单元无法完成的任务，事件的突发性决定了外部环境是动态的，子团队间相对独立性决定了内部构建是复杂的；②MTS要在目标层级的指引下采取行动，终极目标的层层分解形成各子团队的行动指南，由于子团队在所拥有的知识、技能和心智模式方面互不相同，子目标的镶嵌性、互依性就决定了子团队要利用更多的时间反思回顾、规划安排和协作（Mathieu，2001）。MTS的这种动态复杂性和循环性决定了传统的单维、静态研究范式不能作为其分析模型。

作为一种新的研究范式，绩效片段的优点在于明确过渡阶段与行动阶段的划分并指出2个阶段中的活动是异质的，其中"过渡阶段（transition phase）"是指团队集中于对活动进行评估和计划的时间段，"行动阶段（action phase）"是指团队从事活动的直接贡献与目标达成的时间段。同时，绩效片段理论表明，传统模型组成了过渡与行动阶段，这2个阶段的交替循环形成整条绩效链，每条绩效链的整合与镶嵌便形成团队的循环重复阶段模型（recurring phase model），最终指向团队整体绩效。

同时，绩效片段的基本思想是时间性和阶段性，时间性体现为不同时间周期的团队活动内容不相同，阶段性体现为内容不同而相互依存的行为段对绩效的导向作用，据此，绩效片段的思想可延伸至团队范畴之外，成为研究个体或组织的有效的工具（Beal，2005）。

5.2.3.2　绩效片段与IPO、IMOI模型的比较分析

团队研究IPO（input-process-output）的范式最早由Mc Grath提出，其中输入指一个运作阶段包括团队成员个体特征（如能力、个性等）、团队水平因素（如任务结构、领导情景等）和组织及情景因素（如组织设计风格、组织氛围复杂程度等）的先决因素，这些先决因素相互结合与促进，推动团队的发展。团队过程描述了以完成任务为导向的团队成员的作用方式，团队过程的重要性在于其描述了团队输入是如何转换为团队输出的。团队输出指团队活动的结果或副产出，这

种结果对团队所在组织或其他组织来说是有价值的，可以包括团队绩效（质与数的统一）和团队成员的情感体验（满意、承诺和贵任等）。如图5-2所示。

输入（Input）　　　　　　　　　　过程（Process）　　　　　　　　输出（Output）

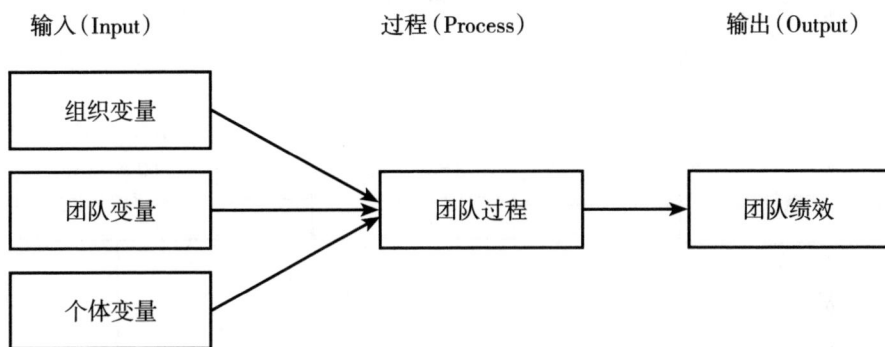

图 5-2　团队过程 IPO 的修正模型

自此，IPO模型一直是进行团队研究最有价值的指导范式，但其本身也存在缺陷，主要有：第一，IPO模型不能区分不同类型的团队过程。Ilgen et al.（2005）指出"许多中介因素并非团队过程，而是认知或情感状态"，Marks（2001）把这些因素称为"表现状态"（emergent states），包括团队能力、心理安全、动机等。第二，IPO模型以单维的过程描述团队输入是如何转换为团队输出的，这忽略了反馈的作用过程，限制了团队研究的进展，并与现实情境相背离。"这种单向的因果关系研究很大程度上忽视了团队工作中反馈的积极效用和多阶段动态的环形循环回路因果关系。"（莫申江等，2009）第三，传统的IPO模型强调I、P、O三因素中其中一个因素对下道程序的主影响效应，而现实研究发现这种主效应可以通过多种输入与过程（I×P）、过程与过程（P×P）以及过程与表现状态（P×E）的相互作用来实现（Ilgen et al.，2005）。[①]

团队过程的IMOI（Input—Mediator—Output—Input）模型采取更广的视角，其内在地包含着团队过程的循环特征，这种反馈与循环会在团队由一个任务片段转移到另一个任务片段时发生作用；并且，团队输出或中介因子对下道程序中成员组成、团队角色、组织情景因素及其他因素的影响并不是立刻的，需要经过一

---

① 来源: MATHIEU, MAYNARD. Tammy Rapp and Lucy Gilson Team effectiveness 1997–2007: a review of recent aclvancements and a glimps into future[J]. Journal of Managerent, 2008,34(3):410–476.

定的时间作用；最后，模型指出对团队输出的测量应采取包含不同产出形式（如满意度、创造性和客户服务等）及其组合的更广的标准。如图5-3所示。

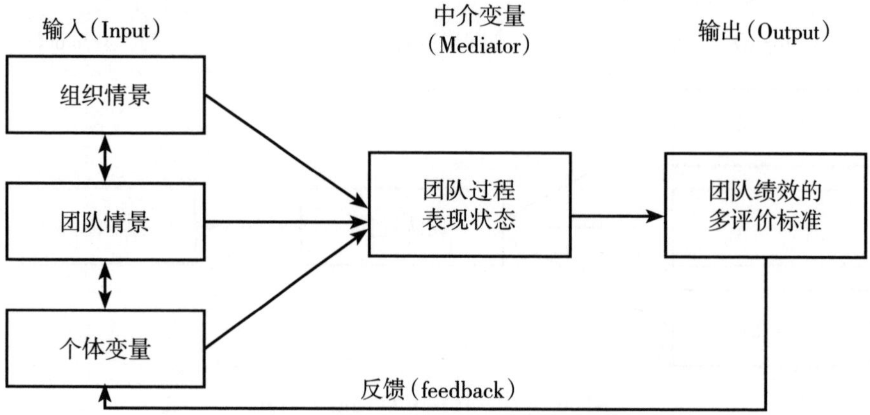

图 5-3　团队过程的 IMOI 修正模型

绩效片段是建立在团队多任务重复阶段模型（recurring phase model）（如图5-4所示）基础上的，该模型认为，MTS的目标层级能够分解为若干个子目标，每一个子团队要从事至少一个子目标的导向性活动，不同子目标的实现过程就是不同片段的展开过程，具有互依关系的子目标要靠相关片段的互依互动过程来实现。在模型中，传统的IPO模型组成了MTS的行动和过渡阶段，这2个阶段的交替

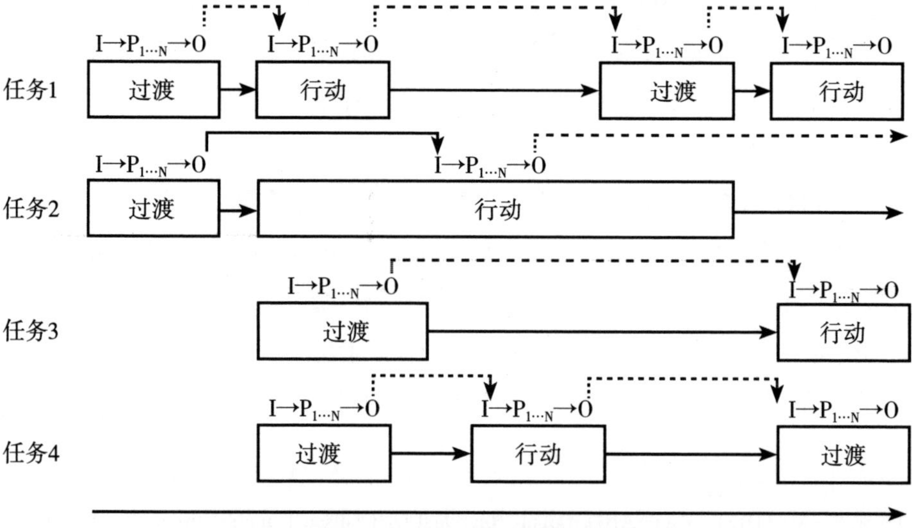

图 5-4　MTS 情境下轩队多任务重复阶段模型

循环构成了一条完整的绩效片段（链），不同片段间的互依互动构成了整个循环过程（Mathieu et al., 2001）[①]。

以上分析表明，在传统的以IPO为范式的团队研究中，研究者以静态的、单维的视角考察团队绩效的发生过程，也就是说，研究者在单个任务的完成周期内考察I、P、O之间的相互关系，即使以更广的团队周期来审视团队过程，经过一段时间的数据也会被抽提为某一时刻点上的指标。绩效片段的提出最初是为了弥补传统IPO模型的不足，如同IMOI模型一样，它也强调团队作业过程的动态和循环特性，认为团队输出对团队过程和团队状态有影响。MTS的概念提出以后，绩效片段模型便在重复阶段模型基础上进一步发展，显著特征在于目标层级导向下多条绩效片段的同时进展，形成多任务状态（Multi-tasking），正是这种特征使得绩效片段与IMOI模型独立开来，成为MTS过程的研究视角。

5.2.4 MTS协作与过程绩效之间的关系

5.2.4.1 MTS 视角下的研发过程绩效

过程绩效（process performance）的提法大多见于组织管理理论及相关文献中。ISO 9000对过程的定义为"一组将输入转化为输出的相互关联或相互作用的活动"。Prabu et al.（2006）认为，一个过程就是一个为某特定顾客或市场提供某种具体产出的结构化的、可测量的活动集，它可能涉及一个组织的多个职能领域，也可进一步分解为多个子过程，过程绩效就是对业务过程中的绩效进行测量。

如前所述，MTS视角下企业研发多采用项目管理的组织结构，将工作任务分解后"分包"给各子项目团队，在一定的机制下将输入转化为输出的过程。MTS的研发过程是将输入转化为输出的关键，保证研发过程按照计划顺利开展并保证过程产物的数量与质量对最终研发成果具有直接的影响。因此，注重MTS研发项目过程管理，对确保研发项目的平稳运行具有重要意义。正如谢舜龙等（2005）所言，"从企业长远发展的角度看，建立一个规范的研发过程管理体系，其重要

---

① 来 源: MICHELE, MARKS. Mathieu. Stephen J. Zaccaro. A Temporally(Based Framework and Taxonomy of Team Process[J]. Academy of Manayement Review, 2001,20:356-376.

意义远远大于某一两个研发成果。成果是过程的产物，是过程间因果关系的产物"。研发管理重在过程，控制了过程也就控制了结果。在研发过程受控的条件下，企业可以使资源通过过程方法得到最大限度的增值，并有效地实现研发成果（Robbins et al.，2003）。要想有效地对研发过程进行管理，必须对研发团队的过程绩效进行认识，并明确研发团队过程绩效的构成因素，进行研发团队过程绩效管理。

过程绩效既可能是结果也可能是行为，还可能是过程与结果的统一，即过程绩效包含着过程的行为绩效和结果绩效。研发团队的过程绩效是相对于研发的最终绩效而言的，指的是团队研发过程中的绩效表现，它包含2个方面的内容：研发团队运行状况（包括角色匹配和知识共享），阶段性成果（即团队在研发过程中所取得的一系列阶段性成果，包括预算控制、研发业绩和人才培养3个方面的因素）（朱其权，2006）。这种分类方法较符合实际研发过程。研发人员的选取在研发项目成立初期就确定下来了，研发过程中不会出现随便换人的情况，因此，匹配这一维度不能很好地作为过程绩效的评价指标。徐培（2006）认为研发团队运行状况可分为团队士气、团队沟通、冲突管理和知识共享4个维度，其中团队沟通和知识共享所占权重最大，分别为0.4551和0.2760。借鉴前人的研究成果，本书认为研发过程绩效的运行状况维度包括团队沟通和知识共享2个方面。

5.2.4.2 MTS 协作行为与过程绩效之间旳关联度

团队协作是团队领域的一个核心概念。已有大量的关于团队协作与团队绩效之间关系的研究，早期对团队协作的研究如：Jehn（1997）对解决问题和建构模型的三人团队的研究发现，合作（协作的另一种表现形式）能提高团队绩效；Stout（1995）对执行飞行模拟任务的两人团队的研究表明，团队整体协作水平的观察者评分与任务绩效显著正相关；开发了团队协作模型，模型包含了团队协作的组成因素及各因素对团队绩效的影响。这些研究都表明了协作与团队绩效间的正向关系。

在MTS领域，现有的研究已表明跨团队（或团队间的）协作与MTS绩效之间的相关关系，如前已论述的Dechurch（2006）采用模拟实验的方法对MTS领导团队的研究表明，团队间协作对领导者目标制定和协作策略行为对MTS绩效之间的关系有中介作用；对绩效片段2个阶段——过渡阶段和行动阶段的研究发现，行动阶段（主要内容是协作）对MTS绩效有正向影响。

5.2.4.3　MTS 协作行为与过程绩效之间关系的新概念

绩效片段视角下的MTS协作行为过程与过程绩效表现出了共同的特征，即时间性、阶段性与交替循环性并存的特性：协作过程以过渡阶段和行动阶段为基础，表现为这2个阶段的循环和交替；过程绩效以过渡阶段和行动阶段的联合产出效应为最终结果，不同阶段过程绩效的累加与整合构成整体绩效。因此，协作行为过程与过程绩效具有共同的分析基础。

基于此，郑喜燕（2011）在整合前人研究的基础上构建了片段化协作过程模型，这包括过渡阶段的任务分析、目标制定和策略选择，以及行动阶段的目标调控、系统调控和支持反应，作者的结构方程检验验证了模型的合理性。作为同一科研团队的成员，郑喜燕（2011）的研究成果是我们共同的财富，是我们迈向研究新阶段的基础，本研究在其研究MTS的基础上进一步研究协作过程与过程绩效间的关系，既是对其研究成果的继承，也是新的创新过程。

通过前面的文献综述可以发现，MTS研发项目过程绩效包括行为和结果2个方面，行为方面有团队沟通和知识共享，称为MTS研发项目运行状况，结果方面有预算控制、研发业绩和人才培养，称为MTS研发项目阶段性成果。基于此，可提出协作过程与过程绩效关系的新概念。见图5-5。

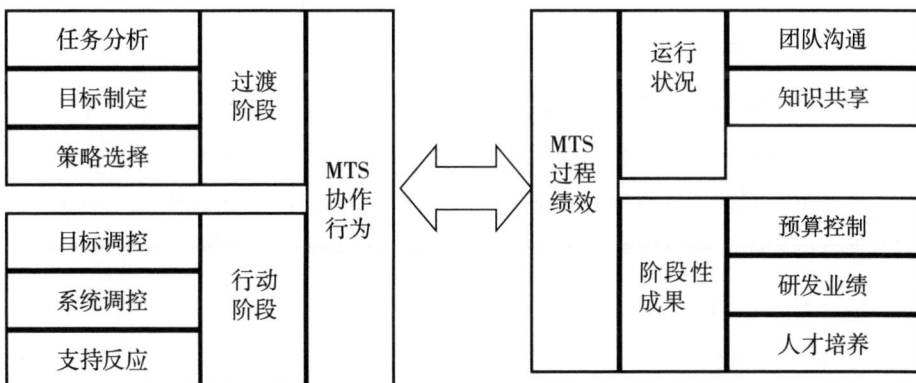

图 5-5　绩效片段视角下的 MTS 协作行为与过程绩效关系图

5.2.5　研发MTS协作行为与过程绩效关系的研究假设

前已述及，绩效片段的主要特征在于过渡阶段（transition process）和行动阶段（action process）的划分。Mathieu（2001）认为以往的团队研究大都是对这2个阶段上不同过程内容的研究，包括过渡阶段过程研究的任务分析、目标说明、策略制定和计划等，行动阶段过程研究的进程监控、系统监控、团队监控和后备支援等。这种分类方法与中国学者的认识不谋而合——吴其伦等（2004）认为项目团队协作主要是思想协作和行为协作。思想协作强调思想的交流与认识的一致，包括对目标的理解，任务的分配，对沟通方法、管理工具的认识等；行为协作是在思想协作的基础上实现的，包括工作流的一致、组织支持与关心、系统的实时监测等。郑喜燕（2011）在总结前人研究的基础上，提出了MTS的协作机制模型，并认为MTS的协作行为由过渡阶段协作行为（Transition Phase Coordination，TPC）和行动阶段协作过程（Action Phase Coordination，APC）构成，其中前者由任务分析、目标制定和策略选择组成，后者由目标调控、系统调控和支持反应组成，作者的结构方程检验验证了模型的合理性。

在研发MTS中，协作贯穿于业务活动的始终，不仅表现为过渡阶段的协作，还表现为行动阶段的协作，但2个阶段的协作内容是不同的。作为同一科研团队的成员，郑喜燕（2001）的研究成果是我们研究团队共同的财富，是迈向研究新阶段的基础，本研究采纳其研究的结论，并试图做出新的研究探索。

MTS的协作作业过程是要实现系统的终极目标，获得系统的全面绩效。这种全面绩效的获得并非依靠单个协作作业过程（end-to-end performance process），而由多个不同的绩效片段导致的阶段性过程绩效的循环累积来实现的（Marks et al.，2001），即由过渡阶段与行动阶段的交替循环实现过程绩效，若干个过程绩效的循环累进促进绩效的实现。可见，过程绩效是作为MTS的中间绩效而出现的，其目的是监督具有长期特性的MTS业务过程的合理性，最终促进MTS目标的实现。

在文献解析的基础上，采取研发MTS过程绩效2个维度的划分，认为研发MTS过程绩效包括MTS的运行状况（multi-team system functioning，MTS-F）和研发系统的阶段性成果（multi-team system stage-results，MTS-R），前者包括团队沟通和知识共享，后者则包括预算控制、研发业绩和人才培养3个因素。

文献综述表明，团队与组织方面的研究都证实了相关单元的协作是一个重要的过程。协作过程在MTS中具有双重作用：首先，团队内的协作对任何一个子团队的绩效都是至关重要的；其次，相关团队间的协作也是不可或缺的。当团队之间相互依存以至于多个团队的目标都贡献于系统目标，或者一个团队目标的实现是另一个团队目标实现的基础时，团队间的协作就变得必不可少。因此，得出研究模型（如图5-6所示）。

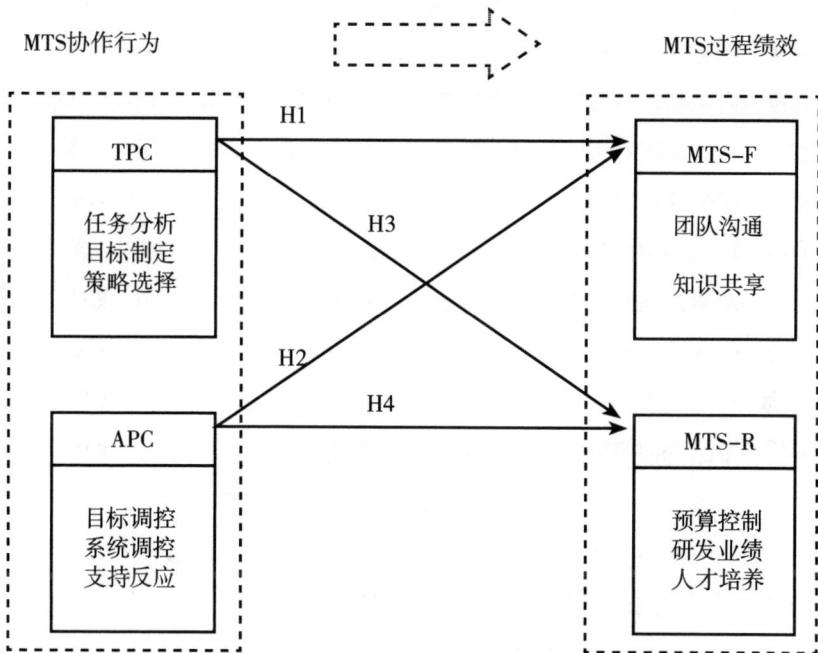

图 5-6 绩效片段理论视角下的 MTS 协作行为与过程绩效关系的概念模型

H1：过渡阶段协作行为对过程绩效的运行状况有显著正向影响。

H11：任务分析对团队沟通有显著正向影响。

H12：目标制定对团队沟通有显著正向影响。

H13：策略选择对团队沟通有显著正向影响。

H14：任务分析对知识共享有显著正向影响。

H15：目标制定对知识共享有显著正向影响。

H16：策略选择对知识共享有显著正向影响。

H2：行动阶段协作行为对过程绩效的运行状况有显著正向影响。

H21：目标调控对团队沟通有显著正向影响。

H22：系统调控对团队沟通有显著正向影响。

H23：支持反应对团队沟通有显著正向影响。

H24：目标调控对知识共享有显著正向影响。

H25：系统调控对知识共享有显著正向影响。

H26：支持反应对知识共享有显著正向影响。

H3：过渡阶段协作行为对过程绩效的阶段性成果有显著正向影响。

H31：任务分析对预算控制有显著正向影响。

H32：目标制定对预算控制有显著正向影响。

H33：策略选择对预算控制有显著正向影响。

H34：任务分析对研发业绩有显著正向影响。

H35：目标制定对研发业绩有显著正向影响。

H36：策略选择对研发业绩有显著正向影响。

H37：任务分析对人才培养有显著正向影响。

H38：目标制定对人才培养有显著正向影响。

H39：策略选择对人才培养有显著正向影响。

H4：行动阶段协作行为对过程绩效的阶段性成果有显著正向影响。

H41：目标调控对预算控制有显著正向影响。

H42：系统调控对预算控制有显著正向影响。

H43：支持反应对预算控制有显著正向影响。

H44：目标调控对研发业绩有显著正向影响。

H45：系统调控对研发业绩有显著正向影响。

H46：支持反应对研发业绩有显著正向影响。

H47：目标调控对人才培养有显著正向影响。

H48：系统调控对人才培养有显著正向影响。

H49：支持反应对人才培养有显著正向影响。

5.3　研究设计与研究过程

5.3.1　案例研究

5.3.1.1　案例选择——博世及其研发系统

罗伯特·博世有限公司是1886年成立的德国目前最大的工业企业之一，主营汽车技术、工业技术、消费品及建筑技术。作为博世公司在华的主要分公司，博世电动工具（中国）有限公司（以下简称博世） 1995年在杭州滨江成立，是全球领先的电动工具及附件生产商。博世在2008、2009、2010年度全球销售额的36%、38%、40%来自近2年推出的全新产品，而在2011年，博世集团生产了100余件新产品。博世新产品的投放完全依赖于其健全的研发系统，其中最重要的研发系统之一是博世亚太研发中心。博世亚太研发中心有一套完整的产品研发流程、健全的研发队伍和先进的研发理念，这是保证其成功的根本。博世以研发项目来组织研发活动，每个项目都要经过项目需求分析、项目准备、项目概念、项目实施和项目收尾5个阶段，各个阶段有不同的任务，输出不同的结果（见图5-7）。

矩阵式的研发项目要在一名全职项目经理的带领下完成研发任务，同时要受到关键项目经理和中层管理人员组成的项目审查委员会（project review committee）的监督。7名来自不同职能部门的项目核心成员（core member）形成一个紧密团队（见图5-8），除要完成研发任务外，还要兼顾日常岗位上的工作；同时，职能部门会配置相关人员支持核心成员的研发任务，并且核心成员有权邀请所在部门技术人员共同解决研发中的技术问题，这使得核心成员在部门内部又形成一个松散团队，专攻职责范围内的技术难关。项目经理带领下的紧密团队，核心成员指导下的松散团队，便形成一个MTS研发项目组织（multi-team R&D project）。

此MTS研发项目与MTS组织结构的区别在于：①由1名项目经理而非领导团队进行全过程管理；②技术问题的复杂性使得核心成员领导下的松散团队不会表现出明显的边界，这造成MTS研发项目边界的模糊性；③个别情况下核心成员不需要借助所在部门人员的技术支持，即核心成员全新参与到研发项目中而不领导团队。但我们仍可以把它作为MTS来研究，因为：①有多于2个研发团队存在；②团队间发生着紧密的输入、过程和输出联系；③团队追求不同的近期目标但共

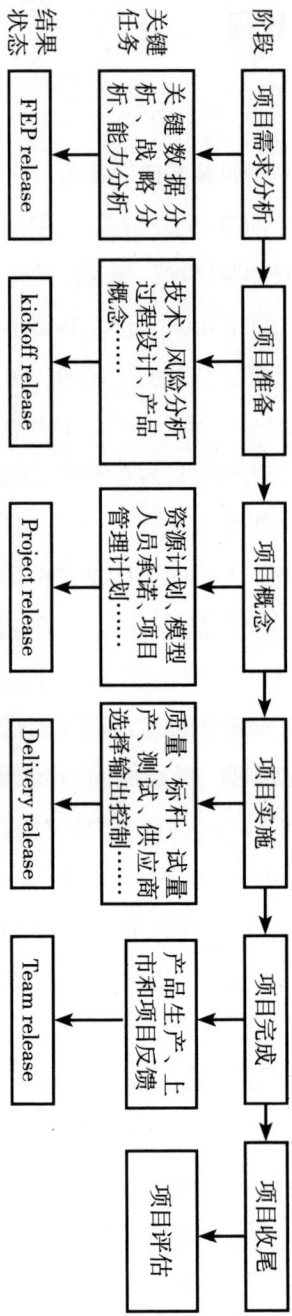

图 5-7 博世产品研发流程图

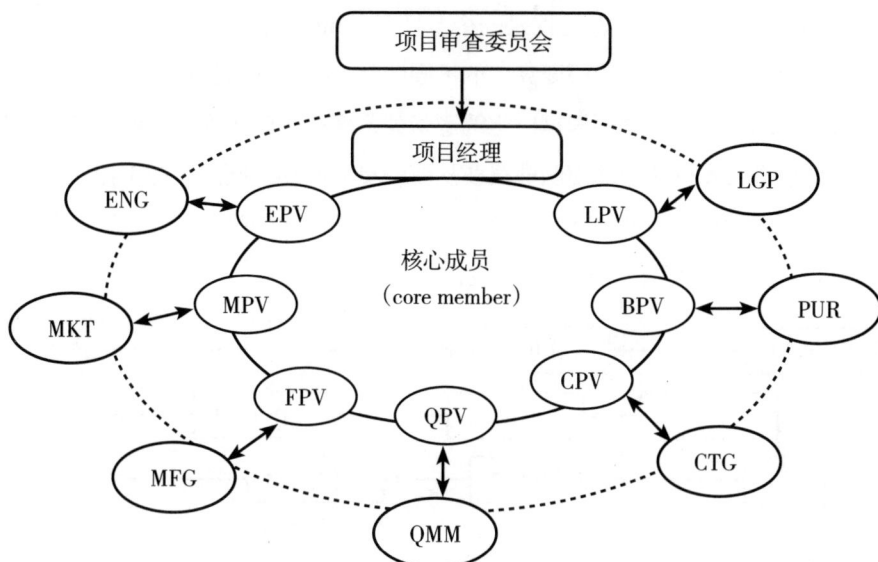

图 5-8 博世 MTS 研发项目组织图

享远期研发目标；④团队间具有高度的互依性。

5.3.1.2 博世研发团队的协作模式

博世MTS研发项目管理过程以项目启动会（kickoff workshop）为分水岭，在此之前，主要进行数据收集、技术性过滤、可行性分析和项目预算等前期准备工作，同时项目经理和核心成员要对项目进度和阶段性成果进行初步规划，确定项目里程碑事件，依据各活动之间的逻辑关系确定工作包（work package）之间的协作关系。在启动会上，项目经理、核心成员和关键管理人员聚在一起深入探讨，确定最终的进度安排、各阶段所需资源和产出成果，确定各职能团队成员之间的协作关系、工作包之间的衔接关系，确定项目沟通网络，以头脑风暴法分析项目可能的风险（对项目有利和不利的因素，但主要是不利的因素），并商讨应对关键风险的风险应对计划（risk response plan）；最终商讨结果要得到全体与会人员的一致同意。启动会后，项目成员要严格按照项目计划执行项目活动。每个项目周期在1—3年不等，其间要召开每周一次的例会和每月一次的项目评审会，犹如绩效片段过渡阶段的作用一样，会议的目的在于沟通情况，讨论项目实际进度、一周来遇到的问题和可能出现的问题，并商讨问题解决方案；同时，项目进程中会举办必要的随时性会议以解决突发问题。

MTS视角下的博世研发过程是一个多任务（multitasking）关系网络：研发目标的层层分解形成核心成员要完成的不同团队目标，这些目标是通过一个个工作包来实现的，工作包之间根据一定的逻辑关系形成时间和次序上的紧密协作关系，工作包进一步分解形成团队成员要从事的具体活动；同时，在工作包的完成过程中，相关项目成员要定期参加会议，目的在于对前一阶段的活动进行总结和反思，并对后续互动做进一步规划和安排。

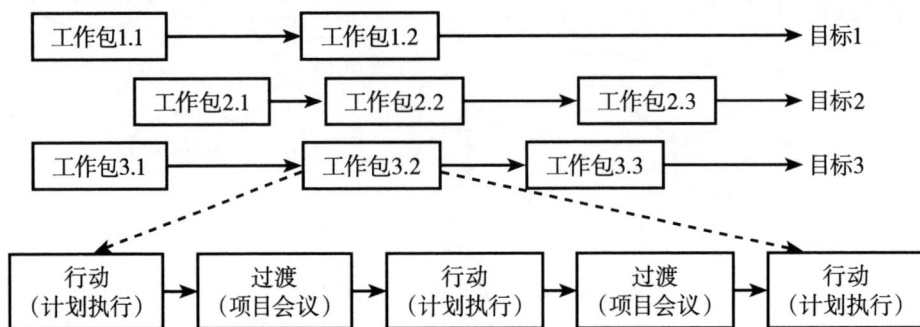

图 5-9　博世研发 MTS 项目多任务结构与绩效片段对应关系示意图

由核心成员参加的例会和不定时会议都需要按照正规的会议程序组织（除1对1会议外），包括确定会议目的、时间和地点，发送会议邀请和议程，分发会前资料（如需要的话），与个别人员会前交谈（如需要的话）等。每次会议时长在1—1.5个小时不等。会议议程主要包括但不局限于以下几个方面：

· 项目目前的实际进度状态与计划进度状态，落后或提前的原因分析；
· 项目目前遇到的关键问题及涉及的项目成员，关键问题探讨及最终方案确认；
· 项目下一阶段目标确认与重申；
· 项目下一阶段可能遇到的问题及预备方案；
· 项目前一阶段风险出现情况及应对情况；
· 项目目前面对的主要风险及应对计划。

项目会议是项目管理的一大特色，是项目成败的关键之一；正规的项目管理都有标准、正式的会议管理程序。从上面博世项目例会议程看，例会一般会对项目目前的任务进行回顾与分析，并确认或修改（在遇到不可避免风险的情况下）下一阶段的目标，商讨应对项目正面对的或可能会遇到的问题的策略，同时议题也包括资源供应情况、预算支出与控制等。

风险管理是项目管理的另一大特色。风险（risk）指所有对项目有利和不利的不确定性因素，包括机会和威胁2个方而。博世项目管理中风险管理的程序包含3个步骤：风险识别、评估和应对计划制定，风险应对计划的审批，风险监控。风险依据发生的概率（Probability）和对项目的影响（Impact）可分为4类（图5-10）。1代表对项目影响大且发生率高的风险，需要在选取关键路线时避开这些因素，在项目启动阶段制定详细可行的应对计划，向高层陈述并时时监控此类风险的动态；2代表具有严重潜在威胁的风险，其发生概率必须依据具体情况进行详细分析，并对风险指标做出详细的定义和实时监控；类别3不需要特殊的关注，只需定期与项目成员审查这些因素；类别2代表可转化为类别1和类别3的风险因素，需要经常性地监控这些因素，并需要定期与项目成员一起讨论回顾。

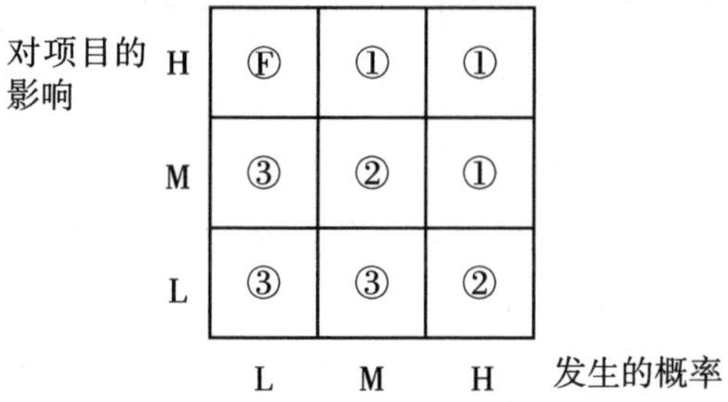

图 5-10　博世项目风险分类图

风险的实质是不确定性，风险管理存在于项目进程中，本质是对项目系统内外环境的动态监控，并根据可能发生的变化做出及时的合理性反应，以保证项目目标的实现。与项目经理的交谈表明，尽管概率较低，也可能发生风险的影响过于深远而使项目资源配置计划和目标不得不调整的情况。因此，风险管理一直是项目管理的关键知识领域之一。其实，这与项目行动阶段协作的内涵是一致的。如文献综述部分表明的那样，行动阶段协作强调在团队作业过程中对目标达成情况的实时监控，对系统环境的实时监控，并在必要条件下实施应对特殊情况的支持反应计划，以及不同群体、不同人员之间的相互支持和协作（Mathieu，2001）。风险管理也是通过这些行动来保证项目目标的实现。

5.3.1.3　博世研发团队的过程性绩效考核系统

在博世产品研发中，研发项目的过程绩效一般表述为"项目评价和测量（C Project Review and Measurement）"，目的在于动态监控项目的进展情况以确保项目实际进度与计划进度相一致，并及时给予必要的支持。其中，项目评价包括以下几个方面：

● 与项目审查委员会及所涉及的所有职能部门管理人员每月举办FEP会议（FEP=Front End Process，既是一种开发理念和开发过程，也是一个由4人组成的担负着特殊职责的开发团队）；

● 与项目审查委员会和所涉及的所有职能部门的管理人员每月举办项目评审会议（Project Review Meeting，PRM）；

● 项目风险分析与管理；

● 能力和资源管理。

此外，项目评价还包括项目经理每月在评审会（FEP/PRM）上进行的项目最新进展信息的项目状态报告，包括项目进度、项目财务状况、项目支出、约束因素、项目质量信息和风险管理信息等因素。

项目测量的主要部分是过程测量（Process Measurement），即项目开发过程的测量，目的在于跟踪项目进展。公司用统一的测量系统对所有项目进行测量，包括由超前（Leading）指标和落后（lagging）指标构成的关键绩效指标（KPI）。

在研发项目运作过程中，项目团队也很注重团队的成长与进步，人们开会时常说的一句话表明了这一点——"我们在为自己的成长而工作，这是迈向成功的第一步"。项目成员的进步与成长、项目知识经验的积累与分享是公司的宝贵财富，是公司进一步发展壮大的基础，更是新项目顺利进行、新产品顺利开发的基础。因此，每位项目经理都知道如何帮助成员及时总结、及时反思并给予及时反馈。在研发团队执行手册里的一段话很好地印证了这一点：

"在自己的工作能力方面，多花一些时间，想想自己还有哪些需要改进和提高的地方，看看自己的工作是否做得完美了？看看工作态度是否端正？是否满腹牢骚？是否得过且过？是否积极进取？"（博世内部研发团队手册）

此外，作为管理人员，项目经理还有义务在项目运作过程中促进成员的发展，这在项目组定期举行的绩效评审会议（performance review discussion）中得到了很好的体现。评审会议对具有管理职责的成员的一项额外的评价指标里面包含着成员发展（employee development）的内容，即项目经理有义务促进项目核心成员的个人发展和专业技术发展，这包括识别个人潜质，利用个人潜质，扩大个人潜质，给予尽可能多的指导，鼓励成员达到自己的目标。

不仅如此，由于项目管理本身就是沟通管理，除正常的例会、临时性会议和项目评审会外，项目成员在日常工作中同样注重高效沟通。人们认为，"有效沟通是得到对方的理解和支持，让对方愿意接受信息发出者的意图并采取相应行为"；"由于人们的家庭背景、教育程度、社会阅历不同，以及对事情关注的角度不同，难免会产生观点的差异，这对事情的解决是好事。一定要清楚我们是对事不对人的，我们的目标是把事情做好，并不是否定。个人的价值观。我们应当抱着尊重和信任的态度，求同存异"。（博世内部研发团队手册）

本部分的案例分析表明，博世研发项目评价和测量采取多种途径，既有对项目总方向的把控，也有对运行细节的监督，既有对项目运作实体的关注，也有对团队精神需求的支持。这些很好地支持了本研究对MTS过程性绩效的理解——过程性绩效既包括结果也包括行为，既包括预算控制、进度控制和研发业绩等看得见的阶段性成果，也包括团队成长、知识经验共享和团队沟通等看不见却可感知的精神满足。

5.3.1.4　研发团队的协作行为与过程性绩效的关系考察

美国管理协会在《项目管理知识体系指南》（*PMBOK Guide*）中对项目的定义是"为完成某独特的产品或服务所做的一次性努力"。项目过程管理要受到进度、成本和质量因素的限制，项目过程具有一次性，一旦完成或失败，项目便就此结束。因此，项目本身就是一个由不同不确定性因素组成的风险体，项目可能成功，也可能失败。管理良好的项目的各项指标都会在满意的范围内，而管理不善的项目的指标都会有异常的偏离。博世研发项目具有较高的成功率，这要归功于其先进的研发理念、严格的研发程序和高层对项目的大力支持，但博世也有研发项目失败的例子发生。无论项目最终失败或成功，都可以透过对项目运作过程中某些指标的观察来判断项目的运作情况，并在必要时采取矫正或组织性措施。通过对多名项目经理（实际为7名）的非正式访谈，总结出了最终成功或失败的项目的一些早期表征及其内在原因（见表5-1）。

表 5-1　博世研发项目成功／失败的表征及原因分析

成功的项目		失败的项目	
表征	原因	表征	原因
· 项目计划得到顺利实施，项目进度与计划进度相一致 · 原料供应及时、准确 · 团队间沟通顺畅，信息传递真实、有效 · 项目预算到位及时，项目支出在预算范围内 · 项目文档得到了及时整理、保存，能够有效地利用以往的经验教训 · 团队间愿意积极思考，共享知识，努力协作解决问题 · 团队成员对项目有激情，有信心，成员间愿意真诚沟通 · 高层领导表现出了对项目的支持，能够提供相关资源 · 对项目风险把控准确，项目风险应对计划现实、可行 · 项目中产生了若干技术专利，或产生了解决问题的新途径	· 对项目可行性的分析透彻、真实 · 对项目所需资源了解透彻，能全面把握组织资源状况 · 项目计划的制定详细，项目成员能全面了解项目计划，并了解自己在项目中的作用 · 能动态地监控项目内外环境的变化； · 能根据外部变化及时采取合理的应对措施 · 制定的发现应对计划得到了及时准确的实施	· 出现过多的未预料到的变更，不能通过对资源的调整应对这些变更 · 变更要求对项目计划做出大幅度修改 · 团队沟通存在障碍，成员不愿意提出自己的真实想法 · 并未在预定的时间得出预计的结果（如工作包的产出、项目文档的更新等） · 项目超支 · 项目得不到高层领导的支持，高层领导很少关注项目需求 · 项目所需资源到位不及时 · 团队间有心理隔阂，不愿真心分享知识，不愿对问题做出深入思索 · 项目过度延期	· 对组织及外部环境未做出全面的分析，不能及时掌握环境变化 · 对突发性环境变化不能做出及时的可行对策 · 项目成员挑选不恰当，没做好项目前的破冰行动 · 成员任务不明确、不清晰 · 项目目标不切合实际，成员目标不清晰，项目目标存在重叠与交叉 · 没做好项目风险分析，风险应对计划过于理想而不现实 · 资源规划不协调

从表中可以看出，成功项目的表征基本反映在阶段性产出方面，虽然也有其他方面的指标（如原料供应、领导支持等），但主要表现为团队运行状况良好，团队间衔接恰当，能够按照计划输出阶段性成果；导致这些良性运作的原因主要在于项目前期的计划制定现实、合理，项目中的调控及时、准确。相比之下，失败项目在运作过程中会表现出过多的团队问题，不能够按照计划运行，这是因为前期的系统分析与项目计划没充分做好，项目运作过程中的目标调控、系统调控和支持性反应没做到位而导致的。

通过对比可发现，MTS项目的协作与过程绩效之间存在一定的相关关系：当MTS协作过程运作良好时，项目能产生较好的过程绩效，这会引起项目的成功；相反，当MTS协作过程运作不善，就会引起较差的过程绩效，从而对项目的顺利完成造成威胁。

5.3.1.5　案例小结

本章以案例分析的形式介绍了博世研发系统的协作形式、对过程绩效的考核及两者之间的关系。研究表明，博世研发项目是以MTS的形式组织的，其中项目经理领导下的核心成员组成了MTS的紧密层，核心成员指导下的相关部门人员形成了MTS的松散层；博世研发项目的协作行为可以看成是以会议管理为核心的协作过程和以风险管理为核心的行动过程的相互作用，其中会议管理要执行任务回顾与分析、目标回顾与分析及问题应对计划等任务，风险管理主要关注项目目标的监控、系统环境的监控及支持计划的实施与反馈；博世研发项目对过程性研发绩效的控制采取多种途径，既包括预算控制、进度控制和研发业绩等阶段性成果，也包括团队成长、知识经验共享和团队沟通等团队的精神感知。进一步的访谈分析表明，博世研发团队过程与过程绩效之间具有一定的相关性，当协作良好时，过程绩效指标也较好，相反，则过程性绩效指标也较低。这些现实发现为本研究假设的提出及大样本的问卷调查提供了重要的依据。

5.3.2　问卷调查法

5.3.2.1　变量操作性定义

本研究中涉及的变量及其操作性定义如下：

MTS协作行为指MTS研发项目对团队间的作业时间和次序的恰当安排，它内在地包括过渡阶段协作行为（TPC）和行动阶段协作行为（APC）2个维度。

过渡阶段协作行为（TPC）指MTS研发项目团队间进行活动评估和计划的过程，它包括任务分析、目标制定和策略选择3个方面。其中任务分析指MTS研发项目团队对团队任务、团队间任务的相互关系及系统资源状况的了解程度；目标制定指MTS研发项目团队目标间关联程度、目标设置的参与程度和认可程度；策略选择指MTS研发项目团队在资源分析的基础上对行动策略的制定与执行程度。

行动阶段协作行为（APC）指MTS研发项目团队执行作业计划，做出应变反应并促进目标实现的过程，它包括目标调控、系统调控和支持反应3个方面。其中目标调控指MTS研发项目团队对团队目标的监控程度，包括自己团队的目标及其他团队目标达成情况的监控程度；系统调控指MTS研发项目团队对系统内外环境变化的监控程度；支持反应指MTS研发项目团队在作业过程中人员间相互支持的程度。

MTS过程绩效指MTS研发项目对作业过程中的绩效所进行的测量，它是研发项目若干过渡阶段协作过程和行动阶段协作过程相互作用的输出结果，包括MTS研发项目的运行状况和阶段性成果2个维度。

MTS研发项目运行状况指MTS研发项目依照计划进行团队运作过程中，团队间相互作用的表现形式，它包括团队沟通和知识共享2个方面。其中团队沟通指MTS研发项目团队间互通情报、相互协作以解决问题的程度；知识共享指MTS研发项目团队主动分享独有的知识技能、解决问题的新途径或作业程序的程度。

MTS阶段性成果指MTS研发项目在研发过程中取得的一系列阶段性成果，包括预算控制、研发业绩和人才培养3个方面。其中预算控制指MTS研发项目对研发经费的计划使用与实际使用情况；研发业绩指MTS研发项目所取得的，包括进度执行、研发资料的管理、成果鉴定和后续阶段详细研发计划等的研发成果；人才培养指MTS研发项目的参与人员的参与与学习、成长情况。

5.3.2.2 变量测量

关于团队协作的研究很多，以绩效片段视角对其进行研究是一种新的途径。绩效片段模型是由Mathieu（2001）在重复阶段模型（recurring phase model）的基础上提出来的，该模型认为团队及MTS的协作行为由过渡阶段和行动阶段构成，但作者只是给出了绩效片段的概念解释，并没有给出各个维度的测量方法。在后续的研究中，许多作者从绩效片段的视角研究了团队及MTS过程，并据此提出了MTS的协作。结合文献探讨，本书对MTS过渡阶段协作3个维度——任务分析、目标制定和策略选择的测量参考了De Church（2002）、Mathieu（2001）、Marks（2005）、DeChurch（2010）等的主要研究成果，并结合以往对团队任务、团队目标和策略的研究，以及郑喜燕（2011）的相关研究，编制3含有9个题项的测评量表对MTS行动阶段协作3个维度——目标调控、系统调控和支持反应的测量，主要参考了Mathieu（2001）、De Church（2008）、Mathieu（2006）及其他团队的相关研究过程，结合郑喜燕（2011）的研究而编制，共包含9个题项。

MTS过程绩效主要关注团队运作过程中的绩效测量，包括MTS的运行状况和阶段性成果2个方面（朱其权，2006）。其中运行状况维度包括团队沟通和知识共享2个方面，本书采取王永丽（2009）翻译的Campion等（1993）对团队沟通的测量，包含2个题项；对知识共享的测量参考了郝文杰（2010）、林绮（2011）、杨瑞明（2010）的相关研究，认为知识共享包含知识转移和知识创造2个方面，编制了共包含6个题项的测量量表。对阶段性成果的测量采取了朱其权（2006）的相关研究，共包含8个题项。

以上题项均采用李克特7点量表，每题从1（非常不同意）到7（非常同意）进行打分，分值越高表明被测者越同意题项内容。

5.3.3　小样本调查

为了提高问卷的信度和效度，需要在正式调查之前进行小样本调查。小样本调查的目的是在对问卷进行初步编辑的基础上，对问卷的逻辑结构、措辞及各题项的含义清晰度进行深一步的检验和修正，并通过小样本信度和效度分析来检验各变量的测量题项能否测量该变量，是否存在多余或归类不准确的题项，从而提高正式调查的可靠程度。共发放问卷52份，回收45份，回收问卷都有效（不存在信息不完整、问卷各题项的分值完全一样的情况），回收率=有效率=86.54%，调研对象为高新技术企业（精密仪器企业、精密机械企业、软件制造企业）的新产品研发项目。在调研之前，首先向同学、朋友了解所在公司是否有研发项目，并了解公司研发项目的基本运作模式（以判断是否符合MTS的基本要求），在这些都符合的情况下，明确要求问卷填写者必须是研发项目的项目经理。由于项目经理对研发项目全过程参与和管理，对研发MTS的运作过程有清晰的了解，并能深入了解研发MTS的运行状况及阶段性成果状况，这能提高回收问卷的可靠率。

5.3.3.1　样本效度分析

问卷效度指问卷的有效性和正确性，即问卷能够测量出其所欲测量的特征的程度，效度越高表示问卷结果所能代表的行为的真实程度越高，越能够达到问卷测验的目的。效度可分为内容效度和结构效度：内容效度指问卷内容的贴切性和代表性，即问卷内容能否反映所要测量的特质；结构效度指问卷对某一理论概念或特质测量的程度，即问卷测验实际得分能解释某一特质的程度（吴明隆，2010）。由于本研究采用的量表都是在前人理论和量表分析的基础上提取的，因此基本可以保证问卷的内容效度；同时，本研究通过探索性因子分析来检验问卷的结构效度。

（1）MTS过渡阶段协作行为量表的效度分析

在进行因子分析之前，需要通过KMO和Bartlett球形检验对问卷的相关性进行检验，判断问卷是否适合做因子分析。KMO值越接近于1，表明变量间的相关性越强，原有变量越适合做因子分析。一般常用的KMO度量标准为：大于0.9表示非常适合，0.9、0.8表示较适合，0.8、0.7表示适合，0.7、0.6表示一般，0.6、0.5表示较差。Bartlett显著性小于0.05表明数据不会生成单位矩阵且近似为多元正态分布，可进行因子分析（卢纹岱，2011）。

本样本的KMO值为0.747，大于0.7，Bartlett球形检验值达到了0.000的显著性水平。这表示本样本适合做因子分析。对过渡阶段协作行为的9个测量题项进行主成分因子分析，按照特征值大于1和方差最大化法来提取因子，得到3个因子，它们累计解释变异总量的75.992%。根据每个因子所对应的题项的总体特征，将MTS过渡阶段协作行为归总为3个因素，分别命名为任务分析、目标调控和策略选择。这证明了MTS过渡阶段协作行为可区分为能显著区别的任务分析、目标制定和策略选择3个维度的合理性。

（2）MTS行动阶段协作行为量表的效度分析

本样本的KMO值为0.720，大于0.7，Bartlett球形检验值达到了0.000的显著性水平，表示本样本可以做因子分析。对行动阶段协作行为的9个测量题项进行主成分因子分析，可得到3个因子。根据每个因子所对应的题项的总体特征，将MTS行动阶段协作行为归总为目标调控、系统调控和支持反应。这也证明了MTS行动阶段协作行为可区分为能显著区别的目标调控、系统调控和支持反应3个维度的合理性。

（3）MTS过程绩效量表的运行状况维度的效度分析

本样本的KMO值为0.759，大于0.7，Bartlett球形检验值达到了0.000的显著性水平，表示本样本可以做因子分析。运行状况维度问卷的主成分因子分析结果显示，8个测量题项可析出2个因子，可解释变异总量的71.24%。根据2个因子对应题项的特征，把其命名为团队沟通和知识共享，这与我们对MTS过程绩效的运行状况维度的理解是吻合的。

（4）MTS过程绩效量表的阶段性成果维度的效度分析

本样本的KMO值为0.702，大于0.7，Bartlett球形检验值达到了0.000的显著性水平，表示本样本可以做因子分析。因子分析结果显示，过程绩效的阶段性成果维度的8个测试题项分析出3个因子，可解释变异总量的。根据3个因子对应题项的特征，把其命名为预算控制、研发业绩和人才培养。这与我们对阶段性成果的理解是一致的。

5.3.3.2　样本信度分析

问卷的信度指问卷是否精确，即问卷测量结果的可靠性、一致性和稳定性，信度系数越高表示测验结果越一致、稳定与可靠。信度的指标一般用Cronbach α系数表示。Cronbach α系数是测量内部一致性的一个指标，即测量量表内的所有项目测试的是否是同一样东西，α值越接近于1，表示量表内部一致性越高，若α值大于0.70，表示各量表的内部一致性基本可以接受（吴明隆，2010）。

从表5-2中可以看出，本问卷各变量的Cronbach α系数在0.70—10.942之间，表示量表的整体信度较好。但MTS行动阶段协作的支持反应α系数为0.701，位于临界值且低于其他变量的测量量表信度系数，这可能是因为对团队支持反应进行测量的成熟问卷较少，且都出现在外文文献中，本书在借鉴这类问卷时需要将其翻译过来，并做语句上的适当修改以使其符合MTS特征，这种处理可能会使问卷在理解上造成一定的差异。MTS协作其他维度变量也借鉴了国外的量表，但其信度却较高，可能是因为这些变量的测量量表较为成熟，且作为同一个研究团队，本研究的前期研究在翻译和语句上进一步修正了量表，使其更符合MTS情景（郑喜燕，2011）。

图5-2　信度分析结果

变量	维度	Cronbach α 值		测量结果
MTS过渡阶段协作过程（TPC）	任务分析	0.832		
	目标制定	0.887		
	策略选择	0.743		α＞0.70成立
			0.830	
MTS行动阶段协作过程（APC）	目标调控	0.765		
	系统调控	0.852		
	支持反应	0.701		α＞0.70成立
			0.827	

续表

变量	维度	Cronbach α 值		测量结果
MTS的运行状况 （MTS–F）	团队沟通	0.757		
	知识共享	0.843		α＞0.70成立
			0.817	
MTS的阶段性成果 （MTS–R）	预算控制	0.901		
	研发业绩	0.804		
	人才培养	0.739		α＞0.70成立
			0.825	

5.3.4 正式测试

在扩大样本的调查中，仍采取在小样本调查中对调研对象的控制方法，即在调研之前，首先向同学及亲友了解其所在公司是否有研发项目，并了解公司研发项目的基本运作模式以判断是否符合MTS的基本要求，在这些都符合的情况下，明确要求问卷填写者最好为研发项目的项目经理。在大样本问卷调查中，为了扩大问卷的来源，除了研发项目的项目经理成为主要的问卷填写者之外，也部分包括曾经较长时间地参与过项目研发的人员，如工程人员等。在大样本统计中，为减少统计数据收集的难度，把小样本调查中收集的有效问卷也作为整体数据的一部分一起进行统计分析。总共发放问卷258份（52+206），回收227（45+182）份，有效问卷211份，回收率88.0%，有效率81.8%。调研地包括杭州、无锡、厦门、石家庄和广州。

5.3.4.1 调查对象个体特征统计结果

调研对象以男性为主，占到70.6%。这与现实状况基本是一致的，因为在本次的调研对象中，项目经理占到了73.4%，大部分是研发团队的项目经理，而现实观察发现项目经理一般以男性为主。除项目经理外，还有少数研发职能成员，如工程人员占到了10%，控制人员占到了8.1%，市场和生产人员分别占5.2%和3.3%。另外，本研究在做案例分析时对项目的观察表明，项目经理的学历以硕士和本科为主，其中女性项目经理的学历大多是本科，而男性的学历大多是硕士，这与本次统计的学历中本科占到39.4%和硕士占到54%的结果是一致的。项目管理是以实战著称的领域。美国项目管理协会（PMI）的项目管理师（PMP）认证体系除了报名者须满足至少35小时的项目管理知识体系（PMBOK）的学习与培训外，还必须满足以下条件之一：①具备学士学位或同等大学学力或以上，至少有4500小时的项目管理经验；②不具备学士学位或同等大学学力，至少7500小时的项目管理经验。从中可以看出，项目经理除了必须具备扎实的理论基础外，还必须具备丰富的项目管理经验或研发经验，而在两者之中，后者显得更重要，因为经验的增加需要长时间的积累，理论知识则可以通过短时间培训学习获取。

5.3.4.2　调研对象所在公司和团队的统计结果

本次调研主要集中在大规模的外资企业、民营企业和国有（集体）企业，其中有28%的被测试者所在的公司规模在3000人以上，有48%的被测试者所在的公司规模在1000人以上；外资企业占到了39%，高科技民营企业占到了37%，国有（集体）企业占到24%；从调研对象公司所在的行业来看，主要分布于精密仪器制造行业（42.2%）、通讯科技行业（29%）和软件开发行业（21.3%）。这样的数据分布一方面要受到样本可获性的限制，另一方面也是样本选取时筛选的结果。由于本次研究对象为高新技术企业下的研发团队，为保持竞争力，规模较大的外资企业和民营企业更加关注新产品和服务的开发，也有能力和实力开展周期较长的研发项目，这样的公司会有较多的研发项目和相关的研发人员，有利于保证收集数据的信度和效度。从调研对象所在团队的规模看，以10人以内为主，占到了88%。核心团队成员的人数也符合高效团队的一般规定性。

5.4　相关变量的信、效度分析

5.4.1　效度分析

5.4.1.1　MTS 协作行为的过渡阶段维度量表效度分析

在提取因子前，首先进行KMO和Bartlett球形检验，见表5-3：

表 5-3　MTS 协作行为过渡阶段维度 KMO 和 Bartlett 检验

KMO样本测试		0.804
Bartlett球形检验	Approx. Chi-Square即X^2	957.812
	Df	36
	Sig.	0.000

从表5-3中可看出，在大样本测试中，样本的KMO值为0.804，比小样本的KMO值0.747有一定的提高，此外，Bartlett球形检验的X^2值为957.812（自由度36），达到了0.05的显著水平（p=0.000），表明变量适合进行因子分析。

从表5-4表明了MTS协作行为过渡阶段维度各题项转轴后的因子矩阵、共同性和解释总变异量相关数据。从中可以看出，所有题项与其所在因子的载荷都超过了0.5，而与其他因子的载荷都低于0.45，这再一次表明本研究对变量的题项的选取和变量的命名是合理的。从共同性上可看出，所有题项的共同性均大于0.2这一最低标准（吴明隆，2010）。3个因子累计解释变异的74.612%。

表 5-4 MTS 协作行为过渡阶段维度探索性因子分析结果摘要

变量	维度	题项	因子载荷			共同性
			因子1	因子2	因子3	
MTS过渡阶段协作行为（TPC）	任务分析	TC1-1	0.870	0.263	0.143	0.846
		TC1-2	0.770	0.137	0.279	0.689
		TC1-3	0.779	0.331	0.166	0.744
	目标制定	TC2-1	0.232	0.813	0.226	0.767
		TC2-2	0.370	0.788	0.153	0.782
		TC2-3	0.163	0.892	0.177	0.854
	策略选择	TC3-1	0.277	0.142	0.749	0.658
		TC3-2	0.148	0.093	0.865	0.779
		TC3-3	0.117	0.290	0.706	0.595
初始平方和负荷量	特征值		1.223	4.473	1.019	6.715
	解释变异量（%）		13.588	49.704	11.321	74.612
	累计变异量（%）		13.588	63.291	74.612	
旋转平方和负荷量	特征值		2.286	2.389	2.040	6.715
	解释变异量（%）		25.402	26.546	22.664	74.612
	累计变异量（%）		25.402	51.948	74.612	

5.4.1.2 MTS 协作行为的行动阶段维度量表效度分析

首先进行MTS协作行为行动阶段的KMO和Bartlett检验，见表5-5。

表 5-5 MTS 协作行为行动阶段的 KMO 和 Bartlett 检验

KMO样本测度		0.782
Bartlett球形检验	Approx. Chi-Square即X^2	743.044
	Df	36
	Sig.	0.000

从表5-5中可看出，大样本的KMO值为0.782，比小样本的KMO值0.720有所提高；Bartlett球形检验的X^2值为743.044（自由度36），达到了0.05的显著水平（p=0.000），表明变量可以进行因子分析。

从表5-6中可以看出，MTS行动阶段协作行为所有题项与其所在因子的共同性都超过了0.5，而与其他因子的共同性都低于0.45，这证明了本研究对变量的题项的选取和变量的命名是合理的。从共同性上可看出，所有题项的共同性均大于0.2；3个因子累计解释变异的70.931％。

表 5-6　MTS 协作行为过渡阶段维度探索性因子分析结果摘要

变量	维度	题项	因子载荷			共同性
			因子1	因子2	因子3	
MTS过渡阶段协作行为（APC）	目标调控	AC1-1	0.690	0.232	0.136	0.549
		AC1-2	0.897	0.079	0.030	0.811
		AC1-3	0.716	0.227	0.282	0.644
	系统调控	AC2-1	0.229	0.759	0.198	0.666
		AC2-2	0.084	0.598	0.167	0.794
		AC2-3	0.408	0.892	0.201	0.565
	支持反应	AC3-1	0.393	0.002	0.793	0.783
		AC3-2	0.050	0.235	0.837	0.759
		AC3-3	0.013	0.417	0.800	0.814
初始平方和负荷量	特征值		3.938	1.417	1.028	6.383
	解释变异量（％）		43.758	15.748	11.425	70.931
	累计变异量（％）		43.758	59.506	74.612	
旋转平方和负荷量	特征值		2.177	2.175	2.032	6.384
	解释变异量（％）		24.188	24.163	22.581	70.931
	累计变异量（％）		24.188	48.351	70.9341	

5.4.1.3　MTS 过程绩效的运行状况维度量表效度分析

首先对量表进行MTS协作行为行动阶段的KMO和Bartlett检验，见表5-7。

表 5-7　MTS 协作行为行动阶段的 KMO 和 Bartlett 检验

KMO样本测度		0.848
Bartlett球形检验	Approx. Chi-Square即X^2	996.483
	Df	28
	Sig.	0.000

从表5-7中可看出，在大样本测试中，样本的KMO值为0.848，比小样本的

KMO值0.759有很大的提高，此外，Bartlett球形检验的X^2值为996.483（自由度28），达到了0.05的显著水平（P=0.000），表明量表适合进行因子分析。

表 5-8　MTS 过程绩效的阶段性成果维度探索性因子分析结果摘要

变量	维度	题项	因子载荷		共同性
			因子1	因子2	
MTS运行状况（MTS-F）	团队沟通	EF1-1	0.918	0.232	0.897
		EF1-2	0.915	0.247	0.898
	知识共享	EF2-1	0.383	0.603	0.510
		EF2-2	0.346	0.780	0.729
		EF2-3	0.070	0.866	0.755
		EF3-4	0.186	0.863	0.779
		EF3-5	0.423	0.686	0.700
		EF3-6	0.378	0.700	0.633
初始平方和负荷量	特征值		1.099	4.802	5.901
	解释变异量（%）		13.732	60.024	73.756
	累计变异量（%）		13.732	73.755	
旋转平方和负荷量	特征值		2.372	3.529	5.901
	解释变异量（%）		29.649	44.107	73.756
	累计变异量（%）		29.649	73.756	

从表5-8中可以看出，MTS过程绩效的阶段性成果维度所有题项与其所在因子的共同性都超过了0.5，而与其他因子的共同性都低于0.45，这表明本研究对变量的题项的选取和变量的命名是合理的。从共同性上来看，所有题项的共同性均大于0.2这一标准。3个因子累计解释变异的73.756%。

5.4.1.4　MTS 过程绩效的阶段性成果维度量表效度分析

首先对量表进行KMO和Bartlett球形检验，以检验其是否适合进行效度分析，见表5-9。

表 5-9　MTS 过程绩效的运行状况维度的 KMO 和 Bartlett 检验

KMO样本测度		0.700
Bartlett球形检验	Approx. Chi-Square	684.979
	Df	28
	Sig.	0.000

从表5-9中可看出，在大样本测试中，样本的KMO值为0.700，与小样本的KMO值0.702基本相等；此外，Bartlett球体检验的X^2值为684.979（自由度28），达到了0.05的显著水平（P=0.000），表明量表适合进行探索性因子分析。

表 5–10　MTS 过程绩效的阶段性成果维度探索性因子分析结果摘要

变量	维度	题项	因子载荷			共同性
			因子1	因子2	因子3	
MTS阶段性成果（MTS-R）	预算控制	ER1-1	0.903	0.114	0.111	0.842
		ER1-2	0.869	0.150	0.183	0.811
	研发业绩	ER2-1	0.346	0.685	0.068	0.673
		ER2-2	0.163	0.793	0.011	0.656
		ER2-3	0.148	0.724	0.167	0.709
		ER2-4	0.276	0.609	0.388	0.598
	人才培养	TC3-1	0.214	0.165	0.875	0.838
		TC3-2	0.062	0.071	0.946	0.904
初始平方和负荷量	特征值		1.259	3.282	1.488	6.029
	解释变异量（%）		15.736	41.028	18.600	75.365
	累计变异量（%）		15.736	56.764	75.365	
旋转平方和负荷量	特征值		1.983	2.061	1.984	6.028
	解释变异量（%）		24.794	25.767	24.805	75.365

从表5-10中可以看出，MTS过程绩效的阶段性成果维度所有题项与其所在因子的共同性都超过了0.5，而与其他因子的共同性都低于0.45，这表明本研究对变量的题项的选取和变量的命名是合理的。从共同性上来看，所有题项的共同性均大于0.2这一标准。3个因子累计解释变异的75.365%。

5.4.2　信度分析

5.4.2.1　MTS 协作行为双维度信度分析

在对大样本的效度进行检验之后，需要对样本的信度再进行一次检验，运行结果如表5-11：

表 5-11   MTS 协作行为双维度各变量信度分析结果汇总

变量	维度	题项	修正的项目总相关	复相关平方	项目删除时的 α 系数	Cronbach's α 系数
过渡阶段协作行为（TPC）	任务分析	TC1-1	0.780	0.622	0.683	0.835
		TC1-2	0.624	0.410	0.841	
		TC1-3	0.693	0.538	0.777	
	目标制定	TC2-1	0.739	0.560	0.834	0.872
		TC2-2	0.727	0.540	0.844	
		TC2-3	0.800	0.639	0.778	
	策略选择	TC3-1	0.570	0.357	0.670	0.745
		TC3-2	0.643	0.425	0.572	
		TC3-3	0.515	0.273	0.732	
行动阶段协作行为（APC）	目标调控	AC1-1	0.542	0.305	0.692	0.743
		AC1-2	0.634	0.402	0.580	
		AC1-3	0.544	0.306	0.697	
	系统调控	AC2-1	0.570	0.341	0.663	0.744
		AC2-2	0.630	0.398	0.587	
		AC2-3	0.518	0.277	0.718	
	支持反应	AC3-1	0.615	0.379	0.797	0.808
		AC3-2	0.675	0.408	0.721	
		AC3-3	0.699	0.504	0.702	

从表5-11中可以看出，各维度的综合 α 系数最高为0.872，最低为0.743，均满足最小为0.7的要求。在删除某一维度相应题项之后，α 系数变得比原来小；但在删除任务分析维度TC1-2题项后，该维度的 α 系数有所增加，由0.835上升为0.841。但删除此项的意义不大，因为改维度的内部一致性 α 系数已经很高，删除此项后的 α 系数与原先差距不大，且都大于0.80。如果分量表的信度指标已经达到理想程度，就没有必要再删除题项，因为题项删除后，量表的因素结构又会改变，先前的因素分析程序必须重新执行（吴明隆，2010）。与小样本信度分析比较，各维度的信度系数变化不大，但支持反应的内部一致性 α 系数小样本的0.701增加到大样本的0.808，表明在样本扩大后，信度值增加。

5.4.2.2　MTS 过程绩效双维度信度分析

对MTS过程绩效的信度分析结果如表5-12。因为MTS运行状况的团队沟通维度、MTS阶段性成果的预算控制和人才培养维度都只有2个题项，不能测得项目

删除时的 α 系数，可用项目之间的相关系数来加以检验（吴明隆，2010）。

表 5-12 MTS 过程绩效双维度各变量信度分析结果汇总

变量	维度	题项	修正的项目总相关	复相关平方	项目删除时的 α 系数	Cronbach's α 系数
MTS运行状况（MTS–F）	团队沟通	EF1–1	0.713	0.667	/	0.747
		EF1–2	0.713	0.667	/	
	知识共享	EF2–1	0.609	0.463	0.893	0.895
		EF2–2	0.778	0.638	0.867	
		EF2–3	0.709	0.583	0.878	
		EF2–4	0.783	0.635	0.866	
		EF2–5	0.736	0.573	0.874	
		EF2–6	0.701	0.524	0.879	
MTS阶段性成果（MTS–R）	预算控制	ER1–1	0.733	0.538	/	0.846
		ER1–2	0.733	0.538	/	
	研发业绩	ER2–1	0.506	0.295	0.673	0.723
		ER2–2	0.558	0.350	0.635	
		ER2–3	0.456	0.247	0.693	
		ER2–4	0.546	0.308	0.645	
	人才培养	ER3–1	0.693	0.629	/	0.774
		ER3–2	0.693	0.629	/	

从表5-12中可以看出，各维度的综合 α 系数最高为0.895，最低为0.723，均满足最小为0.7的要求。在删除某一维度相应题项之后，α 系数变得比原来小。从运行结果中可以看出，MTS运行状况下的团队沟通维度的双题项间的相关系数为0.713，MTS阶段性成果下的预算控制和人才培养维度的双题项间的相关系数分别为0.733和0.693，相关系数均较高，表明分量表的内部一致性较好。

5.5 相关变量的相关分析

变量之间的相关关系可分为确定性和不确定性2种关系，相关分析是探索不确定性的变量间关系的方法。相关分析是研究现象之间是否存在某种依存关系，并对具有依存关系的现象探讨其相关方向及其相关程度的统计方法。本研究采取皮尔森（Pearson）相关分析法来衡量MTS协作行为内部、MTS过程绩效内部及

MTS协作行为与过程绩效之间的相关方向、程度及其显著性。

5.5.1　MTS协作行为相关性分析

在本研究中，MTS的协作行为分为过渡阶段协作行为和行动阶段协作行为2个方面，每个方面又包含3个因子，它们之间的相关系数如表5-13所示。

表 5–13　MTS 协作行为因子相关性分析

	任务分析	目标制定	策略选择	目标调控	系统调控	支持反应
任务分析	1					
目标制定	0.529**	1				
策略选择	0.475**	0.455**	1			
目标调控	0.424**	0.494**	0.500**	1		
系统调控	0.471**	0.399**	0.508**	0.480**	1	
支持反应	0.498**	0.552**	0.580**	0.374**	0.497**	1

注：**表示在显著水平为0.01时（双尾）显著相关，即$p<0.01$；*表示在显著水平为0.05时（双尾）显著相关，即$p<0.05$，下同。

一般认为，当因子间相关系数小于0.4时，表示低度相关，大于0.7时，相关度较高，介于0.4（含）和0.7（含）之间则认为具有中度的相关性（吴明隆，2010）。从表5-13中可以看出，在0.01的显著性水平上，MTS协作行为内部6个要素之间呈现出不同程度的中、低度正相关，相关系数最大为0.580，最小为0.374。即当MTS过渡阶段协作水平提高时，MTS行动阶段协作水平也会提高，反之亦然。

5.5.2　MTS过程绩效相关性分析

本研究对研发MTS过程绩效的测量选取了MTS的运行状况和MTS的阶段性成果2个方面，每个方面又包含多个因子，它们之间的相关性如表5-14所示。

表 5–14　MTS 过程绩效因子相关性分析

	团队沟通	知识共享	预算控制	研发业绩	人才培养
团队沟通	1				
知识共享	0.582**	1			
预算控制	0.112**	0.290**	1		
研发业绩	0.375**	0.491**	0.379**	1	
人才培养	0.470**	0.543**	0.272**	0.347**	1

从表5-14中可以看出，在0.01的显著性水平上，MTS过程绩效各因子间存在中、低度正相关，相关系数最小为0.272，最大为0.582；在0.05的显著性水平上，团队沟通与预算控制正相关（r=0.112）。这表明当MTS内部的沟通水平比较流畅和知识能够得到充分共享时，研发项目的研发业绩能够得到一定的提升，预算得到合理的控制，团队成员也能从中获得成长。反过来，当研发团队的产出结果比较好时，团队的运行状况也会比较理想。

5.5.3　MTS协作行为与过程绩效间的相关性分析

本研究先检验MTS协作行为的6个因子与MTS运行状况和MTS阶段性成果这2个潜变量间的相关关系，再检验与这2个潜变量的5个因子之间的相关关系，具体见表5-15。

表 5-15　MTS 协作行为各因子与过程绩效各因子间相关性分析

	任务分析	目标制定	策略选择	目标调控	系统调控	支持反应
MTS运行状况（MTS-F）	0.573**	0.718**	0.712**	0.542**	0.563**	0.758**
MTS阶段性成果（MTS-R）	0.579**	0.586**	0.733**	0.547**	0.453**	0.612**

从表5-15中可以看出，在0.01的显著性水平上，MTS协作行为各因子与MTS运行状况呈现出不同程度的中、高度正相关，相关系数在0.758和0.542之间；MTS协作行为各因子与MTS阶段性成果之间也是中、高度正相关，相关系数在0.733和0.543之间。简单相关分析从一个侧面验证了本研究的基本假设，即MTS团队的任务分析越清晰、目标制定越明确、策略选择越具体，MTS的运行就越顺利，阶段性成果就越好；并且MTS在任务执行过程中对目标的调控越及时、系统反应越准确、支持反应越到位，越能促进MTS的运行和预期成果的出现。

从表5-16中可以看出，在0.01绩效的5个因子之间是正相关的，MTS协作行为的6个因子与过程绩效的5个因子是正相关的，相关系数在0.711—0.321之间。

表 5-16　MTS 协作行为与过程绩效各因子间相关性分析

	团队沟通	知识共享	预算控制	研发业绩	人才培养
任务分析	0.521**	0.465**	0.498**	0.430**	0.510**
目标制定	0.473**	0.618**	0.541**	0.651**	0.351**
策略选择	0.678**	0.703**	0.469**	0.645**	0.553**

续表

	团队沟通	知识共享	预算控制	研发业绩	人才培养
目标调控	0.644**	0.538**	0.450**	0.456**	0.498**
系统调控	0.435**	0.552**	0.442**	0.394**	0.321**
支持反应	0.480**	0.711**	0.359**	0.521**	0.578**

5.6 相关变量的多元回归分析

回归分析是确定2种或2种以上变量间相互依赖的定量关系的统计方法。之所以进行回归分析，目的在于相关分析确定的是变量之间是否相关、相关的方向和密切程度，不区别自变量和因变量，回归分析可以确定变量之间相关的具体形式，确定因果关系，并用数学模型加以表示。回归分析根据自变量的多少，可以分为一元回归分析和多元回归分析，依照自变量与因变量之间的关系类型可以分为线性回归分析和非线性回归分析。

用于多元回归分析的方法一般为3种：强迫输入法一般用于解释性回归分析，即将所有自变量都投入回归方程式中而不论个别自变量对因变量的影响是否达到显著；逐步多元回归分析法一般用于预测性回归分析，即只挑选对因变量有显著影响力的自变量，对因变量影响未达到显著的自变量会排除在模型之外；第三种为阶层回归分析法，在依据相关的理论、文献或经验法则确定自变量的阶层后，研究不同区组的自变量对因变量的影响关系（吴明隆，2010）。在本研究的研究模型中，过渡阶段协作行为指MTS研发项目团队间进行活动评估和计划的协作，行动阶段协作行为指MTS研发项目团队执行作业计划，做出应变反应并促进目标实现的协作过程。计划的制定一般先于行动，团队在行动之前需要制定详细的计划，具有明确目标的研发项目团队更是如此。Mathieu（2001）在提出多团队绩效片理论时也指出，过渡阶段与行动阶段的交替与循环构成了整个绩效实现过程，但通常是以过渡阶段的安排性活动为开始的，后续的行动阶段任务会根据此阶段的内容而有所不同。因此，我们在分析本研究研究模型时，采用阶层回归模式，首先分析过渡阶段阶层对因变量MTS过程绩效各个维度的影响作用，再加入行动阶段阶层，分析双阶层的共同影响作用。

在进行回归分析之前，需要判断自变量之间是否存在共线性问题。所谓共线性是指由于自变量间的相关性太高而造成回归分析的情景困扰，自变量间若存在严重的多元共线性，即使采用统计回归也可能发生被选入回归模型中的自变量的回归系数无法解释的矛盾。通常可通过自变量的容忍度（TOL）和方差膨胀系数（VIF）加以判断。自变量的TOL越接近于0，表示回归分析中存在越严重的多元共线性，TOL值小于0.1时，表明自变量间可能存在共线性问题；VIF越大，则自变量间的共线性越严重，当VIF大于10时，表示自变量间有严重的线性重合问题（吴明隆，2010）。

从回归分析结果看，本研究自变量的TOL在0.280和0.383之间，VIF在2.611和3.566之间，均在允许的范围内，表明自变量间不存在共线性或存在轻微的共线性，可进行多元回归分析。

5.6.1　MTS运行状况多元回归分析

5.6.1.1　团队沟通回归分析

从表5-17中可以看出，如未投入行动阶段协作行为3个层面自变量，则过渡阶段协作行为3个层面自变量可解释MTS运行状况的团队沟通维度71.2%的变异量。多元线性回归整体检验的F值为170.663（p=0.000），达到0.05的显著性水平。表示"任务分析""目标制定""策略选择"3个自变量中至少有1个自变量的回归系数达到显著或全部的回归系数均达到显著，此3个自变量的标准化回归系数β值分别为0.250（p＜0.001）、0.110（p＜0.05）、0.550（p＜0.001），均达到显著水平。由于β值均为正，表示此3个变量对团队沟通的影响均是正向的。如再投入行动阶段3个层面的变量，则整体变异只增加了6.4%（ΔR^2），显著性改变的F值等于19.482，达到0.05的显著性水平，表示"目标调控""系统调控""支持反应"3个自变量对团队沟通也有显著的影响，阶层二回归分析的整体检验的F值为117.929（p=0.000），达到0.05的显著性水平，显示6个自变量对团队沟通有显著的解释力，其共同解释变异为77.6%。

表 5-17　团队沟通回归分析结果摘要

阶层变量	阶层内自变量	阶层一				阶层二			
		β	t值	TOL	VIF	β	t值	TOL	VIF
过渡阶段	任务分析	0.250	4.126**	3.79	2.639	0.507	0.936n.s.	0.296	3.381
	目标制定	0.110	1.764*	3.59	2.785	0.024	0.415n.s.	0.334	2.992
	策略选择	0.550	8.766***	3.54	2.827	0.242	5.466***	0.280	3.566
行动阶段	目标调控					0.291	5.353***	0.371	2.697
	系统调控					0.169	3.093***	0.368	2.718
	支持反应					0.115	2.156*	0.383	2.611
回归模型摘要	F值	170.663***				117.929***			
	R^2	0.712				0.776			
	ΔF	170.663***				19.482***			
	ΔR^2	0.172				0.064			

注：***p<0.01；*p<0.05；n.s.P>0.05。下同。

在阶层一的回归分析中，过渡阶段3个层面"任务分析""目标制定""策略选择"的预测力达到了显著，表示这3个自变量均可以解释"团队沟通"因变量，但当把行动阶段3个自变量也投入回归模型（阶层二的回归模型）中后，过渡阶段中的"任务分析"和"目标制定"则被排除在模型之外，即两者的预测力未达到0.05的显著性水平。因而，在未考虑行动阶段变量时，过渡阶段对团队沟通有显著的预测力；但如果同时考虑行动阶段，则过渡阶段对团队沟通的解释力很低，主要由行动阶段加以解释。所以，本研究假设的H11、H12不被支持，H13、H21、H22、H23得到了验证。

5.6.1.2　知识共享回归分析

在表5-18中，如未投入行动阶段协作行为3个层面自变量，则过渡阶段协作行为3个层面自变量可解释MTS运行状况的知识共享维度71%的变异量。多元线性回归整体检验的F值为168.600（p=0.000），达到0.05的显著性水平，表示"任务分析""目标制定""策略选择"3个自变量中至少有1个自变量的回归系数达到显著或全部的回归系数均达到显著，此3个自变量的标准化回归系数β值分别为0.177（p<0.001）、0.318（p<0.001）、0.424（p<0.001），均达到显著水平。由于β值均为正，表示此3个变量对知识共享的影响均是正向的。如再投入行动阶段3个层面的变量，则整体变异增加了6.4%，显著性改变的F值等于19.044，达到0.05的显著性水平，表示"目标调控""系统调控""支持反应"三个自

变量对知识共享也有显著的影响，阶层二回归分析的整体检验的F值为115.867（p=0.000），达到0.05的显著性水平，显示6个自变量对知识共享有显著的解释力，其共同解释变异为77.3%。

表 5–18　知识共享回归分析结果摘要

阶层变量	阶层内自变量	阶层一				阶层二			
		β	t值	TOL	VIF	β	t值	TOL	VIF
过渡阶段	任务分析	0.177	2.901***	0.379	2.639	0.017	.27ln.s.	0.296	3.381
	目标制定	0.318	5.095***	0.359	2.785	0.209	3.621***	0.334	2.992
	策略选择	0.424	6.724***	0.354	2.827	0.245	3.891***	0.280	3.566
行动阶段	目标调控					0.111	2.023*	0.368	2.718
	系统调控					0.055	1.000n.s.	0.371	2.697
	支持反应					0.360	6.688***	0.383	2.611
回归模型摘要	F值	168.600***				115.867***			
	R²	0.710				0.773			
	ΔF	168.600***				19.044***			
	ΔR²	0.710				0.064			

在阶层一的回归分析中，过渡阶段3个层面"任务分析""目标制定""策略选择"的预测力达到了显著，表示这3个自变量均可以解释"知识共享"因变量，但当把行动阶段3个自变量也投入回归模型（阶层二的回归模型）中后，过渡阶段中的"任务分析"和行动阶段中的"系统调控"则被排除在模型之外，即两者的预测力未达到0.05的显著性水平。因而，在未考虑行动阶段变量时，过渡阶段对"知识共享"有显著的预测力；如果同时考虑行动阶段，则主要由过渡阶段的"目标制定""策略选择"及行动阶段的"目标调控""支持反应"加以解释。所以，H14、H25被否定，H15、H16、H24、H26得到验证。

5.6.2　MTS阶段性成果多元回归分析

5.6.2.1　预算控制回归分析

从表5-19中可以看出，如未投入行动阶段协作行为3个层面自变量，则过渡阶段协作行为3个层面自变量可解释MTS运行状况的预算控制维度63.2%的变异量。多元线性回归模型整体检验的F值为118.278（p=0.000），达到0.05的显著性水平，表示"任务分析""目标制定""策略选择"3个自变量中至少有1个自变量

的回归系数达到显著或全部的回归系数均达到显著，此3个自变量的标准化回归
系数β值分别为0.286 （p<0.001）、0.377（p<0.001）、0.207（p<0.001），
均达到显著水平，且此变量对预算控制的影响均是正向的。如再投入行动阶段3
个层面的变量，则整体变异只增加了2.8%，F值的改变量为5.541，达到0.05的显
著性水平，表示"目标调控""系统调控""支持反应"3个自变量对预算控制
也有显著的影响，阶层二回归分析的整体检验的F值为65.801（p=0.000），达到
0.05的显著性水平，显示6个自变量对预算控制有显著的解释力，其共同解释变异
为65.9%。

表5-19　预算控制回归分析结果摘要

阶层变量	阶层内自变量	阶层一				阶层二			
		β	t值	TOL	VIF	β	t值	TOL	VIF
过渡阶段	任务分析	0.286	4.176***	0.379	2.639	0.147	1.962***	0.296	3.381
	目标制定	0.377	5.361***	0.359	2.785	0.326	4.612***	0.334	2.992
	策略选择	0.207	2.911***	0.354	2.827	0.078	1.012n.s.	0.280	3.566
行动阶段	目标调控					0.143	2.131***	0.371	2.697
	系统调控					0.171	2.531***	0.368	2.718
	支持反应					0.064	.965n.s.	0.383	2.611
回归模型摘要	F值	118.278***				65.801***			
	R²	0.632				0.659			
	ΔF	118.278***				5.541***			
	ΔR²	0.632				0.028			

　　在阶层一的回归分析中，过渡阶段3个层面"任务分析""目标制定""策
略选择"的预测力达到了显著，表示这3个自变量均可以解释"预算控制"因变
量，当把行动阶段3个自变量也投入回归模型中后，过渡阶段的"策略选择"和
行动阶段的"支持反应"被排除在模型之外，即其预测力未达到0.05的显著性水
平。可知，在未考虑行动阶段变量时，过渡阶段对预算控制有显著的预测力；如
果同时考虑这2个阶段，则主要由过渡阶段的"任务分析""目标制定"和行动
阶段的"目标调控""系统调控"加以解释。因此，本研究假设的H31、H32、
H41、H42得到支持，H33和H43被否定。

5.6.2.2　研发业绩回归分析

　　表5-20显示，在阶层一的模型中，过渡阶段协作行为3个层面自变量可解释

MTS运行状况的研发业绩维度71.1%的变异量。多元线性回归模型整体检验的F值为169.395（p=0.000），达到0.05的显著性水平，表示"任务分析""目标制定""策略选择"3个自变量中至少有1个自变量的回归系数达到显著或全部的回归系数均达到显著，此3个自变量的标准化回归系数β值分别为0.173（p<0.001）、0.374（p<0.001）、0.374（p<0.001），均达到显著水平，且此3个变量对预算控制的影响均是正向的。如再投入行动阶段3个层面的变量，则整体变异只增加了1.5%，F值的改变量为3.599，达到0.05的显著性水平，表示"目标调控""系统调控""支持反应"3个自变量对研发业绩也有显著的影响。阶层二回归分析的整体检验的F值为89.688（p=0.000），达到0.05的显著性水平，显示6个自变量对预算控制有显著的解释力，其共同解释变异为72.5%。

表 5-20　研发业绩回归分析结果摘要

阶层变量	阶层内自变量	阶层一				阶层二			
		β	t值	TOL	VIF	β	t值	TOL	VIF
过渡阶段	任务分析	0.173	2.829***	0.379	2.639	0.116	1.816*	0.296	3.381
	目标制定	0.374	5.998***	0.359	2.785	0.220	5.033***	0.334	2.992
	策略选择	0.374	5.941***	0.354	2.827	0.217	3.992***	0.280	3.566
行动阶段	目标调控					0.092	1.372*	0.371	2.697
	系统调控					0.027	0.448n.s.	0.368	2.718
	支持反应					0.158	2.663***	0.383	2.611
回归模型摘要	F值	69.395***				89.688***			
	R^2	0.711				0.725			
	ΔF	169.395***				3.599***			
	ΔR^2	0.711				0.015			

在阶层一的回归分析中，"任务分析""目标制定""策略选择"的预测力达到显著，表示这3个自变量均可以解释"预算控制"因变量，当把行动阶段的3个自变量也投入回归模型中后，行动阶段的"系统调控"被排除在模型之外，即其预测力未达到0.05的显著性水平。由此可知，在未考虑行动阶段变量时，过渡阶段对预算控制有显著的预测力；如果同时考虑这2个阶段，则主要由过渡阶段和行动阶段的"目标调控"和"支持反应"加以解释。假设H34、H35、H36、H44、H46得到验证，H45被否定。

5.6.2.3　人才培养回归分析

表5-21显示，在未投入行动阶段协作行为3个层面自变量时，过渡阶段协作行为3个层面自变量可解释MTS运行状况的人才培养维度68.1%的变异量。多元线性回归模型整体检验的F值为147.565（p=0.000），达到0.05的显著性水平，表示"任务分析""目标制定""策略选择"3个自变量中至少有1个自变量的回归系数达到显著或全部的回归系数均达到显著，此3个自变量的标准化回归系数β值分别为0.324（p<0.001）、0.089（p<0.05）、0.390（p<0.001），均达到显著水平，此3个变量对预算控制的影响均是正向的。如再投入行动阶段3个层面的变量，则整体变异增加了6.2%，F值的改变量为16.471，达到0.05的显著性水平，表示"目标调控""系统调控""支持反应"3个自变量对人才培养也显著的影响。阶层二回归分析的整体检验的F值为98.561（p=0.000），达到0.05的显著性水平，显示6个自变量对预算控制有显著的解释力，其共同解释变异为74.4%。

表 5-21　人才培养回归分析结果摘要

阶层变量	阶层内自变量	阶层一				阶层二			
		β	t值	TOL	VIF	β	t值	TOL	VIF
过渡阶段	任务分析	0.324	5.097***	0.379	2.639	0.123	1.893***	0.296	3.381
	目标制定	0.089	1.377	0.359	2.785	0.069	.989n.s.	0.334	2.992
	策略选择	0.390	5.917***	0.354	2.827	0.181	2.699***	0.280	3.566
行动阶段	目标调控					0.206	3.530***	0.371	2.697
	系统调控					0.074	1.153n.s.	0.368	2.718
	支持反应					0.211	3.687***	0.383	2.611
回归模型摘要	F值	147.565***				98.561***			
	R²	0.681				0.744			
	ΔF	147.565***				16.471***			
	ΔR²	0.681				0.062			

在阶层一的回归分析中，过渡阶段3个层面"任务分析""目标制定""策略选择"的预测力达到了显著，表示这3个自变量均可以解释"预算控制"因变量。当把行动阶段3个自变量也投入回归模型中后，过渡阶段的"目标制定"和行动阶段的"系统调控"的预测力未达到0.05的显著性水平，被排除在模型之外。由此可知，在未考虑行动阶段变量时，过渡阶段对预算控制有显著的预测力；如果同时考虑这2个阶段，则主要由过渡阶段的"任务分析""策略选择"

及行动阶段的"目标调控""支持反应"加以解释。因此，H37、H39、H47、H49得到支持，H38和H48被否定。

5.7 假设检验结果

通过以上回归分析可以发现：

（1）对于MTS运行状况的团队沟通维度，若只对过渡阶段进行回归分析，则策略选择（β=0.550）、任务分析（β=0.250）和目标制定（β=0.110）均对其有显著的解释力，且解释力逐渐下降；若考虑到行动阶段，则目标调控（β=0.291）、系统调控（β=0.169）、支持反应（β=0.115）和策略选择（β=0.242）对其有显著的解释力。但遗憾的是，数据分析表明，任务分析和目标制定对团队沟通没有显著的正向作用，它们之间具有正向作用，但显著性水平较低（p>0.05），这可能是受到样本数据的影响。本研究以项目经理的调研数据为主要的统计数据来源，在一定程度上反映了MTS的基本数据特征，但也有一定程度的偏离，以后的研究在这方面需要做一些改进，以做进一步的验证。

（2）对于MTS运行状况的知识共享维度，仅在过渡阶段，策略选择（β=0.424）、任务分析（β=0.318）和目标制定（β=0.117）对其均有显著的解释力，且解释力逐渐下降；若考虑到行动阶段，则支持反应（β=0.360）、策略选择（β=0.245）、目标制定（β=0.209）和目标调控（β=0.111）对其有显著的解释力。本部分中，任务分析对知识共享不具有显著的正向影响作用。这也可能是受到样本数据的影响，未来研究可在这方面做进一步的改进，以做深入的验证。系统调控对知识共享不具有显著的正向影响。系统调控是对MTS所处环境的监控，其具有系统外部性，关注MTS系统外部的环境变化，而知识共享是对MTS系统内部不同部分之间知识、经验和技能的交流，表现为MTS的内部性。因此，从理论上来讲，由于表现为不同的作用层面，系统调控很难对MTS的知识共享产生显著的正向影响。

（3）对于MTS阶段性成果的预算控制维度，仅在过渡阶段，目标制定（β=0.377）、任务分析（β=0.286）和策略选择（β=0.207）均对其有显著的解释力；若加入行动阶段，则目标调控（β=0.113）和系统调控（β=0.171）也会对其有显著的解释力。本部分中，策略选择和支持反应对预算控制不具有显著的正向影响，可能的解释为：策略选择是在研发活动开始之时对达成目标策略的制定、评估与考量，其作用的时间点是在研发活动开始之初，而预算控制是对研发过程中的资金支出的限制，其作用的时间段是在研发活动的进程中，策略选择会对预算控制产生正向影响，但这种影响关系较为微弱，不足以达到显著性水平。从理论上来讲，支持反应会消减系统的不必要的支持，使系统更加流畅，因而会有助于预算控制，但两者之间的正向关系较弱，不足以构成显著关系。

（4）对于MTS阶段性成果的研发业绩维度，在只考虑过渡阶段的情况下，目标制定（β=0.374）、策略选择（β=0.374）和任务分析（β=0.I 73）对其有显著的解释力；若考虑到行动阶段，则目标调控（β=0.092）和支持反应（β=0.158）对其也有显著的解释力，但解释力微弱。本部分中，系统调控对研发业绩不具有显著的正向影响。解释同上，系统调控的作用层面在MTS的外部，而研发业绩的作用层面在MTS的内部，存在层面错位现象。

（5）对于MTS阶段性成果的人才培养维度，在只考虑过渡阶段的情况下，策略选择（β=0.390）、任务分析（β=0.324）和目标制定（β=0.089）对其有显著的解释力，且解释力较高；若加入行动阶段，则支持反应（β=0.211）、目标调控（β=0.206）、策略选择（β=0.181）和任务分析（β=0.123）对其有显著的解释力，且解释力较高。本部分中，目标制定和系统调控对人才培养不具有显著的正向关系。目标制定的作用时间段较短，重在研发活动开始之际，而人才培养是相对于整个研发活动进程而言的，两者之间存在时间上的错位性。系统调控的解释同上。

通过回归分析，可以得到本研究假设检验结果的基本情况。

表 5-22　假设检验成果

假设	内容	验证结果
H1	过渡阶段协作行为对过程绩效的运行状况有显著正向影响	部分支持
H11	任务分析对团队沟通有显著正向影响	否定
H12	目标制定对团队沟通有显著正向影响	否定
H13	策略选择对团队沟通有显著正向影响	支持

假设	内容	验证结果
H14	任务分析对知识共享有显著正向影响	否定
H15	目标制定对知识共享有显著正向影响	支持
H16	策略选择对知识共享有显著正向影响	支持
H2	行动阶段协作行为对过程绩效的运行状况有显著正向影响	部分支持
H21	目标调控对团队沟通有显著正向影响	支持
H22	系统调控对团队沟通有显著正向影响	支持
H23	支持反应对团队沟通有显著正向影响	支持
H24	目标调控对知识共享有显著正向影响	否定
H25	系统调控对知识共享有显著正向影响	否定
H26	支持反应对知识共享有显著正向影响	支持
H3	过渡阶段协作行为对过程绩效的阶段性成果有显著正向影响	部分支持
H31	任务分析对预算控制有显著正向影响	支持
H32	目标制定对预算控制有显著正向影响	支持
H33	策略选择对预算控制有显著正向影响	否定
H34	任务分析对研发业绩有显著正向影响	支持
H35	目标制定对研发业绩有显著正向影响	支持
H36	策略选择对研发业绩有显著正向影响	支持
H37	任务分析对人才培养有显著正向影响	支持
H38	目标制定对人才培养有显著正向影响	否定
H39	策略选择对人才培养有显著正向影响	支持
H4	行动阶段协作行为对过程绩效的阶段性成果有显著正向影响	部分支持
H41	目标调控对预算控制有显著正向影响	支持
H42	系统调控对预算控制有显著正向影响	支持
H43	支持反应对预算控制有显著正向影响	否定
H44	目标调控对研发业绩有显著正向影响	支持
H45	系统调控对研发业绩有显著正向影响	否定
H46	支持反应对研发业绩有显著正向影响	支持
H47	目标调控对人才培养有显著正向影响	支持
H48	系统调控对人才培养有显著正向影响	否定
H49	支持反应对人才培养有显著正向影响	支持

5.8 研究结论、启示与展望

5.8.1 研究结论

本研究以高新技术企业研发多团队（MTS）为例，以绩效片段为研究视角，针对MTS的协作行为与MTS过程性绩效之间的关系进行了研究，通过对国内外现有文献的回顾整理，提出本研究的基本假设，并确定变量测量工具；通过案例分析，数据收集、整理和分析，最终得出以下主要研究结论。

（1）关于MTS在现实中的存在形态。多团队系统理论的提出是基于现有的团队理论却又超出已有的团队理论，目的在于解决那些传统的独立团队所不能解决的跨团队、时间敏感性和多维性问题。关于MTS在现实中的存在形态，国外的研究表明，MTS可以以组织内MTS和跨组织MTS2种形式存在，具体的选择要依据MTS所要完成的任务和所要实现目标的本质来决定。国外对MTS的实证研究的研究对象一般选取了大型复杂系统中的研发项目，这些研发项目为开发新型复杂产品（O'Sullivan，2003）或创新产品（Hoegl et al.，2005）而努力，或者选取支持大型会议运作的分布式MTS（Millen et al.，2003）。若以此为选取MTS研究的样本的标准，则很难开展MTS研究，因为一般的研究者很少有机会接触并深入参与到这样的大型跨组织研发或支持实体中。本研究通过文献解析和案例探讨，发现MTS不单单存在于这些以规模庞大和复杂性为特征的研发项目上，也广泛存在于一般的以创新性或改善性产品为目标产品的研发项目中，这些研发项目由1名全职项目经理领导和管理，包含5—9名核心成员，每名核心成员又与自己所在的部门有密切的技术支持关系。这样，项目经理领导下的核心团队和核心成员指导下的松散团队，就组成了最普通的MTS。以这些MTS形态为调研对象能克服MTS样本选取方面的困难，更容易观察MTS的基本特征，有助于推进MTS层面的研究。

（2）MTS协作分为过渡阶段协作和行动阶段协作2个方面，这2个方面的协作内容不同但不可分割，在时间上具有继起性，在次序上具有连贯性。以往的团队研究大都是基于传统的IPO范式而进行的，这种范式强调单维性和静态性，大大简化了现实中团队运作的基本模式，运用在MTS层面上则与MTS的时间敏感性和阶段循环性不符。因此有关学者提出了绩效片段（performance episode）的概念，提倡从绩效片段的视角对团队及 MTS层面的团队过程进行研究（ Marks，2006 ）。绩效片段视角下的MTS协作行为可分为过渡阶段协作行为和行动阶段协作行为，前者关注对活动进行计划和评估时的协作，包括任务分析、目标制定和策略选择3个维度，即MTS过渡阶段协作行为主要体现在MTS任务分析时对协作的考虑、目标制定时对协作的考虑和策略选择时对团队间协作的考虑；后者关注团队直接从事活动时的协作行为，包括目标调控、系统调控和支持反应，即团队间对目标进行调控时的协作行为、对系统进行监控时的协作行为和相互间支持时的协作行为。

（3）研发MTS过程性绩效包括MTS运行状况和阶段性成果2个方面。MTS的主要应用领域之一是大型复杂产品研发系统，对研发MTS的考察除了关注最终的研发绩效外，还需要密切关注研发的过程绩效，过程绩效即研发过程的绩效控制。研发MTS多采用项目团队或项目MTS的组织形式，研发项目是以研发目标为导向，要在一定的约束范围内（时间、资金和人力）实现研发目标，同时，研发项目要面临众多的风险及风险发生时可能带来的危害。因此，对研发过程的绩效控制是研发项目能够实现研发目标的关键。通过文献解析发现，研发项目过程绩效包括运行状况和阶段性成果2个方面，前者强调研发项目的软实力提升，包括团队沟通和知识共享2个基本方面，后者则强调直接的研发业绩，包括预算控制、研发成果和人才培养三个方面。过程绩效的这2个方面内容不同但不可分割，共同形成对研发过程的有效控制。本研究的实证分析证实了研发项目过程绩效的这种维度划分。

（4）MTS协作对过程绩效有显著的正向影响作用。这种正向作用具体体现为，MTS过渡阶段协作行为既能促进过程绩效的运行状况，也能促进过程绩效的阶段性成果。同样，MTS的行动阶段协作行为也能同时促进MTS的运行状况和阶段性成果。这种正向促进作用具体到每一个细分维度又有所不同，如目标制定能促进知识共享、预算控制和研发业绩，但在考虑完整的MTS协作的情况下，却不能促进团队沟通和人才培养；同样，任务分析能促进预算控制、研发业绩和人才培养3个维度，却不能促进团队沟通和知识共享；而系统控制只能促进团队沟通和预算控制。总之，MTS协作的2个方面都能促进MTS过程绩效的运行状况和阶段性成果2个方面，只是其中起作用的协作维度不同而已。

5.8.2 主要贡献

（1）本研究主题为MTS，研究成果丰富了现有的多团队基本理论，为在国内做MTS层面的基本研究做了一定的探索和指引。MTS是一个全新的研究领域，目前已有的MTS文献均来自国外，国内鲜有这方面的实证研究，本研究一方面继承了现有的MTS成果，另一方面有利于促进在国内进行MTS研究。

（2）本研究的视角是绩效片段，一方面丰富了现有的关于绩效片段的文献，另一方面有助于在国内进行基于绩效片段的团队及MTS过程研究。绩效片段是基于传统IPO范式的不足而提出来的，以绩效片段为团队过程的研究视角有利于理解真实的团队过程，有利于变量的选择。但现有的关于绩效片段的理论及实证文献均来自国外，本研究有助于在国内介绍绩效片段的基本内涵及其作用。

（3）本研究的研究变量之一——过程绩效，丰富了现有的研发MTS的研究对象。过程绩效（process performance）的提法大多见于项目组织管理理论及相关文献中，较少出现在团队领域内，因为一般的团队规模较小，周期较短，直接采用团队绩效进行测量较为合理且方便。相对于传统团队，MTS的业务活动会涉及更多的主体，他们可能来自不同的组织，拥有不同的价值观与心智模式，对目标的选择具有不同的偏好，这都会增加MTS业务流程的复杂性（De Church，2002）；另一方面，多团队业务具有周期长的特性，对处于复杂社会技术系统下的跨组织MTS，研发环境的复杂性及利益主体诉求的多样性会加长研发的生命周期（De Church， 2010）。因此，具有业务活动复杂性和活动长周期性的多团队系统为确保最终目标的实现、整体绩效的提升，对过程绩效进行监督和测量将是一个有效的方法。

5.8.3 研究启示

本研究主要以高新技术企业的新产品开发团队为对象，探讨了MTS内部协作行为的表现形式及其与过程绩效之间的关系。本研究所得出的一些结论，对于研发团队如何更好地进行研发团队活动，如何保证研发目标和成果的实现，都具有一定的现实指导意义。

首先，我们必须重新认识绩效。目前人们普遍认为绩效不仅仅是输出结果，也是团队的能力和行为表现，以及团队成员的情感体验。但在研发团队领域，绩效不仅仅表现为最终的有形或无形产出，还表现为研发过程中的有形和无形输出，这些输出是研发过程中一系列行为相互作用的结果，这种作用把研发的输入转化为研发中的过程性输出。研发中的过程绩效起着双重作用，它不仅仅是前期研发活动质量好坏的监视器，也是整个研发活动质量高低的晴雨表，并会作为过程输入对后续的研发活动产生影响。因此，研发项目团队一般都会对过程绩效进行定期的检测，以判断研发活动是否严格按照计划进行。本研究表明，对过程绩效的测量不仅要关注直接的物质产出结果，还应密切关注团队运行状况，不仅要关注预算控制和研发所取得的业绩，还应关注团队沟通情况，人们之间的相互学习和研发人员自身的学习，只有这些方面都得到了提升，才能保证后续的研发在物质和能力上都能得到提高，才能有把握保证最终的研发目标得以实现。

其次，团队的协作水平是影响研发业绩的关键。研发活动是一种高技术水平的活动，参与研发工作的核心成员拥有不同的专业知识，负责不同的研发模块，但彼此之间要共享信息、设备和其他基本的输入，遵循沟通的研发规则，即研发人员间有高度的互依性。最终的研发业绩不仅取决于每个人的工作业绩，还取决于个体工作的聚合程度，因此，协作在新产品研发领域显得特别重要。MTS视角下的协作是超出单个团队范围界限的协作，包括了团队内部协作和团队间的协作，包括过渡阶段协作和行动阶段协作。因此，现实中的研发团队不仅要注意充分利用核心成员的自身优势，还需注重利用核心成员所在部门的部门技术优势，做到某一技术难题有专门的技术人员和团队来高效地解决。同时，在充分利用各自优势的基础上，要注意核心成员间的相互合作和帮助、核心成员所在部门间的相互支持，营造一种在项目会议上公开沟通、充分交流，在项目活动中相互支持、精诚合作的良好研发氛围。

5.8.4　研究局限性

首先是问卷编制的问题。本研究所选取的MTS协作行为测量量表均来自国外相关的MTS文献或团队文献，即使我们对其进行了精心的翻译和文字处理，也难以避免文化差异；而本研究的过程绩效量表部分地来自相关的案例分析类文献，虽然通过了本研究的信、效度检验，但很难保证其普遍适用性。后续研究中需要对测量量表进行深一步细致的考虑。

其次是问卷收集的问题。本研究的研究变量均是MTS水平上的变量，严格地说应该对MTS内部个体发放问卷，本研究直接以研发项目团队的项目经理为主要的调研对象，从一定程度上降低了数据处理的难度，但也破坏了数据处理的逻辑性。

再者是问卷发放的问题。为了扩大问卷来源，我们把曾经参与过研发项目的核心成员也作为问卷发放对象，但毕竟是事后回忆，由于时间的问题，可能会使收集的部分数据不精确。

最后是对本研究的研究视角——绩效片段的处理上的问题。绩效片段是一种分析思路，本研究对绩效片段的关注主要在于2个阶段的划分上，在问卷收集及数据处理上无法体现出来绩效片段的阶段性和循环性特征。因此后续研究可以选取不同项目研发阶段的数据进行处理，考察绩效片段的循环性对团队过程绩效的影响作用。

5.8.5　研究展望

未来的研究可以在以下几个方面加以改进：

（1）在样本的选取上，未来研究可关注非新产品研发类的MTS，如紧急事故救援MTS或分布式会议支持MTS，以拓展研究的样本范围；

（2）未来研究可采取案例分析的方法，探讨绩效片段的具体表现形式；同时可采取纵向研究的方法，或采取实验研究的方法，具体探讨MTS过渡阶段协作与行动阶段协作对绩效的不同作用；

（3）在研究内容上可进一步丰富，加入一些"表现状态"因素，如团队效能感、团队凝聚力等，考察这些"表现状态"在MTS协作与绩效或过程绩效之间的关系。

第 6 章　基于 MTS 理论的多团队系统协作过程与效能的作用机制研究

6.1　研究目的

在现代企业组织中，多团队系统大量存在，而新产品研发团队仅仅是一种多团队系统的形态。企业中存在着众多临时组成的团队，包括企业活动策划团队、各类项目组等，这些组织往往都是因为某一事件而临时组成，成员来自各个不同团队，具有不同的专业背景与技能。每个成员运用各自的专业技能与知识，为完成这些临时性或非常规性的任务做出自己的贡献。本研究着眼于企业中的多团队系统，了解这些多团队系统的运作状况。企业作为一个经营主体，在日常经营中存在着众多临时性、常规但并非长期性的经营活动项目，企业活动如何有效组织此类团队系统并保证其高效运作已经成为很多企业直接面临的一个问题。因此，本研究通过探索多团队系统运作过程与多团队效能之间的影响机制，以期为企业团队管理提供新的视角和方法，优化企业研发团队、项目团队的管理过程。

6.2 理论基础与研究假设

6.2.1 基于MTS理论的团队过程

6.2.1.1 团队过程的基本概念

学者对团队过程有很多不同的定义，随着对团队过程研究的不断深入，其概念定义更加明确、具体。Mc Grath（1984）将团队互动过程定义为团队成员之间的模式化的关系。Cohen et al.（1997）通过元分析将团队过程定义为团队成员间、团队成员与外界发生的诸如沟通、冲突等的互相作用。这些定义对团队过程进行了大致描述，为研究者指明了研究的方向，但却没有给研究者提供清晰的指导。Marks et al.（2001）对团队过程进行了更加明确的定义，认为团队过程是指团队成员为完成共同的目标，通过认知、语言、行为等相互作用的一系列活动将团队投入转化为结构的过程。团队过程的核心是团队成员与其他成员及任务环境所发生的相互作用。杨俊辉等（2008）将团队任务过程定义为团队成员一起工作完成任务、实现团队目标的过程，这一过程主要涉及团队的沟通、协调和任务—技术—结构的匹配性。

在整个团队的运行过程中，团队与其他人和环境不断发生交互作用，在输入、输出的过程中，团队运作主要包括2种活动：作业协作与团队协作。作业协作主要指团队运行过程中，团队中的成员与任务、工具、设备等运作环境的相互作用；团队协作是指团队成员之间以及团队成员与外界之间的互动（Ilgen,1999）。

综上所述，团队过程是团队成员在完成团队任务过程中所进行的一系列活动，在本研究中我们研究的主要是团队成员之间的交互作用即团队协作，因此采用Marks et al.（2001）对团队过程的定义，即团队成员为完成共同的目标，通过认知、语言、行为等相互作用的一系列活动将团队投入转化为结果的过程。

6.2.1.2 多团队系统过程相关定义及研究由来

多团队系统作为一个新的团队形式，对其运作过程的相关研究仍较少。多团队系统相比较单个团队更具复杂性、动态性，能对环境的变化做出快速的反应。但作为一个团队系统同样具有团队的各类特征，学者对于多团队系统过程的研究大多都衍生自团队过程的研究。

　　Stephen（2010）通过对多团队系统领域研究文献的综述说明了在团队研究领域中，将视点从单一团队向多团队系统转移的必要性。多团队系统具有3个关键的特点，而这3个特点也解释从团队领域研究扩展到多团队系统层次的实际意义：第一，多团队系统的成员是由植根于不同团队中的人所组成的，团队成员有着不同层次的目标，而这一目标系统随着时间的变化其重要性又在不断改变，这使得多团队系统具有更为复杂的团队动机结构；第二，在多团队系统中团队成员互相依赖朝着至少一个终期目标而努力，这也就带来了对互依性问题的研究，在一个复杂的团队系统中要考虑团队内、团队间以及跨系统间的互依性问题；第三，多团队系统与传统团队在规模与分布上有差别，多团队系统规模一般大于独立团队，并且大多数都分散分布，在某种意义上更接近于一个组织。

　　团队过程在促进团队有效性发展中起了核心的作用，团队过程对团队效能有重要影响。Kozlowski et al.（2006）认为动态、变化莫测、复杂的环境创造了同样的团队任务需求，这就使团队成员不得不通过协作过程来结合他们的认知、动机和行为上的资源，从而完成团队任务。从概念上看，团队过程抓住了团队成员如何将各自的资源、知识、技能和努力结合起来满足任务要求。而团队的效能是这一过程所带来的结果，团队过程每一层次、每个时刻的活动都会产生团队效能，因此，团队效能具有动态性、复杂性，与团队结果紧密相连。

　　团队作为一种自然构造或者状态是协调团队成员之间相关努力以及投入的一种方式，同时也是将团队过程在相关任务完成上的一种分配。因此，从某种意义上说，团队过程行为的合理分配是提高团队有效性的关键因素（Kozlowski et al.，1996）。复杂的团队环境增加了任务的复杂性与动态性，许多复杂的问题已经无法通过聚焦于狭窄专业领域的单独团队来解决，而多团队系统通过对单独专业团队的组合，提供了一种解决复杂问题的综合方法。任务难度的增加对团队过程运行提出了更高的要求，在复杂的团队系统中，环境、任务、过程、绩效之间存在着密不可分的关系，并且这种相互作用的关系是动态的（Raquel et al.，2012）。多团队系统是一个复杂的、动态的团队系统，常常面临着众多非常规的任务，研究多团队系统中团队过程与效能之间的关系，对提高多团队系统的效能有重要的意义。

　　多团队系统大量存在于现代组织中，在多团队系统中，多团队成员通过一个共同目标互相联系在一起，团队成员再为各自团队及个人的单独目标努力的同时也在为实现共同的系统目标而努力。多团队系统本身是一个集体，不仅由个人组成同时也由团队组成。多团队系统任务通常具有一定的临时性，为完成多团队系统任务，需要具有不同专业技术的陌生团队成员跨越各自的团队边界进行合作，运行全新的工作方式解决非常规性问题（Leslie et al.，2011）。

多团队系统是一个复杂的实体，在互依性的水平与组合、时间步调、近端目标、领导和团队渗透率（team permeability）上都有所不同。在该系统中，随着团队之间互依性的增加，高效的跨团队沟通显得更加重要（Marks et al.，2005）。在多团队系统中团队与团队之间的协作需要所有团队成员对目标与任务有一个共享模型，以便能够准确地判断任务进展，并且能与本团队及其他团队成员之间进行顺畅的沟通，团队成员的成功协作等同于任务的完成。

Marks et al.（2001）在前人研究的基础上提出了一个团队过程的分类法，将团队过程广义上分为3类：过渡、行动和人际。狭义的分为以下几类：任务分析、目标细化、战略形成、监督过程、系统监督、团队监督、协作、冲突管理、激励、情感管理。在过渡阶段，团队成员聚焦于任务的分析、目标的细化、战略的形成，这一阶段主要是对已完成团队活动的评价以及对未来活动的计划；在行动阶段则聚焦于任务的完成、对过程及系统的监督、团队成员之间的合作以及对同事的工作的监督与支持；而人际方面的任务则贯穿团队过程的始终。Mathieu et al.（2008）指出，虽然Marks提供了一个综合、便捷的团队过程分类方式，但并不是所有的团队过程都能完整地对应到这3类团队过程中。例如团队创新过程，Gilson et al.（2004）将团队创新过程定义为团队成员从多种资源中获得创意，专研未知的领域或解决问题的唯一方法，从而寻找一种新的完成团队任务的工作方式。

Porter et al.（2010）指出，绩效片段理论是最新、最综合性的团队过程分类法，该分类法中，行动阶段（目标控制、系统控制、协调、绩效控制、支持行为）是与最终团队目标完成直接相关的活动。新产品研发团队、人道援助团队、紧急救援团队、公共安全团队等是典型的多团队系统，这些多团队系统都具有共同的特征：队伍组成的临时性、团队成员的多元性。Kozlowski et al.（2006）认为行动阶段是团队过程中很重要的阶段，因为行动阶段的工作使得团队能够不断提高处理意外情况的能力，并且最终适应变化。对于这样的多团队系统而言，行动阶段是团队成员之间交流、合作发生最为密集的阶段，也是与最后的工作结果最为相关的阶段。

Marks et al.（2001）提出的分类框架最初应用于团队层次的运作过程，Mathieu et al.（2001）将其应用到了多团队系统层次。其中的关键区别在于，在多团队系统中，不仅要协调团队成员之间的行为，子团队之间的行为也需要相互协调趋于一致从而完成系统层面的目标。Marks et al.（2005）指出，由于多团队系统内部相互作用的复杂性，因此与一单独团队相比它需要更复杂的边界管理，其协作机制也更加复杂，现有的研究没有对这些运行机制进行深入的探索。因此，本研究将对多团队系统中各个团队过程与团队效能之间的作用关系进行研究，以期更深入地了解其中的作用机制。

6.2.2　基于MTS理论的团队效能

6.2.2.1　团队效能的相关研究

多年来，在团队研究领域，关于团队效能的研究比较丰实，对团队效能及绩效的测评也一直是研究者关注的热点。本节主要对团队效能的定义、团队效能及绩效测评的相关研究等进行阐述。

Guzzo et al.（1996）对团队效能进行了宽泛的定义，认为团队效能就是团队实现预定目标的实际结果。Cohen et al.（1997）认为团队效能是团队在组织背景下产生的多样性。Paris et al.（2000）认为团队效能是由个体所组成的团队有效的协调性产出，而不仅仅是被加总或汇总的反映。从这些定义中可以看出，团队效能是团队通过复杂的交互作用所产生的团队结果，而这种结果不仅仅包括团队绩效，还有多个维度的产出。常涛等（2007）通过对以往研究的总结认为，团队效能主要受到环境因素、设计因素、过程行为因素、团队心理特征的影响。

对团队效能的测评一直是团队研究领域关注的热点，对团队效能的测评不同的研究者给出了众多不同的测评指标与方法。Hiller et al.（2006）通过对计划、问题解决、支持、关怀、监督、发展以及整体效能的评价来评价团队效能。Van der Vegt et al.（2005）运用管理效率、质量，整体成就，生产率和任务达成率来衡量团队效能。Pritchard（1995）提出了一个成果生产率（outcome productivity measure）的衡量方法，让团队自己识别他们的关键成果，评估最终的这个成果是如何在团队中进行单位效能的分配的，然后运用权重来评价他们的整体生产率。这种方法解决了团队绩效考核的组织依赖性，同时也解决了团队中因存在多种功能而难以评价的问题。但是这种方法在标度的开发上既不方便又浪费时间，已经很少使用。Hackman（1987）提出了衡量团队效能的3类指标：任务绩效、合作满意度、团队存活力。

综上所述，团队效能主要是指团队过程交互作用的结果，团队效能不仅包括了团队工作的客观结果即团队绩效，也包括团队能力性指标例如团队合作情况、团队成员能力指标以及团队成员的主观感受。与团队绩效相比，团队效能纳入了团队心理性指标。对团队效能最为普遍的分类为Cohen（1997）提出的3类：绩效、态度和行为。但对团队效能的具体衡量指标学界还未达成一致。

6.2.2.2　团队效能模型的发展

近年来，随着组织环境的不断变化，环境中不确定因素不断增多，团队运作的动态复杂性也日渐突显，经典的IPO团队效能模型已经不能对团队运作进行很好的解释。为了弥补原有模型的不足，适应团队组织环境的变化，研究者提出了新的团队效能模型。

McGrath（1964）为了研究团队的有效性提出了经典的IPO（ input-process-output）模型，探讨了团队投入、团队过程与团队结果之间的关系。其中团队投入包括3个方面：单个团队成员特征（如胜任力、个性等）、团队层面因素（如任务结构、内部领导影响）、组织和情景因素（如组织设计、环境复杂性）。团队过程是指团队成员为完成团队任务所进行的互动。结果包括两个方面：绩效（质量、数量）和团队成员的情感反应（affective reactions）（满意度、团队承诺、自身能力）。在这个模型中团队过程是最为重要的，这一过程反映了团队投入是如何转化为结果的。一个团队活动的结果通常包括绩效（质量、数量）以及团队成员的情感反应（比如满意度、忠诚度、活力）。

Ilgen et al.（2005）认为，IPO模型在揭晓团队的动态复杂性特征上显得乏力，仅提供了从输入到输出的单向路径，未有从输出到输入的反馈路径。这一模型只关注了IPO之间的线性关系，未研究各种输入因素之间、过程因素之间、输入或过程因素与突生状态之间的交互效应。Mathieu（2008）指出，IPO模型不能对不同类型的过程及产出进行一个区分，时间节律在团队功能尤其是多团队系统中起关键的作用，但在IPO模型中对时间进度没有进行描述。

为了克服原有团队过程模型的缺陷，在近期的团队效能模型研究中，开始将时间纳入模型中，并以很多不同的方式对时间节律问题进行了描述，其中最主要的有2种：发展模型（developmental models）和幕式方法（episodic approaches）。发展模型主要描述的是随着时间的推移，团队质量受到不同因素的影响而发生变化（Kozlowski et al.，1999）。相反，周期的方法则是描述了团队依据任务的需要在不同的时间段执行不同的团队过程，呈现周期循环的趋势（Marks et al.，2001）。如图6-1所示，在图最底端的发展过程随着团队的不断成熟一遍一遍地展开，而图中的反馈回路（feedback loops）更表现出了一个间歇性循环的特征。但值得注意的是，这种反馈是发生在团队从一个任务过渡到另一个任务时，而不是在一个片段内部的。依据绩效片段理论的3个阶段来说，反馈是发生一个IPO完成后过渡阶段。Ilgen et al.（2005）也认识到了团队功能循环性的特点，在他的IMOI（ input-mediator-output-input）中也将循环性进行了描述。在图中从结果到后续调节变量的实线表示反馈对其有很大的影响作用，而虚线则表示结果与过程对下一轮投入的影响是很小的。这就表明了团队的状态随着任务的进程会发生改变，由于受到不同的结果的影响，团队会在后续的工作中随时调整团队过程[①]。

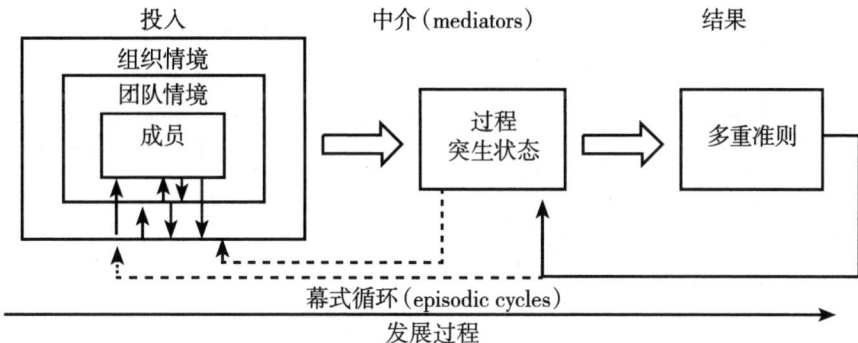

图 6-1　Input–Mediator–Outcome（IMO）团队效能模型

Marks et al.（2001）将团队突生状态（emergent states）描述为团队的认知、

---

① JOHN MATHIEU, M TRAVIS MAYNERD, TAMMY RAPP. Lucy Gilson(2008) Team Effectiveness 1997–2007: A Review of Recent Advancements and a Glimpse Into the Future.

动机以及情感状态，这一状态随着团队功能、情境、投入、过程以及结果的变化而改变。Le Pine et al.（2008）通过对17个关于团队突生状态与团队效能研究中的数据的元分析发现，团队合作过程与团队突生状态之间存在显著的正相关关系，并且这种正相关关系不会随团队功能的变化而改变。

为了更好地了解多团队系统运作过程，Guthrie et al.,（2005）提出了一个联合运作效能模型（Joint Operations Effectiveness Model）（见图6-2）。在模型中，对MTS中最为主要的2个过程的工作进行了详细的描述，Guthrie et al.认为所有的团队过程对于团队绩效来说都是非常重要的，但有些过程比如沟通、领导必须给予更多的关注，不仅因为这2个过程对绩效的影响比较大，还因为这些活动会分散其他工作过程的绩效。团队成员通过他们的领导完成工作的必要信息，而团队

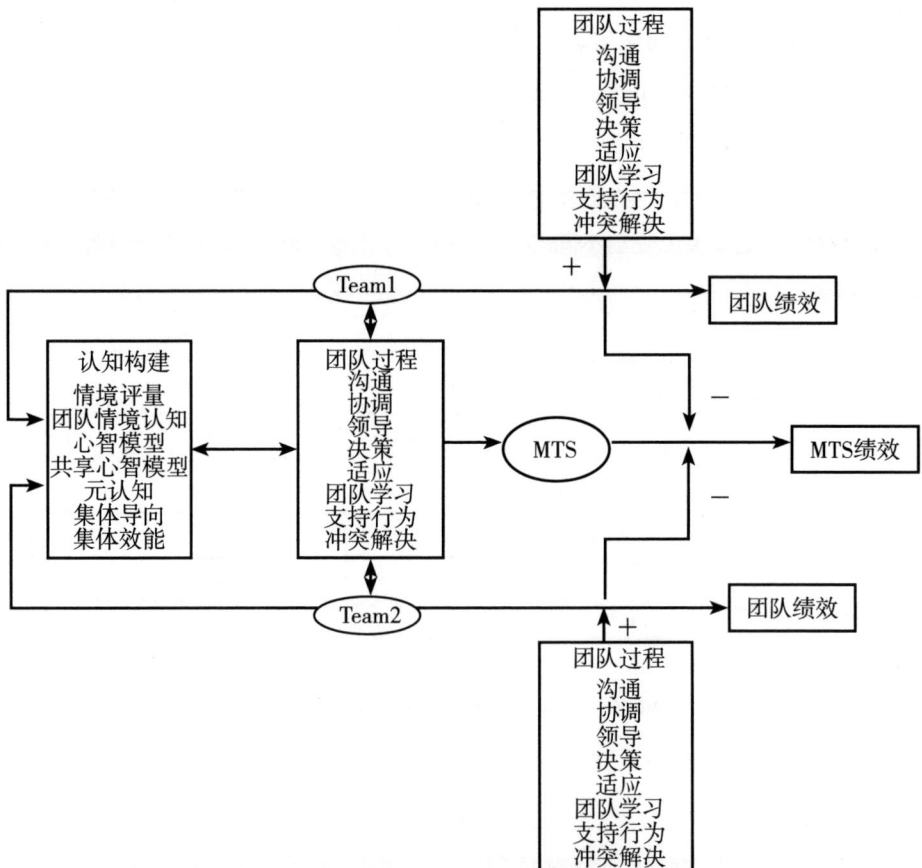

图6-2 联合运作效能模型

领导必须和MTS中的其他领导进行协调沟通以便能够顺利地完成任务。在团队系统中领导的重要性不仅在于日益复杂的任务，还因为多团队系统中往往缺乏一个有效的信息共享机制，因此团队领导不仅需要与团队成员进行沟通还负责和其他团队进行沟通。综上所述，为了保证多团队系统的顺利工作，沟通是一个必不可少的环节，建立一个MTS中的团队（teams）共享心智模型是十分重要的[①]。

　　Kozlowski et al.（2006）提出了一个动态的团队效能模型（见图6-3）。在这个模型中，Kozlowski et al.对团队的活动过程（包括突生状态）和影响因素进行区分。在传统的IPO模式中，只存在作用于团队效能的影响因素，而Kozlowski et al.认为，先有影响因素作用于团队的运作过程，运作过程的成效再作用于团队的输出效能。而其中，过程的运行与团队任务、环境变化息息相关，由此可能出现各种不确定性的突生状态。

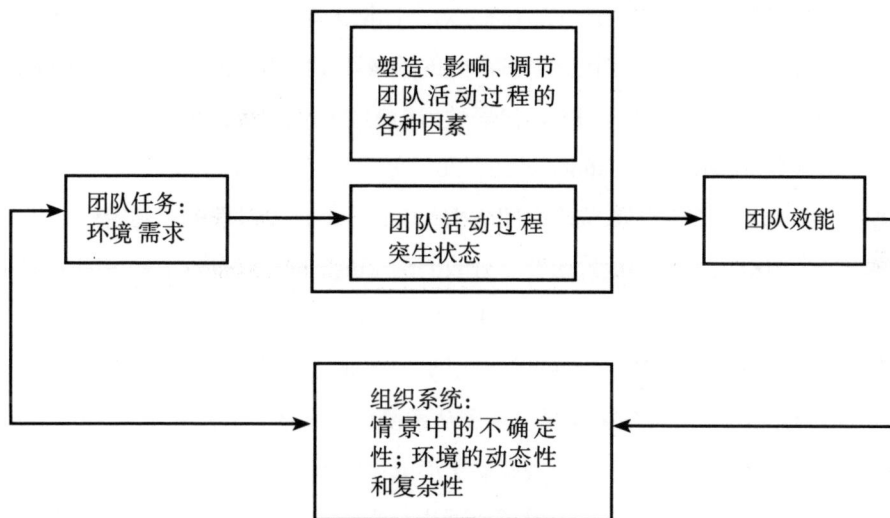

图 6-3　团队动态效能模型

　　从以上团队效能模型的研究回顾、比较（表6-1）中，我们发现，团队效能模型已不再是简单地对团队状态进行描述，而是将团队作为一个系统来剖析，从团队结构层次、时间维度以及互动模式上做更深入的探讨。

---

① JOSEPH W. GUTHRIE JR, HEATHER A. Priest & Eduardo Salas(2005) The Continued Evolution of Team Research: A Theoretical Medel of Performance in Multiteam Systems.

表 6-1　团队效能模型的比较

研究者（年份）	模型名称	贡献与不足
McGrath（1964）	IPO	IPO系统模型探讨了团队投入、团队过程与团队结果之间的关系，成为团队互动研究的基础 揭示团队的动态复杂性特征上显得乏力，仅提供了从输入到输出的单向路径，未有从输出到输入的反馈路径，没有涉及团队内互动机制
Ilgen et al.（2005）	IMO	模型将团队视为一个复杂的动态系统，将时间纳入其中增加了团队输出与团队输入之间的反馈性联结 模型未打开团队过程的"黑箱"
Guthrie et al.（2005）	联合运动效能模型	对团队过程、多团队系统过程进行了详细的分析 揭示了多团队系统中团队过程及系统过程对最终绩效的影响 模型揭示了团队内过程绩效之间的关系，未考虑环境因素的影响
Kozlowski et al.（2006）	团队动态效能模型	模型对团队的活动过程和影响因素进行了区分，考虑了复杂外部环境对团队效能的影响

在团队研究领域，目前仍没有研究对多团队效能的概念定义进行清晰的界定。不同于传统的团队，多团队系统所处的绩效环境既不能通过严格的实验方式也不能通过大量的实证进行研究。这导致目前的应用性研究领域缺乏聚焦于多团队系统效能的相关研究（Mathieu et al.，2007）。

多团队系统与普通团队或虚拟团队相比，由于其所处环境的不稳定性，其工作量更大，团队过程显得更为重要。分散团队（distributed teams）是多团队系统的一种特殊形式，具有多团队系统的基本特征。Fiore et al.（2002）研究指出利用分散团队有很多益处，但由于这种类型团队内部成员之间存在各种距离、差异，其绩效与普通团队相比存在差异。多团队系统如同传统团队一样，MTS中的成员对团队结果共担责任，任务环境有助于形成合作的氛围，但成员之间有清晰的界限，对多团队系统运行过程的管理权限也是明确分工的（Hackman，2002）。Guthrie et al.（2005）指出，多团队系统中团队成员之间的不熟悉会影响他们的想法、感觉和行为，这样的团队成员在冲突的处理、共享意识的形成、领导、工作量、一致的达成、协作以及决策制定上会面临更大的问题。采用多团队系统的工作团队方式会增加工作量以及潜在过程损失（potential process losses），因此在这样的团队系统中对沟通与团队领导的依赖程度更大。

Sherman（2011）指出，当2个相互依赖的团队之间需要通过多人交流联系增加的时候，如果在每个单元团队中没有一个交流的共识点，那么协作问题将会产生。在多团队系统中子团队是高度依赖的，因此研究者普遍认为为了促使系统的有效协作，建立一个正式的边界协调机制是必要的。

Davison et al.（2012）通过对233个通信多团队系统的模拟仿真实验研究了团队对系统中不同层次之间的协作行为对多团队绩效的影响，该研究指出，多团队系统是一个混合组织形式，既具有传统团队的特征也具有大型组织的特征。由于多团队系统较大并且专业化分工更为明显，因此每个团队成员很难进行直接的互相调整。这一点也体现出了多团队系统对领导及团队边界协调者的依赖。其研究还发现，与传统团队相反，在多团队系统中团队成员之间非结构化的、自主的、直接的互相调整事实上对多团队系统的绩效是不利的。组合团队内部成员之间的调整有利于多团队系统绩效，而支持团队与关键决策团队之间所有成员的一种自由协调、调整对多团队系统的整体绩效是不利的。

从以上研究中我们不难发现，一个良好的团队协作机制对多团队效能显得尤为重要，这不仅要求团队成员之间进行有效的合作，同时对系统中团队与团队之间的协作提出了要求。

6.2.3　研发多团队系统的相关研究

6.2.3.1　研发多团队系统的存在形态

在全球经济竞争日益激烈的今天，企业必须做好产品的研发。很长一段时间，新产品的研发已经被视为企业的一项核心功能（Afonso et al.，2008），尤其对于一些产品生命周期短、竞争环境复杂、顾客需求多样化的行业，新产品开发已经成为他们获得竞争优势的重要途径。研发团队广泛存在于企业的研发部门，作为一个跨功能型团队具有一定的特殊性。该团队往往是根据一定的工作需求，由来自不同工作领域的各类专业人员组成。

在一个新产品开发团队中，团队成员共享利益，共担风险，团队成员都希望互相之间能有良好的合作从而获得较高的团队绩效（Fan zhibo et al.，2009）。戚振江等（2003）指出，研发团队通常有3种组织形式：①专职团队，独立于组织的日常运行，并保持财务的独立性；②跨部门临时团队，其特点是研发工作与其他日常工作并行，在管理上要注意部门间的协调；③技术改进团队，其特点是范围小，方式灵活，但要注意把握好项目运行实际。在本书中主要关注的是研发团队的第二种组织形式即跨部门临时团队，这是目前多团队系统在研发部门中最典型的一个存在形态。

大多数新产品研发团队都处于动态变化的环境中，整个研发过程存在着很多的不确定性，团队成员无法了解特定行为将会产生的后果（张文勤等，2011）。因此，要成为一个高效的研发团队不仅需要实现稀缺资源共享与跨部门的合作，还需要这个研发团队中各个职能部门的协同，保持团队的快速反应能力，随时对环境的变化做出及时的反应。

新产品开发活动往往受市场、客户和技术的影响比较大，跨部门临时团队的矩阵型组织结构是新产品研发团队是较好的组织形式（王娟，2011）。在这个多团队系统中，团队成员来自不同的职能部门，一般由来自研发、市场、质量、工艺、生产、财务等的人员组成。在这个团队系统中，要顺利完成团队任务，不仅需要团队成员发挥各自的技术及管理特长，更需要跨部门的合作与沟通。

蔡厚清等（2008）在对研发团队过程（见图6-4）进行描述时，引入了物理中"场"的概念，他们认为，团队活动中任何个体的行为都会对团队其他成员及周围产生影响。他的研究主要从活动过程之间的影响考虑，注重研发团队过程中，不同的团队活动之间的相互影响[1]。

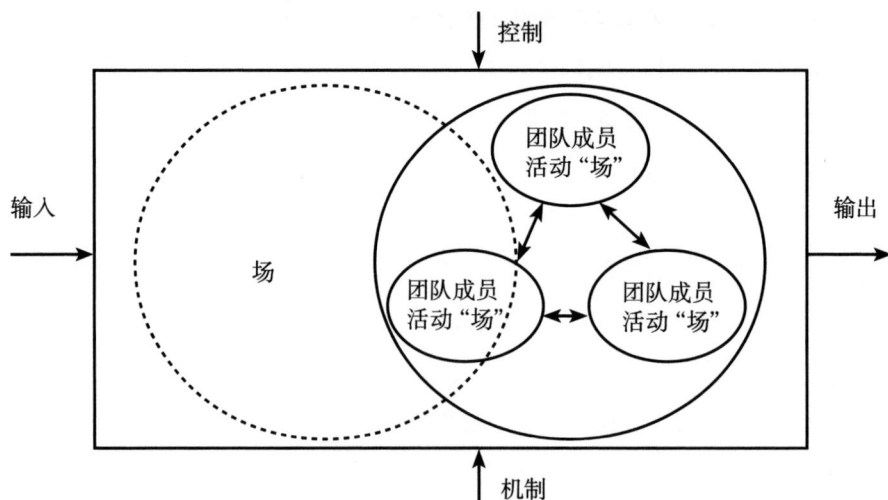

图6-4 研发团队过程

[1] 蔡厚清，朱其权.过程绩效：R&D团队管理的新视角，[J].科技进步与对策，2008（3）：173-175.

6.2.3.2 研发多团队系统的效能测评

在知识经济时代，企业的研发活动变得更具风险，研发成本不断加大，为了降低风险，提高研发的成功率，越来越多的研究者开始关注研发团队效能测评，提出了很多不同的测评模型与方式。

Valentina et al.（2011）基于效能5个方面定量指标（财务、顾客、创新和学习、内部效益、联合网络）提出了一个综合平衡的研发团队效能考评模型，并依照输入、过程、输出3个过程分别就效能的5个方面设计了一系列的指标。这一考评模型主要借鉴了软件测评的方式。黄国青等（2008）提出，为了提高研发团队效能，对其绩效考评应从2个层面（整体层面和个体层面）和3个维度（团队素质、团队建设、团队业绩）进行综合测评。

Huang Chifeng（2009）通过对60个研发团队中290位团队成员的调查发现，交互记忆系统在信任与知识分享之间起显著的正向调节作用，而团队凝聚力对团队绩效有显著的正向影响，这一研究结果表明，在技术型的研发团队中，知识分享与团队凝聚力对研发团队的效能有重要的影响。因此，在对研发团队效能进行测评过程中，这2项应作为重要的测评指标。Fan zhibo et al.（2009）研究认为，在新产品研发团队中，团队成员的合作满意度是影响团队绩效的关键因素，提出运用模糊语义法（fuzzy linguistic）对新产品研发团队成员的合作满意度进行测评。

产品的研发有一个研发周期，在周期中的不同阶段工作内容都有所差异，因此在不同的阶段有不同的效能指标。Sivathanu et al.（2002）识别了研发团队每一个工作阶段的关键绩效指标，并将其进行整合，按照关键程度的不同赋予权数，最终得出了一个整个研发周期的效能计算公式。

6.2.4 多团队运作过程与效能的关联性证据

6.2.4.1 多团队运作过程与效能的相关关系研究

学者关于团队如何以及为何能取得理想的团队结果的研究有很多，这些研究大多聚焦于团队过程，即团队成员之间如何通过意识、语言、行为上的互相合作完成组织任务从而实现共同的目标。在团队成员将团队输入转化为团队结果的过程中，团队过程起了决定性的作用。

De Shon et al.（2004）在研究中发现，团队绩效与战略计划（过渡过程）和聚焦于团队的努力（行动过程）有显著正相关关系。Mathieu et al.（2006）通过对授权团队中团队过程的综合测量，研究了团队过程与绩效之间的关系。研究发现，团队过程与顾客满意度、目标绩效存在间接的关系。通过对3个层次团队过程的拆分研究，发现只有过渡过程与顾客满意度存在近乎显著的关系。Maynard et al.（2007）在研究中得出了类似的结果，该研究通过对121个授权团队中637位顾客服务志愿者的跨层次的研究发现，过渡过程与顾客满意度存在正向关系，行动过程与绩效完成数量（quantitative performance）存在更显著的关系。研究还发现，人际过程、跨层次的关系与员工个人的满意度有显著的关系。

Mathieu et al.（2008）指出，团队人际过程包括冲突、激励、信心建立和情感。在一个元分析中，De Dreu et al.（2003）发现任务冲突、人际冲突、团队绩效和成员满意度呈负相关关系。De Church et al.（2006）通过对多团队系统的领导培训（培训的内容主要针对具体的过渡行动过程中的领导职能），结果发现，经过培训的相关领导职能有所提高，并且团队彼此间的协调程度也得到了提高，最终对整个多团队系统的绩效产生了积极的影响。Mary et al.（2010））认为，团队过程包括对团队目标的认同、资源的有效利用、团队成员间的相互信任、有效的沟通、对决策方式的一致认同，团队过程对团队效能有重要的影响。同时指出，团队成员对团队过程的满意度直接影响团队成员之间的合作程度及最终的团队效能。他们通过对一个建筑师团队的实验研究发现，团队成员对团队过程（沟通、信任、问题解决、共同目标、团队资源有效利用）的满意度直接影响团队效能，因此研究者认为，为了提高团队绩效，应积极开发高效的团队过程，同时努力提高团队成员对团队工作过程的满意度。

Le Pine et al.（2008）通过元分析认为，事实上，高质量的团队合作过程不仅影响团队成员对团队任务完成的贡献，也会帮助培养团队成员的一种满意度较高的团队经验。更直接地说，众多研究表明，团队过程对例如团队绩效、成员满意度等团队结果具有正向影响，认为当团队任务相对复杂时，团队过程在任务完成中扮演更加重要的角色，因此团队过程与团队结果之间的关系更加紧密。相反，当团队任务的复杂性相对较低时，团队过程与团队结果之间的关系就显得较为微弱。基于此，作者提出了存在调节变量影响团队过程与团队结果之间的关系，认为任务互依性与团队规模是2个重要的调节变量。任务互依性高的团队，团队效能与团队过程之间高度相关，而互依性低的团队，团队效能与团队过程低度相关。团队过程与团队效能之间的关系，随着团队规模的变大而更加紧密。

De Church（2010）认为团队过程影响团队效能，跨团队过程影响多团队系统的效能。Cobb et al.（2003）的研究也支持了上面的观点，他们发现，当培训聚焦于跨团队过程时整体绩效好于聚焦于团队过程。多团队系统的成功在于团队与团队之间的工作过程的成功，而这一过程若出现了问题，则整个多团队系统也会失效。De Church在后面的研究中也发现多团队系统的失败多是因为团队之间的问题而非团队内部的问题。

研究者通常对团队过程进行整体的测量来反映团队合作的整体质量。然而，特定团队过程之间的紧密联系表明这种关系可能需要进行分层测量。Mathieu et al.（2006）运用多尺度对团队过程的一阶分层的每一个层次进行了测量，然后将这些得分作为结构化模型中高阶团队过程结构的指标，发现团队授权与团队有效性之间的关系。团队中的支持行为是团队行为的一种体现，是一种团队过程，它能维护团队功能，影响团队的作业绩效和关系绩效。Porter（2005）认为团队成员的支持行为对团队绩效存在积极的影响，因为支持行为可以帮助其他成员掌握与角色相关的知识与技能，并帮助其他成员改正工作中的错误。Porter et al.（2010）根据资源分配理论，通过计算机仿真实验验证了当团队面临工作任务分配时绩效监督过程与团队绩效成正相关。支援行为只在早期绩效片段中面临工作任务分配时与团队绩效呈正相关。Mathieu（2006）通过对29个学生团队的模拟实验研究表明，正式计划与人际过程与团队绩效直接相关。Nicholas（2010）研究指出，情绪智力是影响团队效能的一个重要因素。

6.2.4.2　以团队过程为中介变量的相关研究

团队过程可直接影响团队绩效，有时团队过程也作为一个中介变量，众多因素通过团队过程这个中介变量最终来影响团队绩效。Wang Meiling et al.（2010）运用大样本调查的方式，从中国台湾20家医院收集了109份有效数据，研究跨功能团队中，团队结构特征、团队过程对团队效能的影响，在研究中，他们将分为2个因素：团队成员合作及沟通。研究结果发现，团队结构特征中只有团队规范对团队效能有影响，团队过程影响团队效能，而团队凝聚力与团队规范又会影响团队过程。通过进一步的验证发现，团队过程在团队结构特征与团队满意度之间起完全中介作用，而在团队结构特征与团队效能之间起部分中介作用。Mathieu et al.（2006）通过对121个技术服务团队的调查研究表明，团队过程在团队授权与团队绩效之间起中介作用。

从文献的回顾中可以看出，团队过程与团队效能之间存在着重要的联系，而在多团队系统中，多团队系统过程同样是决定多团队效能的关键因素。并且相比较团队过程，多团队过程更具复杂性、动态性。因此在本研究中，将会对多团队运作过程进行分类研究，了解其中多层次的影响机制。

6.2.5 研究模型的构建

从前文的文献综述中可以发现，对多团队系统过程分类主要有2种。Guthrie et al.（2005）在其提出的联合运作效能模型（Joint Operations Effectiveness Model）中将多团队系统过程分为以下几个：沟通、协调、领导、决策、适应、团队学习、支持行为、冲突解决。Marks et al.（2001）在前人研究的基础上提出了一个团队过程的分类法，将团队过程广义上分为3类：过渡、行动和人际。在过渡阶段，团队成员聚焦于任务的分析、目标的细化、战略的形成，这一阶段主要是对已完成团队活动的评价以及对未来活动的计划；在行动阶段则聚焦于任务的完成、对过程及系统的监督、团队成员之间的合作以及对同事的工作的监督与支持；而人际方面的任务则贯穿团队过程的始终。这一分类框架最初应用于团队层次的运作过程，Mathieu et al.（2001）将其应用到了多团队系统层次。

Guthrie et al.（2005）的分类方法较为细致地识别了多团队系统过程中的各个变量，但过于细致的区分增加了研究的工作量，使得研究者很难在一个研究中对所有变量进行一一验证。Porter et al.（2010）指出，Marks对团队过程的分类是最新、最综合性的团队过程分类法，并且该分类法已被多次应用于多团队研究领域，取得了较为理想的研究成果（Mathieu et al.，2001，2008；De Shon et al.，2004； Maynard，2007）。另一方面，许多聚焦于狭义分类团队过程的研究忽略了各个团队过程之间的关系，一些过程之间存在着重复性或非线性的关系（Le Pine et al.，2008）。因此在本研究中我们将多团队系统过程分为3类：过渡阶段协作、行动阶段协作、人际阶段协作。在过渡阶段，团队成员聚焦于任务的分析、目标的细化、战略的形成，这一阶段主要是对已完成团队活动的评价以及对未来活动的计划；在行动阶段则聚焦于任务的完成、对过程及系统的监督、团队成员之间的合作以及对同事的工作的监督与支持；而人际阶段的任务则贯穿团队过程的始终，包括冲突管理、激励和信心建立、情感管理。

由于团队包含团队整体以及其中的个体成员，涉及团队整体的运行和个体的表现，因此研究者大多采用多维度的测量方法。而多团队系统相比较团队而言具有更多的层次，因此多团队系统效能的测量是一个多维度、多水平的测量。

相对于团队绩效测评中指标多样化且差异性大的情况，在团队效能测评中虽然也有不同的测评指标，但指标相对集中，大致可以分为3类：绩效、态度以及行为（见表6-2）。在团队效能测评中，一般对于任务目标和要求非常清晰的团队，用客观结果来衡量；而在团队任务无法量化的情况下，则可利用基于行为的测量。多团队系统与普通团队或虚拟团队相比，由于其所处环境的不稳定性，其工作量更大，团队过程更加复杂。因此，团队工作能力指标是考察团队效能的重要一项。由于多团队作为一个团队系统，不仅需要团队内部成员之间的相互合作，同时还需要团队与团队之间的合作，团队成员在这种合作过程中的满意度直接影响团队成员的工作效率，因而团队成员合作满意度也是一个重要的考察指标。作为一个工作团队系统，任务绩效是工作团队系统直接的工作成果，在本研究中也作为一个衡量效能的重要维度。

表 6-2　团队效能测评指标

作者（年份）	团队效能测评指标
Cohen et al.（1997）	绩效、态度、行为
Jordan et al.（2002）	团队绩效、感知到的团队未来工作能力、团队成员满意度
Hackman（1987）	任务绩效、合作满意度、团队存活力（Ciability）
Hiller et al.（2006）	计划、问题解决、支持、关怀、监督、发展以及整体效能
Vander Vegt et al.（2005）	管理效率、质量、整体成就、生产率和任务达成率
Janz（1997）	团队绩效、团队满意度、团队承诺
Cohen et al.（1996）	团队绩效、员工对工作生活质量的态度、员工行为

综上所述，对于多团队效能的衡量作者主要选取以下几个维度：多团队任务绩效、团队成员合作满意度、团队工作能力（见图6-5）。

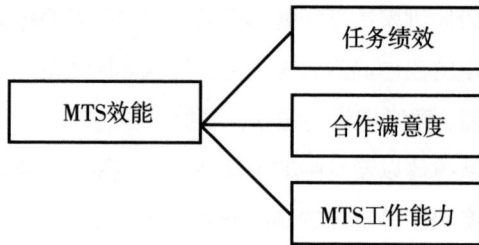

图 6-5 MTS 效能维度

从文献的分析中，可以发现，多团队系统过程对多团队效能有重要的影响，同时，在两者的作用关系中，任务互依性是一个重要的调节变量。由此，得出本研究的总体模型，如图6-6：

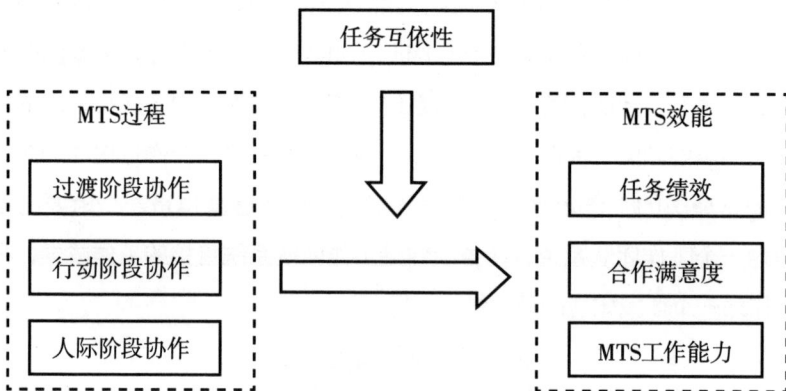

图 6-6 本研究总体模型

6.2.6 研究假设的提出

6.2.6.1 多团队系统运作过程与效能作用关系的研究假设

从最初的IPO模型到团队效能动态模型，团队过程一直是团队研究领域的重点。团队过程作为自变量直接影响团队效能，在有的研究中，团队过程也作为中介变量影响团队效能，例如团队投入及团队环境因素通过影响团队过程影响团队效能；共享心智模型通过团队过程间接影响团队效能。在多团队系统中，团队过程同样作为一个重要的变量影响团队效能，而这个过程相较于团队则更加丰富，包括了团队过程和多团队系统过程2种。

De Shon et al.（2004）在研究中发现，团队绩效与战略计划（过渡过程）和聚焦于团队的努力（行动过程）有显著正相关关系。Mathieu et al.（2006）通过对授权团队中团队过程的综合测量，研究了团队过程与绩效之间的关系。研究发现团队过程与顾客满意度、目标绩效存在间接的关系。通过对3个层次团队过程的拆分研究发现，只有过渡过程与顾客满意度存在近乎显著的关系。Maynard et al.（2007）在研究中得出了类似的结果，该研究通过对121个授权团队中637位顾客服务志愿者的跨层次的研究发现，过渡过程与顾客满意度存在正向关系，行动过程对绩效完成数量（quantitative performance）上存在更显著的关系。

Hiller et al.（2006）研究认为，计划、组织等集体领导体制与团队绩效呈正相关关系。De Shon et al.（2004）在研究中发现，团队绩效与战略计划（过渡过程）和聚焦于团队的努力（行动过程）有显著正相关关系。Marks et al.（2005）研究发现，在多团队系统中，团队间过程与多团队绩效呈显著正相关关系，团队内过程与多团队系统绩效相关关系较小。De Church（2006）通过对多团队系统的领导培训（培训的内容主要针对具体的过渡行动过程中的领导职能），结果发现经过培训的相关领导职能有所提高，并且团队彼此间的协调程度也得到了提高，最终对整个多团队系统的绩效产生了积极的影响。Porter（2005）认为团队成员的支持行为对团队绩效存在积极的影响，因为支持行为可以帮助其他成员掌握与角色相关的知识与技能，并帮助其他成员改正工作中的错误。

通过以上综述发现，在团队研究领域，有关团队过程的研究一直是研究热点，并且研究结论发现，团队过渡过程、团队行动过程与团队效能存在相关关系，同样的多团队系统中，团队内过程与团队间过程与多团队效能也存在相关关系。根据前文综述得出以下研究假设：

H11：多团队过渡阶段协作与多团队系统任务绩效呈正相关关系；

H12：多团队过渡阶段协作与多团队系统成员合作满意度呈正相关关系；

H13：多团队过渡阶段协作与多团队系统工作能力呈正相关关系；

H21：多团队行动阶段协作与多团队系统任务绩效呈正相关关系；

H22：多团队行动阶段协作与多团队系统成员合作满意度呈正相关关系；

H23：多团队行动阶段协作与多团队系统工作能力呈正相关关系；

H31：多团队人际阶段协作与多团队系统任务绩效呈正相关关系；

H32：多团队人际阶段协作与多团队系统成员合作满意度呈正相关关系；

H33：多团队人际阶段协作与多团队系统工作能力呈正相关关系。

6.2.6.2 任务互依性调节作用的研究假设

在关于多团队人际过程与多团队系统绩效的研究中，研究者在不同的研究中得出了不同的结果。Maynard et al.（2007）研究发现，人际过程、跨层次的关系与员工个人的满意度有显著负相关关系。在一个元分析中，De Dreu et al.（2003）发现任务冲突、人际冲突与团队绩效和成员满意度呈负相关关系。Jehn et al.（1999）研究了任务冲突与团队绩效之间的关系，发现任务冲突与团队绩效存在正相关关系。Mathieu et al.（2006）通过对人际过程的综合测量，发现人际过程与绩效存在正相关关系。

Le Pine et al.（2008）通过元分析认为，事实上，高质量的团队合作过程不仅影响团队成员对团队任务完成的贡献，也会帮助培养团队成员的一种满意度较高的团队经验。更直接地说，众多研究表明，团队过程对例如团队绩效、成员满意度等团队结果具有正向影响，认为当团队任务相对复杂时，团队过程在任务完成中扮演更加重要的角色，因此团队过程与团队结果之间的关系更加紧密。相反，当团队任务的复杂性相对较低时，团队过程与团队结果之间的关系就显得较为微弱。基于此，作者提出了存在调节变量影响团队过程与团队结果之间的关系，认为任务互依性与团队规模是2个重要的调节变量。任务互依性高的团队，团队效能与团队过程之间高度相关，而互依性低的团队，团队效能与团队过程低度相关。团队过程与团队效能之间的关系，随着团队规模的变大而更加紧密。

综上所述，在不同的研究中，多团队过程与多团队效能之间作用关系不一致，甚至相反，因此有理由相信，在多团队过程与多团队效能之间的作用关系中存在调节变量。根据Le Pine et al.（2008）的研究，我们将任务互依性作为两者之间的一个调节变量进行研究，基于此提出以下假设：

H41：在多团队系统中，任务互依性在多团队系统过渡阶段协作与任务绩效间起显著调节作用；

H42：在多团队系统中，任务互依性在多团队系统过渡阶段协作与合作满意度间起显著调节作用；

H43：在多团队系统中，任务互依性在多团队系统过渡阶段协作与MTS工作能力间起显著调节作用；

　　H51：在多团队系统中，任务互依性在多团队系统行动阶段协作与任务绩效间起显著调节作用；

　　H52：在多团队系统中，任务互依性在多团队系统行动阶段协作与合作满意度间起显著调节作用；

　　H53：在多团队系统中，任务互依性在多团队系统行动阶段协作与MTS工作能力间起显著调节作用；

　　H61：在多团队系统中，任务互依性在多团队系统人际阶段协作与任务绩效间起显著调节作用；

　　H62：在多团队系统中，任务互依性在多团队系统人际阶段协作与合作满意度间起显著调节作用；

　　H63：在多团队系统中，任务互依性在多团队系统人际阶段协作与MTS工作能力间起显著调节作用。

6.3　研究设计与研究过程

6.3.1　案例研究

6.3.1.1　案例描述

　　CMCO是一家主营起重及物料搬运设备的美国企业，杭州为该公司的生产基地，包括2家独立的公司——杭州力拉带索具有限公司、科美（杭州）机械有限公司，科美上海则负责公司在亚太地区的销售。为提高公司的人力资源管理效率，实现3家公司人力资源管理的统一化、信息化，HRIS项目应运而生。由于每个公司的人力资源管理制度均有差异，信息系统也根据公司实际情况进行改进、设计，本项目HRIS系统由磐哲科技（Pensee soft）负责提供并改进，该公司为一家提供人力资源管理信息化服务的专业公司。项目团队主要由以下人员组成（见表6-3）：上海HR部门人员（总监与人事专员）杭州HR部门人员（经理、人事专员、薪酬专员、HR Iterm）、IT部技术人员、第三方公司项目人员。项目的计划、筹备开始于2012年7月，正式启动于2012年12月，最终完成于2013年3月。由于此项目成员来自不同的部门、公司，并且工作地点分散（上海、杭州），这为项目任务的完成带来了很大的困难，项目进行过程中，由于相互间的协作、沟通不畅，出现了很多问题。

表6-3　HRIS项目组成员分工

所属团队	人员	工作职责
上海HR	Lillian	项目总负责人，负责前期项目计划、项目进程的监督与控制
上海HR	Fiona	负责上海人事信息的整理、提供，同时担任项目的moderator，负责CMCO与Pensee之间的沟通
杭州HR	Katie	项目杭州部分的负责人，负责监督、跟进杭州HR部门以及IT部门工作进程
杭州HR	Sarah	负责杭州2家公司人事信息的整理、提供，以及系统上线后，补充信息的导入
杭州HR	LinR	提供系统薪酬模块的设计要求，以及薪酬信息的整理、导入
杭州HR	Sue	作为Sarah的support，协助现有人事信息的核对、整理工作
IT部	Stephen	负责解决系统上线的内部网络、设备问题
Pensee	Bill	CMCO HRIS项目Pensee负责人，主要解决Pensee系统与CMCO人力资源管理政策的对接问题，进行系统的改进
Pensee	James	Pensee技术实施人员，负责具体的技术实施

6.3.1.2　案例分析

案例分析是案例研究的核心部分，一般案例内资料的分析包含以下几个步骤：建立文本、发展编码类别、指出相关主题、资料聚焦与检定假设、描绘深层结构。其中编码是资料分析的最关键步骤，将帮助研究者从众多的文本资料、访谈记录中抽丝剥茧，进行理论概念的提炼、浓缩。本研究将运用扎根理论的编码方式对资料进行编码，即编码遵循以下步骤：开放式编码（从原始文本提炼概念）、关联式编码（理清各个概念之间的相关关系，整合出更高层次的范畴，并确定范畴的性质和维度）、选择式编码（确定核心范畴和次要范畴，形成建立在范畴关系基础上的扎根理论）（孙晓娥，2011）。

围绕着HRIS项目的进展过程、项目会议的沟通效果、项目成员的协作情况、项目最终的成果、项目进行中团队成员之间的感受等，作者对相关项目组成员进行了访谈，形成了最初的访谈资料。与此同时，还收集了项目相关的一些文件、会议记录等共同形成了本案例的文本资料，并对这些资料进行了编码化处理。

（1）开放式编码。在对访谈资料进行初步分析的基础上作者确定了16个开放式编码：团队沟通、任务分析、团队学习、合作、冲突管理、成员支持行为、决策、完成团队任务、激励、任务监督、情感管理、过程监督、工作成果、成员满意度、能力提升、任务相关性，表6-4为研究中部分开放式编码示例。

表6-4　开放式编码示例

典型应用	概念化
我们和James进行database条目确认的时候，其实所有人对这个系统已经有了一个初步的认识，至少知道了系统是怎么进行年休假、加班之类的计算……（Lillian）	团队学习
其实我们部门分工是很清楚的，Sarah负责准备科美、力拉的人事、档案信息，小林负责提供薪酬这部分信息……（Katie）	任务分析
我可以在上海这边对公司的系统进行一个远程的操作，不过需要Stephen的帮助，每次远程的时候，要Stephen来授权……（James）	合作
每次导数据有问题的时候，我只能找Bill，这个Bill不知道是忙还是干吗，经常找不到人，我又没法只能搁着，等他回复，这样一来二去自然就导得很慢……（Sarah）	团队沟通

（2）关联式编码。关联式编码主要是为了理清概念之间的联系，从而归纳出更高层次的范围并确定范畴的性质和维度。作者在对开放式编码进行梳理和辨析的基础上，寻找概念之间的相关性。例如，项目组的第一次会议（时间：2012年12月20日9：00—16：30）有几个主要议题：①确定项目分工；②确定项目时间进度安排；③对Pensee现有HRIS系统中的97项员工信息条目进行逐条确认（包括条目含义、计算方式以及与公司现有人事信息的匹配度）。在这次会议中，项目组成员所完成的主要是多团队系统过程中过渡过程的内容，即任务的分析、目标的细化、战略的形成，因此在进行关联式编码的过程中，作者将这一阶段发生的主要团队行为归为多团队过渡过程。作者按照这一思路将16个开放式编码综合为7个主轴式编码，并对这些编码的内涵进行了进一步的深化：过渡过程（任务分析、决策）、行动过程（团队学习、团队沟通、合作、完成团队任务、过程监督）、人际过程（冲突管理、成员支持行为、激励、情感管理）、任务绩效、合作满意度、MTS工作能力、任务互依性。

（3）选择式编码。选择式编码旨在建立概念之间的逻辑关系，本研究的选择式编码主要基于案例中的关键事件：第一次数据导入出现问题。2013年1月5日为第一次项目会议确定的第一次人事信息导入日期，科美的所有人事信息要完成一遍电子版与纸质版的信息核对，在这一日期给到咨询公司（任务互依性）。上海HR Fiona为项目的moderator，与咨询公司的直接交涉一般都由她来进行，杭州的信息也需要发给Fiona后由她统一交给咨询公司。Sue主要负责对除年休假以外的信息进行核对，Sarah主要负责对年休假信息的核对与最终表格的汇总。由于1日到3日恰逢元旦假期，Sarah因要回老家4日需请假，而年休假部分的信息需要了解员工的入职日期以及工龄等信息（涉及部分中途从力拉转至科美员工工龄问题，此部分信息Sue并不清楚），这就意味着31日对于Sarah和Sue来说是最后的交表日，为赶进度Sarah最终将完成一半核对的信息交给了Fiona。由于Fiona 9日才会将最终信息给Pensee，因此1月5日Sarah又对信息进行了后续的核对，对部分不准确信息进行了修改，7日将最终版本发给了Fiona。但Fiona却没有用更新版的表格，而是用了5日那份表（团队沟通、协作出现问题）。最终Pensee将表格信息错误这一讯息通过邮件发送给Sarah抄送杭州、上海2位负责人（过程监督）。Sarah因此事受到了领导的批评，工作情绪受到了严重的影响（情绪管理）。此事加之之前工作中的不愉快，Sarah甚至产生了辞职的念头（7月已离职），工作积极性下降（合作满意度）。而这一次的事件也直接导致了工作量的增加，需进行数据的二次核对、导入（任务绩效）。

通过以上的关键事件分析，作者构建起多团队协作过程影响多团队效能的逻辑关系，提出一个基本的扎根理论：多团队协作过程各维度与多团队效能各维度存在作用关系。

6.3.1.3 案例小结

本节运用探索性案例分析方法，通过对科美机械有限公司HRIS开发项目团队的探索性案例研究，找到了多团队系统在中国企业情境中的存在状态，即由多个部门人员甚至公司外部团队共同组成的临时工作小组，利用各自的技能或专业特长为完成共同的工作目标而努力。在案例分析中作者发现，多团队系统协作过程与团队协作一样，包含了沟通、决策、领导、合作等子过程，但与团队协作过程相比，多团队系统的协作过程更具复杂性，由于团队边界的存在，沟通与协作显得更加困难。在案例分析中，通过选择式编码，对整个案例中的关键事件进行了分析，发现多团队系统协作过程影响多团队效能，从而得出了本案例分析的扎根理论：多团队协作过程与多团队效能间存在作用关系。该结果对本研究的假设模型进行了初步的验证，但基于案例分析的定性研究性质，无法对两变量之间各维度的具体作用关系进行分析，该部分内容将在下一章实证研究中进行具体的分析。

6.3.2　问卷测量

6.3.2.1　变量操作性定义

本研究中涉及的变量及其操作性定义如下：

多团队运作过程是指项目组成员为完成共同的研发目标，通过认知、语言、行为等相互作用将团队投入（专业技术、设备、资金等）转化为结果的过程。主要包括3个维度：过渡阶段协作、人际阶段协作、行动阶段协作。

过渡阶段协作发生在2个绩效片段之间，是研发项目团队对前期活动进行评估，对后续活动进行计划的过程，包括3个方面：任务分析，即对团队所面临的任务、挑战、环境状况、可利用资源等进行识别与评估；目标细化，团队目标的识别与排序；策略制定与计划，根据可预期的环境变化制定战略，并适时对战略进行调整。

人际阶段协作贯穿于团队活动的始终，是团队中聚焦于人际关系管理的一系列活动，包括3个方面：冲突管理，团队成员主动或被动地处理冲突的行为；激励与信心建立，保持团队成员完成目标的动力与信心的一系列活动；情感管理，指培养团队成员归属感，保持情绪平稳，促使其高效地处理压力的一系列活动。

行动阶段协作指为完成团队目标而进行的活动，包括3方面的内容：进程与系统监控，指团队成员对团队资源、团队环境、任务进度进行监控以保证团队目标实现的活动；团队监控与支持行为，指团队成员在其工作职责之外支持其他成员的工作；协作，团队成员根据其他成员完成工作的进度与时间，来对自己的任务进行同步或校正。

任务互依性是指团队成员在完成团队任务的过程中合作与交互工作的程度，即相互之间为完成工作而相互依赖的程度。

多团队系统效能是指多团队过程交互作用的结果，包括3个方面：多团队工作的客观结果即任务绩效，指新产品研发团队的客观工作结果包括研发进度控制、费用控制及研发成果；成员合作满意度，即团队成员对自身在团队中工作的满意度，主要包括对工作本身、互相间的信任程度、沟通情况的满意度；多团队能力性指标，包括创新能力、学习能力、问题解决能力。

6.3.2.2 变量的测量

关于团队过程的研究很多，从多团队系统视角对其进行研究是一个新的尝试。研究者很早就开始研究团队过程的测评。刘电芝等（2008）指出对团队过程的测评有很多，其中从过程的角度测量关键性团队行为的量表（The Critical Team Behaviors Form,CTBF）是采用较多的测量量表，该方法主要是研究者基于团队过程的观察与评定。Cooke et al.（1994）开发了测量团队主导互动风格的量表，集中考察团队成员是如何互动以及如何促成问题解决的。

Marks et al.（2000）对团队互动过程的测评主要从2个方面进行：团队成员是否知道完成某项团队任务时自己的任务；团队成员是否知道同一时间其他成员在做什么。Le Pine et al.（2008）的研究中，对团队过程的描述采用Marks（2001）对团队过程的概念界定及分类，即分为过渡阶段协作、人际阶段协作、行动阶段协作，并对每个过程进行了详细的概念界定与指标说明。本研究中对团队过程的量表参考Le Pine et al.（2008）的研究，同时参考Dechurch（2002）、Marks et al.（2005）以及CTBF量表进行编制，对过渡阶段协作、人际阶段协作、行动阶段协作分别编制了7个题项。目前，对团队过程的测评主要采用自陈量表，本研究在进行团队过程测评时，同样采用自陈量表。

在关于互依性的研究中，对任务互依性的测量大多采用的是问卷法，在相关的量表中，相关题项主要分为2类：具体描述型与抽象型。具体描述型的题项主要是对成员之间互依性的具体行动的描述例如Billings et al.（1977）开发的量表，而抽象型是对团队成员之间互依性的抽象描述。本研究对任务互依性的测评采用Billings et al.（1977）的三项目互依性量表。

对团队效能的测评一直是团队研究领域关注的热点，不同的研究者给出了众多不同的测评指标与方法。在前文综述中对团队效能的测评已经进行了列举，例如Hiller（2006）通过对计划、问题解决、支持、关怀、监督、发展以及整体效能的评价来评价团队效能；Van der Vegt and Bunderson（2005）运用管理效率、质量、整体成就、生产率和任务达成率来衡量团队效能等。对研发多团队系统效能的测评研究有很多。朱永虹（2005）从研发类型、研发过程、团队绩效目标、激励机制这4方面对团队效能进行测评。张霞等（2008）制定了对研发团队更具针对性的测评拓展模型。张丽华（2009）从产品开发的整个流程入手对研发团队效能进行整体的衡量。黄国青等（2008）从团队能力素质、工作业绩、团队建设等方面构建了新产品团队效能测评的指标体系。本研究对研发多团队系统的效能测评主要依据黄国青等（2008）的量表进行设计，编制了9个题项对效能进行测评。

问卷题项均采用李克特7点量表，每题从1（完全不符合）到7（完全符合）进行打分，分值越高表明被试对题项内容认可度越高。

6.3.3　小样本测试

本研究理论构思都是基于前人的研究成果，所使用的量表根据前人所使用测评量表改编制成。为了提高该问卷在本研究中的信度与效度，需在正式调查开始之前进行小样本调查。通过小样本调查，对问卷的逻辑结构、题项含义清晰度、措辞准确性进行进一步的检验与修正，并通过对小样本信度与效度的分析检验各测量题项能否准确测量相关变量，对重复、多余、不准确题项进行删减与完善，从而提高正式调查的可靠程度。

本次小样本调查共计发放问卷50份，回收有效问卷44份，有效问卷回收率为88%。调查对象地区分布集中在杭州，行业主要包括精密机械、生物科技及设备制造等，被试主要是企业研发部人员，以及参与过研发项目的其他部门员工。根据被试反馈的意见，首先对问卷个别题项的表述进行了修改，避免歧义的产生。然后，利用小样本调查数据，对问卷进行信度与效度的分析。一般而言，效度好的量表一定有较好的信度，但信度好的量表不一定有好的效度。本研究将依此对信度、效度进行分析。

6.3.3.1　信度分析

信度（Reliability）又叫可靠性，是指对同一对象进行重复测量时所得结果的一致性程度，它反映了测量工具的可靠性或稳定性。信度可分为内在信度（Internal Reliability）和外在信度（External Reliability）。内在信度是指量表测量的是否是同一个概念，即组成量表的题项之间的内在一致性。最常用的检验方法是Cronbach α 系数（孙艳等，2010）。Cronbach α 系数是测量内部一致性的一个指标，即测量量表内的所有项目测试的是否是同一样东西，α 值越接近于1，表示量表内的一致性越高。不同的研究者对信度系数的界限值有不同的看法，一般认为，0.60—0.65不可信；0.65—0.70为最小接受值，0.70—0.80为相当好，0.80—

0.90为非常好（张庆利，2011）。

另外，本研究还采用CITC（Corrected Item-Total Correction）指数对量表进行修正。当该系数相关程度是中等及以上，即0.40或0.40以上，则说明该项与其他大部分题项至少是中等相关程度。当某题项CITC值小于0.40，且删除该题项后量表信度有所提高，那么就可以删除该题项。

（1）多团队系统过程量表的信度分析（表6-5）

表6-5 多团队系统过程量表的信度分析结果

测量变量	题项	CITC值	删除本项后α系数	α系数	检验条件
过渡阶段协作	P11	0.713	0.801	初始0.820 最终0.843	α≥70
	P12	0.655	0.816		
	P13	0.587	0.825		
	P14	0.622	0.818		
	P15	0.580	0.829		
	P16	0.207	0.843		
	P17	0.654	0.811		
人际阶段协作	P21	0.665	0.822	初始0.816 最终0.852	α≥70
	P22	0.696	0.817		
	P23	0.211	0.852		
	P24	0.569	0.842		
	P25	0.721	0.812		
	P26	0.446	0.860		
	P27	0.743	0.807		
行动阶段协作	P31	0.680	0.802	初始0.820 最终0.838	α≥70
	P32	0.661	0.803		
	P33	0.506	0.832		
	P34	0.295	0.838		
	P35	0.628	0.810		
	P36	0.686	0.798		
	P37	0.546	0.825		

根据表6-5可以看出，过渡阶段协作、人际阶段协作、行动阶段协作这3个变量的Cronbach α初始系数分别为0.820、0.816、0.820，均大于0.70且在0.80—0.90之间，但其中P16、P23、P34 3个题项的CITC值分别为0.207、0.211、0.295，小于0.40，说明这几个题项与其他题项之间低度相关，且删除后整体的Cronbach α

均有所提高，符合删除的要求。删除后得到最终的Cronbach α，分别为0.843、0.852、0.838，均大于0.70。综合以上数据可以认为该问卷具有较好的内在信度，基于该量表所进行的关于多团队过程的统计分析结果也是比较可靠的。

（2）多团队效能量表的信度分析（表6-6）

表 6-6　多团队效能量表的信度分析结果

测量变量	题项	CITC值	删除本项后 α 系数	α 系数	检验条件
任务绩效	E11	0.543	0.746	0.765	α ≥70
	E12	0.729	0.522		
	E13	0.533	0.751		
合作满意度	E21	0.590	0.640	0.746	α ≥70
	E22	0.626	0.598		
	E23	0.504	0.740		
MTS工作能力	E31	0.669	0.822	0.843	α ≥70
	E32	0.744	0.746		
	E33	0.715	0.776		

根据表6-6可以看出，衡量多团队效能的3个变量任务绩效、合作满意度、MTS工作能力的Cronbach α 系数分别为0.765、0.746、0.843，均大于0.70，说明量表具有较好的内在效度。且所有题项的CITC指数介于0.504—0.744之间，均大于0.40，说明所有题项之间的相关系数均是中等及以上，是测量多团队效能各维度的较好组合，无须进行删减。因此，该问卷具有较好的内在信度，基于量表所进行的关于多团队效能的统计分析结果也是比较可靠的。

（3）任务互依性量表的信度分析（表6-7）

表 6-7　任务互依性量表的信度分析结果

测量变量	题项	CITC值	删除本项后 α 系数	α 系数	检验条件
任务互依性	M1	0.654	0.868	0.857	α ≥70
	M2	0.787	0.746		
	M3	0.763	0.771		

根据表6-7可以看出，任务互依性这一变量的初始Cronbach α 系数为0.857，大于0.70，说明量表具有较好的内在效度。且所有题项的CITC指数介于0.654—0.787之间，均大于0.40，说明所有题项之间的相关系数均是中等及以上，是测量

任务互依性的较好组合，无须进行删减。综合以上数据可以认为该问卷具有较好的内在信度，基于量表所进行的关于任务互依性的统计分析结果也是比较可靠的。

6.3.3.2 效度分析

效度即指有效性，是问卷能够准确测量所需测量事物的程度。效度一般划分为表面效度（Face validity）（即内容效度）、准则效度（Criterion validity）、构思效度（Construct validity）。通常认为因子分析检验构思效度是效度分析最理想的方法。因子分析分为探索性因子分析与验证性因子分析，由于本研究采用的量表都是在前人关于团队研究的相关理论基础与量表分析的基础上提取的，可以保证问卷的内容效度，因此通过探索性因子分析来检验问卷的构思效度，了解该量表在多团队系统研究中的适应性。

（1）多团队协作过程量表的探索性因子分析

在进行因子分析之前须通过KMO以及Bartlett球形检验对问卷的相关性进行检验，判断问卷是否适合做因子分析。一般认为KMO值越接近1，表明变量间的相关性越强，越适合做因子分析，当KMO大于0.70，Bartlett的显著性p值小于0.05时，表明数据不会生成单位矩阵且近似为多远正态分布，即可进行因子分析，结果如表6-8所示。

表6-8 多团队过程量表的 KMO 检验和 Bartlett 球形检验结果

KMO样本测试		0.782
Bartlett球形检验	Approx. Chi-Square	437.526
	Df	153
	Sig.	0.000

小样本的分析中，KMO值为0.782，大于0.7，Bartlett球形检验值达到了0.000的显著性水平，表示数据可以做因子分析。

为评估多团队过程量表18个题项的内在结构，使用最大方差旋转法进行了主轴因子分析。将所有题项划分为3个因子：过渡阶段协作、人际阶段协作、行动阶段协作。在旋转后，第一因子占总方差比为22.13%，第二因子占总方差比为20.795%，第三因子占总方差比为19.403%，累积解释变异量为62.327%。表显示旋转因子的题项和因子载荷，为了使表面清楚，省略小于0.50的载荷值。根据每个因子所对应的题项的总体特征将第一因子命名为过渡阶段协作，将第二因子命名为人际阶段协作，将第三因子命名为行动阶段协作。从因子载荷值中我们可以发现，题项P23"我们会制定促进合作与团队和谐的团队规范"在第一因子、第二因子上均有载荷，但在第二因子上有较高载荷0.588。从题项的内容上我们不难看出，促进团队和谐、合作是人际过程的一部分，有利于建立良好的规范，但预先制定团队规范其实也是过渡过程中的一种行为，因此不难理解该题项在第一因子与第二因子上均有较高的载荷。

表 6-9　多团队过程的探索性因子分析结果

因子	题项	因子荷重		
		1	2	3
过渡阶段协作	P11	0.725		
	P12	0.651		
	P13	0.641		
	P14	0.789		
	P15	0.597		
	P17	0.768		
人际阶段协作	P21		0.799	
	P22		0.751	
	P24	0.563	0.588	
	P25		0.813	
	P26		0.570	
	P27		0.726	
行动阶段协作	P31			0.681
	P32			0.846
	P33			0.519
	P35			0.744
	P36			0.695
	P37			0.514

（2）多团队效能量表的探索性因子分析

在提取因子前，首先进行KMO和Bartlett球形检验，结果如表6-10所示。

表 6-10　多团队效能量表的 KMO 检验和 Bartlett 球体检验结果

KMO样本测试		0.727
Bartlett球形检验	Approx. Chi-Square	161.894
	Df	36
	Sig.	0.000

小样本的分析中，KMO值为0.727，大于0.7，Bartlett球形检验值达到了0.000
的显著性水平，表示数据可以做因子分析。

为评估多团队效能量表9个题项的内在结构，使用最大方差旋转法进行了
主轴因子分析。将所有题项划分为3个因子：任务绩效、合作满意度、MTS工
作能力。在旋转后，第一因子占总方差比为27.952%，第二因子占总方差比为
23.744%，第三因子占总方差比为21.287%，累积解释变异量为72.983%。表显示
旋转因子的题项和因子载荷，为了使表面清楚，省略小于0.50的载荷值。根据每
个因子所对应的题项的总体特征将第一因子命名为任务绩效，将第二因子命名为
合作满意度，将第三因子命名为MTS工作能力。

表 6-11　多团队效能的探索性因子分析结果

因子	题项	因子荷重		
		1	2	3
任务绩效	E11	0.737		
	E12	0.900		
	E13	0.707		
合作满意度	E21		0.820	
	E22		0.869	
	E23		0.542	
MTS工作能力	E31			0.833
	E32			0.867
	E33			0.841

（3）任务互依性的探索性因子分析

在提取因子前，首先进行KMO和Bartlett球体检验，结果如表6-12所示。

表 6-12　任务互依性量表的 KMO 检验和 Bartlett 球体检验结果

KMO样本测试		0.708
Bartlett球形检验	Approx. Chi-Square	57.062
	Df	3
	Sig.	0.000

在小样本的分析中，KMO值为0.708，大于0.7，Bartlett球形检验值达到了0.000的显著性水平，表示数据可以做因子分析。

为评估任务互依性量表3个题项的内在结构，使用最大方差旋转法进行了主轴因子分析。将所有题项划分为1个因子：任务互依性。在旋转后，因子占总方差值的77.877%，累积解释变异量为77.877%。表6-13显示旋转因子的题项和因子载荷。

表 6-13　互依性的探索性因子分析结果

因子	题项	因子荷重
		1
任务互依性	E11	0.737
	E12	0.900
	E13	

通过以上对本研究量表的效度分析，表明量表有合适的效度水平，符合本研究要求，可进行进一步的调查。

6.3.4　正式测试

本研究针对的主要是不同类型企业中的研发团队，主要是为了研究研发多团队系统中多团队运作过程与效能间的影响机制。问卷发放的对象主要是各类型企业中的研发部门成员，以及曾参与过或正在参与研发项目的其他部门成员。由于本研究着眼于多团队系统层面，因此在团队成员选择上，尽可能选择多团队系统中承担关键任务者以及一些项目负责人作为被试，从而保证其针对多团队系统运行状况的描述具有真实性及典型性。发放的形式主要采取现场发放和互联网发放相结合的方式。

本次问卷调查共计发放问卷246份，回收有效问卷212份（扣除部分信息不完整以及所选选项大部分一致的无效问卷），有效问卷率为86.2%。调查对象的基本情况如表6-14所示：

表6-14　调查样本基本个人信息

变量名称	变量项目	样本数	所占百分比（%）
性别	男	157	74.1
	女	55	25.9
年龄	≤29	81	38.2
	30—39岁	94	44.3
	40—49岁	32	15.1
	≥50岁	5	2.4
学历	大专及以下	4	1.9
	本科	96	45.3
	硕士	101	47.6
	博士	11	5.2
工作年限	1年以下	27	12.7
	1—4年	99	46.7
	5—9年	60	28.3
	10年及以上	26	12.3
职能	技术	124	58.5
	工程	16	7.5
	采购	19	9.0
	市场	22	10.4
	生产	4	1.9
	其他	27	12.7

表6-14基本反映了本次问卷调查的个体样本情况。从性别上看，男性占了大多数，占到了总样本的74.1%，这与现实情况基本一致。由于专业背景的要求，从事研发者大多为工科技术性人员，此类专业女性较少。从年龄结构上看，39岁及以下的员工占到了调查总样本的82.5%，研发工作作为一项功能强度比较大，且需较大创新性的工作，从业人员普遍较为年轻。在学历上，高学历人才占了多数，硕士及以上学历占到了52.8%，其中的大专学历人员主要是负责生产的员工。在工作年限方面，工作1至4年的员工占了多数，这与被调查者的年龄结构相关。在被调查人员的职能上，以从事研发的技术人员为主，占到了58.5%，工程

人员占7.5%，采购人员占9.0%，市场人员占10.4%，除这些人员外还有生产类以及其他相关部门的人员。从人员的职能来看，参与研发的人员涉及公司各个业务部门，同时这一点也恰好符合我们多团队系统的一个特征，即由来自不同团队的人员组成的多团队系统。

表6-15主要分析了团队所在组织的一些基本情况。

表 6-15　调查样本基本团队信息

变量名称	变量项目	样本数	百分比（%）
公司规模	100人以下	15	7.1
	100—499人	56	26.4
	500—1000人	73	34.4
	1001人及以上	68	32.1
公司性质	国企或集体企业	62	29.2
	民营企业	51	24.1
	外资企业	75	35.4
	合资企业	24	11.3
所在行业	软件行业	33	15.6
	通讯互联网	49	23.1
	生物技术	13	6.1
	精密仪器	93	43.9
	其他	24	11.3
团队规模	≤5人	52	24.5
	6—10人	97	45.8
	≥11人	63	29.7

从企业的规模来看，本次调查所涉及的主要以大中型企业为主。一方面，与作者在进行问卷发放时所委托的发放人多在大中企业有关；另一方面，也反映出大中型企业在研发方面往往比较重视，研发团队及人员数量比一般中小企业多。从企业的性质看，各类型企业都有，相比较而言外资与国企占到了多数，这类型企业一般具有较强的经济实力，对研发的重视程度也更高。从团队所在行业来看，研发团队所在行业大多属于高新技术行业，其中精密仪器行业的公司在本次调查中占多数，达43.9%。研发对于高新技术行业而言是行业生存之道，因此其对研发的投入更大，重视程度更高。换角度言之，该类型行业的研发团队相较其他行业，规模更大，更具有典型性。从团队规模来看，被调查团队主要以6至10

人的中型团队为主，同时也有超过10人的大型团队（29.7%）。从团队人数可以看出，多团队系统相较普通单个团队人数上更多，但大多数团队系统也基本符合一般高效团队的人数要求（7人）。

6.4 相关变量的信、效度分析

6.4.1 信度分析

大样本测试各变量量表的信度分析结果如表6-16所示：

表 6-16 各变量信度分析结果汇总

测量变量	题项	CITC值	删除本项后 α 系数	α 系数	检验条件
过渡阶段协作	P11	0.685	0.818	0.850	
	P12	0.729	0.808		
	P13	0.665	0.820		
	P14	0.630	0.827		
	P15	0.582	0.855		
	P16	0.629	0.826		
人际阶段协作	P21	0.551	0.802	0.852	0.65—0.70最小可接受值 0.70—0.80比较好 0.80—0.90非常好
	P22	0.581	0.796		
	P23	0.461	0.819		
	P24	0.749	0.755		
	P25	0.580	0.796		
	P26	0.627	0.785		
行动阶段协作	P31	0.522	0.854	0.822	
	P32	0.595	0.820		
	P33	0.655	0.807		
	P34	0.638	0.810		
	P35	0.738	0.788		
	P36	0.692	0.805		
任务绩效	E11	0.807	0.897	0.915	
	E12	0.833	0.876		
	E13	0.852	0.858		

续表

测量变量	题项	CITC值	删除本项后α系数	α系数	检验条件
合作满意度	E21	0.755	0.942	0.917	
	E22	0.848	0.868		
	E23	0.904	0.820		
MTS工作能力	E31	0.805	0.820	0.888	
	E32	0.783	0.840		
	E33	0.758	0.862		
任务互依性	M1	0.785	0.873	0.900	
	M2	0.799	0.863		
	M3	0.828	0.835		

从表6-16可以看出，整个问卷中所有变量的Cronbach α 系数都在0.80以上，介于0.80—0.917之间，大于0.70，说明量表具有较好的内在效度。且量表中各题项的CITC指数分别介于0.461—0.904之间，大于0.40，说明所有题项之间的相关系数均是中等及以上，是测量各维度的较好组合，无须进行删减。综合以上数据可以认为该问卷具有较好的内在信度，基于该量表所进行的统计分析结果也是比较可靠的。

6.4.2　效度分析

6.4.2.1　多团队系统协作过程的探索性因子分析

在提取因子前，首先进行KMO和Bartlett球形检验，结果如表6-17所示。

表 6-17　多团队过程量表的 KMO 检验和 Bartlett 球形检验结果

KMO样本测试		0.873
Bartlett球形检验	Approx. Chi–Square	2.196E3
	Df	153
	Sig.	0.000

从表6-17中可以看出，大样本测试中，多团队系统运作过程量表检验的KMO值为0.873，比小样本测试中的0.782有所提高，渐进卡方值为2.196E3，自由度153。球形检验结果表明，在相关数矩阵是一个单位矩阵的原假设下，观测的显著性水平P=0.000，小于0.05，故拒绝原假设，说明这些变量各自不全独立，它们

之间有简单的线性相关关系可做因子分析。

表6-18为多团队运作过程因子分析的结果。

表 6-18　多团队运作过程探索性因子分析结果

因子	题项	因子荷重			公因子方差
		1	2	3	
过渡阶段协作	P11	0.632	0.362		0.596
	P12	0.763	0.336		0.704
	P13	0.628	0.383		0.598
	P14	0.736		0.422	0.582
	P15	0.664			0.622
	P17	0.758			0.625
人际阶段协作	P21		0.707		0.556
	P22	0.456	0.556		0.534
	P24		0.473	0.353	0.382
	P25		0.816	0.310	0.767
	P26		0.614	0.405	0.548
	P27		0.678		0.569
行动阶段协作	P31	0.491		0.627	0.652
	P32			0.786	0.637
	P33	0.321	0.418	0.556	0.588
	P35	0.328	0.423	0.554	0.583
	P36		0.366	0.726	0.719
	P37		0.459	0.642	0.659
特征值		3.867	3.727	3.328	
方差百分比（%）		21.481	20.70	18.487	
累计方差百分比（%）		21.481	42.188	60.675	

因子分析将多团队协作过程量表的题项分为3个因子，3个因子旋转后的特征值分别为3.867、3.727、3.328，均大于1，表明这3个因子为有用因子，前3个因子累计解释变异量为60.675%。公因子方差显示了3个因子对各指标的共同度，除P24这一题项的公因子方差较低，为0.382，其他指标的共同度都在0.5以上，并且所有题项的共同性均大于0.2这一标准，表明用这3个公因子可以反映原变量的大部分信息。

6.4.2.2　多团队系统效能的探索性因子分析

在提取因子前，首先进行KMO和Bartlett球形检验，结果如表6-19所示。

表 6-19　多团队效能量表的 KMO 检验和 Bartlett 球形检验结果

KMO样本测试		0.873
Bartlett球形检验	Approx. Chi-Square	1.488E3
	Df	36
	Sig.	0.000

从表6-19中可以看出，大样本测试中多团队效能量表检验的KMO值为0.837，比小样本测试中的0.727有所提高，渐进卡方值为1.488E3，自由度36。球形检验结果表明，在相关数矩阵是一个单位矩阵的原假设下，观测的显著性水平P=0.000，小于0.05，故拒绝原假设，说明这些变量各自不完全独立，它们之间有简单的线性相关关系可做因子分析。

表6-20为多团队效能因子分析的结果。

表 6-20　多团队效能探索性因子分析结果

因子	题项	因子荷重			公因子方差
		1	2	3	
过渡阶段协作	E11		0.819		0.834
	E12	0.340	0.846		0.860
	E13		0.894		0.888
人际阶段协作	E21	0.827			0.782
	E22	0.881			0.874
	E24	0.911			0.923
行动阶段协作	E31			0.868	0.836
	E32			0.866	0.817
	E33			0.889	0.813
特征值		2.610	2.514	2.501	
方差百分比（%）		28.998	27.938	27.792	
累计方差百分比（%）		28.998	56.936	84.728	

因子分析将多团队效能量表的9个题项分为3个因子，3个因子旋转后的特征值分别为2.610、2.514、2.501，均大于1，表明这3个因子为有用因子，前3个因子累计解释变异量为84.728%。公因子方差显示了3个因子对各指标的共同度，除

E21这一题项的公因子方差较低，为0.782，其他指标的共同度都在0.8以上，并且所有题项的共同度均大于0.2这一标准，表明用这3个公因子可以反映原变量的大部分信息。

6.4.2.3 任务互依性的探索性因子分析

在提取因子前，首先进行KMO和Bartlett球形检验，结果如表6-21所示。

表 6-21 任务互依性量表的 KMO 检验和 Bartlett 球形检验结果

KMO样本测试		0.765
巴特利特球形检验	Approx. Chi-Square	568.220
	Df	3
	Sig.	0.000

从表6-21中可以看出，大样本测试中任务互依性量表检验的KMO值为0.765，比小样本测试中的0.708有所提高，渐进卡方值为568.220，自由度3。球形检验结果表明，在相关数矩阵是一个单位矩阵的原假设下，观测的显著性水平P=0.000，小于0.05，故拒绝原假设，说明这些变量各自不全独立，它们之间有简单的线性相关关系可做因子分析。

表6-22为任务互依性因子分析的结果。

表 6-22 任务互依性探索性因子分析结果

因子	题项	因子荷重	公因子方差
		1	
任务互依性	M1	0.927	0.816
	M2	0.912	0.831
	M3		0.858
特征值		2.506	
方差百分比（%）		83.517	
累计方差百分比（%）		83.517	

因子分析将任务互依性量表的3个题项分为1个因子，特征值为2.506，大于1，表明该因子为有用因子，解释变异量为83.517%。公因子方差显示了因子对各指标的共同度，所有指标的共同度都在0.8以上，大于0.2这一标准，表明用该公因子可以反映原变量的大部分信息。

6.5　相关变量的相关分析

相关关系是指2个连续变量之间不存在确定的函数关系，而又确实存在着某种数量上的不确定关系。相关分析是用于分析这种不确定性关系的统计方法，本研究在进行回归分析之前，先进行各个变量之间的相关分析。

本研究采用Pearson相关系数来分析多团队过程内部、多团队效能内部以及多团队过程与多团队效能之间的相关关系。多团队运作过程包括3个因子：过渡阶段协作、行动阶段协作、人际阶段协作；多团队效能包括3个因子：任务绩效、合作满意度、MTS工作能力。它们之间的相关关系分析结果如表6-23所示：

表 6-23　相关性分析结果

	1	2	3	4	5	6
1过渡阶段协作	1					
2行动阶段协作	0.581**	1				
3人际阶段协作	0.653**	0.648**	1			
4任务绩效	0.478**	0.507**	0.385**	1		
5合作满意度	0.538**	0.557**	0.557**	0.601**	1	
6MTS工作能力	0.494**	0.632**	0.566**	0.447**	0.355**	1

注：**表示在显著水平为0.01时（双尾）显著相关，即$P<0.01$；*表示在显著水平为0.05时（双尾）显著相关，即$P<0.05$，下同。

从表6-23中可以看出，多团队过程各变量之间、多团队效能各变量之间以及多团队过程与多团队效能之间在0.01的水平上显著正相关。一般认为，当因子间相关系数小于0.4时，表示低度相关，大于0.7时，相关度较高，介于0.4（含）和0.7（含）之间则认为具有中度的相关性。

从分析结果可以看出，多团队协作过程各因子之间相关系数介于0.581—0.653之间，呈现中度相关关系。这也就表明，在整个多团队协作过程中，不同的过程阶段之间呈现正向影响关系，但其中有一个过程协作水平提高时，其余2个过程协作水平也会提高，反之亦然。这一结果与多团队过程理论保持一致，过渡阶段协作发生在行动阶段协作之前，主要进行任务的分析、团队目标的说明以及策略的制定，而这些活动将会直接影响接下来的行动过程。而人际过程则是贯穿整个团队过程始终，对其余2个过程产生影响。Ilgen et al.（2005）提出的IMOI （input-mediator-output-input）中对团队内部的循环性进行了描述，团队过程的结果会反馈到下一个团队活动的过渡过程中，同时也会反馈到正在进行的其他团队过程中。因此，行动阶段协作的结果也会直接影响人际阶段协作以及下一个团队活动的过渡过程。

多团队效能各因子之间相关系数介于0.355—0.601之间，呈现中低度正相关关系。这表明多团队效能各维度之间相互有正向影响，即当效能3个维度间有1个提高时，另2个也会受其影响有不同程度的提高。例如高的任务绩效会带来较高的成员之间合作满意度，同样合作满意度高会提高多团队系统的任务绩效。

多团队过程各维度与多团队效能各维度之间相关系数介于0.478—0.632之间，呈现中度相关关系。这一结论从侧面印证了本研究的假设，即多团队系统运作过程越顺畅，效率越高，多团队效能也就越高。但并未清楚地说明各个维度之间的具体作用关系，两者存在的相关关系是接下来进行多元回归，验证具体假设的基础。

6.6　相关变量的多元回归分析

在前文中，对本研究所涉及的变量进行了相关性分析，结果表明各变量之间均存在显著正向相关。但相关性分析仅表明变量之间存在相关关系，以及相关关系的紧密程度，而无法说明因变量与自变量之间的因果关系和变量间具体的数量变动关系。因此，本研究通过多元相关分析来进一步明确变量间的具体作用关系。

在本研究中，多团队过渡阶段协作指的是研发团队为研发工作而进行的项目计划、评估等工作；多团队行动阶段协作指研发团队执行项目计划进行的具体研发活动；而人际阶段协作指的是在整个研发活动中团队成员之间的人际交流活动，包括一些冲突管理、情感管理等。从几个活动过程的定义我们不难看出过渡阶段协作先于行动阶段协作发生，而人际阶段协作贯穿整个研发活动的始终。因此，在研究多团队系统过程对多团队效能的影响时，本研究采用分层回归方法，首先分析过渡阶段协作与人际阶段协作对效能的影响，再将多团队行动阶段协作加入回归方程中，研究其中的多重作用关系。

6.6.1　多团队系统任务绩效的多元回归分析

从表6-24的分析结果可以看出，当在回归方程中只加入过渡阶段协作与人际阶段协作时，它们能显著预测多团队任务绩效，F值为32.664，P为0.000，达到0.001的显著性水平，表明过渡阶段协作、人际阶段协作2个自变量中至少有1个自变量的回归系数达到显著，2个自变量的标准化回归系数β分别为0.396（P=0.000）、0.127（P=0.113），其中人际阶段协作的回归系数未达到显著，校正R^2为0.231，也就是说这2个变量只能解释多团队任务绩效中23.1%的方差。将行动阶段协作加入回归方程后，显著改善了预测，ΔR^2为0.071，F值为30.977，P=0.000，小于0.001。这表明将行动阶段协作加入回归方程后，回归方程对多团队系统任务绩效的解释量增加了7.1%。当加入行动阶段协作后，校正R^2变为29.9%，过渡阶段协作标准化系数β为0.295（P=0.000），人际阶段协作标准化系数β为0.043（P=0.614），行动阶段协作标准化系数β为0.363（P=0.000），其中过渡阶段协作与行动阶段协作回归系数达到了0.001的显著性水平，表明过渡阶段协作与行动阶段协作2个变量解释了多团队系统任务绩效的29.9%。

表 6-24　任务绩效的分层多元回归分析摘要

自变量	β	t值	F	R^2	ΔR^2
Model 1			32.664**	0.238	0.238
常数项		0.000			
过渡阶段协作	0.396	4.966**			
人际阶段协作	0.127	1.590			
Model 2			30.977**	0.309	0.071
常数项		0.000			
过渡阶段协作	0.295	3.731**			
人际阶段协作	0.043	0.505			
行动阶段协作	0.363	4.612**			

第一阶层与第二阶层的回归模型均将人际阶段协作排除在模型之外，即其对任务绩效的预测力未达到0.05的显著性水平。由此可知，在未考虑行动阶段协作的情况下，过渡阶段协作对多团队任务绩效有显著的预测力，而多团队人际阶段

协作在2个模型中均被排除，假设H11、H21得到验证，H31、H61被否定。

6.6.2 多团队系统合作满意度的多元回归分析

从表6-25的分析结果中可以看出，当在回归方程中只加入过渡阶段协作与人际阶段协作时，它们能显著预测多团队合作满意度，F值为59.655，P为0.000，达到0.001的显著性水平，表明过渡阶段协作、人际阶段协作2个自变量中至少有1个自变量的回归系数达到显著，两个自变量的标准化回归系数 β 分别为0.303（P=0.000）、0.359（P=0.000），均达到显著，校正R^2为0.357，也就是说这2个变量只能解释多团队合作满意度中35.7%的方差。将行动阶段协作加入回归方程后，显著改善了预测，ΔR^2为0.041，F值为46.999，P=0.000，小于0.001。这表明将行动阶段协作加入回归方程后，回归方程对多团队系统合作满意度的解释量增加了4.1%。当加入行动阶段协作后，校正R^2变为39.5%，过渡阶段协作标准化系数 β 为0.227（P=0.002），人际阶段协作 β 为0.231（P=0.004），行动阶段协作 β 为0.275（P=0.000），3个变量回归系数均达到了0.05的显著性水平，3个变量解释了多团队系统合作满意度的39.5%。

表 6–25 合作满意度的分层多元回归分析摘要

自变量	β	t值	F	R^2	ΔR^2
Model 1			59.655**	0.363	0.363
常数项		0.000			
过渡阶段协作	0.303	4.163**			
人际阶段协作	0.359	4.933**			
Model 2			46.999**	0.404	0.041
常数项		0.000			
过渡阶段协作	0.277	3.091**			
人际阶段协作	0.231	2.944**			
行动阶段协作	0.275	3.764**			

在第一阶层与第二阶层的回归模型中，过渡阶段协作与人际阶段协作均进入回归方程，即其对合作满意度的预测力达到0.05的显著性水平。由此可知，在未考虑行动过程的情况下，过渡阶段协作与人际阶段协作对多团队合作满意度有显著的预测力；当加入行动阶段协作时，3个团队过程变量均对多团队合作满意度

有显著的预测力，假设H12、H22、H32得到验证。

6.6.3 多团队系统工作能力的多元回归分析

从表6-26的分析结果可以看出，当在回归方程中只加入过渡阶段协作与人际阶段协作时，它们能显著预测多团队工作能力，F值为55.588，P为0.000，达到0.001的显著性水平，表明过渡阶段协作、人际阶段协作2个自变量中至少有1个自变量的回归系数达到显著，2个自变量的标准化回归系数 β 分别为0.218（P=0.003）、0.423（P=0.000）。2个变量的回归系数均达到显著，校正R^2为0.341，也就是说这两个变量能解释多团队工作能力中34.1%的方差。将行动阶段协作加入回归方程后，显著改善了预测，ΔR^2为0.100，F值为56.063，P=0.000，小于0.001。这表明将行动阶段协作加入回归方程后，回归方程对多团队系统工作能力的解释量增加了10%。当加入行动阶段协作后，校正R^2变为43.9%，过渡阶段协作标准化系数 β 为0.099（P=0.164），人际阶段协作 β 为0.222（P=0.004），行动阶段协作 β 为0.431（P=0.000）。过渡阶段协作回归系数未达到0.05的显著性水平，被排除在模型2之外，人际阶段协作与行动阶段协作解释了多团队系统工作能力的39.5%。

表 6-26 MTS 工作能力的分层多元回归分析摘要

自变量	β	t值	F	R^2	ΔR^2
Model 1			55.588**	0.347	0.347
常数项		0.000			
过渡阶段协作	0.218	2.959**			
人际阶段协作	0.423	5.736**			
Model 2			56.063**	0.447	0.100
常数项		1.397			
过渡阶段协作	0.099	2.934			
人际阶段协作	0.222	6.129*			
行动阶段协作	0.431	1.397**			

在第一阶层中过渡阶段协作与人际阶段协作均进入了回归方程，即其对多团队工作能力的预测力达到0.05的显著性水平。在第二阶层中，过渡阶段协作被排除在回归方程之外，其回归系数未到达0.05的显著性水平。由此可知，在未考虑

行动阶段协作的情况下，过渡阶段协作与人际阶段协作对多团队协作工作能力有显著的预测力；当加入行动阶段协作时，过渡阶段协作被排除在回归方程之外，过渡阶段协作与人际阶段协作对多团队合作满意度有显著的预测力，假设H13部分成立，H23、H33得到验证。

6.6.4　任务互依性调节作用的回归分析

通常情况下，根据自变量与调节变量的不同类别，需采用不同的方法进行调节作用的分析：①当调节变量与自变量均为类别变量时，进行两个变量交互效应的方差分析（ANOVA），交互效应即调节效应；②当调节变量为类别变量，自变量为连续变量时，进行分组回归，按照调节变量的取值分组，做因变量对自变量的回归，若回归系数的差异显著，则调节效应显著；③当调节变量为连续变量，自变量为类别变量时，自变量使用伪变量，将自变量和调节变量中心化后做层次回归，依据交互项的调节系数显著性进行判断；④当调节变量与自变量均为连续变量时，将自变量与调节变量中心化后做分层回归，依据交互性的调节系数显著性进行判断。在本研究中调节变量与自变量均为连续变量，因此运用分层回归对调节作用进行分析。

6.6.4.1　任务互依性在多团队协作过程与任务绩效间的调节作用分析

本小节中关于任务互依性在多团队过程与任务绩效间的调节分析是基于上文中回归分析结果的，因此，对回归分析不显著的过程变量将不再做调节作用的分析。由于自变量各维度间存在着相互影响关系，在进行多元回归的时候首先将过渡阶段协作、行动阶段协作（人际阶段协作排除在回归方程之外）与任务互依性纳入回归方程，然后在第二层回归将过渡阶段协作与任务互依性、行动阶段协作与任务互依性2个交互项也纳入方程，分析结果如表6-27所示。

从表6-27可以看出，在模型1中，F值为23.860，P=0.000，校正R^2为0.302，整个回归模型显著，对团队任务绩效的整体解释度为30.2%。过渡阶段协作（β=0.290，P<0.001）与行动阶段协作（β=0.381，P<0.001）对任务绩效有显著影响。加入交互项后模型2比模型1略微增加了1.1%的解释量（ΔR^2=0.011，P<0.01），但过渡阶段协作与任务互依性、行动阶段协作与任务互依性2个交互项系数均不显著（β=0.020，P>0.05；β=0.029，P>0.05）。结果表明任务互依性在过渡阶段协作与任务绩效间、行动阶段协作与任务绩效间调节作用不显著，假设H41、H51不成立。

表 6-27　任务互依性在多团队过程与任务绩效间的调节作用分析

自变量	β	t值	F	R^2	ΔR^2
Model 1			23.860**	0.316	0.316
常数项					
过渡阶段协作	0.290	3.674**			
行动阶段协作	0.381	4.794**			
人际阶段协作	0.084	1.429			
Model 2			14.144**	0.327	0.011
常数项		−.178			
过渡阶段协作	0.364	3.789**			
行动阶段协作	0.050	4.046**			
任务互依性	0.080	1.373			
过渡阶段协作*任务互依性	0.020	0.231			
行动阶段协作*任务互依性	0.029	0.388			

6.6.4.2　任务互依性在多团队协作过程与合作满意度间的调节作用分析

在第一阶层的回归中首先将自变量3个维度（过渡阶段协作、行动阶段协作、人际阶段协作）以及调节变量（任务互依性）纳入回归方程。第二阶层回归中将过渡阶段协作与任务互依性、行动阶段协作与任务互依性、人际阶段协作与任务互依性3个交互项纳入回归方程，得到分析结果如表所示。

从表6-28的分析结果中可以看出，在模型1中，F值为40.609，P=0.000，校正R^2为0.429，整个回归模型显著，对多团队合作满意度的整体解释度为42.9%。过渡阶段协作（β=0.216，P<0.05）、行动阶段协作（β=0.317，P<0.001）、人际阶段协作（β=0.226，P<0.05）、任务互依性（β=0.192，P<0.001）对合作满意度有显著影响。加入交互项后模型2比模型1略微增加了3.4%的解释量（ΔR^2=3.4%，P<0.01）。过渡阶段协作与任务互依性的交互项系数显著（β=0.169，P<0.05），人际阶段协作与任务互依性的交互项系数显著（β=0.181，P<0.05），行动阶段协作与任务互依性的交互项系数不显著（β=0.115，P>0.05）。结果表明任务互依性在过渡阶段协作与合作满意度间、人际阶段协作与合作满意度间调节作用显著，假设H42、H62成立；任务互依性在行动阶段协作与合作满意度间的调节作用不显著（β=0.115，P＞0.05），假设H52不成立。

表 6-28　任务互依性在多团队过程与合作满意度间的调节作用分析

自变量	β	t值	F	R^2	ΔR^2
Model 1			40.609**	0.440	0.440
常数项		0.000			
过渡阶段协作	0.216	3.017*			
行动阶段协作	0.317	4.409**			
人际阶段协作	0.226	2.966**			
任务互依性	0.192	3.631**			
Model 2			26.279**	0.474	0.034
常数项		-.474			
过渡阶段协作	0.200	2.715			
行动阶段协作	0.358	4.495**			
人际阶段协作	0.182	2.352*			
任务互依性	0.193	3.729**			
过渡阶段协作*任务互依性	0.169	2.234*			
行动阶段协作*任务互依性	0.115	1.757			
人际阶段协作*任务互依性	0.181	2.296*			

6.6.4.3　任务互依性在多团队过程与多团队工作能力间的调节作用分析

在第一阶层的回归中首先将自变量3个维度（过渡阶段协作、行动阶段协作、人际阶段协作）以及调节变量任务互依性进入回归方程。第二阶层回归中将过渡阶段协作与任务互依性、行动阶段协作与任务互依性、人际阶段协作与任务互依性3个交互项纳入回归方程中，因变量为MTS工作能力，得到分析结果如表6-29所示：

表 6-29　任务互依性在多团队过程与多团队工作能力间的调节作用分析

自变量	β	t值	F	R^2	ΔR^2
Model 1			45.170**	0.466	0.466
常数项		0.000			
过渡阶段协作	0.107	1.537			
行动阶段协作	0.400	5.701**			
人际阶段协作	0.225	3.025*			
任务互依性	0.140	2.712			
Model 2			31.888**	0.522	0.056
常数项		0.166			

自变量	β	t值	F	R^2	ΔR^2
过渡阶段协作	0.200	2.848			
行动阶段协作	0.252	3.326*			
人际阶段协作	0.288	3.906**			
任务互依性	0.138	2.799			
过渡阶段协作*任务互依性	0.028	0.394			
行动阶段协作*任务互依性	0.188	3.016*			
人际阶段协作*任务互依性	0.282	3.761**			

从表6-29的分析结果中可以看出，在模型1中，F值为45.170，P=0.000，校正 R^2 为0.456，整个回归模型显著，对多团队合作满意度的整体解释度为45.6%。行动阶段协作（β=0.400，P＜0.001）、人际阶段协作（β=0.225，P＜0.05）对多团队工作能力有显著影响。过渡阶段协作（β=0.107，P＞0.05）、任务互依性（β=0.140，P＞0.05）回归系数没有达到显著，无法进入回归方程。加入交互项后模型2比模型1增加了5.6%的解释量（ΔR^2=0.056，P＜0.01）。行动阶段协作与任务互依性的交互项系数显著（β=0.188，P＜0.05），人际阶段协作与任务互依性的交互项系数显著（β=0.282，P＜0.001），过渡阶段协作与任务互依性的交互项系数不显著（β=0.028，P＞0.05）。结果表明，任务互依性在行动阶段协作与多团队工作能力间、人际阶段协作与多团队工作能力间调节作用显著，假设H53、H63成立；任务互依性在过渡阶段协作与多团队工作能力间的调节作用不显著（β=0.115，P＞0.05），假设H43不成立。

6.7　假设检验结果

以上通过SPSS 16.0对数据进行了相关分析以及回归分析，验证了理论模型提出的假设，并分析了任务互依性在多团队阶段协作与效能之间的调节作用。结果表明多团队阶段协作对多团队效能存在正面影响，并且具体分析了多团队过程各个维度与多团队效能各维度之间的作用关系；任务互依性在多团队阶段协作与效能部分维度之间起调节作用。

假设检验结果如表6-30所示。

表 6-30　假设检验结果

假设	假设内容	检验结果
H11	多团队过渡阶段协作与多团队系统任务绩效呈正相关关系	成立
H12	多团队过渡阶段协作与多团队系统成员合作满意度呈正相关关系	成立
H13	多团队过渡阶段协作与多团队系统工作能力呈正相关关系	部分成立
H21	多团队行动阶段协作与多团队系统任务绩效呈正相关关系	成立
H22	多团队行动阶段协作与多团队系统成员合作满意度呈正相关关系	成立
H23	多团队行动阶段协作与多团队系统工作能力呈正相关关系	成立
H31	多团队人际阶段协作与多团队系统任务系统成员合作满意度呈正相关关系	不成立
H32	多团队人际阶段协作与多团队系统绩效呈正相关关系	成立
H33	多团队人际阶段协作与多团队系统工作能力呈正相关关系	成立
H41	在多团队系统中，任务互依性在多团队系统过渡阶段协作与任务绩效间起显著调节作用	不成立
H42	在多团队系统中，任务互依性在多团队系统过渡阶段协作与合作满意度间起显著调节作用	成立
H43	在多团队系统中，任务互依性在多团队系统过渡阶段协作与MTS工作能力间起显著调节作用	不成立
H51	在多团队系统中，任务互依性在多团队系统行动阶段协作与任务绩效间起显著调节作用	不成立
H52	在多团队系统中，任务互依性在多团队系统行动阶段协作与合作满意度间起显著调节作用	不成立
H53	在多团队系统中，任务互依性在多团队系统行动阶段协作与MTS工作能力间起显著调节作用	成立
H61	在多团队系统中，任务互依性在多团队系统人际阶段协作与任务绩效间起显著调节作用	不成立
H62	在多团队系统中，任务互依性在多团队系统人际阶段协作与合作满意度间起显著调节作用	成立
H63	在多团队系统中，任务互依性在多团队系统人际阶段协作与MTS工作能力间起显著调节作用	成立

6.8　研究结论与启示

6.8.1　结果讨论

6.8.1.1　多团队协作过程与多团队效能关系的结果讨论

团队内部的互动对提高团队效能有重要的作用，团队成员之间紧密的人际关系将促进团队目标的实现，而团队成员间彼此的互动则能显著地影响团队效能

（刘电芝等，2008）。这种团队互动关系在多团队系统中则显得更为复杂，多团队系统是一个复杂的社会技术网络，在这个系统内存在着多重互动关系：团队内互动、团队间互动、系统间互动（Leslie et al.，2010）。本研究主要是对多团队系统中的团队内互动、团队间互动与多团队效能之间的关系进行研究，通过对研发多团队系统的大样本调查，研究了多团队系统中各个团队互动过程与团队效能不同维度间的关系。本研究中我们采用 Marks et al.（2001）的分类方法，将多团队系统过程分为3类：过渡阶段协作、行动阶段协作、人际阶段协作。多团队效能分为任务绩效、团队合作满意度及多团队工作能力。

（1）多团队互动过程对任务绩效的影响

在过渡阶段，团队成员聚焦于任务的分析、目标的细化、战略的形成，这一阶段主要是对已完成团队活动的评价以及对未来活动的计划。具体到研发多团队系统中，这阶段主要是对研发目标的分解、细化，以及对上一阶段项目进展的分析，从而为下阶段研发任务做出规划。任务绩效是指多团队成员工作的团队结果，主要是指实际研发进度、成本以及最终产品的市场认可度。众多研究表明，为完成团队目标而进行的团队计划行为以及绩效沟通、反馈，与团队绩效呈正相关（Porter et al，2010；Mathieu，2006）。具体到新产品研发中，明确的研发目标以及合理的资源配置计划是影响最终研发成果的关键因素（熊则见等，2011）。本研究的统计分析结果支持了上述结论，多团队过渡阶段协作显著影响任务绩效。在进行分层回归分析过程中，在不考虑行动阶段协作的情况下，将过渡阶段协作与人际阶段协作纳入回归方程时，过渡阶段协作标准化回归系数显著（$\beta = 0.396$，$P < 0.001$）；将行动阶段协作纳入回归方程后，过渡阶段协作的回归系数依旧显著（$\beta = 0.295$，$P < 0.001$）。这一结果表明，过渡阶段协作中计划行为、战略的制定直接影响最终的任务绩效；另一方面，过渡阶段协作中的目标细化、行动计划又对行动阶段协作提供了指导，从而通过行动阶段协作对最终任务绩效产生间接的影响。

在行动阶段则聚焦于任务的完成、对过程及系统的监督、团队成员之间的合作以及对同事的工作的监督与支持。在研发活动中，则是指具体研发活动的执行，以及在此过程中团队成员之间的互相协作与支持。行动阶段协作是直接产生团队结果的阶段，直接影响团队绩效完成的数量（Maynard et al.，2007）。就研发活动而言，这一阶段是成员进行产品研发的最关键时段，直接影响最终的研发进度、成本以及研发产品的质量。本研究大样本统计的结果支持了上述结论，在考虑过渡阶段协作以及人际阶段协作的情况下，行动阶段协作回归系数显著（$\beta=0.363$，$P<0.001$，$\Delta R^2=0.071$，$P<0.001$）。行动阶段协作行为直接影响团队任务绩效，另一方面与人际阶段协作、过渡阶段协作同时作用于任务绩效。

人际阶段协作方面的任务贯穿团队过程的始终，包括冲突管理、激励和信心建立、情感管理。在一个团队中，团队活动（team-building activity）是必不可少的一项内容，在多团队系统中同样如此，情感管理对于一个由来自不同团队成员组成的系统而言显得尤为重要，有利于团队凝聚力的建立。Nicholas（2010）研究指出情绪智力是团队效能的一个重要因素。但在本次的统计结果中，人际阶段协作对任务绩效影响并不显著（$\beta=0.127$，$P>0.05$；$\beta=0.043$，$P>0.05$）。这主要是因为人际阶段协作对团队效能的影响往往不直接影响任务绩效，良好的人际氛围有利于团队成员之间的沟通、合作，更多地影响团队成员间的合作满意度，这一点在文章的统计分析中也得到了验证。

（2）多团队互动过程对合作满意度的影响

作为团队结果的重要组成部分，团队成员情感反应日益成为研究者的关注重点。这种情感反应包括团队成员对工作、团队以及组织的满意度（Mathieu et al.，2008）。在研究团队成员情感反应时通常通过评价团队工作氛围以及团队成员在工作中的被尊重感。在本研究中我们将团队成员之间的合作满意度作为团队效能的一个重要维度来进行考察，研究团队阶段协作与合作满意度之间的关系。

过渡阶段协作是整个团队阶段协作中承上启下的一个阶段，绩效反馈主要在这一阶段完成。通常认为绩效反馈是影响团队成员满意度的一个重要指标，过渡阶段协作中绩效反馈行为的结果直接影响团队成员最终的合作满意度。在本研究的调查统计中，多团队系统过渡阶段协作在以合作满意度为因变量的回归方程中2次回归，系数均显著（$\beta=0.303$，$P<0.001$；$\beta=0.227$，$P<0.05$），这一结果支持了上述分析。从另一方面而言，领导行为是影响多团队效能以及成员满意度的一个重要因素（Leslie et al.，2011），而过渡阶段是领导行为发生最为集中的阶段。

行动阶段是团队行为发生最为集中的阶段，也是团队成员之间合作交流最为密集的阶段。新产品研发是一个以知识为资源，通过知识的获取、整合、应用产生新产品和新知识，并通过使新知识共享，使组织知识得到积累和值的过程（荆宁宁，2008）。而这种知识的整合、积累来自成员之间的相互合作，因而一个协作良好的行动过程有助于提高团队成员的合作满意度。本研究也支持了以上的理论，将行动过程加入回归方程后显著改善了预测（$\Delta R^2 = 0.041$，F=46.999，P＜0.001），且回归系数显著（$\beta = 0.275$，P＜0.001）。这说明行动阶段协作越好，多团队系统成员满意度也就越高。

情感管理、冲突管理是人际阶段协作的一个主要任务，在上文的叙述中我们也已经论述过，人际阶段协作的一个主要目的就是创造一个良好的团队工作氛围，促进成员之间的合作、交流，从而提高团队成员的工作满意度。在本研究中，也发现人际阶段协作对团队合作满意度有显著正向影响（$\beta = 0.359$，P＜0.001；$\beta = 0.231$，P＜0.05），即人际阶段协作，协作越好团队成员合作满意度越高。

（3）多团队互动过程对多团队工作能力的影响

多团队系统的工作能力在不同的系统中有不同的定义，在本研究中指的研发多团队系统的工作能力，主要包括：团队成员的学习能力，即团队成员接受新知识，提高原有技术，学习并运用新技术的能力；创新能力，即团队成员对知识进行整合，提出新建议、新观点的能力；解决问题能力，即处理问题的手段和方法。研发团队成员通过参与整个研发过程，其工作能力会有不同程度的提升。本研究的统计结果也证实了这一点，在不考虑行动阶段协作的情况下，将过渡阶段协作与人际阶段协作纳入回归方程中，回归方程显著（F=55.588，P＜0.001）且两边变量的回归系数均显著（$\beta = 0.218$，P＜0.05；$\beta = 0.423$，P＜0.001）。结果说明，在不考虑行动阶段协作时，过渡阶段协作、人际阶段协作与多团队工作能力呈显著正相关关系，即良好的过渡过程协作、人际过程协作会提高成员的工作能力。

根据多团队过程各维度的定义，行动阶段协作发生在过渡阶段协作之后，前文相关关系的研究结果表明，过程自变量之间存在着一定的显著相关关系。因此本研究采用分层回归，在第二层的回归中将行动阶段协作纳入回归方程。行动阶段协作加入回归方程后，显著改善了预测（$\Delta R^2 = 0.100$，F=56.063，P＜0.001）。

这表明将行动阶段协作纳入回归方程后，回归方程对多团队系统合作满意度的解释量增加了10%；人际阶段协作与行动阶段协作回归系数均显著（β=0.222，P＜0.05；β=0.431，P＜0.001），表明过渡阶段协作与行动阶段协作均对多团队工作能力有显著的正向影响。而过渡阶段协作标准化系数（β=0.099，P＞0.05）未达到0.05的显著性水平，说明在加入行动阶段协作后，过渡阶段协作不会显著影响多团队工作能力。从多团队工作能力的定义中不难发现，要有所提高主要依靠成员之间知识的交流、分享，以及实际的工作经验。行动阶段协作是这几种行为发生的主要阶段，而人际阶段协作则对促进知识的交流、分享有很大的作用，在前文的论述中已经说明，过渡阶段是领导行为的高发阶段，同时也是进行经验总结与分享的阶段，当行动阶段开始后，过渡阶段协作对工作能力提高作用则主要是靠行动过程对过渡阶段协作所制定的计划的实施来实现。因此，当回归方程中加入行动阶段协作后，过渡阶段协作对工作能力的影响就会变得不显著。

6.8.1.2　任务互依性调节作用的结果讨论

任务互依性是指团队成员在完成团队任务的过程中合作与交互工作的程度，即相互之间为完成工作而相互依赖的程度。在有关互依性的研究领域，互依性与团队结果变量之间的关系是研究者们最为关注的焦点，研究者通过现场试验等多种方式研究了不同类型的互依性与团队绩效之间的关系，同时也将互依性作为调节变量，检验它在团队变量与绩效之间关系上的调节作用（任靖等，2007）。在本研究中，作者也将任务互依性作为调节变量，研究它在多团队过程与效能之间关系上的调节作用。

任靖等（2007）通过对互依性相关文献的总结，认为在对结果变量的影响上，互依性与其他团队变量之间存在着交互作用，但这种交互作用又因结果变量的不同而有所不同。在本次交互作用的分析中，作者将结果变量进行分层，研究任务互依性在多团队过程与不同结果变量之间关系上的交互作用，并得到了不同的结果。

在研究任务互依性在多团队过程与任务绩效间的调节效应时，过渡阶段协作与任务互依性、行动阶段协作与任务互依性2个交互项系数均不显著（β=0.20，P＞0.05；β=0.029，P＞0.05），即调节作用不显著。在交互项与合作满意度的回归分析中，过渡阶段协作与任务互依性的交互项系数显著（β=0.169，P＜0.05），人际阶段协作与任务互依性的交互项系数显著（$\beta=0.181$，$P<0.05$），任务互依性在多团队过渡阶段协作与合作满意度间、多团队人际阶段协作与合作满意度间存在显著调节作用。同样地，在对交互项与多团队工作能力进行回归分析的时候，有 2 个交互项回归系数显著：行动阶段协作与任务互依性的交互项系数显著（$\beta=0.188$，$P<0.05$），人际阶段协作与任务互依性的交互项系数显著（$\beta=0.282$，$P<0.001$），即任务互依性在行动阶段协作与多团队工作能力间、人际阶段协作与多团队工作能力间有显著调节作用。互依性和团队成员的行为存在着相关关系，较高任务互依性的工作会带来更多的沟通、帮助行为以及信息的共享。一般认为，任务绩效是行动过程的直接结果，主要表现为数量性、质量性的客观结果，因此任务互依性所带来的团队间的沟通互助行为在两者之间的调节作用不显著；而在受任务互依性影响较大的外显性团队行为及结果变量间存在显著调节作用。

6.8.2　研究结论

通过上述的大样本调查以及统计分析，并结合已有研究，本研究得出了以下几个主要结论。

首先，多团队系统协作过程可分为 3 个维度即过渡阶段协作、人际阶段协作与行动阶段协作，3 类过程之间存在着相互作用的关系。这一团队分类方式最初是由 Marks et al.（2001）提出的，并应用于团队层次的运作过程，Mathieu et al.（2001）将其应用到了多团队系统层次。而本研究通过实证调查、因子分析说明多团队系统运作过程可以由这 3 个因子进行解释。并且相关关系分析的结果表明了多团队系统过程内部几个维度之间存在着相关关系，即各个过程之间存在着交互作用。较好的过渡过程协作能提高行动过程的效率；而人际过程贯穿整个团队过程的始终，对过渡过程及行动过程的协作水平产生影响；行动过程作为整个多团队过程的主体将会对后续团队活动的过渡阶段行为产生作用，为其提供决策依据，同时行动过程也会对人际过程活动产生正向影响。

其次，多团队运作过程影响多团队效能。在本研究的案例分析中，我们通过对访谈资料的编码发现，多团队系统运作过程影响多团队效能。而案例研究的结果表明了两者之间存在作用关系，并没有说明多团队运作过程各个维度与多团队效能各维度间的具体作用关系。在后续进行的实证研究中，对多团队系统运作过程各个维度与多团队效能3个维度之间的关系进行了具体回归分析，结果显示除人际阶段协作与任务绩效之间回归系数均不显著，不存在显著相关关系，过渡阶段协作与多团队工作能力在考虑行动阶段协作情形下回归不显著外，其余各维度间均存在显著相关关系。这也就意味着，多团队过渡阶段协作水平越高，任务绩效与合作满意度就越高；人际阶段协作水平越高，合作满意度与多团队工作能力越高；而行动阶段协作水平的提高会带来多团队效能3个维度的提高。

最后，任务互依性在多团队过程个别维度与多团队效能间存在显著的正向调节作用。为了了解任务互依性在多团队过程与效能之间的调节作用，本研究运用分层回归的方式分析了任务互依性与多团队过程之间交互项的显著性。结果表明任务互依性在过渡阶段协作、人际阶段协作与合作满意度，行动阶段协作、人际阶段协作与多团队工作能力间存在显著的正向调节作用，即任务互依性越高，多团队过程的这几个维度对效能的相应维度影响越大。

6.8.3 研究启示

本研究以企业研发团队作为研究对象，探讨了多团队过程与多团队效能之间的作用关系。研究所得出的结论对于研发团队管理主要有以下几点启示：

第一，研发团队要注重团队目标与计划的制订，以及计划实施过程中的人际管理。

作为一个团队管理者首先必须对团队工作成果有清楚的认识，成果不仅仅只有研发的产品，还包含多方面的内容，包括团队成员的工作满意度及在工作过程中能力的提升。任务绩效通常是最直观的工作成果，而行动过程是产生这一工作成果的主要阶段。这就直接导致产品研发的过程成为团队管理的重点，而忽视了活动进行过程中的阶段性计划制订、绩效反馈以及团队成员的情感管理。从本研究的结果中不难发现，过渡阶段与人际阶段直接或间接地会对团队效能的各个方面产生影响。在一个新产品研发活动中有效的沟通和互动是最为关键的因素（方炜等，2007），而良好的人际管理、合理的策略制订、有效的计划安排是保证实现有效沟通与互动的基础。

第二，注重任务互依性水平的分析，据此确定合理的工作方式。

任务互依性在多团队过程与效能的个别维度之间存在显著的调节作用，分析任务互依性水平，并根据不同的互依性水平采取不同的工作方式，有助于提高团队的最终效能。对于任务互依性较高的团队活动，在过渡阶段进行计划安排时，就应注意建立并保持一个高效的沟通、合作机制，保证成员与成员之间、团队与团队之间的密切协作；对于任务互依性较低的团队活动，则更要注重任务的明确分工。

第三，研发团队成立之初，需建立一个合理的多团队系统章程。

设计合理的团队章程将有助于团队计划的进行，同时可作为团队工作过程的行为准则。而这些行为准则将有效减少认知差异，从而减少后续可能发生的冲突的数量或降低冲突严重性（Mathieu，2009）。多团队系统中存在大量的协调与合作性工作，为了实现系统的良好运行，多团队系统的管理者必须建立一个系统章程来明确多团队系统的沟通方式以及领导过程。而多团队系统章程主要着眼于对多团队系统绩效有影响的个体，主要包括系统成员、管理者以及系统资源的提供者（Raquel et al.，2012）。本研究分析结果进一步明晰了多团队过程与效能之间的作用机理，对多团队章程的建立具有借鉴意义。

6.8.4　研究局限性

多团队过程是一系列行为的组合，存在动态性、复杂性的特征，本研究通过大样本调查的方式研究多团队运作过程与效能之间的关系，主要存在以下几方面的局限：

首先，在调查方式的设计上存在局限。对于团队过程的研究，纵向跟踪调查是最为合适的选择，在本研究中案例研究采用的是跟踪式的纵向调查，但由于资源及时间的限制，本研究问卷的填写主要依据被调查者的回忆进行。通过回忆最近一次的研发项目经历感受据实填写，这中间有一定的时间间隔，被试的回忆感受可能与参与项目时的真实感受存在一定的差异，造成一定的误差。

其次，在调查对象的选择上存在缺陷。本研究在调查对象选取上主要选择的是多团队系统中的关键任务承担者以及项目负责人等，以期被试的回答能够真实反映整个多团队系统的运行状况。但这种取样方式，存在一定的缺陷，被试的主观意识会影响其对整体系统运行状况的判断。

最后，在调节变量的验证上，只选取了任务互依性进行。互依性是多团队过程与效能之间的一个重要调节变量，主要分为两大类：任务互依性与产出互依性。本研究仅选取了任务互依性进行研究，而未对产出互依性进行具体的探究。

第 7 章　高新技术企业 NPD 多团队系统协作研究

7.1　研究目的

多团队协作是增强高新技术企业能力的有效途径，能力又是高新技术企业核心竞争力的重要来源，加强多团队协作是促进我国高新技术产业发展，增强自主创新能力的必由之路。因此本研究的总体目标是揭示在高新技术企业新产品开发活动中，多个成员团队构成的研发内部协作机制，构建协作的结构方程模型，总结加强高新技术企业研发协作的路径和方法。

7.2　理论基础与研究假设

7.2.1　多团队系统理论

7.2.1.1　多团队系统的概念

Gist et al.（1987）在一篇关于组织行为的综述中提到"目前缺少对组织内部关系的研究"，并鼓励未来的研究"从孤立的研究团队扩展到将团队作为系统中的一员"。提出的Multi-team Systems Theory（多团队系统理论，MTS）理论是我们对团队认识的一次相当大的进步。目前，团队和组织层次上的研究已经很多了。团队研究认为团队和它们所处的环境相互作用，而组织研究则认为组织是由个体和团队构成的。然而，很少有研究将两者联系起来。MTS为我们提供了一个概念框架，解释了由多个团队构成的集合体是如何运作的，这正好架起了团队和组织间的桥梁。

Mathieu et al.（2001）将MTS定义为2个或2个以上团队为了应对环境中的偶然情况以实现一系列目标集而相互作用所构成的系统，系统内的子团队有着各自不同的近期目标，但在一个共同的远期目标的指导下相互作用，并且每个子团队在输入、过程和结果上至少和一个团队存在互动关系。从上述定义可以看出，MTS是不同于单个团队也不同于组织的实体，是一个动态开放的系统，并对所处环境做出快速反应。MTS的组建或形成通常是为了应对高度不确定性的环境。另外，MTS的构成团队不一定来自同一个组织，一个MTS可能既有来自政府公共部门的团队也有来自私人企业的团队，它们为了实现某个共同的目标而联系在一起。

Mathieu et al.提出MTS的概念之后，有些学者又根据各自不同的研究目的对MTS进行了界定。

Y. Liu et al.（2005）在研究MTS的决策机制时，从多团队间的博弈出发，将MTS定义为：由多个相互竞争的团队所组成，它们有着各自不同的目标，通过博弈实现系统效能的最大化。Martin et al.（2005）在研究由多个团队参与的新产品开发项目时，从新产品开发管理的角度将MTS定义为：由多个相互依赖的子团队所组成，各子团队负责完成产品的某一个部件，并与其他团队相互合作、共享信息，最终完成整个产品的集成。并且，作者认为多团队系统可分为2个层次，在底层的往往是一些跨职能团队，而位于上层的是项目管理团队。Watts S. Iiumphrey（2007）对多团队系统的定义则较为笼统。他在研究TSP时将多团队定义为任何拥有一个以上工作单元的团队，其中工作单元是指拥有共同的目标和执行计划，有明确的领导者的小组。另外，小组还共享一个工作场所，且仅有一名团队领导。

综上所述，MTS是一种全新的构成实体，它不同于团队、组织等任何其他概念。MTS理论着力探讨团队与团队之间的相互关系，为研究组织行为提供了一个新的视角。

7.2.1.2 多团队系统的特征

为了区别MTS和其他实体（如团队、组织、子系统、专责小组等），Mathieu

et al.（2001）还给出了MTS的5个特征：①由2个或2个以上团队构成；②是不同于团队或是组织的独特实体，有些MTS甚至跨越多个组织边界；③所有子团队至少和一个其他的团队存在输入、过程或是结果上的相互依赖；④MTS是一个开放的系统，其特定的配置取决于环境对它们的绩效要求和它们所采用的技术，通过将绩效要求转化为目标等级体系来引导它们的行动；⑤每个构成团队有着不同的短期目标，但有着一致的最终目标。

Mathieu et al.为我们描述了一个紧急事故救援的MTS，如图7-1所示。通过描述这个MTS的运作过程有助于我们更好地理解MTS的基本特征。[①]这个多团队系统包含4个团队：消防员团队、现场急救医疗小组、外科团队和康复治疗团队。他们分别来自地方政府和医院2个组织，为了挽救伤员的生命及伤员的顺利康复，他们密切协作，每个团队的任务的完成情况都会影响之后其他团队的任务完成。

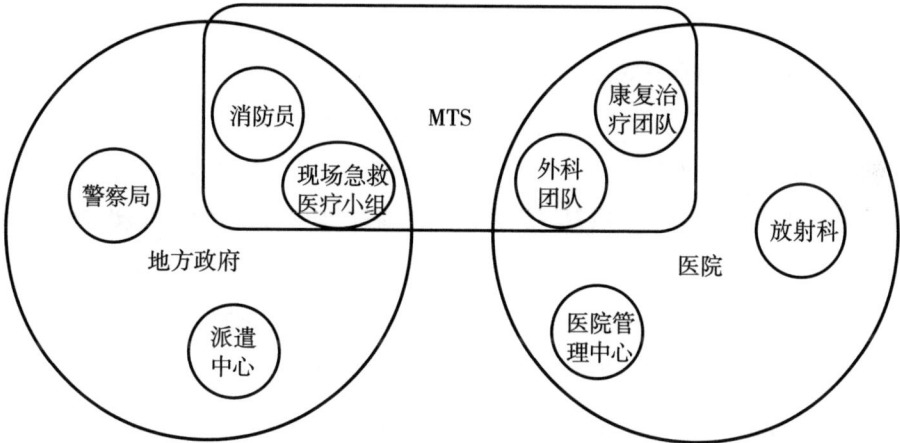

图 7-1　紧急事故救援 MTS

在上述5个特征中，相互依赖性和目标等级性是MTS的关键特征。

（1）MTS的相互依赖性

在多团队系统中，团队之间的互相依赖特征源于3方面。各分团队有时不得不共享资源，这称为输入相互依赖。比如在上述例子中，消防队和急诊医生在事

---

① Multi-team systems[A]. In N. Anderson, D.S. OneS, H. K. Sinangil, &C. Viswesvaran(Eds.), Organizational Psychology: Handbook of industrial, work and organizational psychology[C], 2001（2）290.

故现场共用工具，我们可以认为他们之间存在输入互相依赖。各分团队也可以在过程上互相联系，这样他们必须互相作用以完成团队目标。这和团队研究中任务的互相依赖是类似的，但在多团队系统中被称为过程互相依赖。在紧急事故救援MTS的例子中，消防队和急诊医生展示了过程互相依赖，因为他们必须紧密协作以便完成他们各自的任务。消防队的工作（比如营救受害者）以及急诊医生的工作（比如安置受害者）必须严格遵循一定的程序。最后，团队取得的收益、报酬和付出的成本等结果取决于其他团队任务的完成情况及目标的达成情况，这被称为结果互相依赖。

是否存在输入、过程和结果上的相互依赖是我们判断一个团队是否MTS成员的标准之一。例如，在紧急事故救援MTS中，医院管理中心之所以不是MTS中的一员，是因为它不满足第3个特征。管理中心虽然和外科团队以及康复治疗团队在输入上相互依赖（共享一些医院资源），但它没有和系统中的任何一个团队存在过程和结果上的相互依赖。

（2）MTS的目标等级性

MTS概念的另一个核心特征是MTS有着一系列不同等级的目标集。Mathieu et al.将MTS的目标等级定义为一个相互联系的目标网络，在这个网络中，短期的目标位于最低一层，长期的目标位于较高层次，最高层次代表MTS的最终目标。图7-2显示了紧急事故救援MTS的3层次目标等级。消防员和现场急救医疗小组必须密切协作将伤员安全救出并进行适当的医疗处理，这是该MTS的第一层目标。随后，消防员和现场急救医疗小组将伤员交给外科团队，手术之后康复治疗团队将对伤员进行长期的康复疗程。目标2是对伤员的手术修复，它的达成效果不仅取决于外科团队的发挥，还取决于目标1的达成情况。同理，目标3的达成效果同样取决于前2个目标的完成情况。由此可见，终极目标的达成有赖于所有成员团队的通力协作。

Mathieu et al.（2001）认为MTS的目标等级应具有以下4个特征：①目标等级最少有两层；②高层目标的达成依赖低层目标的完成情况；③等级的顶端代表着系统的终极目标，只有所有低层目标完成了才能实现；④需要明确目标的重要性和优先性。

目标3: 伤员康复

目标2: 手术修复

目标1: 救出伤员并稳定伤情

```
┌──────────┐      ┌──────────┐      ┌──────────┐      ┌──────────┐
│  团队1    │      │  团队2    │      │  团队3    │      │  团队4    │
│  消防员   │      │  现场急救  │      │  外科团队  │      │  康复治疗  │
│          │      │  医疗小组  │      │          │      │  团队     │
└──────────┘      └──────────┘      └──────────┘      └──────────┘
```

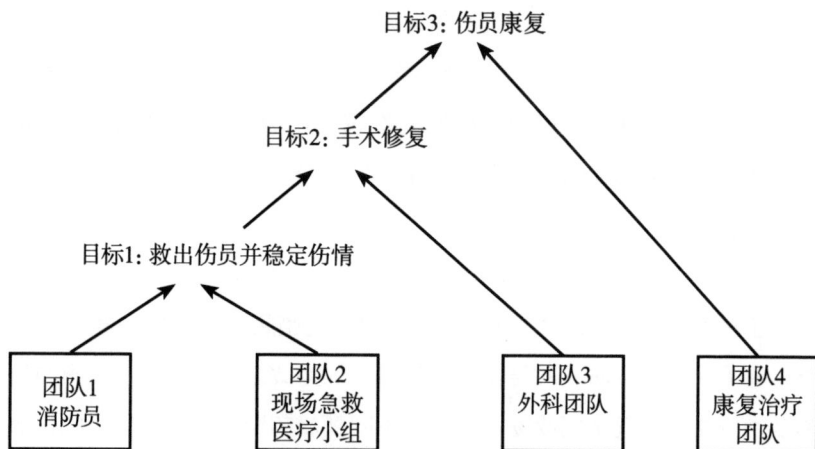

图 7-2　紧急事故救援 MTS 的目标等级体系

7.2.1.3　NPD 多团队系统的定义

　　新产品开发是企业自主创新活动的一种重要形式。传统的观念认为NPD团队应该由研发技术人员构成，与其他部门人员没有关系，只把开发新产品本身作为其最终目标，这就造成了他们工作的盲目性，忘记了开发新产品的目的是持续打造企业的核心竞争力，开发出来的产品往往不能适应市场环境的变化，满足不了顾客的需求（廖冰等，2005）。

　　实际上，新产品开发是在众多不同主体的参与下实现的，这些主体往往分散在企业各不相同的产品或职能领域。Dirk et al.（2010）等从社会交换的视角研究了影响新产品开发的因素，他们认为，新产品开发能否成功依赖于部门间的互动与合作，部门互动有利于促进内部成员共同创造知识、转移知识并共享知识，最后产生了满足客户需求的产品和服务项目。Kahn（2001）的实证研究表明，对于增强绩效产出而言，部门间的合作较部门间的互动更加重要，部门间的整合与新产品开发成功之间是显著正相关的。Ledwith et al.（2008）在研究英国和美国的新产品开发情况后发现，跨部门整合与新产品成功商品化的效果、产品上市速度和市场预测正确度均存在显著相关性。

　　Alie（2005）指出，NPD团队是把研发、市场、工艺制造、财务、服务以及高层管理人员聚合在一起的新型团队。除了具有一般团队相互依赖与协作、自我管理与授权、信息沟通与知识共享、角色定位与责任分担这4个基本功能外，

NPD团队还具有以下一些特征：①不同背景、不同观点和不同知识结构的组织内部成员进行知识交互；②项目进展过程中任务的复杂程度高；③不同领域的专家聚合在一起完成复杂任务，通过多视角和多元性知识提高决策质量，从而提升新产品开发绩效；④NPD团队的任务复杂性和跨功能性决定了团队管理过程的复杂性，包括团队合作、冲突、动机管理等。

高新技术企业面对激烈的市场竞争和快速的技术变化，刚性的、基于过程的NPD组织显然不适应要求，这就提出了基于柔性的团队设计安排问题。

李平等（2008）在研究产品设计团队资源的构成及其结构时，指出产品协作设计需要由分布在不同部门或场所、具有不同领域知识的人员协作完成，合理组织设计人员、协调设计活动并实现信息的实时交互是缩短设计时间、提高设计质量的关键，并据此提出了协作设计团队组织模型，如图7-3所示。

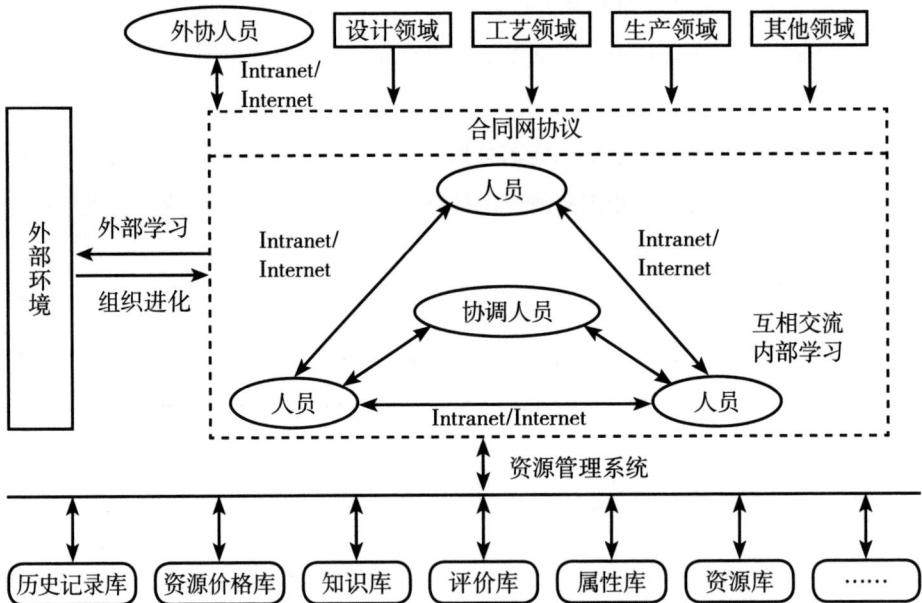

图7-3 协作设计团队组织模型

这种团队组织方式大大拓宽了资源的选择范围，使个人利益与集体利益保持高度一致，还有利于优化团队组织的激励结构。通过内部学习、互相交流经验提高团队的整体能力，并在与外部环境接触中，不断吸收新的知识进入团队，使团队不断进化，保持强大的技术竞争能力。该模型仍然是从单一团队视角考虑协作问题，然而现实中一些大型的新产品开发项目往往需要多个团队间的相互协作。秦吉波等（2003）提出了面向技能的组织理论，利用"圆"形的NPD团队组织代替"金字塔"形NPD组织，并提出了基于技能的NPD团队组织模型，如图7-4所示[①]。

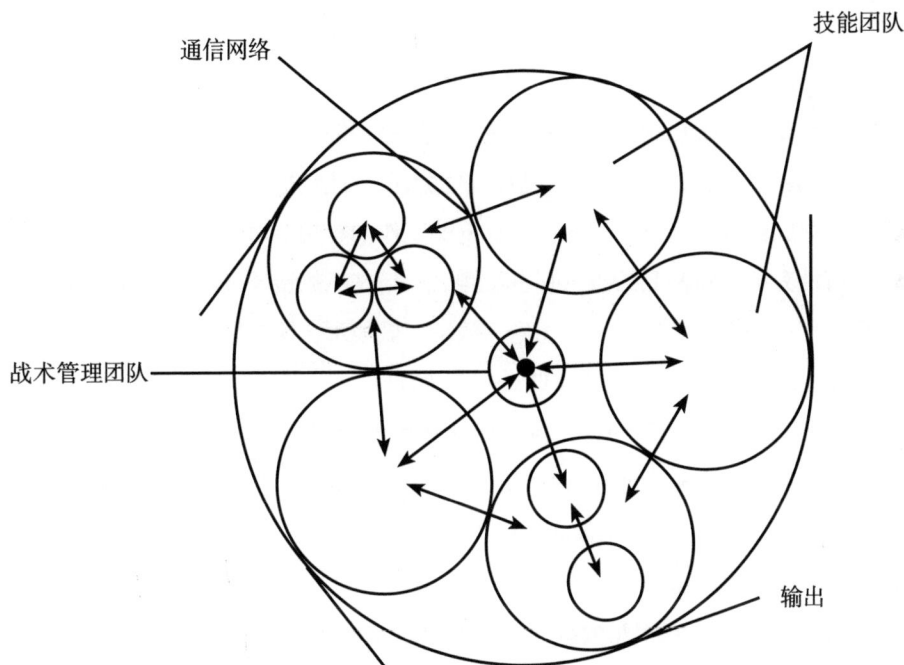

图 7-4　基于技能的 NPD 团队组织模型

　　秦吉波等认为，一个NPD团队组织应包含多个技能团队，如设计团队、营销团队、运营团队和财务团队等，还要有一个战术管理团队。图中大圆圈代表企业相对稳定的部门（如不同的研究中心、采购、生产、技术服务支撑）或其他组织，部门的设置具有一定的稳定性；根据市场环境的变化、企业的战略目标以及新产品开发专业技能的需要，组建跨部门、跨地域的NPD团队。该模型具有如下特点：①跨地域、跨组织性。虚拟NPD团队是由技术、市场驱动的跨功能团队，团队成员可以来自企业的不同部门和利益相关者，也可以来自不同的文化背景、不同的地域，这样就大大增强团队获取知识的能力，同时扩大了团队运作的边

---

① 秦吉波,曾德明,陈立勇.团队治理:关于提高高新技术企业 R&D 团队治理绩效的思考 [J].数量经济技术经济研究 2003（3）.

界，保证了企业雇用和维持最好的、最合适的人员组建NPD团队。②可以灵活组建、重组、解散NPD团队，根据NPD项目的任务优先次序，对资源进行柔性的安排，这样使企业在保持了一定稳定性的同时也获得了灵活性。③团队成员间使用信息网络技术进行沟通。团队成员之间利用网络协同工作提高NPD效率，利用电子邮件、信息系统和互动视频等工具加强沟通和实现知识的共享（张利飞等，2004）。该团队组织实际上就是一个MTS的雏形。

NPD多团队系统是企业为了完成某一新产品开发项目而集企业内外各职能团队为一体的新型实体，系统内不仅包括研发人员，还包括市场营销、财务、工艺制造、法律服务等各职能部门人员，系统的工作内容包括对新产品开发的市场分析、可行性分析、新产品的概念开发及测试、新产品的设计及商品化等，并以入口管理和平行处理为工作手段，达到高效率、低成本，快速地为顾客提供满足需求的产品。NPD多团队系统具有MTS的五大特征。

首先，它由多个团队构成，这些团队有可能来自组织内部，也有可能来自组织外部，例如，多家企业联合开发一个新产品。这个团队系统不是一个单独团队，因为它由多个独立的小团队构成；它也不是一个组织，因为它不包含组织中的所有人，还可能跨越多个组织边界。

其次，构成团队间相互依赖。新产品开发是一项长期复杂的活动，如果要成功推出一种新产品，公司的产品设计、财政状况、营销渠道等各方面都需要紧密配合才行。团队能否成功不仅取决于个别团队中成员的协作状况，也取决于各团队之间的协作状况。负责设计产品的团队必须与市场调研团队紧密协作以确保产品能极大地符合目标市场的需求。另外，营销团队必须与设计团队紧密合作，这样才能确保宣传资料有效地体现产品特色。营销团队与财务团队也必须通力合作，以确保宣传费用控制在预算之内。

最后，NPD多团队系统的目标具有等级性。目前的新产品开发主要采用并行处理的工作模式，多团队系统的工作内容从新产品的概念发现到新产品的正式上市主要包括：①概念的发现和初步筛选；②前期的市场评估和研究；③前期的技术评估；④具体的市场研究；⑤开发前的商务和财务分析；⑥产品开发；⑦产品测试；⑧顾客产品测试；⑨试销；⑩试生产；⑪商品化前的商务分析；⑫启动生产和运营；⑬产品正式上市（廖冰，2005）。每一项工作内容都具有一个分目标，下层目标的达成是上层目标实现的基础，例如没有前期的市场评估和技术评估，就无法进行产品开发工作。目标等级成功不仅取决于各团队为实现近期目标而进行的合作（如设计宣传资料），更取决于他们为实现远期目标而进行的合作（如及时有效地使产品打进市场）。

7.2.2　多团队协作的研究

7.2.2.1　MTS 协作的含义

在企业运作领域，Ansoff首次提出了"1+1＝2"这一最简洁的协作概念阐述。在此之后，协作理念一直是西方大型企业在策划并购与重组、制定多元化发展战略、成立跨国合作联盟等一系列活动时所秉持的一个重要基本原则。良好的协作使得协作的双方在相同的投入下取得更大的收益，如共享降低了产品的开发成本，增加了企业的市场占有率，提高了对市场变化的反应速度（Mccarthy et al.，2002）等。资源理论观点还认为，协作是获取资源的有效手段，而那些资源有时无法通过合资和兼并获得（Das et al.，2000）。协作巨大的潜在效能使企业趋之若鹜，也使得协作的相关研究成为目前的热点（覃刚力等，2007）。

在组织研究中，关于协作的定义有很多，Guastello（1998）认为协作是"2个或2个以上的人完成相同或互补性的任务"，Thompson（1967）对协作的定义则更为抽象，他认为协作是"组织达成困难或复杂的目标以及管理不确定性的一种方式"。不管研究者对协作的表述如何，绝大多数定义都抓住了协作的内涵，即通过时间上和顺序上适当的组合使相互联系的任务同步协调进行（Zalesny et al.，1995）。Marks et al.（2001）对协作的定义很好地表达了这一内涵，他们认为协作是"构建完成相互依赖的活动的时间和次序的过程"，即合理地安排各个活动的先后次序以及关键的时间点，使各项活动能够有序地同步的进行。

在团队中，如果成员在适当的时间完成了他的任务，那么他就参与了团队的协作。例如，在篮球比赛中，一个球员拿到球后，看准时机将球传给另一个队友，球正好被队员接住，这时协作就发生了。在多团队系统中，协作水平的高低取决于能否同步协调各个团队的任务。例如，在NPD多团队系统中，营销团队必须在生产团队将产品投入市场期间或之前完成他们的促销计划。

综上所述，MTS协作是各成员团队合理地安排相互联系的任务的时间和次序，使系统同步运作的过程。

7.2.2.2　MTS 协作研究

多团队往往是由于单个团队无法完成目标而组建的（Paulo et al.，2005）。任务的复杂性是组建MTS的前提，而MTS各构成团队在输入、过程及结果上的相互依赖性，是MTS协作的前提，也是影响MTS协作水平的重要因素。

MTS有一个相互依赖的目标等级体系，这种相互依赖的目标体系将所有的成员团队密切结合在一起，并促使他们相互协作以达成目标。Deutsch（1983）在他的协作理论中指出，目标的相互依赖能够直接影响成员的行为，相互依赖的目标促使成员帮助其他成员达成目标，而且成员间的沟通更为准确、开放。同时，Deutsch认为目标的相互依赖对团队间的协作同样重要，它有助于加强团队间的沟通、促进资源的共享、降低竞争、减少冲突。因此，可以说，MTS的目标等级体系促进了团队间的信息交换，加强了团队间的信任、支持和依赖（Guzzo et al.，1992）。

Paulo et al.（2005）也提出了类似的观点。他们的研究发现，由于多团队往往是由一些来自不同领域的独立团队所组成，因此，在组建过程中，各子团队间的协作较为困难。他们模拟了大型自然灾害环境下多团队的协作，发现多团队的协作问题实际上就是一个对目标的决策问题：要确定在某一时间段上，哪个目标是最重要的，该目标应该由哪些团队完成才最为高效；同时，还要考虑远期的目标以及团队的重组等问题。

Sullivan（2003）考察了在多企业或多团队组成的新产品开发项目中各联盟企业是如何开展协作的。他采用植入式案例研究的方法分析了一个由多家企业联合进行的新产品开发项目的工作模式。在这个由多家企业团队构成的多团队系统中，有一个主导企业以及多家供应商。研究发现，主导企业制定各供应商团队关于工作内容和时间期限的强制性标准能够有效促进各团队间的协作。工作内容和时间期限的强制性标准实际上也是目标的组成部分，但Alan并没有指出这些标准间的相互依赖性，而且他认为这些标准必须是由主导团队制定的，这和MTS目标等级的概念有出入，但也在一定程度上说明了目标对MTS协作的重要性。

除了考虑目标对MTS协作的影响，有些研究者还从领导和沟通等角度考察了MTS内部的协作过程。De Church（2002）采用模拟实验的方法考察了领导对MTS

协作及绩效的影响。她招募了384个心理学和商科学生，构建了64个MTS，借助实验室中的相关设备模拟了F-22战斗机作战过程。每个多团队系统包含3个两人团队，其中2个团队是飞行团队（负责驾驶飞机并摧毁目标物），1个是领导团队。领导团队的任务有2个：制定战略（行动前确定团队行动的顺序和时间、团队间如何有效沟通）和协作促进（行动过程中监控和传达信息）。实验采用2×2的研究设计，对实验组的领导团队进行战略制定和协作促进方面的培训，对照组则没有。研究发现对领导团队进行战略制定方面的培训，能使MTS表现出更好的MTS心智模式、更好的团队协作以及更高的MTS绩效；对领导团队进行协作促进方面的培训，能使MTS表现出更好的团队内部合作性，但是团队或多团队的工作绩效水平却不是很高。Leslie的研究证明了多团队协作和多团队绩效间的相关关系，以及领导在其间的调节作用，但是由于考虑到实验的可操作性，研究中对多团队协作的操作性定义较为简单，并没有为我们揭示多团队协作的内部过程。

　　Martin et al.（2005）采用了一个纵贯设计，对一个由39个团队构成的新产品开发项目进行了长达36个月的研究。他们考察了"项目整合和支持"（Project Structuring and Support）和"团队间交流管理"（Team Interface Management）2个变量在新产品的概念形成阶段和开发阶段对新产品开发绩效（质量、成本和时间）的影响。"项目整合和支持"是项目层次的变量，指项目的领导团队统筹整个项目的进展，明确每个团队的任务及在整个产品开发过程中的位置。"团队间交流管理"是团队层次的变量，指各个团队内部明确和外部其他团队间的关系，即明确本团队和其他团队在信息、产品和服务上的相互关系。研究发现，"团队间交流管理"在产品概念的形成阶段特别重要，显著提高了该阶段的绩效；而"项目整合和支持"在产品开发阶段更为重要，如图7-5所示。该研究证明了时间这一因素在多团队系统管理中的重要意义，并揭示了新产品开发的不同阶段多团队协作和多团队绩效之间的关系。

　　综上所述，目前在多团队协作方面已取得了一些研究成果，但是大多数研究不是理论上的粗略探讨，就是研究多团队协作和多团队绩效之间的关系，我们对于多团队协作的内部过程仍知之甚少，更不用说如何提高多团队协作水平。未来对多团队协作的研究应不断深入，揭示出多团队协作的内部机制。

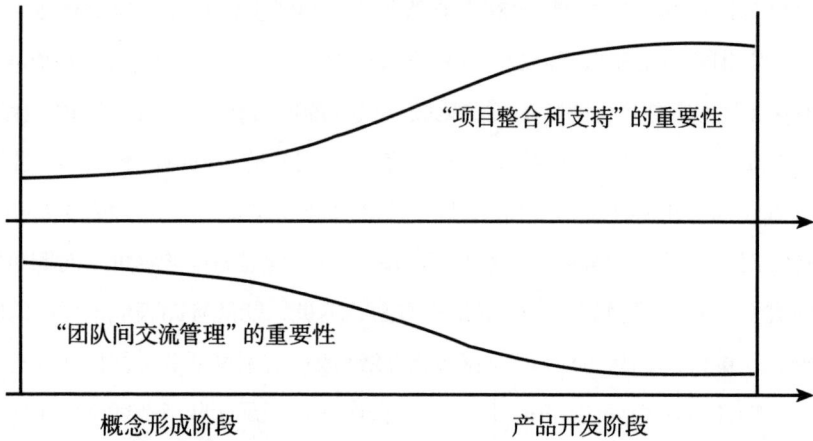

图 7-5　"项目整合和支持"和"团队间交流管理"对新产品开发绩效的影响

7.2.3　多团队协作过程模型

7.2.3.1　IPO 模型

由于MTS不是由个体构成，而是由许多团队组成的，所以有必要首先理解单一团队的运作机制。研究小组和团队的主要范式是Mc Grath（1984）介绍的输入—过程—输出模式（Inputs-Processes-Outcomes，IPO），如图7-6所示。输入是指那些促使成员相互作用的前导变量，包括个体成员特质（如能力和个性），团队层次变量（如任务结构、外部领导施加的影响）以及环境变量（如组织结构、环境复杂性）。这些前导变量的组合驱动着团队的相互作用以完成任务。过程，即团队成员相互作用的方式，非常重要，因为它决定了团队输入是如何转化为结果的。输出是指团队活动的成果和副产品，包括绩效（例如，质量和数量）和成员的情感反应（如满意感和承诺）。

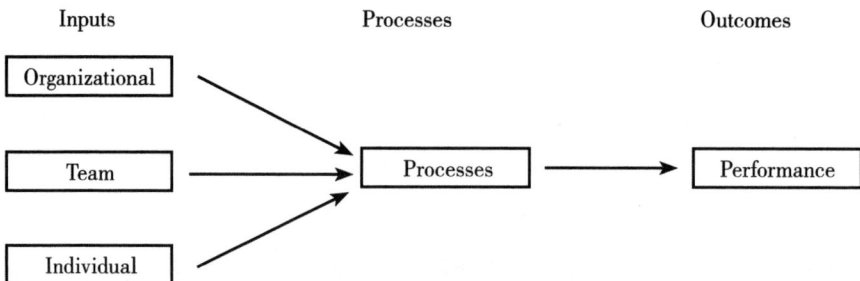

图 7-6　Mc Grath 提出的 IPO 团队过程模型

从输入到输出，团队在运作中存在人与人的互动、人与各类物质资源的交互作用。团队运作存在2种活动：其一是作业协作（taskwork），指团队中的个体与作业、工具、设备、系统等运作环境的交互作用，这是由作业本身的特点决定的，它会影响团队在该项特定作业上的表现；其二是团队协作（teamwork），这是指团队成员之间的互动与协调，不受作业具体内容局限，具有普遍意义。本研究所指的团队过程（team processes）是后者，是队员根据任务要求进行的互动活动，实现了协调彼此的行动、整合成团队产出的功能（Brannick et al.，1995）。

Williams et al.（2006）在Mc Grath单个团队IPO模型的基础上，从理论上构建了MTS的输入—过程—输出（IPO）模型，如图7-7所示。MTS的输入来自3个方面：个体水平（年龄、性别等）、群体水平（团队凝聚力、团队规范等）和环境（行业、文化等）。MTS的过程包括沟通、协作和冲突管理3个方面。MTS的输入作用于MTS过程继而影响MTS绩效。

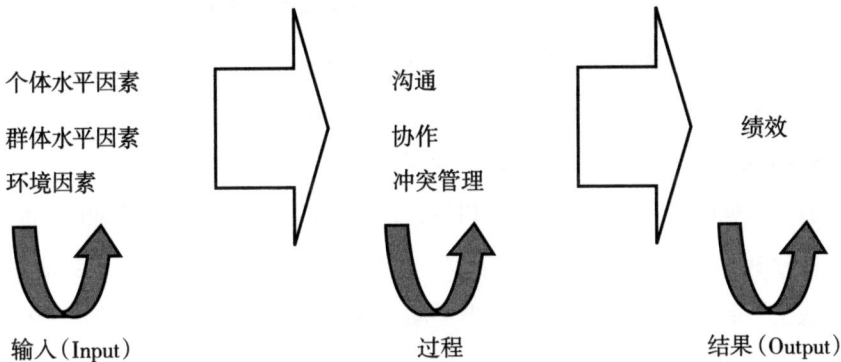

图 7-7　Williams et al. 构建的 MTS 的 IPO 模型

IPO模型为团队研究提供了非常有价值的指导，但也遭到了不少的批评。越来越多的学者开始强调时间在团队运作过程中的重要作用，但在典型的IPO模型中并没有考虑时间这一因素（Ancona，1999；Marks et al.，2001；McGrath，1991）。IPO模型将团队运作过程看成是一个静态的过程，而实际上团队的运作是一个动态连续的过程。

7.2.3.2　循环阶段模型

在过去的十几年中，涌现了一些有价值的动态的团队工作模型，其中有2个较为重要的模型，即团队发展模型和团队的循环阶段模型。团队发展模型描述了随着团队的不断发展，它们是如何产生质的变化的（Kozlowski et al., 1999），并描述了团队发展不同的阶段，团队内部相互作用的特点。Marks et al.（2001）提出了另一个重要的动态团队运作模型——循环阶段模型，如图7-8所示。有别于传统的IPO模式那样将团队运作视为静止的过程，或像团队发展模型那样认为它只是在一个团队的运作周期里出现，循环阶段模型认为团队效能最好被看作是一系列相互联系的事件，每个事件都包括输入—处理—输出，并且最重要的是，前一事件的结果成为后一事件的输入信息。

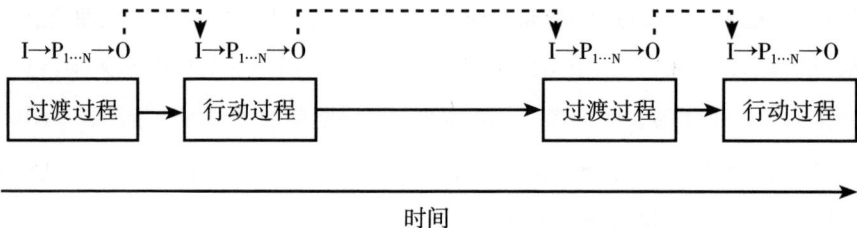

图 7-8　Marks et al. 提出的团队循环阶段模型

在上述团队工作的连续过程模型中，Marks区分了3类不同的团队工作过程，即过渡过程（transition processes）、行动过程（action processes）和人际互动过程（interpersonal process）。过渡过程中，团队的主要任务是对前一阶段的工作进行总结评价或根据所要完成的任务目标进行工作计划和活动安排，具体地说，主要是指任务分析、明确和细化目标、制定策略和计划的过程。行动过程主要是指团队为达成工作目标所进行的活动，这些活动主要包括目标进展调控、系统调控、支持反应。人际互动过程主要包括冲突管理、动机和自信的建立以及情绪管理。需要指出的是，人际互动过程贯穿于过渡期和行动期的整个团队工作过程中，是其他与团队有效性有关的团队工作过程的基础。

尽管Marks et al.（2001）的框架是应用于团队层次的，但Mathieu et al.（2001）认为该框架同样适用于MTS层次。两者关键的区别是，在MTS中，团队需要协调并整合它们的行动以达成最终的目标。图7-9显示的是MTS的多任务运作过程。每个子任务的完成由多个绩效片段构成，前一个绩效片段的输出是后一个绩效片段的输入；每个绩效片段包含一个IPO过程；某绩效片段可能由一个团队完成，也可能由多个团队完成；由多个团队完成该绩效片段时，团队间存在共享输入、前后相继、共同输出3种交互关系。

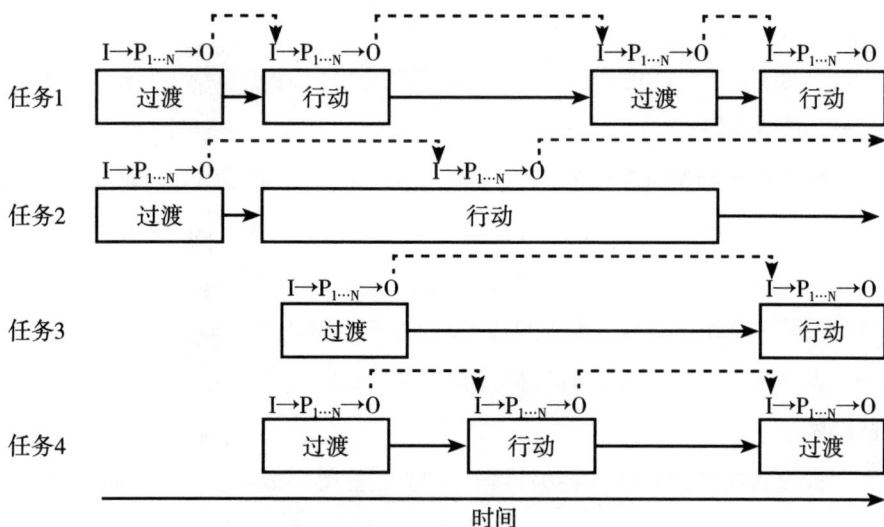

图 7-9　MTS 的多任务运作过程

7.2.3.3　多团队协作过程模型

MTS协作作为一个重要的团队过程变量，它既发生在MTS运行的行动阶段也发生在过渡阶段，但是在不同阶段MTS协作的关注点是不同的。通过查阅以往的文献，本研究构建了MTS协作过程模型，如图7-10所示。

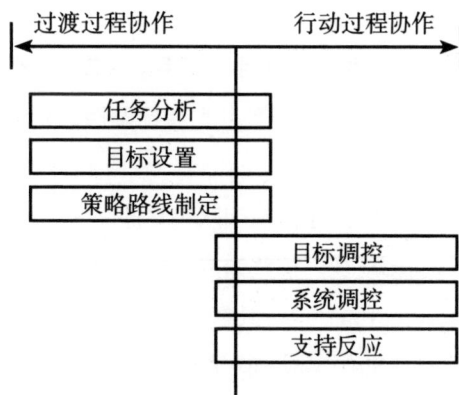

图 7-10　MTS 协作过程模型

首先，从时间上本研究将MTS协作分为过渡过程协作和行动过程协作，接着通过文献的查阅，分别识别了过渡过程协作和行动过程协作的3个维度。

（1）过渡过程协作

在过渡阶段，MTS协作注重对系统任务的分析、设置具体的目标以及制定实现目标的策略路线。

任务分析包括识别系统的主要任务、系统所拥有的资源以及面临的外部环境，MTS成员需要就这些问题展开讨论以达成共识。Gersick（1998）指出，团队如果忽视任务分析过程，可能导致他们没有将精力花在最需要的地方，进而影响团队间的协同合作。肖余春等（2011）在研究网络环境中虚拟团队协作问题时也指出，那些更注重于团队任务的虚拟团队更乐于参与团队协作，并表现出更高的团队绩效。

目标设置指确定MTS的各级目标，建立目标等级体系，确定目标的优先顺序。目标中既要规定各个团队必须完成任务的质量标准，还要确定完成的具体时间。Marks et al.（2001）指出，目标等级体系可以有效地促进团队间的协作。目标能将各个分散的团队拧成一股绳，让他们朝同一个方向努力。

策略路线制定指在考虑系统内外不确定因素的基础上，制定备择的行动方案，以及应对策略。由于MTS的动态性和开放性，在任务完成过程中，系统所拥有的资源条件和所处的外部环境都在不断变化，为了有效地开展团队间的协作，MTS必须充分考虑这些可能的不确定性并制定应对的策略。

（2）行动过程协作

在行动阶段，MTS协作注重于对目标和系统环境的持续监控，团队间相互支持以达成系统目标。行动过程协作可分为目标调控、系统调控和支持反应3个维度。

目标调控指各个团队时刻关注自身团队和其他团队目标的达成情况，并把相关信息在系统内进行沟通和反馈。这些信息既包括目标的进展情况，还包括目标的调整建议（Gaddy et al.，1991）。良好的目标调控，使系统内的各个团队了解其他团队的任务进展，便于他们采取相应的协作策略。

系统调控指MTS成员团队对系统资源（如人员、设备等）和外部环境（经济、政治等）进行监控，并在系统内传达相关信息。内外部环境的变化可能会影响MTS协作的水平，对系统进行监控便于各个团队根据变化做出相应的反应，从而提高整个系统的协同水平。

支持反应指成员团队为了完成系统任务所进行的口头上的相互指导、行动上的帮助扶持、承担起其他团队的任务。这就要求在任务完成过程中，团队间能够彼此关注，并在需要的时候能给予其他团队相应的支持和帮助以及寻求其他团队的支持。Dickinson et al.（1997）指出，如果成员间不寻求帮助或不愿意提供帮助的话，那么团队的协作将无法进行，一个成员的失败将导致整个团队的失败。

7.2.4　小结

本节首先详尽介绍了MTS的概念和特征，指出了MTS是不同于单个团队和组织的独特实体，阐明了MTS的五大特征，并具体分析了MTS的2个主要特征。其次，在分析新产品开发活动特点的基础上，给出了NPD多团队系统的定义，以聚焦本研究的研究对象。接着，在评述前人对协作定义的基础上，明确了MTS协作的内涵，同时总结了以往对MTS协作的研究，为之后的理论构建打下基础。最后，介绍了2个团队过程模型，即IPO模型和循环阶段模型，并在这2个模型基础上推导出MTS协作过程模型。在本研究中，总结了现有的国内外相关研究的理论成果，并与本研究有机地结合在一起，为本研究提出了可靠的理论基础。虽然国内外学者对MTS协作的研究已取得了一定的成果，但是仍存在如下不足之处：

（1）在研究方法上，因为MTS仍是一个较新的概念，对它的研究多为理论的探讨，现有实证研究大多采用模拟实验的方法，或是案例分析的方法，这2种方法虽然有着较高的可信度，但缺乏普适性。

（2）在研究内容上，以往对MTS协作的研究多从领导团队的角度，将协作看成是领导团队的职能，考察给领导团队进行相关培训对整个MTS协作的促进作用。这些研究往往将协作看成是一个静态的变量，而忽略了其动态性。

（3）在研究对象上，考虑到难以收集现实中MTS的相关数据，大多数研究的对象是学生团队，这在一定程度上限制了研究的实际指导意义。

为此，本研究以高新技术产业NPD多团队系统为研究对象，从团队运作过程的角度，对MTS协作过程展开研究，以探讨出提高MTS协作水平的措施和方法。

7.2.5　模型建构

结合Williams et al.提出的多团队IPO模型以及Marks et al.提出的循环阶段模型，认为MTS协作是一个过程变量，它调节着输入和结果之间的关系（De Church，2002），且MTS的协作过程可分为过渡过程协作和行动过程协作2个方面。

在MTS的运行过程中，过渡过程协作和行动过程协作是循环进行的，人际互动贯穿于整个MTS协作过程之间，但仍然无法知晓过渡过程协作和行动过程协作的内部机制以及两者之间的关系。回到Marks et al.（2005）对协作的定义，协作是"合理安排相互依赖的活动的时间和次序的过程"，如果把这一过程划分为过渡过程和行动过程，那么过渡过程协作侧重于对整个过程的计划，而行动过程协作则侧重于计划的动态调整，通过计划—调整—再计划达到整个系统的同步协调。

那么在过渡阶段如何确定各个活动的时间和次序呢？首先必须对多团队的任务进行分析，确定任务的流程、规范、相互间的联系以及系统中有哪些资源（人员、技术和设备）。接着，要整合这些任务和资源，确定完成任务的路线图，即任务的目标。最后，还要考虑可能出现的偶然情况制定相应的应对策略。据此，本研究将过渡过程协作分为任务分析、目标设置和策略路线制定3个维度，如图7-11所示。

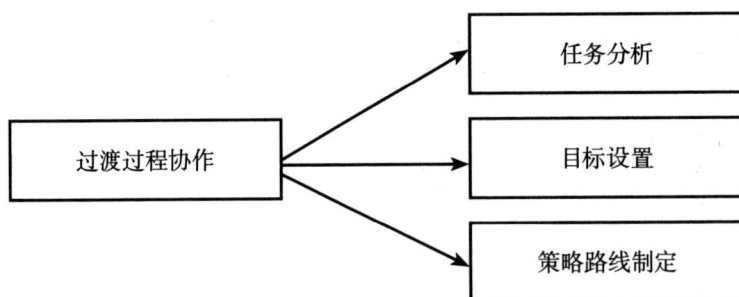

图7-11　过渡过程协作模型

在文献综述里，已经论述了过渡过程协作3维度的构成。任务分析、目标设置和策略路线制定是过渡过程MTS协作的主要关注点。本研究认为，在过渡阶段，如果MTS在这3个方面有较好的表现则他们的协作水平较高。Mathieu et al.（2001）在提出MTS定义时已经论述了目标等级对MTS协作的重要影响，他指出多团队如果有一个相互依赖的目标，则他们表现出较高的协作水平。另外，Gersick（1998）指出，团队如果忽视任务分析过程，可能导致他们没有将精力花在最需要的地方，进而影响团队间的协同合作。

过渡过程协作只是给我们制定了完成任务的路线地图，在实际的NPD多团队系统运作中，经常会遇到一些突发的计划外的情况，如设计团队迟迟没有拿出新产品的概念模型，为了达到同步的协作状态，这时就需要对计划进行调整。行动过程协作的侧重点就在于计划的动态调整。当其他团队无法按时完成任务时，其他团队能否给予必要的支持和帮助；现有的资源是否充分利用，是否需要引进新的人员、技术和设备等资源；目标是否能达成，需不需要调整。据此，本研究将行动过程协作划分为以下3个维度：目标调控、系统调控和支持反应，如图7-12所示。

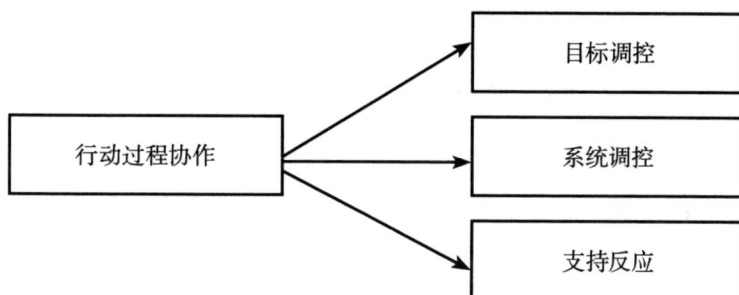

图 7-12　行动过程协作模型

目标调控、系统调控和支持反应是行动过程MTS协作的主要关注点。本研究认为，在行动阶段，如果MTS在这3个方面有较好的表现则他们的协作水平较高。Narks et al.（2001）指出，产品开发团队通过目标调控了解到任务的进展并确定是否需要加班，是否需要需求帮助，是否需要调整目标，这些决定都在一定程度上影响了团队间的协作。他们还指出，缺乏对系统的调控，增加了一些不可预知的系统内外部变化破坏团队协作的风险。另外，Dickinson et al.（1997）年指出团队间的相互支持和帮助能显著提高团队的协作水平。

除了探讨过渡过程协作和行动过程协作的内部机制外，本研究还关注过渡过程协作和行动过程协作之间的关系。Marks et al.（2005）采用模型实验的方法考察了MTS过渡过程（transition processes）和行动过程（action processes）之间的关系，他将过渡过程看作是多团队系统在计划、任务分析和目标细化方面的完成质量，将行动过程看作是多团队系统在目标监控、系统监控、团队监控和支持行为等4个方面的表现。他的研究表明，MTS的过渡过程对行动过程有着积极的影响。本研究试图在NPD多团队系统背景下，进一步验证过渡过程协作和行动过程协作之间的关系。研究的整体模型如图7-13所示。

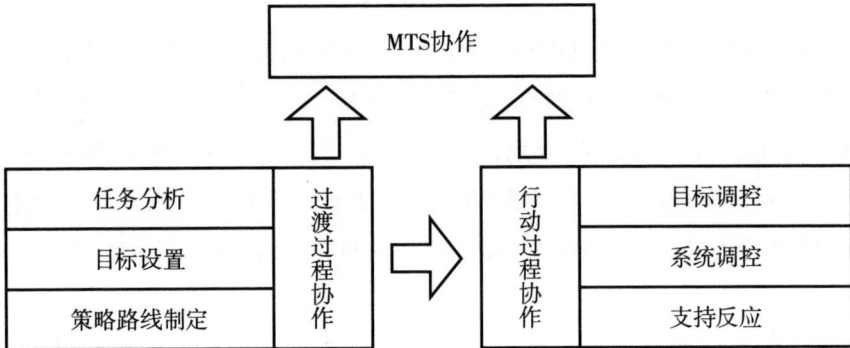

图7-13　研究的整体模型

过渡过程协作指成员团队在任务分析、目标设置及策略路线制定等方面的努力，实际上是行动前的计划；行动过程协作指成员团队在完成系统任务时相互的支持以及对目标和系统的调控。Marks et al.（2005）采用模型实验的方法考察了MTS过渡过程（transition processes）和行动过程（action processes）对MTS绩效的影响。他们的研究发现，MTS的过渡过程和行动过程与MTS绩效都呈正相关，且过渡过程和行动过程也显著正相关。Dechurch（2002 ）在研究MTS协作时也发现，如果多团队在过渡阶段表现出较好的协作水平，则他们在行动阶段的协作水平更高。

7.3　研究设计与研究过程

7.3.1　问卷设计

7.3.1.1　问卷调查的目的和对象

王重鸣（1990）指出问卷法是通过书面形式，以严格设计的心理测量项目或问题，向研究对象收集研究资料和数据的一种方法。本研究通过设计出MTS协作过程调查问卷，研究MTS协作的作用机制，用量化的指标对提出的假设进一步验证，得出较具说服力的研究结果。

本研究的研究对象为高新技术企业NPD多团队系统。

7.3.1.2 问卷内容设计

本研究在参考国内外大量的相关文献与理论研究成果的基础上进行问卷初始量表设计，然后通过与相关企业有关人员进行初步访谈，进一步增强问卷的合理性及表达的清晰性，同时依据高新技术行业的特性，对指标中的问句用字加以调整。

整个问卷设计借鉴了以往学者的相关研究，并充分考虑到高新技术企业研发NPD多团队系统的特性。本研究所用的问卷从结构上可以分为2大部分，其中第一部分主要是NPD多团队系统过渡过程协作和行动过程协作水平的衡量，问卷子量表题项采用李克特7进行测量，量表由一系列能够表达对所研究的概念持肯定或否定态度的陈述所构成，通过受访者自评的方式收集信息，按照1—7依次表示"完全不符合"到"完全符合"。第二部分是受访者的基本信息，包括性别、年龄、所处行业、团队规模、团队工作时间等。

从第二部分的论述可知，对MTS协作的测量是由过渡过程协作、行动过程协作所组成的二维模型，分别从任务分析、目标设置和策略路线制定3个方面衡量过渡过程协作，从目标调控、系统调控和支持反应3个方面衡量行动过程协作。具体的测量指标上，过渡过程协作主要借鉴Mathieu et al.（2001）、Marks et al.（2005）、De Church（2002）以及Dickinson（1997）的研究，一共9个测量指标；对于行动过程协作的衡量，主要是参考了Mathieu et al.（2001）、Marks et al.（2005）、De Church（2002）、Alan（2003）等学者的相关研究，共选取了9个测量指标。

7.3.1.3 变量操作性定义

本研究中变量的操作性定义如下：

过渡过程协作：指在高新技术企业NPD多团队系统中，成员团队在任务分析、目标设置及策略路线制定上的努力程度或协作水平。

行动过程协作：指在高新技术企业NPD多团队系统中，成员团队在目标调控、系统调控及支持反应上的努力程度或协作水平。

任务分析：指在NPD多团队系统协作中，成员团队对系统任务以及系统内外资源条件的了解程度，包括自身团队任务、其他团队的任务以及相互间的联系。

目标设置：指在NPD多团队系统协作中，成员团队间目标的相互联系程度、目标设置的参与程度和目标的认同度。

策略路线制定：指在NPD多团队系统协作中，成员团队对系统内外资源的掌握程度，包括知道这些资源的所在及如何获取。

目标调控：指在NPD多团队系统协作中，成员团队对目标的监控程度，包括对自身目标和其他团队目标达成情况的关注。

系统调控：指在NPD多团队系统协作中，成员团队对系统内外环境变化的了解程度。

支持反应：指在NPD多团队系统协作中，成员团队间在任务上相互支持的程度。

7.3.1.4　统计方法介绍

结构模型方法已渐成为量化研究中一个重要分析工具，它较传统回归方法更为准确合理（侯杰泰，1999）。构建多团队协作过程的结构方程模型，将采用SPSS 17.0和AMOS 17.0软件作为数据统计分析的主要工具，主要使用了以下几种统计方法：

（1）描述统计分析（Descriptive Statistics）：是对样本结构和总体情况所进行的描述，从而了解样本在各构面的分布情形，以说明样本的资料结构。本研究采用描述性统计中的频数分布对调查对象的基本情况进行了描述。

（2）信度分析（Reliability Analysis）：即考察问卷的稳定性与一致性，通常被用来反映量表所测结果数据的真实程度，目前比较常见的是用Cronbach内部一致性系数（α系数）来进行信度检验，只有当信度系数大于0.7时，认为可靠性较强，大于0.5且小于0.7，则认为可靠性一般，可做进一步分析。

（3）效度分析（Validity Analysis）：是指测量工具或手段能够准确测出所需测量的事物的程度，即问卷测试结果的有效性。效度分析可以通过验证性因子分析的模型拟合情况来对量表的效度进行考评。

（4）探索性因子分析（Exploratory Factor Analysis，EFA）：本研究采用因子分析来缩减量表中的变量，力求以较少的维度来表现数据结构，同时根据每个因子涵盖的变量的含义，对因子综合予以命名，得到各个构念层。

（5）验证性因子分析（Comfirmatory Factor Analysis，CFA）：指以特定的理论观点或概念架构作为基础，借由数学程序来确认评估该理论观点所导出的计量模型是否适当、合理（吴明隆，2009）。

（6）模型拟合评价（Model goodness-of-fit Analysis）：指分析假设的理论模型和实际数据的一致性程度。具体的适配度衡量指标有卡方值、CFI值、RMR值、RMSEA值等。

（7）潜在变量路径分析（Path Analysis with Latent Variable，PA-LV）：指对潜在变量间的路径系数或载荷系数进行统计性检验，考察模型结果中估计出的参数是否具有统计意义，类似于回归分析中的参数显著性检验。主要参考的指标为P值等。

7.3.2　小样本测试

在正式测试之前，本研究用初始量表做了小样本的测试。一方面用以检查问卷中各个题项的含义是否清楚、措辞是否准确，另一方面通过对初始量表的探索性因子分析检验问卷中的题项是否能测量本研究的各个概念，并对不合适的地方进行了修正，以避免在大样本调查中发生错误。

在小样本调查中，通过老师们、同学们和个人的关系网络向软件业、通信业、精密机械业、生物科技业等高新技术企业发放问卷50份，回收47份，有效问卷45份，有效问卷回收率90%。利用收回来的小样本对问卷进行探索性因子分析和CITC（Corrected Item-Total Correlation）分析，即纠正条款的总相关系数分析。一般而言，如果CITC大于0.35则认为该测量条款具有较好的内在一致性，所以本研究将0.35作为是否删除测量条款的标准。同时，本研究还使用Cronbach内部一致性系数 α 值检验测量条款的信度。通常而言，Cronbach α 系数在0.6以上即可接受，0.7以上为较高的信度，大于0.8表示信度非常好。当某一条款的CITC值小于0.35并且删除该条款后Cronbach α 系数增大，那么可以删除该条款。

7.3.2.1　过渡过程协作量表的探索性因子分析

在提取因子前，首先对样本的相关性进行检验，如表7-1所示。

表 7-1　过渡过程协作量表的 KMO 测度和 Bartlett 球形检验结果

KMO样本测试		0.729
Bartlett球形检验	Approx. Chi-Square	982.836
	Df	45
	Sig.	0.000

KMO值越接近1，表示数据越适合做因子分析；如果KMO接近0，表示不适合做因子分析。一般来说，KMO值大于0.7表示"适合"做因子分析。本例中KMO值为0.783，可以做因子分析。

对过渡过程协作9个测量题项采用主成分因子分析法，按照特征值大于1和正交旋转法、方差最大法抽取因子，获得3个因子结构，总方差解释量为70.15%。见表7-2。根据每个因子所对应的题项的总体特征，将过渡过程协作归结为3个因子，这3个因子为：任务分析、目标设置和策略路线制定。这表明本研究所提出的过渡过程协作的3个因子面均可以操作化为单一的测量变量，且每一个变量均相互区别。因此本调查中对过渡过程协作的测量是具有一定效度水准的。

表 7-2　旋转后的过渡过程协作的载荷矩阵

题项	因子		
	1	2	3
TS1-1 我们清楚地知道自己团队的任务是什么	0.624		
TS1-2 我们清楚地知道我们团队的任务和其他团队任务的联系	0.586		
TS1-3 我们清楚地知道完成任务需要哪些资源	0.648		
TS2-1 所有团队都会积极参与到目标的设置中		0.577	
TS2-2 各个团队的目标是相互联系、密不可分的		0.693	
TS2-3 所有的目标都得到成员团队的认同		0.720	
TS3-1 我们会考虑未来可能出现的意外情况			0.609
TS3-2 我们会制定应对这些意外情况的策略			0.656
TS3-3 我们知道遇到意外情况时该如何处理			0.596

过渡过程协作包括3个维度，分别是任务分析、目标设置和策略路线制定，3个维度的CITC和信度分析如表7-3所示：

表 7-3　过渡过程协作量表的 CITC 和信度分析

测量条款		CITC	删除该项目后的 α 系数	α 系数
任务分析	TS1-1	0.615	0.709	0.715
	TS1-2	0.585	0.679	
	TS1-3	0.554	0.687	
目标设置	TS2-1	0.722	0.746	0.806
	TS2-2	0.698	0.755	
	TS2-3	0.673	0.794	
策略路线制定	TS3-1	0.655	0.668	0.731
	TS3-2	0.732	0.643	
	TS3-3	0.703	0.719	

从表7-3中可以看出，过渡过程协作量表中任务分析、目标设置和策略路线制定3个维度的各个测量题项的CITC值都高于0.35，量表总体的α系数分别为0.715、0.806、0.731，说明过渡过程协作量表符合研究要求。

7.3.2.2　行动过程协作量表的探索性因子分析

在提取因子前，首先对样本的相关性进行检验，如表7-4所示。

表 7-4　行动过程协作量表的 KMO 测度和 Bartlett 球形检验结果

KMO样本测试		0.748
Bartlett球形检验	Approx. Chi-Square	1003.526
	Df	45
	Sig.	0.000

KMO值越接近1，表示数据越适合做因子分析，如果KMO接近0，表示不适合做因子分析。一般来说，KMO值大于0.7表示适合做因子分析。本例中KMO值为0.748，可以做因子分析。

对行动过程协作9个测量题项采用主成分因子分析法，按照特征值大于1和正交旋转法、方差最大法抽取因子，获得3个因子结构，总方差解释量为73.24%。见表7-5。根据每个因子所对应的题项的总体特征，将过渡过程协作归结为3个因子，这3个因子为：目标调控、系统调控和支持反应。这表明本研究所提出的行动过程协作的3个因子面均可以操作化为单一的测量变量，且每一个变量均相互区别。因此本调查中对行动过程协作的测量是具有一定效度水准的。

表 7-5　旋转后的行动过程协作的载荷矩阵

题项	因子		
	1	2	3
AC1-1 我们常常会关注自己和其他团队的目标的达成情况	0.668		
AC1-2 我们常常会指出并纠正其他团队偏离目标的行为	0.598		
AC1-3 我们时刻关注系统内人员、设备等的变化	0.619		
AC2-1 我们时刻关注系统内人员、设备等相关资源的变化		0.630	
AC2-2 我们时刻关注外部的环境变化调整我们的行动方案		0.669	
AC2-3 我们会根据内外部的环境变化调整我们的行动方案		0.703	
AC3-1 当我们向其他团队寻求帮助时，总能获得快速的反应			0.629
AC3-2 团队间经常在口头上或行动上相互支持			0.656
AC3-3 有些团队会承担起部分其他团队的任务			0.702

行动过程协作包括3个维度，分别是目标调控、系统调控和支持反应，3个维度的CITC和信度分析如表7-6：

表 7-6　行动过程协作量表的 CITC 和信度分析

测量条款		CITC	删除该项目后的 α 系数	α 系数
目标调控	AC1-1	0.654	0.683	
	AC1-2	0.707	0.566	0.713
	AC1-3	0.573	0.677	
系统调控	AC2-1	0.689	0.680	
	AC2-2	0.656	0.659	0.702
	AC2-3	0.716	0.639	
支持反应	AC3-1	0.588	0.572	
	AC3-2	0.632	0.657	0.697
	AC3-3	0.613	0.630	

从表7-6中可以看出，行动过程协作量表中目标调控、系统调控和支持反应3个维度的各个测量题项的CITC值都高于0.35，量表总体的α系数分别为0.713、0.702、0.697，说明行动过程协作量表也符合研究要求。

7.3.3　正式测试

7.3.3.1　问卷描述性统计

问卷的发放对象为高新技术产业（主要为软件业、通信业、精密机械业、生物科技业等四大行业）中曾参与过新产品开发的人员，他们来自研发、生产、工艺、营销等不同的部门，有过多团队协作开发新产品的经历。问卷调查的时间为2011年5—8月，共计发放问卷300份，回收269份，回收率为89%，扣除部分不合格问卷，有效问卷为255份，有效问卷率为85%。

本研究所定义的NPD多团队系统是企业一次新产品开发活动中的多个参与团队所构成的系统，并不是一个企业代表一个NPD多团队系统。考虑到调查对象有的来自同一个高新技术企业，问卷填写过程中他们回忆的新产品开发项目可能相同，这就可能产生样本的相关性问题。因此，在问卷中，让调查对象填写他们所描述的新产品开发项目的名称，如果来自同一个企业的调查对象所描述的是同一个新产品开发项目，那么对他们的数据取平均值。对数据做如上处理后，得到有效的样本量为158份。

调查对象的基本情况如表7-7所示。

表7-7 调查对象基本情况分布

变量名称	变量项目	样本数	所占百分比（%）
性别	男	189	74.1
	女	66	25.9
年龄	25岁以下	21	8.2
	25—35岁	155	60.8
	36—45岁	60	23.4
	46—55岁	19	7.6
	55岁以上	0	0.0
学历	大专及以下	8	3.1
	大专	47	18.4
	本科	169	66.3
	硕士及以上	31	12.2
团队服务时间	5个月以下	42	16.5
	5—12个月	79	31.0
	13—36个月	110	43.0
	3年以上	24	9.5

由表7-7所示，被调查者中，男性的比例较高，占总人数的74.1%，年龄以25—35岁人数居多，占总人数的60.8%。从学历上看，本科学历的调查者占了大多数，比例为66.3%，硕士及以上占了12.2%，两项加起来为78.5%，这在一定程

度上反映了高新技术企业从业者高学历的特点。另外从团队服务时间来看，绝大多数调查者在目前团队的服务时间不超过3年，仅9.5%的调查者在本团队工作了3年以上，这说明高新技术企业员工的流动率较高。我国高新技术行业正处于创业成长阶段，行业内知识型员工供不应求，为员工流动创造了良好的条件，因此知识型员工的流动率处在一个较高的水平。

调查对象所属团队的基本情况如表7-8所示。

表7-8　调查对象所属团队基本情况

变量名称	变量选项	个数	百分比（%）
行业	软件业	89	34.8
	通信业	42	16.5
	精密机械业	69	27.2
	生物科技业	31	12.0
	其他高新技术业	24	9.5
部门	研发和技术部	117	69.4
	生产和运营部	61	23.9
	营销和销售部	40	15.7
	人事和财务部	21	8.2
	其他	16	6.3
企业规模	100人以下	32	12.5
	100–300人	58	22.7
	301–500人	48	18.8
	500人以上	117	45.9
团队规模	5人以下	42	16.5
	5–10人	74	29.1
	11–15人	89	34.8
	15人以上	50	19.6

由表7-8所示，90.5%的被调查者来自软件业、通信业、精密机械业、生物科技业等四大高新技术产业。这4个行业是典型的高新技术产业，而且发展相对比较成熟，也是本研究主要关注的对象。从部门来看，有69.4%的被调查者来自研发和技术部门，23.9%的被调查者来自生产和运营部，15.7%的被调查者来自营销和销售部，另外14.5%来自人事、财务及其他部门。新产品开发涉及企业的各个部门，需要各个部门的通力配合，本样本在各个职能部门有着较好的分布，符合研究的要求。另外，从企业规模和团队规模来看，500人以上的大中型企业占

多数，为45.9%，团队规模以5—10人和11—15人的团队为主，分别占29.1%和34.8%。

综上所述，问卷所收集的数据基本符合高新技术企业的现实和本研究的要求，可进行后续的实证分析。

7.4　相关变量的信、效度与验证性因子分析

7.4.1　信度分析

信度（reliability）指的是测量工具的可信度或稳定性，也指同一群研究样本在同一份检验上测量多次的分数的一致性。在因素分析中，以Cronbach α系数为标准来对各因素和项目的一致性进行检验，在结构方程模型分析中，则以组合信度作为模型潜在变量的信度系数，以潜在变量的组合信度为模型内在质量的判别准则之一，若是潜在变量的组合信度值在0.6以上，表示模型的内在质量佳（吴明隆，2009）。

7.4.1.1　过渡过程协作量表信度分析

首先用Amos Graphics构建过渡过程协作的理论模型，匹配数据后得到各潜在变量的因素负荷量，依据每个变量的因素负荷量可得到其信度系数，继而得出每个维度的组合信度及整个量表的信度。具体信度分析见表7-9。

表 7-9　过渡过程协作量表信度分析

测量指标	因素负荷量	信度系数	测量误差	组合信度
TS1–1	0.813	0.661	0.339	
TS1–2	0.807	0.717	0.283	
TS1–3	0.836	0.667	0.333	
				0.863
TS2–1	0.751	0.564	0.436	
TS2–2	0.780	0.608	0.392	
TS2–3	0.811	0.658	0.342	
				0.824
TS3–1	0.840	0.706	0.294	
TS3–2	0.870	0.757	0.243	

测量指标	因素负荷量	信度系数	测量误差	组合信度
TS3-3	0.827	0.684	0.316	
				0.883

从表7-9可见，过渡过程协作量表的每个测量题项的信度系数都大于0.5，且潜在变量"任务分析""目标设置""策略路线制定"的组合信度均大于0.6，分别为0.863、0.824和0.883，说明过渡过程协作三维度量表具有较好的信度。

7.4.1.2 行动过程协作量表信度分析

同理可得行动过程协作量表各变量的信度值，如表7-10所示。行动过程协作量表的每个测量题项的信度系数都大于0.5，且潜在变量"目标调控""系统调控""支持反应"的组合信度均大于0.6，分别为0.845、0.816和0.874，这说明行动过程协作三维度量表具有较好的信度。

表 7-10 行动过程协作量表信度分析

测量指标	因素负荷量	信度系数	测量误差	组合信度
AC1-1	0.805	0.643	0.357	
AC1-2	0.816	0.666	0.334	
AC1-3	0.792	0.627	0.373	
				0.845
AC2-1	0.764	0.583	0.417	
AC2-2	0.773	0.598	0.402	
AC2-3	0.780	0.608	0.392	
				0.816
AC3-1	0.834	0.696	0.304	
AC3-2	0.829	0.687	0.313	
AC3-3	0.844	0.712	0.288	
				0.874

7.4.2 验证性因子分析和效度检验

7.4.2.1 过渡过程协作模型的验证性因子分析

运用AMOS 17.0软件，绘制NPD多团队系统"过渡过程协作模型"的路径图。该模型共有21个回归系数参数，其中12个是固定参数，9个是待估计的参数。12个固定参数中有3个因素项，9个测量指标的误差变量，参数固定值为1，路径系数值固定为1。待估计的协方差参数有3个，待估计方差参数12个，因而待估计的参数有24个。这24个待估计的参数，加上12个固定回归路径系数，全部的参数有36个。表7-11是该模型的参数摘要。

表 7-11　参数摘要

	Weights	Covariances	Variances	Means	Intercepts	Total
Fixed	12	0	0	0	0	12
Labeled	0	0	0	0	0	0
Unlabeled	9	3	12	0	0	24
Tatal	21	3	12	0	0	36

在Amos软件中计算参数值后，模型可以顺利收敛识别。该模型的自由度为24，拟合度卡方值为40.506，显著性概率值P=0.425，大于0.05，接受虚无假设，表示假设模型与样本数据可以适配。此外卡方自由度比值为1.688，表示二阶验证性因子模型可以被接受。

表7-12是过渡过程协作三维因子结构的参数估计，在模型设定时，将"TS1-1←任务分析""TS2-1←目标设置""TS3-1←策略路线制定"的回归参数设为1，所以这3个参数不需要进行路径系数显著性检验。从表7-12中可见，各显变量对三因子结构的标准化因子载荷都在0.6以上，各因子载荷值的临界比率C. R.均大于1.96，所有的标准化系数皆具有很高的显著水平（P＜0.05），说明该模型具有较好的收敛效度。

表 7-12　过渡过程协作三维因子结构的参数估计

	标准化因子载荷系数	S.E.	C.R.	P
TS1-1 ← 任务分析	0.813			
TS1-2 ← 任务分析	0.807	0.132	6.310	***
TS1-3 ← 任务分析	0.836	0.152	6.967	***
TS2-1 ← 目标设置	0.751			
TS2-2 ← 目标设置	0.780	0.133	7.850	***
TS2-3 ← 目标设置	0.811	0.119	7.513	***
TS3-1 ← 策略路线制定	0.843			
TS3-2 ← 策略路线制定	0.832	0.127	7.480	***
TS3-3 ← 策略路线制定	0.850	0.150	6.973	***

下面，要对过渡过程协作的三维结构模型的拟合度进行综合评价，表7-13和

表7-14分别显示了该模型的基本拟合度检验结果和整体模型拟合度检验结果。

表 7-13 过渡过程协作模型的基本拟合度检验

评价项目	检验结果数据	模型拟合判断
是否没有负的误差变异量	均为正数	是
因子载荷量是否介于0.5至0.95之间	0.751—0.850	是
是否没有很大的标准误	0.119—0.152	是

表 7-14 过渡过程协作模型的整体模型拟合度检验

统计检验量	适配的标准或临界值	检验结果数据	模型拟合判断
绝对拟合度指数			
卡方值	P>0.05	40.506（P=0.425>0.05）	是
RMR值	<0.05	0.021	是
RMSEA值	<0.08（若<0.05优良；<0.08良好）	0.035	是
GFI值	>0.90以上	0.966	是
AFFI值	>0.90以上	0.936	是
增值拟合度指数			
NFI值	>0.90以上	0.973	是
RFI值	>0.90以上	0.951	是
IFI值	>0.90以上	0.995	是
TLI值	>0.90以上	0.983	是
CFI值	>0.90以上	0.995	是
简约适配度指数			
PGFI值	>0.05以上	0.515	是
PNFI值	>0.05以上	0.649	是
PCFI值	>0.05以上	0.664	是
CN值	>200	277	是
卡方自由度比	<3.00	1.688	是

从表7-13和表7-14中可知，"过渡过程协作量表"验证性因子分析模型的基本拟合指标均达到检验标准，模型没有负的误差变异量，因子载荷量都介于0.5—0.95之间且没有很大的标准误差。

在整体模型拟合度的检验方面，绝对适配指标、增值适配指标与简约适配指标统计量中，所有适配指标值均达模型可接受的标准。该模型的自由度为24，模型适配度的卡方值等于40.506，显著性概率值P＝0.425，大于0.05，接受虚无假设，表示研究所提出的"过渡过程协作模型"与实际数据可以契合。整体而言，测量模型中没有发生观察变量横跨2个因子的情形，原先构建的不同测量变量均落在预期的因子上面，表示测量模型有较好的区别效度；研究所提出的"过渡过程协作模型"与实际获得的数据拟合度较好，即模型的外在质量佳，测量模型有着较好的收敛效度。

综合各类指标，认为研究所构建的"过渡过程协作三维因子模型"（如图7-14所示）具有较好的收敛效度和区别效度，结构模型可以接受。

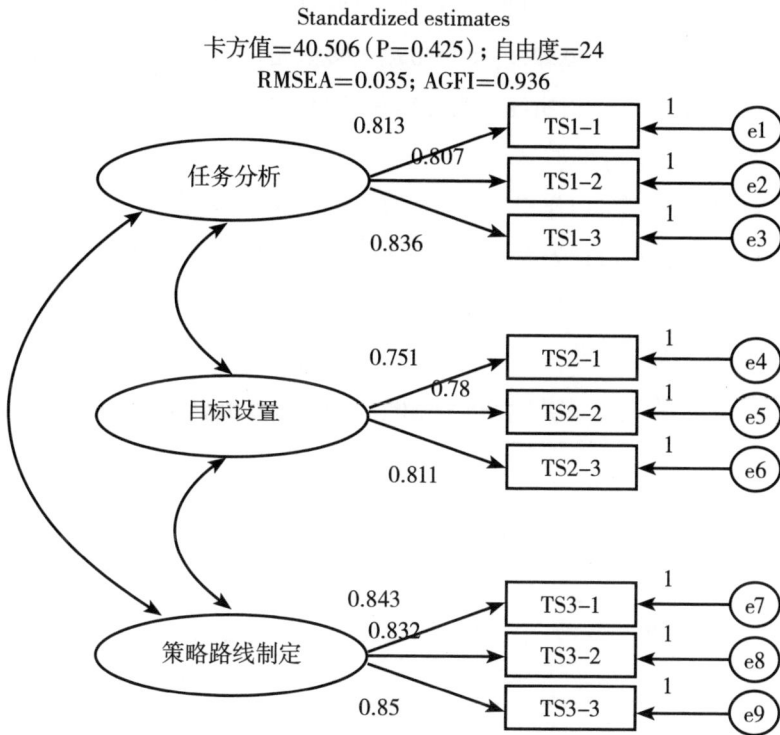

图 7-14　过渡过程协作的验证性因子模型

7.4.2.2　行动过程协作模型的验证性因子分析

类似地，在AMOS 17.0中绘制NPD多团队系统"行动过程协作模型"的路径图。该模型共有21个回归系数参数，其中12个是固定参数，9个是待估计的参数。12个固定参数中有3个因素项，9个测量指标的误差变量，参数固定值为1，路径系数值固定为1。待估计的协方差参数有3个，待估计方差参数12个，因而待估计的参数有24个。这24个带估计的参数，加上12个固定回归路径系数，全部的参数有36个，如表7-15所示。

表 7-15　行动过程协作模型参数摘要

	Weights	Covariances	Variances	Means	Intercepts	Total
Fixed	12	0	0	0	0	12
Labeled	0	0	0	0	0	0
Unlabeled	9	3	12	0	0	24
Tatal	21	3	12	0	0	36

在Amos运算后，模型顺利收敛识别。该模型的自由度为24，拟合度卡方值为49.612，显著性概率值P=0.372，大于0.05，接受虚无假设，表示假设模型与样本数据可以拟合。此外卡方自由度比值为2.067，小于3.00，表示验证性因子模型可以被接受。

表7-16是行动过程协作三维因子结构的参数估计。从表7-16中可见，各显变量对三因子结构的标准化因子载荷都在0.6以上，各因子载荷值的临界比率C. R.均大于1.96，所有的标准化系数皆具有很高的显著水平（P＜0.05），说明该模型有着较好的收敛效度。

表 7-16　行动过程协作三维因子结构参数估计

	标准化因子载荷系数	S.E.	C.R.	P
AC1-1 ← 目标调控	0.805			
AC1-2 ← 目标调控	0.816	0.145		***
AC2-3 ← 目标调控	0.792	0.088		***
AC2-1 ← 系统调控	0.764			
AC2-2 ← 系统调控	0.773	0.123		***
AC2-3 ← 系统调控	0.780	0.136		***
AC3-1 ← 支持反应	0.834			
AC3-2 ← 支持反应	0.829	0.087		***
AC3-3 ← 支持反应	0.844	0.140		***

除了参考卡方值和卡方自由度比值外，我们还需参考其他拟合指标，以综合判断研究所构建的"行动过程协作三维因子模型"的有效性。表7-17和表7-18分别显示了该模型的基本拟合度检验结果和整体模型拟合度检验结果。

表 7-17 行动过程协作模型的基本拟合度检验

评价项目	检验结果数据	模型拟合判断
是否没有负的误差变异量	均为正数	是
因子载荷量是否介于0.5至0.95之间	0.773—0.844	是
是否没有很大的标准误	0.087—0.145	是

表 7-18 行动过程协作模型的整体模型拟合度检验

统计检验量	适配的标准或临界值	检验结果数据	模型拟合判断
绝对拟合度指数			
卡方值	P>0.05	49.612（P=0.372>0.05）	是
RMR值	<0.05	0.032	是
RMSEA值	<0.08（若<0.05优良；<0.08良好）	0.058	是
GFI值	>0.90以上	0.957	是
AFFI值	>0.90以上	0.919	是
增值拟合度指数			
NFI值	>0.90以上	0.968	是
RFI值	>0.90以上	0.943	是
IFI值	>0.90以上	0.984	是
TLI值	>0.90以上	0.974	是
CFI值	>0.90以上	0.984	是
简约适配度指数			
PGFI值	>0.05以上	0.510	是
PNFI值	>0.05以上	0.645	是
PCFI值	>0.05以上	0.656	是
CN值	>200	258	是
卡方自由度比	<3.00	2.067	是

从表7-17和表7-18中可知，"行动过程协作模型"验证性因子分析的基本拟合指标均达到检验标准，估计结果的基本适配指标良好，没有违反模型辨认规则。

在整体模型拟合度的检验方面，绝对适配指标、增值适配指标与简约适配指标统计量中，所有适配指标值均达模型可接受的标准，在自由度等于24时，模型适配度的卡方值等于49.612，显著性概率值P=0.372，大于0.05，接受虚无假设，表示研究所提出的"行动过程协作模型"与实际数据可以契合。整体而言，研究所提的"行动过程协作模型"与实际观察数据的适配情形良好，即模型的外在质量佳，测量模型的收敛效度佳。测量模型中没有发生观察变量（题项）横跨2个因子的情形，原先构建的不同测量变量均落在预期的因子上面，表示测量模型有良好的区别效度。

综合各类指标，认为研究所构建的"行动过程协作三维因子模型"（如图7-15所示）具有较好的收敛效度和区别效度，结构模型可以接受。

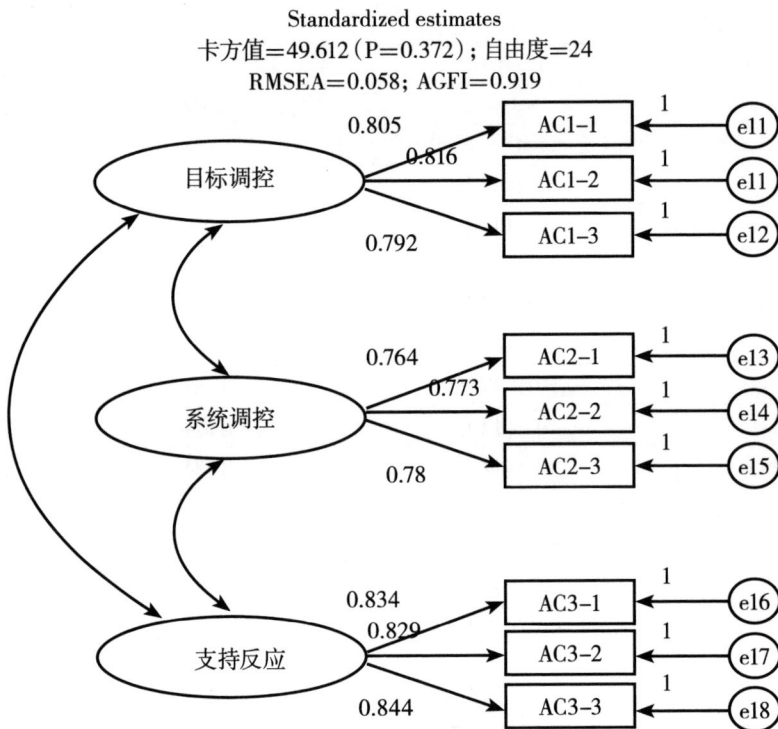

图 7-15　行动过程协作的验证性因子模型

7.4.2.3　过渡过程协作和行动过程协作的路径分析

由于过渡过程协作的3个结构因子（任务分析、目标设置、策略路线制定）和行动过程协作的3个结构因子（目标调控、系统调控、支持反应）均是不可直接观测的潜变量，为此需要对研究模型中的结果变量进行赋值。通用的赋值方法有2类，其一是采用因子分析方法，计算它们的因子值作为潜变量的测量值，另一种就是通过采用均值的方法，直接计算潜变量的测量值。本研究采用均值方法，计算出每个结构因子的测量变量的均值作为其计算值。根据本研究问卷题项的特点，将任务分析、目标设置、策略路线制定、目标调控、系统调控、支持反应等6个变量相对应的题项加总平均，作为它们各自的测量值。

首先在Amos中构建图7-16所示的模型，匹配数据后，Amos 17.0计算出各个参数值，模型可以顺利收敛识别。该模型的自由度为8，拟合度卡方值为20.425，显著性概率值P=0.271，大于0.05，GFI值为0.929，CFI值为0.906，AGFI值0.903，NFI值为0.911，RMSEA值为0.087。因此，从整体而言，本研究数据资料与模型间具有相当程度的契合度，拟合效果较好。变量间的路径系数如表7-19所示。从表7-19中可见，过渡过程协作对行动过程协作的路径系数为0.49，C. R.=3.856，大于1.96，说明过渡过程协作对行动过程协作存在显著的正向影响。

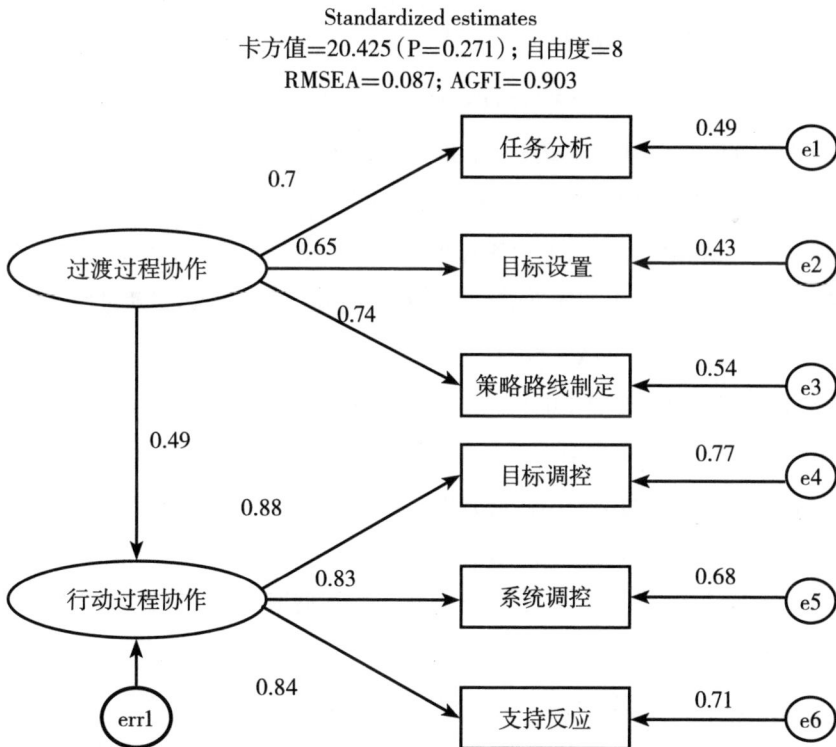

Standardized estimates
卡方值=20.425（P=0.271）；自由度=8
RMSEA=0.087；AGFI=0.903

图 7-16　过渡过程协作和行动过程协作的关系模型

表 7-19 过渡过程协作和行动过程协作关系模型的参数估计

	标准化因子载荷系数	S.E.	C.R.	P
任务分析 ← 过渡过程协作	0.70			
目标设置 ← 过渡过程协作	0.65	0.130	4.308	***
策略路线制定 ← 过渡过程协作	0.74	0.144	9.236	***
目标调控 ← 行动过程协作	0.88			
系统调控 ← 行动过程协作	0.83	0.097	13.505	***
支持反应 ← 行动过程协作	0.84	0.128	6.764	***
行动过程协作 ← 过渡过程协作	0.49	0.185	3.856	

7.5 研究结论与启示

7.5.1 主要研究结论

本研究在总结国内外学者对MTS协作研究的基础上，结合我国高新技术企业NPD活动的实际，探讨了高新技术企业NPD多团队系统协作机制。经过前文的资料总结及实证分析，本研究的主要研究结论如下：

结论一：MTS协作可分为过渡过程协作和行动过程协作2个方面。Marks et al.识别了团队过程的3个方面，即过渡过程、行动过程和人际互动过程，并建立了基于时间的团队过程模型。协作本身也是团队过程的一个重要变量，因此也可以从时间的角度来理解MTS协作，基于此，本研究认为MTS协作可分为过渡过程协作和行动过程协作2个方面。

结论二：过渡过程协作由任务分析、目标设置和策略路线制定3个评价维度构成。对过渡过程协作的验证性因子分析的结果表明，任务分析、目标设置和策略路线制定构成了过渡过程协作的3个构面，且模型拟合情况良好，3个维度的因子载荷均通过了显著性水平检验。

结论三：行动过程协作由目标调控、系统调控和支持反应3个评价维度构成。对行动过程协作的验证性因子分析的结果表明，目标调控、系统调控和支持反应构成了行动过程协作的3个构面，且模型具有较好的拟合度，3个维度的因子载荷均通过了显著性水平检验。

结论四：过渡过程协作水平可以显著提高行动过程协作水平。通过建立过渡过程协作和行动过程协作的结构方程模型，对两者间的路径影响进行分析。结果表明，过渡过程协作对行动过程协作具有显著的正向影响，即提高过渡过程团队间的协作水平有助于促进行动过程的协作水平。

7.5.2　研究启示

本研究对高新技术企业NPD活动的启示有以下几点。

7.5.2.1　在 NPD 过程中加强各职能团队间的协作

很多对新产品开发失败案例的研究表明，新产品开发的失败，除了公司无法满足开发新产品所要求的生产能力、营销能力，没有对重大技术上的转变进行充分准备等原因之外，多多少少都与公司内部各职能部门之间未能进行有效的合作有关。由于不同的NPD项目和特定NPD项目中每个阶段的活动都涉及公司2个以上的职能，为达到理想的新产品开发效果，这些职能团队之间进行有效的协作是绝对必要的。

当前企业的新产品开发多采用并行开发，它是对产品设计及其相关过程（包括制造过程和支持过程）进行并行一体化设计的一种系统化的工作模式。并行开发一改传统的按部门分工的串行工作模式，使产品设计、工艺、生产、营销等过程并行交叉实施，从而大大缩短了新产品上市时间，有效加快了开发速度。但是，应该看到，并行开发在宏观上赢得时间但也增加了参与新产品开发的各职能团队间的协作难度。由此可见，从串行开发到并行开发是以协作来换取时间的。但是在当前日益激烈的竞争中，尤其是瞬息万变的高新技术产业中，这种交换是必要的，因为时间是取胜的关键。事实上，加强新产品开发中各职能团队间的协作和沟通，可以取长补短，在取得效益的同时，还提高了产品的质量和降低了成本（徐霞，2003）。

7.5.2.2　在 NPD 过程中增强对系统内外部环境的监控

NPD是一项复杂的系统工程。不论是改进型的产品还是全新的产品，新产品的开发都是跨职能、跨学科的行为，它需要企业几乎所有部门的参与，并且涉及营销管理、财务管理、工程设计、项目管理、运营管理等多方面的知识，因此新产品开发的过程中存在许多的不确定性（刘政方，2008）。一方面，不确定性是团队间有效协作的阻碍，因为在信息不确定的情况下，团队无法准确地做出决策，导致团队间协作的紊乱。另一方面，加强团队间的协作也可以在一定程度上降低不确定性，因为协作过程伴随着团队间信息的沟通和分享。因此，为了降低不确定性，提高团队间的协作水平，在NPD过程中我们必须注重对不确定性因素和风险的评估，建立早期预警系统和应对机制。

不确定性贯穿着新产品开发的始终，在过渡过程必须对NPD实施过程中各种可能性及其后果做出充分的研究和评估，并提出可以缓解或避免不确定因素的策略方案。在行动过程，必须对系统内资源和外部环境变化进行监控，根据变化调整行动方案，达到更好的协作水平。

7.5.2.3 在NPD过程中建立计划管理体系

本研究结果表明过渡过程协作能够显著促进行动过程的协作水平。在过渡过程协作中，不管是任务分析、目标设置还是策略路线的制定，实际上都是计划的一部分。汤军社等（1999）提出了基于并行开发的NPD计划管理模式，主要内容包括：构建NPD团队，对活动任务进行分解与定义，再对活动进行并行、交叉和优化组合，按并行工程思想制定研制流程，从企业全局出发制定切实可行的进度计划，并采用先进的进度监控方法。汤军社等构建的NPD计划管理模式和本研究提出的过渡过程的主要维度不谋而合，不同的是本研究还考虑了对不确定性和风险的识别和监控。NPD计划是为了达到预期目标而制定的一系列办法、措施和行动步骤，其作用有：减少不确定因素，理清项目目标，提供评价项目进展情况的基础，建立行动的指南和标准（汤军社等，1999）。通过计划，可以建立各个团队的行动指南和标准，引导团队在行动阶段达到更好的协作水平。因此，建立NPD过程中的计划管理体系对提高职能团队间的协作水平有着重要的作用。

7.5.3 研究局限与展望

7.5.3.1 研究局限

本研究在NPD多团队系统协作模型理论构思的基础上，采用统计调查的方式，获取研究数据，验证了过渡过程协作和行动过程协作的结构模型，并考察了过渡过程协作和行动过程协作的关系，具有一定的理论与现实意义。但由于在这一领域的研究还比较少，因此本研究只是做了些探索性的尝试，难免会存在一些不足，希望在后续研究中不断完善。

首先，在问卷设计和数据收集上，本研究采用追忆法来填写问卷，要求填答者回忆最近主持或参与过的一个由多个团队参与的新产品开发项目，虽然本研究尽量控制一些因回忆而造成的误差，但回忆终究不如观察现场发生来得精确，因此填写信息的精确性会受到影响；另外，本研究将 MTS 成员对所在 NPD 多团队系统各维度的协作水平的评价作为该 MTS 协作测量变量的值，由于个人感知的不同，所测结果不一定代表该 MTS 的真实情况，影响了问卷的有效性。在问卷发放上，由于研究条件和能力的限制，没有获得足够多的样本数据，这也在一定程度上影响了数据分析的结果。

其次，在研究设计方面还需要完善，本研究只验证了过渡过程协作和行动过程协作的三维因子结构，但并没有比较可选的备择模型的拟合度，虽然模型拟合度良好，但可能存在更为合理的结构模型；没有考察控制变量对 NPD 多团队系统协作水平的影响，在文献综述中也没有深入探讨可能影响 MTS 协作水平的相关控制变量，未来的研究可进一步深入探索。

7.5.3.2　研究展望

综观国内外 MTS 协作的相关研究，在总结本研究经验和不足的基础上，未来 MTS 协作的研究可在以下几个方面继续探索。

（1）有关 MTS 协作的研究目前主要集中在欧美地区，亚洲地区的研究相对较少，国内学者近期的研究也处在初步探索阶段。因此对 MTS 协作和测量工具的研究还需要在中国情境下结合具体企业开展大量的实证研究，并进行多方面的信度和效度检验。此外，未来的研究需要实验研究和现场研究的同步发展，进而探讨 MTS 协作的机制和提升模式，为组织更好地激发和提升 MTS 协作水平以促进新产品开发的绩效提供有益的支持。

（2）在研究设计上，建议未来的研究可采用纵向的研究设计。国外的研究多采用模拟实验的方法，在实验中可以设计明显区分的过渡阶段和行动阶段，这样的研究设计便于发现 MTS 过渡过程协作和行动过程协作的不同表现以及验证两者之间的关系。

（3）未来的研究可将 MTS 协作作为 MTS 运行的过程变量，考察 MTS 的输入变量（个体水平因素、群体水平因素和环境因素）对 MTS 协作水平的影响，以及 MTS 协作对 MTS 绩效的影响。

第8章 多团队隐性协作与过程绩效的实证研究

8.1 研究目的

伴随着知识经济时代的到来，全球化进程日益加快，科技迅速发展，全球化带来的激烈竞争使企业面临的市场环境愈加复杂，任务越来越富有挑战性，企业的组织形式更加灵活多变，需要更多跨学科、跨领域的团队成员之间以一种相互协作的方式来应对。多团队系统理论随之应运而生，它是近年来人力资源管理领域的新视野和新方向。多团队系统是通过整合来自不同部门或组织，拥有不同专业知识背景的人员来组成，是一个跨越传统团队边界的范畴。多团队系统中的单元团队各自拥有各自的近期目标，通过团队彼此间的共同协作拥有一个共同的远期目标。相对于传统单个团队来说，多团队系统更像是临时组织，这使得他们在应对复杂和富有挑战性的任务时能更加灵活多变。在当今这个以"变"为主要特征的时代，传统的单个团队显然已显得很无力。本研究对多团队隐性协作的研究，将在一定程度上引起企业管理者和团队领域研究者对隐性协作的重视，同时对提高多团队绩效具有重要的方法论意义。

8.2　理论基础与研究假设

8.2.1　多团队隐性协作研究

8.2.1.1　多团队系统中协作与隐性协作的基本概念

协作，可以从字面上将其理解为"若干人或单元之间进行相互配合完成任务的过程"。协作能帮助组织实现资源的有效配置，通过低成本和低投入来获得高生产率。因此，组织达到高绩效的过程也是其达到高协作的过程。

在组织研究领域中，并未对协作的定义达成一致，不同学者对其进行了不同的定义。Thompson（1967）将协作定义为"组织为完成具有复杂性目标和不确定性任务所采取的行为"。Guastello（1998）则认为，协作指的是"2个或以上的人在完成相同的或具有互补性任务时所采取的行为"。Cannon Bowers（1993）认为，团队协作指的是团队内部的相互交流以及复杂关系的过程，它包括团队成员以何种合作方式来确保特定任务的完成所需的程序性知识、团队交流模式以及团队规范等。Hoegl et al.（2004）更是将团队协作理解为团队内部的交互过程，包括团队行为、互动行为以及情感交流。

根据研究对象的不同，协作又有着不同的定义。个体层面的协作可定义为"成员为实现共同且可识别目标过程所作出的努力"（Blau et al.，1962）；组织层面的协作可理解为"为完成一系列任务集，组织不同部分进行整合的过程"（Van de Ven，1971）。

尽管相关领域的各学者对协作的定义很难达成一致，但其中的绝大多数定义都抓住了协作的基本内涵，"通过采用时间或次序上的组合，使互依性任务能同步协调进行"（Zalesny et al.，1995）。从该角度来说，Marks et al.（2001）对协作的定义也类似，他认为协作是"互依性行动的时间和顺序的一系列过程"，即合理地对活动的次序和关键时间点进行安排，以确保各项活动有序进行的过程。

在团队中，如果团队成员能按时按量完成各自的任务，那么就产生了团队协作。而存在于多团队系统中的协作，除了包括单元团队内部的协作外，还包括对各个团队进行同步的协作，多团队协作通常被形容成跨团队协作，De church（2006）把它定义为"对团队间的互依性行为进行整合的过程"。

早期针对多个团队进行协作研究的探索还不是很多，且主要集中于对其的理论阐述部分（DeChurch，2002）。Mathieu et al.（2001）首次提出了多团队概念后，才有了多团队层面较为正式的研究，虽然这些研究并未有针对性地关注团队与团队之间的协作部分，但都将其作为自变量或调节变量来进行了探索。

此外，通过对国内外相关文献的梳理发现，以往关于协作的研究主要集中在协作的显性层面上，而从隐性层面来对协作进行研究的文献相对较少。一般来说，显性协作是由计划、安排以及过程组成的。在可预测性低的情境下，显性协作还包括有意进行的语言沟通（Rico et al.，2008）。然而有意的语言沟通在时间和精力上的代价很大，因此在工作中若能够尽可能地避免详细沟通，将有利于更好地协作，这对团队以及组织的成功具有重大意义（Reimer et al.，2006）。

隐性协作概念的出现最早是用来解释决策和行动团队在巨大工作量下通过减少内部沟通来维持最佳绩效能力的（Cannoir et al.，2001；Serfaty et al.，1993）。Kleinman et al.（1989）将这种不需要进行有意语言沟通就能进行协作的能力称为隐性协作。Kleinman et al.在一次模拟军事战略决策任务时对团队的决策制定进行了研究。结果表明，当高效工作团队处于工作量很高的情境中时，成员间的沟通明显减少，因为团队协作从有意沟通过渡到了隐性协作。

之后有很多研究者对隐性协作进行了不同的界定。Cannon-Browers（2006）将隐性协作定义为"团队成员基于对任务已有知识进行协作的适应性行为"。Espinosa et al.（2004）也曾进行过类似的描述，"在快节奏的情况（如体育竞赛和急诊）下，团队成员基于以往的工作或培训经历，以一种不需要过多沟通且高度协作的方式来达成目标"。Rico et al.（2008）指出隐性协作应包括有助于减轻工作量的信息，"预期团队成员的需要"，以及"根据其他成员的预期行动来进行调整自己行动的适应性行为"。

综上所述，隐性协作是指在预先没有经过计划和沟通的情况下，预期团队成员的行动和需要以及任务需求，然后根据他们各自的行为进行动态调整的过程。在制定决策时，团队成员都预先知道其他成员的专长、过去的行为以及兴趣点，所以他们对其他成员怎么处理所面临的状况都能做出假设。

8.2.1.2 多团队协作与隐性协作的区别

显性协作一般是用来改善团队协作的，它产生于团队成员有意识地运用具有针对性的和明确的机制来帮助他们管理任务和沟通的过程中（Malone et al.，

1994）。这些机制的例子包括过程结构和程序口，跟踪团队成员的实际位置（Nova et al.，2010）、任务结构（Lam，1997）、安排、工作计划、说明书、工作分工、直接交流等。

尽管显性协作的研究很有价值，但研究者承认，"良好的沟通几乎是看不见的"，这种看不见的协作就是我们通常所说的隐性协作。在团队成员间，如果没有对任务策略进行过直接和有意的沟通，团队成员仍能够密切配合去完成任务的话，就认为成员间发生了隐性协作。在大多数团队里面，隐性协作是最主要的协作方式。隐性协作的协作方式往往更加自然，更具协调性，同时也比显性协作更为高效，尤其是当不同的团队在面临紧急和突发状况时显得尤为明显。显性协作有时会提高满意度，因为这种方式能够帮助成员设定清晰的目标，但通常情况下不会提高绩效。事实上，显性协作的频繁发生，会对团队不利，因为它具有破坏性，不自然且特别烦琐。所以团队中的隐性协作能够很大程度上导致高绩效的出现。

隐性协作不同于显性协作，团队成员之间的沟通是为了阐明计划，明确职责，协商最后期限，以及获得完成共同任务的信息。隐性协作体现了一个团队在任务、成员需求以及相应调整各自行为方面，不需要特定的沟通就能采取一致行动的能力（Espinosa et al.，2004；MacMillan et al.，2004）。隐性协作强调预期团队成员的需要和行动的能力，在任务互依性程度高时，隐性协作对团队绩效具有极强的促进作用（Cannon-Bowers et al.，2006；Eccles et al.，2007）。

通过以上对比可发现，在工作团队中，隐性协作和显性协作发挥着类似的作用，使得团队成员彼此之间形成了一种相互依赖的关系，只是潜在的机制存在着显著差异。

8.2.1.3 多团队隐性协作相关研究

协作的出现是2个或以上的人在同一时间做相同或互补任务时按照战略调整行动的过程。工作团队中的协作则是由2个或2个以上的人为实现团队任务或目标而进行不断调整的过程。因此，团队成员间允许有潜在的联盟形成和隐性沟通的发生（Bettenhausen，1991）。团队成员从事各种相互依存的活动，如与工作有关的共享任务的输入、过程、目标和奖励的分布（Wageman，1995）。

由于自主管理团队的成员很难在同一时间对团队战略或者团队战略下每个成

员的角色达成一致，所以团队高效协作被认为是很难实现的。而团队成员或许暂时也会采取不同的协作策略以实现他们的目标。

研究者主要将注意力放在计划和沟通机制，即显性协作（Espinosa et al.，2004）上。显性协作主要包括完成期限、计划、安排、目标以及方案等（Faraj，2000）。它包括团队成员为了整合各自的贡献，通过正式或者非正式的方式进行信息交换的过程（Kraut，1995）。这种显性的团队协作是团队协作的一方面。在当今这个逐渐缺乏时间和精力去显性协作的时代，隐性协作通常比显性协作要显得更为高效。因此隐性协作会促进团队绩效的提高。这就需要我们完成从IPO模型（即投入、过程和结果的模型）、任务分配以及计划安排到包括隐性协作行为的转变。

隐性协作是在预先没有经过计划和沟通的情况下，预期团队成员的行动和需要以及任务需求，然后根据他们各自的行为进行动态调整的过程（Cannon-Bo et Al.，1993；Wittenb et al.，1996）。在做决定的时候，团队成员都能预先知道其他成员的专长、过去的习惯以及兴趣，因此也能对其他成员的处事方法进行估计。具有隐性协作的团队倾向于使用惯性来解决问题（Gersick，1990）。

隐性协作的依据主要来自预期任务及团队成员的需求，从而调整各自行为的过程中。团队的隐性协作的行为主要是基于与任务有关的信息、知识以及其他成员的自主反馈。在主动承担工作量和帮助团队其他成员方面，隐性协作扮演着非常重要的角色（Mac Millan et al.，2004）。它根据他人行动的预期调整各自的行为，监控着活动的进程以及团队成员的绩效。

Rico et al.（2008）基于团队知识的方法，探索了团队隐性协作的过程。最初被划分为4个关键性指标，即①在他人没有事先要求的情况下，主动向其他团队成员提供与任务有关的信息、知识以及反馈；②主动替同事分担工作量；③对活动过程和同事的绩效进行监督；④主动调整自己的行为使其与他人行为的预期相适应。

通过这些关键性指标，基于前人的研究结论（Weick，1993），隐性协作又被进一步提炼成2个维度，即期望和动态调整。期望表现在团队成员所做出的有关任务需求的期望和预计过程中，也表现在对他人的行动和需求都是基于事先没有进行有意沟通的情况下。动态调整表现在团队成员遇到一个特定的情况时，对各自行为进行不断调整的过程中。

此外，David et al.（2012）通过情景模拟及实证研究的方法，对隐性协作进行了更深层次的研究，对于隐性协作的分类也是沿用Rico（2008）的分类，将团队构成和团队心智模型也纳入了研究范围来分析对团队绩效的作用。

工作团队中的协作是基于完成期限、计划、安排、目标以及与任务要求相一致的行动，团队领导人认为这些行动都是与高绩效的达成息息相关的。然而，为了实现高绩效，还需要找到一种除显性协作之外更好的协作方式，即隐性协作。所以隐性协作的研究对于团队实现高绩效而言，有着极为重要的意义。

8.2.2 研发多团队过程绩效

8.2.2.1 研发团队的界定

研发团队属于团队领域，但同时却与其他团队类型相区别。它通常是产生于一定的研发需要，由来自不同工作领域、拥有不同背景、不同类型的成员所构成的群体。为了更好地完成研发项目以及组织交代的各项临时性任务，就需要由拥有着多样化、高水准和合理知识结构的成员来构成。即具备相应的知识和技能，拥有共同奋斗的目标，且拥有统一的工作流程和方法。总之，研发团队与普通团队相比更为复杂，通常是由来自不同部门、不同团队的成员所组成，除研发部门外，可能还涉及售后服务部、控制部等。

8.2.2.2 研发团队绩效及其评估

不同学者从各自不同的角度出发，对绩效进行了不同的定义，如表8-1所示，列出了从5个不同角度对绩效内涵的理解。

表 8-1 不同角度下绩效的内涵

角度	代表人物	内　涵
管理学	Bates	绩效是组织为了实现组织目标而表现在不同层面的有效输出，通常包括了2个层面：个人绩效以及组织绩效（是组织所期望的结果）
经济学	Hackman	绩效和薪酬是员工与企业间的承诺关系，二者通过绩效和薪酬实现互相承诺
社会学	Holton	绩效是社会成员依据社会分工的角度所承担的责任
IPO角度	Bemardin	绩效是工作的结果，而且它与组织战略规划、客户满意度还有所投入的资金之间存在着密切关系

续表

角度	代表人物	内　涵
能力角度	Mcber& Spencer	绩效即能力，绩效是个人或组织能力的全部体现。该观点得到了知识型企业的认同

在团队绩效的研究领域中，Nadler et al.（1979）指出，绩效是活动的最终成果，其中包含成员满意度、生产结果以及团队进行持续协作的能力。Hackman（1987）和Sundstrorm（1990）还提出了团队绩效的广义界定，即团队实现既定目标的结果，包含团队生产产量（质量、数量、顾客满意度等）、对成员的影响能力以及提高团队工作效能的可能性。Henderson（1992）认为研发团队绩效除了应涵盖团队整体绩效以及项目完成时间外，还应考虑团队成员的满意度和情感凝聚。有关团队绩效最流行的定义是由Nalder（1990）和Guzzo et al.（1992）提出的，认为团队绩效主要涵盖3方面：组织既定目标的完成情况、团队成员的满意度以及进行继续协作的能力。

在对团队绩效的测量方面，Werner et al.（1997）指出，应该根据不同阶段的研发活动灵活采取不同的测量方式，如早期采用量化测量的方式，后期采用质化的测量方式。Militello et al.（1999）采用归纳分析法，归纳出4种影响团队绩效的因素：团队竞争力、团队所具有的特征以及计划与决策能力和自我管理的能力。Sarin（2001）认为，新产品研发团队的绩效测量指标应涵盖内部和外部2个方面，内部指的是团队成员自我评估以及成员满意度，外部指的是新上市产品的工期、预算控制、市场和创新绩效以及质量等方面。Mary et al.（2010）选取了团队领导力、组织公民行为、成员专业能力、沟通有效性和财务指标作为团队绩效的测量指标。

与此同时，我国也有很多研究者在团队绩效的研究方面取得了一定的成果。戚振江等（2003）认为，团队绩效应包括与团队情境有关的多方面结果，此外，还把团队绩效分成了业绩效能、成员的行为结果以及成员满意度3个维度，且业绩效能包含生产效率、生产力、创新、反应时间，以及客户满意感等；员工态度涵盖了团队成员间的承诺、团队成员对管理层的信任度以及团队成员满意度3方面；团队成员的行为结果包含离职率、缺勤率和安全性3方面。他们还指出，应在此基础上加以关注研发团队5个特征，即组织类型、所在组织结构的职能、产品性质、团队成员投入度和领导结构。

在针对新产品开发项目的团队绩效上，倪渊（2010）认为可将研发绩效分成项目绩效、产品绩效和成员绩效3个方面。王娟（2011）采用综合评价法分析了影响因素，从整体层面和个体层面构建了团队绩效测评体系。徐培（2006）指出，对团队有效性的测量可从4方面来进行：市场环境、运行状况、团队组成和团队结果。曾岚（2011）将高新技术企业作为对象进行研究，表明团队绩效包括任务绩效（工作质量和数量）和关联性绩效（工作态度和组织承诺）。柯江林等（2007）则认为，在研发团队中，员工的自治性、承诺和工作弹性对离职倾向的解释力较强，所以团队绩效不应当包括缺勤和离职；另外，团队满意度和团队承诺虽然是对团队成员态度进行评价的2个典型性指标，但有关研究发现，团队满意度与团队承诺极为相关，且知识型员工更加注重长期的发展和成长，所以可以用团队承诺来衡量成员对团队的态度；此外，对于研发团队来说，创新绩效是团队成果的关键性内容。因此，可从创新绩效、团队承诺与计划符合度这3个方面来衡量研发团队绩效。在管理实践中，对研发团队绩效的测评通常会考虑到5个方面，即预算执行度、创新能力、项目完成质量、团队总体绩效或效率、项目完成进度。

通过以上研究可以发现，团队绩效的测量标准一般较为宽泛，其覆盖了从工作环境到产出的多种因素。有些可能仅仅是影响团队绩效的因素，有些则选取了较为精确核心的维度，可为研发过程输出的指标提供参考。

8.2.2.3　研发多团队过程绩效

罗宾斯（2002）将管理定义为协调工作活动的过程。相应地，管理过程就必然会带来过程绩效。虽然国内外已有众多学者在团队绩效及其测量和评价方法上面进行了大量研究实验，但在绩效研究中，他们过多强调绩效的静态层面，缺乏对动态过程的探索。王重鸣（2005）指出，绩效是结果和过程的结合，应增强对团队互动过程的管理，才能有效对团队绩效进行改善。有学者将绩效定义为进行或实施某事的行为过程或行动的完成过程。方振邦（2003）指出，这有助于我们更好地理解绩效管理，绩效管理是一种对过程的管理。黎志成（2004）指出，研发团队绩效除了应该涵盖团队最后的工作产出外，还应涵盖团队的运行状况和创新能力等。根据ISO 9000的定义，过程即将输入转化为输出的具有强大关联性和作用的活动。Prabu（2006）指出，过程即为特定顾客或特定市场所提供的具有明确产出的结构化和可测量的活动集，它涉及组织的多个职能领域，或进一步分解为多个子过程。过程绩效即对业务过程中的绩效进行测量的过程。

　　企业研发多团队通常是通过项目管理的方式，将工作任务分解给研发多团队下面的各单元团队，再将输入转化成输出，其中的输入转化成输出是研发过程的关键，能够保证项目按计划顺利进行并确保研发过程产物的质量和数量。

　　正如李永州等（2012）所言，"对于研发过程的管理是项目顺利进行的关键，建立一个研发团队过程管理的规范化体系是提高研发效率和增强企业的持续竞争力的关键，具有非常重要的意义"。此外，还总结了影响团队过程绩效的三方面因素，即知识创新力、团队集成能力以及团队的沟通协作能力。Tan et al.（2006）指出，对过程绩效的评估可从7个方面来进行：质量、速度、效率、时间、服务、成本和重要性。Mc Grath（1964）提出的IPO模型（投入过程和产出）（见图8-1）对绩效研究有非常大的影响，IPO模型认为投入会对过程有影响，从而会直接影响结果。丁雯（2008）认为团队绩效是一个系统过程，横向上是一个IPO过程，分别对应着潜在绩效、行为绩效及组织成果；纵向上是从个体绩效到团队绩效再上升到组织绩效的过程。

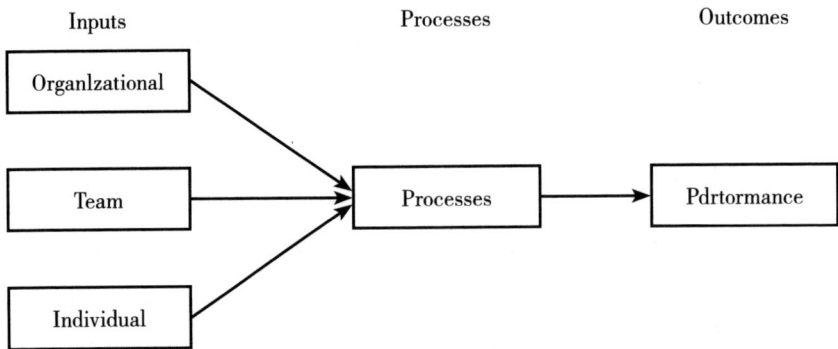

图 8-1　Mc Grath 提出的 IPO 团队过程模型

　　蔡厚清等（2008）指出，研发绩效就是研发过程的运作状况，包括以下2个方面：①团队的运行状态（即团队持续创新能力、团队成员的满意度等），这是由团队成员相互作用形成的；②团队的阶段性成果（如产生于研发过程中的质量和进度等）。

Borman 的二维绩效理论认为，团队所有成员都贡献着边际绩效。若团队成员间能够进行高效率的协作，那么在团队协同效应的作用下，团队过程绩效就会远大于单个成员的个人绩效之和；但若不能进行有效合作，就会发生反协同效应，即团队过程绩效会小于个人绩效之和。团队中每个人的绩效都会融入过程绩效，团队中的每个成员都在为过程绩效做出自己的贡献，同时也从中汲取知识、成就感等营养。

在对前人的研究成果进行总结的基础上，作者认为，过程绩效可能是结果（Bernardin，1984），也可能是行为（Campbell，1993），或者是过程和结果的统一（Ilge1，2005）。即过程绩效包含着行为及结果绩效。朱其权（2006）认为，过程绩效是相对于最终绩效的，它是研发项目中绩效的一种表现，是团队过程中的运行状况（知识共享和角色匹配度）和阶段性成果（如预算控制、研发业绩和支持反应）。徐培等（2006）将团队运行状况分为4个维度，即团队沟通、团队士气、冲突管理及知识共享，其中团队沟通和知识共享所占比例最大。李伟阳（2013）在总结前人对过程绩效研究的基础上，构建了多团队过程绩效模型，包括运行状况和阶段性成果2方面，其中的运行状况包括团队沟通和知识共享两方面，阶段性成果包括预算控制、研发业绩和支持反应3方面。

根据多团队以及过程绩效的特征，本研究主要借鉴了李伟阳（2013）对多团队过程绩效的研究，将多团队过程绩效分为运行状况和阶段性成果2个维度。

8.2.3　多团队隐性协作与过程绩效的关联性证据

团队协作一直是团队领域中一个非常重要的概念。学者对团队协作的研究几乎是伴随着团队研究而同时开始的。如今已有众多针对团队协作和团队绩效关系的研究。Stout通过飞行模拟任务对两人团队进行了研究，结果表明团队整体协作水平与任务绩效呈显著相关；Jehn et al.（1997）通过对三人团队的研究发现，协作可促进团队绩效；Entin（1999）构建了团队协作模型，研究了团队协作的组成因素以及其对团队绩效的影响效果。Dyer（1996）和Holm（2008）通过研究美国和日本的汽车行业发现，生产商和供应商之间基于资源互依性和双方依赖程度的提升，开创了新的知识和技术，有效缩短了新产品的开发周期，并在很大程度上促进了协作水平，从而使研发绩效得到了提升，最终使双方竞争力得到了提升。周青等（2004）对高新技术企业进行了研究。研究通过高新技术企业在费用支出、协作和市场竞争中的三阶段博弈模型发现，企业间的协作水平会直接影响研发收益。研究表明，团队协作与团队绩效之间是正相关的关系。

在多团队系统领域，Sherman et al.（2011）指出，当2个具有高度互依性的团队之间，需要通过多人沟通时，若每个单元团队中没有任何的交流共识点，那么就会产生协作问题。MTS中的所有子团队间是高度依赖的，因此研究者普遍认为，为了促进系统的有效协作，建立一个正式的边界协调机制是十分必要的。Davison et al.（2012）通过通信多团队系统的模拟实验，研究了多团队系统中不同层次间协作行为对绩效的影响，指出MTS是一个复杂的组织形式，既具备传统团队的特征也具备大型组织的特征；研究还发现，与传统团队相反，MTS成员间非结构化的、自主且直接的相互调整对多团队系统的总体绩效是非常不利的。组合团队内部成员间的调整将有利于多团队绩效，而支持团队与关键团队间的所有成员的一种自由协作对多团队系统的整体绩效是不利的。Dechurch（2006）通过模拟实验对多团队进行了研究，研究认为，协作在目标规划和策略上对绩效间的关系中起中介作用。Marks（2005）对绩效片段进行了研究，研究显示绩效片段中的行动阶段对多团队绩效有正向影响。

通过对大量隐性协作中外文文献的查询和阅读可以发现，将隐性协作单独作为研究变量来研究的并不多，但大多数学者在对协作的研究中，都提到了隐性协作，只是没有将其明确地作为变量单独提出来。协作与绩效的大多数模型都是以IPO为基础，将协作作为影响团队效能的关键因素来研究的（Cohen et al.，1997）。协作是确保团队是一个整体的前提（Brannick，1997）。如果团队成员间能够实现高水平的协作，团队所有成员将朝着团队目标一起做出各自的努力，但如果成员间的协作很差，随后活动过程中的损失将会对结果产生负面的影响（Steiner et al.，1994）。以往的研究都是将重点放在了对团队协作的显性协作研究上，显性协作由计划和沟通组成，因为团队成员都会有意地通过计划和沟通来处理彼此之间多重的相互依存关系（Espinosa et al.，2004；Malone et al.，1994）。Ramon et al.（2008）认为，在以往研究中对显性协作的关注为我们提供了团队运作中一个相对静态的模式，尽管它的重要性是毋庸置疑的，但显性协作仅仅揭示了团队协作的一个方面。隐性协作的提出丰富了我们对在交流过程中团队成员协调他们贡献的方式的理解。例如，高层管理团队在做决策时，团队成员必须了解各自对不同业务知识的熟悉度。但是当场来对各自知识进行检测是不现实的，所以在这之前就必须了解他人的专长、过去的经历、知识和利益。团队成员常常会对他人的行为进行假设，以此来作为自己决策的判断，在这个过程中，并不需要特定的沟通或者在一定程度上能减少显性沟通，从而促进协作效率，进而使团队整体绩效有很大的提升（Ramon et al.，2008）。

综上所述，无论在团队、多团队或是研发领域中，隐性协作都是影响绩效的重要因素，团队成员的有效协作会促进组织绩效的提升，反之则会削弱组织绩效。而在多团队领域中，过程绩效又是衡量多团队整体绩效的重要因素，所以在多团队情境下，对隐性协作和绩效的研究将有助于我们更好地理解隐性协作的存在，从而将其更好地运用于组织中，促进团队绩效的提升。

8.2.4　模型建构

8.2.4.1　相关概念界定

（1）多团队隐性协作

多团队系统是近年来团队管理研究的一个新领域，也是整个人力资源管理研究的新视野，备受相关领域学者的关注。Mathieu et al.在2001年，第一次提出了多团队系统理论，她认为，多团队系统解释了由多个不同团队构成的实体的运作方式。多团队是一个异于传统团队，也异于组织的实体，能够迅速对所处环境作出反应，具有动态性和开放性特征。而协作在多团队系统中又是处于核心地位，相比传统单个团队中团队成员之间的协作，多团队中的协作除存在于团队成员间外，还存在于团队与团队间，这使得多团队中的协作方式更为复杂。通过前文的文献回顾，我们可以发现，在多团队这种更为动态和复杂的系统中，协作中的隐性协作在整个多团队活动中占有着极为重要的地位。隐性协作是一种基于团队成员对任务的已有知识进行了解和适应后，不需要进行有意沟通的协作方式，它是协作的一个重要组成部分。

本研究以高新技术企业为背景，结合了多团队系统的基本特征，认为多团队隐性协作是指在预先没有经过计划和沟通的情况下，预期团队成员的行动、需要以及任务需求，然后根据他们各自的行为进行动态调整的过程。在制定决策时，团队成员都预先知道其他成员的专长、过去的行为以及兴趣点，所以他们对其他成员怎么处理所面临的状况都能做出假设。

（2）期望

隐性协作过程中发生的第一个活动，即期望。这是Rico et al.（2008）基于隐性协作的如下特点而得出的：①在他人没有事先要求的情况下，主动向其他团队成员提供与任务有关的信息、知识以及反馈；②主动替同事分担工作量。隐性协作强调的是不需要特定沟通而能够有效配合对方的一种默契。因此，期望表现为团队成员对任务需求、他人的行动以及需要的期望形成是建立在没有对行动和需求进行直接沟通基础上的。

（3）动态调整

在对团队成员的活动倾向有所了解，并做出了预期的行为时，就需要对自己的行为进行调整以适应整个团队乃至整个多团队的目标。Rico et al.（2008）指出，当团队成员为了彼此之间的相互适应而做出持续不断的调整时，就形成了动态调整，这在一定程度上很好地保证了团队行为的一致性。

（4）多团队过程绩效

多团队过程绩效是指对研发多团队中的个人、团队以及多团队系统所达成的活动绩效进行测量，是由多个协作过程的绩效片段相互作用的结果。可分为研发多团队运行状况和研发多团队阶段性成果2个维度（朱其权，2006）。

（5）研发多团队运行状况

研发多团队运行状况是指在研发活动进行过程中，团队成员与团队成员、团队与团队之间相互作用的形式，包括团队沟通和知识共享2方面。团队沟通是指研发多团队在研发活动过程中，团队成员或者团队之间对各自所拥有的情报、信息和知识进行沟通交流，进而解决问题的程度。知识共享是指研发多团队在研发活动中对活动所产生的知识和信息进行交流和共享的程度。

（5）研发多团队阶段性成果

研发多团队阶段性成果是团队成员以及团队在研发过程中获得的预算控制、研发业绩和支持反应三个维度。其中的预算控制是为确保研发目标的实现，对研发过程中的费用支出进行严格控制的过程；研发业绩是研发活动所取得的研发成果；支持反应是指在研发活动中团队成员彼此支持的程度。

8.2.4.2　研究模型

根据前文文献综述和理论架构所得概念，构建了本研究的概念模型，如图 8-2所示：

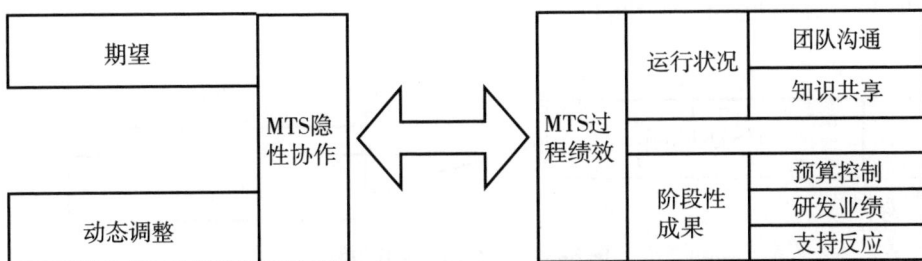

图 8-2　MTS 隐性协作与 MTS 过程绩效的作用关系模型

8.2.5　研究假设

如前文所述，隐性协作是指在预先没有经过计划和沟通的情况下，预期团队成员的行动、需要以及任务需求，然后根据他们各自的行为进行动态调整的过程。

此外，隐性协作过程有如下特点：①在他人没有事先要求的情况下，主动向其他团队成员提供与任务有关的信息、知识以及反馈；②主动替同事分担工作量；③对活动过程和同事的绩效进行监督；④主动调整自己的行为使其与他人行为的预期相适应（Entin et al.，1999；Mac-Millan et al.，2004）。Rico et al.提出，隐性协作由2个基本部分组成：期望和动态调整。①期望。期望表现在团队成员对任务需求、他人的行动以及需要的期望形成是建立在没有对行动和需求进行直接沟通基础上的。②动态调整。当团队成员为了彼此之间的相互适应而做出持续不断的调整时，就形成了动态调整，这在一定程度上很好地保证了团队行为的一致性（Rico et al.，2008）。

实际上，早在1989年，Kleinman（1989）在研究团队绩效时就提出了隐性协作的概念，并认为它是由3个关键组成部分构成的：①了解采取怎样的行动以及行动采取的时间；②知道何时以及怎样与团队成员配合；③主动承担责任。

综上所述，本研究认为，多团队隐性协作可定义为单元团队在管理具有跨团队互依性行为时，不需要进行特定的沟通，能在任务以及成员需求上相应调整各自的行为，从而采取一致行动，以促进团队间的协作，从而实现目标的过程。多团队隐性协作以跨越团队边界和减少内部沟通为内容，以团队目标为导向。本研究采用Ramon et al.对隐性协作的分类进行研究，将MTS隐性协作的维度划分为期望和动态调整2方面，如图8-3所示：

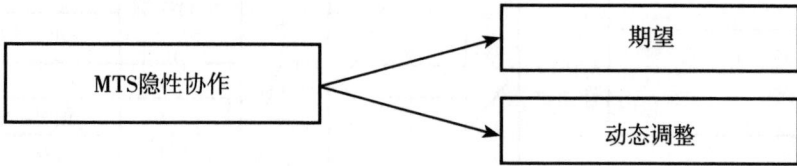

图8-3　MTS 隐性协作过程

隐性协作相对于显性协作而言是一个更富动态的概念，多团队绩效的产生过程相对于单一团队绩效而言也是一个更为复杂和动态的过程。在总结并梳理了Marks、Mathieu et al.（2001）对绩效片段描述的基础上，作者认为，隐性协作和过程绩效都具有时间性、阶段性等特征。本研究在对Mark（2001）和李伟阳（2013）的研究成果进行总结的基础上进一步探索了多团队隐性协作与过程绩效的关系。多团队过程绩效包括2方面：行为和结果。行为方面包含团队沟通和知识共享，为多团队项目运行状况，结果方面包括预算控制、研发业绩以及支持反应，为多团队研发项目阶段性成果。据此，本研究提出多团队隐性协作与过程绩效关系的新概念，得出本研究的研究模型，如图8-4：

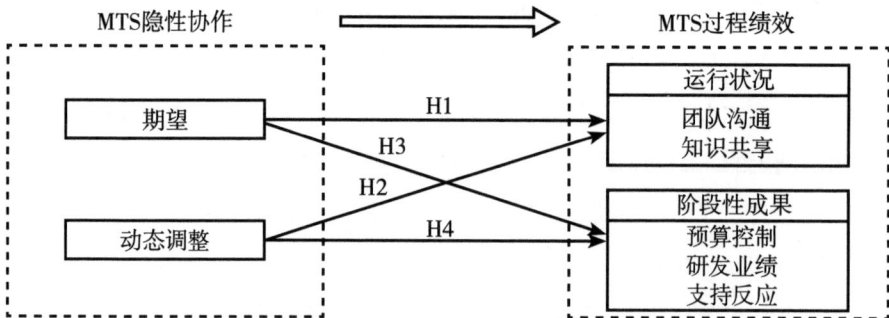

图8-4　基于 MTS 理论的隐性协作与过程绩效关系的概念模型

研究基本假设：

H1：期望对过程绩效的运行状况有显著正向影响；

H11：期望对团队沟通有显著正向影响；

H12：期望对知识共享有显著正向影响；

H2：动态调整对过程绩效的运行状况有显著正向影响；

H21：动态调整对团队沟通有显著正向影响；

H22：动态调整对知识共享有显著正向影响；

H3：期望对过程绩效的阶段性成果有显著正向影响；

H31：期望对预算控制有显著正向影响；

H32：期望对研发业绩有显著正向影响；

H33：期望对支持反应有显著正向影响；

H4：动态调整对过程绩效的阶段性成果有显著正向影响；

H41：动态调整对预算控制有显著正向影响；

H42：动态调整对研发业绩有显著正向影响；

H43：动态调整对支持反应有显著正向影响。

8.3　研究设计与研究过程

8.3.1　问卷设计

本研究的初始问卷设计是在阅读了大量国内外相关理论成果的基础上进行的，参考了国内外已有的成熟量表，并结合本研究的研究背景和对象编制而成，针对本研究所要了解的基本信息、隐性协作、过程绩效等变量进行了定量的测量。

为提高问卷的有效性，在初始问卷编制完成后，又根据调查对象的特征，对测量项进行了适当的筛选和更改，同时也征询了部分研发人员的意见，对问卷的相关问题进行了语句上的调整，确保问卷题项没有歧义，语句流畅，通俗易懂。

8.3.2　研究变量的测量

本研究的调查问卷主要包括2部分：第一部分是调查对象的基本信息，主要包括性别、年龄、学历、参加工作年限、公司所处行业、企业性质、公司规模以及研发团队类型等。第二部分是问卷的正文部分，包括问卷的说明以及多团队隐性协作和多团队过程绩效的各维度测量部分。问卷采用李克特5点量表来进行测量，"1—5"分别表示"完全不符合""大部分不符合""不确定""大部分符合""完全符合"，要求被调查者根据自己的真实感受来填写。

由本研究的概念模型可知，对多团队隐性协作的测量是由期望和动态调整所构成的二维过程模型来测量的。团队隐性协作是一个跨学科的领域。本研究是基于多团队绩效是隐性协作的一个结果来进行的。关于多团队隐性协作中期望维度和动态调整维度的测量借鉴的是Mumtaz et al.（2010）的观点，期望维度是从2个方面来进行测量的，动态调整则包括了6个方面。对于MTS过程绩效的测量量表的编制，总体上借鉴了李伟阳（2013）的量表。多团队过程绩效的具体测量指标包括2个维度，即多团队运行状况和阶段性成果，其中多团队运行状况包括团队沟通和知识共享2个维度。团队沟通的测量主要参考了Campion et al.（1993）的研究，包含了2个方面；知识共享则参考了林筠（2011）等的研究，测量包括6个题项。对多团队阶段性运行成果的测量参考了朱其权（2006）的研究，并结合研发团队的特点，编制了包括8个方面的量表。

8.3.3　统计分析方法

根据本研究的研究目的和基本假设，主要采用SPSS 19.0统计软件作为数据处理和分析的主要工具。分析过程中主要采用了以下几种统计方法：

8.3.3.1　描述性统计

描述性统计即统计分析的第一步，是对一组数据的各特征进行分析，并进一步描述调查样本的各特征和其所代表的数据总体特征。

8.3.3.2　信度分析

信度分析是指通过相同的方法对同一研究对象进行反复测量所得出结果的一致性程度。通常被用来反映量表所测数据的真实性，即可靠性及准确性。信度指标则通常是通过相关系数来表示，一般可以分为稳定系数（跨时间的一致性）、等值系数（跨形式的一致性）和内在一致性系数（跨项目的一致性）。通常采用内在一致性系数来检测（孙艳玲等，2010），通常认为当系数在0.7以上时，可靠性较强；如果间于0.35—0.7，就认为各分量表的可靠信度尚可，可做进一步分析；若在0.35之下，则表示信度很低，有些题项需要舍弃。

8.3.3.3　效度分析

效度通常是指问卷的有效性与准确性，同时也指其能否测出其所希望测出的特性的程度。测量结果与测量内容越一致则表示效度越高，否则效度越低。效度分为3种类型：内容效度、标准效度以及结构效度。其中内容效度又可称为逻辑效度，为项目对其所要测量内容或行为范围取样的适当度，也就是测量内容的适当性与相符性；标准效度是为评价一个实验是否有效而制定的一个较为理想的标准；结构效度，即一个实验事实测到所欲测量的理论结构和特征的程度，或指所测分数能解释心理学理论某种结构的程度，是实验与理论的一致性，即实验能否真正测出假设（构造）的理论。因为本研究所用量表都取自前人的量表分析和理论基础，所以能够基本保证内容效度。结构效度则采用因子分析对量表进行测量。

8.3.3.4　相关分析

相关分析是用来研究现象间是否存在某种依存性，然后根据具体的依存现象来研究其相关方向和程度的方法，是研究随机变量间的相关关系的一种统计方法。

8.3.4　小样本测试

为了提高本研究问卷的信度和效度，因此在做正式调查前进行了小样本检验。通过小样本测试，进一步检验了本研究问卷中各题项的逻辑结构、内容清晰度以及措辞的准确性，此外还对问卷中的题项是否能准确有效地测量研究模型中各变量的各个维度进行了检验，并根据检验所得结果对问卷进行了相应的修正，对重复、多余以及表达不准确的题项进行了删除和完善，在整体上对正式问卷调查的可靠程度有了保证。

本次小样本调查主要集中在机械制造业、航空航天业以及通信设备业等高新技术企业。在问卷发放前，为了确保问卷的有效性，首先对各公司的状况进行了了解，再确认公司有符合本研究要求的研发项目以及公司研发项目的运作模式符合多团队的标准后进行发放，发放对象明确要求必须是研发部门的项目负责人或者项目经理，因为只有负责人或是项目经理参与了研发项目的整个过程和管理，对研发多团队过程有更准确的了解，这样才能更好地对多团队运行状况和阶段性成果进行测量，从而提高问卷回收的可靠性。共计发放问卷63份，回收有效问卷53份，问卷有效回收率为84%。在小样本调查结束后，对问卷进行了信度和效度的分析。一般而言，效度高的量表都具有较高的信度，但信度好的量表不一定有好的效度。

8.3.4.1 样本信度分析

信度（Reliability）又叫可靠性，通过采用相同方法对同一研究对象进行反复测量所获结果的一致性程度，反映了测量工具的可靠性。信度分析通常是采用Cronbach's α信度检验的方法来进行检测，当Cronbach's α值在0.7以上时，则认为可靠性很高；间于0.35—0.7时，则认为可靠信度一般，能做进一步分析；若在0.35之下，则表示信度很低，有些题项需要舍弃。此外Cronbach's α信度系数大于0.6，则表明该题项能测量结构变量，且系数越高，表明内部一致性越好。

下面采用SPSS 19.0统计软件对研究样本进行了内部一致性检验，统计分析结果如下：

（1）研发多团队隐性协作

研发多团队隐性协作包括2个维度，分别为期望和动态调整。2个维度的CITC和信度分析结果如表8-2所示：

表 8-2　研发多团队隐性协作量表的 CITC 和信度分析

测量条款			CITC	删除该项目后的 α 系数	α 系数
MTS隐性协作	期望	IC1-1	0.396	0.723	
		IC1-2	0.408	0.721	
	动态调整	IC2-1	0.521	0.698	0.742
		IC2-2	0.361	0.729	
		IC2-3	0.427	0.718	
		IC2-4	0.417	0.721	
		IC2-5	0.551	0.691	
		IC2-6	0.408	0.721	

从表8-2的分析结果可以看出，在研发多团队隐性协作量表中，测量期望和动态调整的8个题项的CITC值都高于0.35，且每个题项删除后的α系数要小于量表总的α系数，且量表总α系数分别为0.742和0.723，都大于0.6，说明研发多团队隐性协作量表符合研究要求，题项全部保留。

（2）研发多团队过程绩效

研发多团队过程绩效包括5个维度，分别为团队沟通、知识共享、预算控制、研发业绩和支持反应，5个维度的CITC和信度分析结果如表8-3所示：

表8-3　研发多团队过程绩效量表的CITC和信度分析

测量条款		CITC	删除该项目后的α系数	α系数
团队沟通	EF1-1	0.425	0.900	
	EF1-2	0.498	0.898	
知识共享	EF2-1	0.581	0.895	
	EF2-2	0.430	0.899	
	EF2-3	0.720	0.892	
	EF2-4	0.636	0.894	
	EF2-5	0.517	0.897	
	EF2-6	0.670	0.893	
	EF2-7	0.626	0.895	
	EF2-8	0.696	0.892	
	EF2-9	0.646	0.893	
预算控制	ER1-1	0.488	0.899	
	ER1-2	0.501	0.899	
研发业绩	ER2-1	0.464	0.899	
	ER2-2	0.490	0.898	
	ER2-3	0.577	0.895	
	ER2-4	0.541	0.897	
支持反应	ER3-1	0.411	0.900	
	ER3-2	0.489	0.898	

（注：以上各行均属于 MTS过程绩效，α系数为 0.901）

从表8-3的分析结果可以看出，在研发多团队过程绩效量表中，测量团队沟通、知识共享、预算控制、研发业绩和支持反应的19个题项的CTTC值都高于0.35，且每个题项删除后的α系数要小于量表总体的α系数，且量表总体α系数为0.899，都大于0.6，说明研发多团队过程绩效量表符合研究要求，题项全部保留。

从表8-4可以看出，本研究问卷各变量各维度的Cronbach α系数在0.723—0.897之间，表明本研究量表的整体信度较好。量表的整体信度较好的原因，可能与本研究2个变量的维度划分主要借鉴国外成熟量表有关，国外的研究问卷一般信度都比较高；而且本研究的问卷题项是在借鉴国外成熟量表的基础上翻译的，在发放问卷之前与本研究的研究对象，即同一多团队中的多位研发主管进行了语句和题意上的反复推敲后，再进一步对题项进行了修正，使其符合研发多团队的情境，并在表达上使其更通俗易懂。

表 8-4 研发多团队隐性协作过程绩效量表的 CITC 和信度分析

变量	维度	Cronbach's α 值		测量结果
MTS隐性协作 （IC）	期望	0.766		α＞0.70成立
	动态调整	0.723		
			0.742	
MTS的运行状况 （MTS-F）	团队沟通	0.749		α＞0.70成立
	知识共享	0.897		
			0.893	
MTS的阶段性成果 （MTS-R）	预算控制	0.746		α＞0.70成立
	研发业绩	0.803		
	支持反应	0.726		
			0.814	

8.3.4.2 样本效度分析

在对样本进行效度分析，即进行因子分析前，需要对样本进行相关性检验，判断问卷是否适合做因子分析，其中包括KMO和Bartlett球形检验。KMO是对各变量间的片相关度进行检验，一般认为，KMO值越接近1，表明变量间的相关性越强，原有变量越适合做因子分析。常用的KMO度量标准：KMO值大于0.9表示非常适合，0.9—0.8表示较为适合，0.8—07表示适合，0.7—0.6表示一般，0.6—0.5表示较差。Bartlett球形检验是检验相关矩阵是否为单位矩阵，因子模型是否适宜，即数据是否适合做因子分析。一般认为，当Bartlett显著性水平小于0.05时，表明数据不会生成单位矩阵且近似为多元正态分布，数据可以做因子分析。如果在进行因子分析时，某一题项在一个因子上负荷较大，而在其余因子上负荷较小时，可以将此题项归为该因子；但若该题项在2个及2个以上的因子上的负荷都较大时，就需要考虑将其从问卷中删除。

（1）MTS隐性协作量表小样本探索性因子分析

在因子提取前，需要对小样本进行相关性检验，结果如表8-5所示：

表 8-5 多团队隐性协作量表的 KMO 值和 Bartlett 球形检验结果（小样本）

KMO样本测试		0.652
Bartlett球形检验	Approx. Chi-Square	94.027
	Df	28
	Sig.	0.000

结果显示，多团队隐性协作的KMO值为0.652，大于0.6，且Bartlett球形检验值达到了0.000的显著性水平，表示数据可以做因子分析。

为评估MTS隐性协作8个题项的内在结构，使用了最大方差旋转法进行主成分因子分析，按照特征值大于1和方差最大化法来提取因子，将所有题项划分为2个因子：期望和动态调整。在旋转后，第一因子占总方差比为21.846%，第二因子占总方差比为30.716%，累计解释变异总量的52.562%。表8-6显示旋转因子的题项和因子载荷。为使表8-6的表述更为直观，省略了小于0.50的载荷值，根据每个因子所对应的题项总体特征将第一因子命名为期望，将第二因子命名为动态调整。因此，将隐性协作划分为期望和动态调整2个维度是合理的。

表 8-6　多团队隐性协作探索性因子分析旋转后的载荷矩阵（小样本）

变量	维度	题项	因子载荷	
			因子1	因子2
MTS隐性协作	期望	IC1-1	0.881	
		IC1-2	0.890	
	动态调整	IC2-1		0.643
		IC2-2		0.588
		IC2-3		0.595
		IC2-4		0.662
		IC2-5		0.655
		IC2-6		0.672

（2）多团队运行状况量表的探索性因子分析

在因子提取前，需要对小样本进行相关性检验，结果如表8-7所示：

表 8-7　多团队过程绩效量表的 KMO 值和 Bartlett 球形检验结果（小样本）

KMO样本测试		0.821
Bartlett球形检验	Approx. Chi-Square	294.261
	Df	55
	Sig.	0.000

表8-7显示，多团队过程绩效的KMO值为0.821，大于0.6，且Bartlett球形检验值达到了0.000的显著性水平，表示数据可以做因子分析。

为评估MTS运行状况11个题项的内在结构，使用了最大方差旋转法进行主成分因子分析，按照特征值大于1和方差最大化法来提取因子，将所有题项划分为2个因子：团队沟通和知识共享。在旋转后，第一因子占总方差比为19.865%，第二因子占总方差比为41.123%，累计解释变异总量的60.988%。表8-8显示旋转因子的题项和因子载荷。为使表8-8的表述更为直观，省略了小于0.50的载荷值，根据每个因子所对应的题项总体特征将第一因子命名为团队沟通，将第二因子命名为知识共享。因此，将运行状况划分为团队沟通和知识共享2个维度是合理的。

表8-8　多团队过程绩效探索性因子分析旋转后的载荷矩阵（小样本）

变量	维度	题项	因子载荷	
			因子1	因子2
MTS运行状况	团队沟通	EF1-1	0.875	
		EF1-2	0.838	
	知识共享	EF2-1		0.793
		EF2-2		0.584
		EF2-3		0.776
		EF2-4		0.775
		EF2-5		0.595
		EF2-6		0.692
		EF2-7		0.645
		EF2-8		0.825
		EF2-9		0.603

（3）多团队阶段性成果量表的探索性因子分析

在因子提取前，需要对小样本进行相关性检验，结果如表8-9所示：

表8-9　多团队阶段性成果量表的KMO值和Bartlett球形检验结果（小样本）

KMO样本测试		0.771
Bartlett球形检验	Approx. Chi-Square	136.928
	Df	28
	Sig.	0.000

表8-9显示，多团队阶段性成果的KMO值为0.771，大于0.6，且Bartlett球形检验值达到了0.000的显著性水平，表示数据可以做因子分析。

为了对多团队运行状况8个题项的内在结构进行评估，本研究采用最大方差旋转法进行主成分因子分析，按照特征值大于1和方差最大化法来提取因子，将所有题项划分为3个因子：预算控制、研发业绩和支持反应。在旋转后，第一因子占总方差比为21.152%，第二因子占总方差比为30.671%，第三因子占总方差比为20.907%，累计解释变异总量的72.730%。表8-10显示旋转因子的题项和因子载荷。为使表8-10的表述更为直观，省略了小于0.50的载荷值。根据每个因子所对应的题项总体特征将第一因子命名为预算控制，将第二因子命名为研发业绩，将第三因子命名为支持反应。因此将阶段性成果划分为预算控制、研发业绩和支持反应3个维度是合理的。

表 8-10　多团队阶段性成果探索性因子分析旋转后的载荷矩阵（小样本）

变量	维度	题项	因子载荷	
			因子1	因子2
MTS阶段性成果	预算控制	ER1-1	0.854	
		ER1-2	0.847	
	研发业绩	ER2-1		0.675
		ER2-2		0.839
		ER2-3		0.836
		ER2-4		0.686
	支持反应	ER3-1		0.881
		ER3-2		0.795

通过以上分析，表明本研究量表具有合适的效度水平，符合本研究要求，可做进一步调查。

8.3.5　正式测试

在扩大样本的调查中，仍然采取小样本调查中对调研对象的控制方法，即在正式调研前，首先对调研单位的状况提前进行了解，在确认公司有符合本研究要求的研发项目，以及公司研发项目的运作模式符合多团队的标准后再进行问卷发放。在大样本问卷调查中，为了扩大问卷的来源，调研对象除了研发部门的项目负责人或者项目经理外，还包括部分经较长时间参与过研发项目并对整个研发过程很了解的人员。本研究的调查问卷主要来自杭州、上海、长沙和苏州的新技术企业（主要为机械制造、软件和电子及通信设备制造业、生物制药与新材料等行业）。对象主要包括研发、生产、市场等不同的参与研发项目的相关部门。问卷的发放时间为2014年4—8月，共计发放问卷253份，回收220份，回收率为86.96%，其中空白问卷5份，不完整问卷10份，最终有效问卷为205份，问卷有效率为81.02%。调查样本基本个人情况如表8-11所示：

表 8-11 调查样本基本信息统计 1

变量名称	变量项目	样本数	所占百分比（%）
性别	男	149	72.7
	女	56	27.3
年龄	29岁及以下	70	24.1
	30—39岁	95	46.3
	40—49岁	36	17.6
	50岁及以上	4	2.0
学历	大专及以下	15	7.3
	本科	92	44.9
	硕士	93	45.4
	博士	15	7.3
从事研发工作年限	1年以下	13	6.3
	1—3年	59	28.8
	4—10年	107	52.2
	10年以上	26	12.7
职能	控制	25	12.2
	研发	95	46.3
	售后支持	41	20.0
	生产	37	18.0
	其他	7	3.5

表8-11是对本研究的调研对象进行个体特征统计的结果。从中可以发现，调研对象中，男性占了绝大多数，占到了总样本的72.7%，这与现实状况基本一致。由于专业背景的限制，从事研发工作的多为工科类技术型人员，而从事此类相关专业的女性较少，且调查对象中的绝大部分都是项目经理，通过现实观察发现，大多数项目经理都是男性。从年龄结构上来看，39岁及以下员工占到了调查总样本的80.4%，且30—39岁从事研发工作的员工人数要略大于29岁及以下的人数，由于研发工作是一项需要一定研发经验且对创新能力要求较高的工作，所

以年龄层主要集中在具有一定工作经验且具有高度创新能力的二十几到四十岁中间。从学历上来看，主要偏重在高学历人群，其中硕士及以上的研发人员比例达到了52.7%，而大专及以下的比例仅仅为7.3%，且大专及以下的人员多数从事的是与生产相关的一些工作。这表明研发工作对全面的专业知识的要求也是很高的。在工作年限方面，从事研发工作4—10年的人员比例达到了52.2%，这与被调查者的职位级别有关，一般项目经理或者长期跟进某一研发项目的人员都需要有一定的资历。从调查人员的职能方面来看，基本上是以从事研发工作的技术人员为主，其比例达到了46.3%，其他职能如控制占12.2%，售后支持占20.0%，生产占18.0%，除这些职能以外还存在与研发项目相关的其他职能部门的人员。通过对调查人员职能的分析，可以发现，参与研发项目过程的人员，除了研发部门外，还包括售后支持、生产、控制等其他部门，这恰好符合本研究的理论基础，即由来自不同团队的人员所构成的多团队系统。

表8-12主要对调查对象的团队所在组织的一些基本情况进行了统计分析。从企业规模和性质来看，本次调研主要以大中型外资企业、国有企业、民营企业和合资企业为主，其中有40.4%的研究人员所在公司规模在1000人以上，规模为500—1000人的也达到了28.8%。从调研对象所处行业来看，主要集中在精密机械制造业，在总调查样本中的比例达到了43.9%，研发对于高新技术企业而言是决定其是否能在行业中生存下去的重要因素之一，因此其对研发的投入和重视程度要更大。研究结果一方面是由于研究问卷的发放对象选择一般集中在大中型企业，但同时也反映了大中型企业对研发项目的重视程度相对较高，且从企业性质角度出发，外企和国有企业相对而言都具有较强的经济实力，在研发项目上的投资较大。且从研究主体——多团队理论的要求来说，一般也只有大中型企业中的研发团队能满足其对团队规模和团队构成的限制，这样的样本选择就更为典型，样本数据也就更为可靠。

表 8-12　调查样本基本信息统计 2

变量名称	变量项目	样本数	百分比（%）
公司规模	100人以下	10	4.9
	101—500人	53	25.9
	501—1000人	59	28.8
	1000人以上	83	40.4

续表

变量名称	变量项目	样本数	百分比（%）
公司性质	国企或集体企业	35	17.1
	民营企业	21	10.2
	外资企业	125	61
	合资企业	24	11.7
所在行业	软件行业	21	15.6
	通信互联网	24	23.1
	生物技术	12	6.1
	精密机械	129	43.9
	其他	19	11.3
团队规模	5人以下	52	25.4
	5—10人	97	47.3
	10人以上	56	27.3

8.4 相关变量的信、效度分析

8.4.1 信度分析

量表的信度是效度的基础（吴明隆，2009）。因此在进行效度分析前应对研究问卷进行信度分析。本研究在对大样本进行信度分析时，仍采用小样本中的方法，利用Cronbach's α系数来分析各测量指标的信度。一般认为，CITC值大于0.35，Cronbach's α系数大于0.6，则认为该题项能测量结构变量，其系数越高，内部一致性也就越好。

8.4.1.1 多团队隐性协作行为的信度分析

对MTS隐性协作行为的信度分析结果如表8-13。由于MTS隐性协作的期望维度只有2个题项，不能得出项目删除时的α系数，但仍可通过项目之间的相关系数来进行检验（吴明隆，2010）。

表 8-13　研发 MTS 隐性协作行为的 CITC 和信度分析

变量	维度	题项	CITC	复相关平方	删除该项目后的 Cronbach's α 系数	Cronbach's α 系数
MTS隐性协作	期望	IC1–1	0.553	0.306	/	0.712
		IC1–2	0.553	0.306	/	
	动态调整	IC2–1	0.504	0.367	0.674	0.726
		IC2–2	0.512	0.402	0.671	
		IC2–3	0.471	0.252	0.685	
		IC2–4	0.467	0.241	0.686	
		IC2–5	0.412	0.226	0.701	
		IC2–6	0.393	0.235	0.707	

从表8-13中可以看出，各维度的Cronbach's α 系数均满足最小为0.6的要求，且各题项的CITC值均大于0.35，说明量表具有较好的内在信度。与小样本信度比较，各维度的信度系数变化不大，但CITC值相比小样本都有明显的增加，表明在扩大样本量后，该量表的内部一致性得到了提升。

8.4.1.2　多团队过程绩效双维度信度分析

研发多团队过程绩效量表的CITC和信度分析结果如表8-14所示：

表 8-14　研发 MTS 过程绩效量表的 CITC 和信度分析

变量	维度	题项	CITC	复相关平方	删除该项目后的 Cronbach's α 系数	Cronbach's α 系数
MTS运行状况	团队沟通	EF1–1	0.572	0.328	/	0.726
		EF1–2	0.572	0.328	/	
	知识共享	EF2–1	0.657	0.494	0.882	0.726
		EF2–2	0.597	0.375	0.887	
		EF2–3	0.612	0.412	0.886	
		EF2–4	0.686	0.506	0.880	
		EF2–5	0.664	0.529	0.882	
		EF2–6	0.670	0.526	0.881	
		EF2–7	0.702	0.529	0.879	
		EF2–8	0.666	0.470	0.881	
		EF2–9	0.639	0.464	0.884	

变量	维度	题项	CITC	复相关平方	删除该项目后的 Cronbach's α 系数	Cronbach's α 系数
MTS阶段性成果	预算控制	ER1-1	0.558	0.311	/	0.716
		ER1-2	0.558	0.311	/	
	研发业绩	ER2-1	0.545	0.318	0.732	0.772
		ER2-2	0.619	0.397	0.692	
		ER2-3	0.614	0.382	0.696	
		ER2-4	0.519	0.285	0.746	
	支持反应	ER3-1	0.576	0.332	/	0.728
		ER3-2	0.576	0.332	/	

从表8-14中可以看出，各维度的Cronbach's α系数均满足最小为0.6的要求，最高为0.894，最低为0.716。在删除任一题项后，α系数均比原来的值要小。说明量表具有较好的内部一致性。且量表中各题项的CITC值均大于0.35，说明所有题项之间的相关度很高，题项组合能够很好地测量各维度，无须进行删减。综合以上数据分析结果，可以认为，本研究的研究问卷具有较好的内在信度，由此得出的统计分析结果也具有一定的可靠性。

8.4.2　效度分析

因子分析按照形式的不同可将其分为探索性因子分析和验证性因子分析。虽然它们都是以普通因子为基础的，却也存在着很大的差异。在因子分析中，它们之间最大的区别在于，其在理论框架分析测量过程中检测时机和扮演角色的不同。就探索性因子分析而言，对理论框架中的变量测量是在因子分析之后，主要是为了找出影响测量变量的因子个数，或是测量各个变量之间的相关程度，在此基础上来测量概念模型的理论特征。相比而言，验证性因子分析是发生在理论建构之后的，必须以特定的理论框架为基础来进行，再来评估该理论框架的模型是否合理。对于本研究的概念模型——多团队隐性协作是基于前人成熟的理论基础而提出的，所以对多团队隐性协作模型的验证采用验证性因子分析。

8.4.2.1　MTS隐性协作行为量表的探索性因子分析

在因子提取前，首先需要进行KMO和Bartlett球形检验，结果如表8-15所示：

表 8-15　多团队隐性协作量表的 KMO 值和 Bartlett 球形检验结果

KMO样本测试		0.707
Bartlett球形检验	Approx. Chi-Square	332.728
	Df	28
	Sig.	0.000

从表8-15中可以看出，大样本测试中多团队隐性协作量表检验的KMO值为0.707，比小样本测试中的0.652有所提高，近似卡方值为332.728，自由度为28。球形检验结果表明，在原假设为"相关数矩阵是一个单位矩阵"的前提下，得出的显著性水平Sig.值为0.000，小于0.05，故拒绝原假设，说明隐性协作变量间不全独立，它们之间有简单的线性关系，数据可作因子分析。

表8-16为对多团队隐性协作进行主成分因子分析的结果，因子分析将多团队协作过程量表的8个题项分为了2个因子，并且研发多团队隐性协作的所有测量题项因子载荷均大于0.6，其他则低于0.3。2个因子累计解释变异量为51.532%。公因子方差显示了2个因子对各指标的共同度，所有题项的共同性值均大于标准0.2，表明这2个公因子，即期望和动态调整可以反映原变量的大部分信息。

表 8-16　多团队隐性协作探索性因子分析结果

变量	维度	题项	因子载荷		公因子方差
			因子1	因子2	
MTS隐性协作	期望	IC1-1	0.851		0.730
		IC1-2	0.844		0.718
	动态调整	IC2-1		0.638	0.468
		IC2-2		0.637	0.478
		IC2-3		0.608	0.434
		IC2-4		0.666	0.448
		IC2-5		0.645	0.420
		IC2-6		0.643	0.426
方差百分比（%）			20.685	30.847	
累计方差百分比（%）			20.68	51.532	

8.4.2.2　MTS过程绩效量表的探索性因子分析

（1）研发多团队过程绩效运行状况的效度分析

在因子提取前，首先需要进行KMO和Bartlett球形检验，结果如表8-17所示：

表8-17　多团队运行状况量表的KMO值和Bartlett球形检验结果

KMO样本测试		0.897
Bartlett球形检验	Approx. Chi-Square	971.535
	Df	55
	Sig.	0.000

从表8-17中可以看出，大样本测试中多团队运行状况量表检验的KMO值为0.897，比小样本测试中的0.821有所提高，近似卡方值为971.535，自由度为55。球形检验结果表明，在原假设为"相关数矩阵是一个单位矩阵"的前提下，得出的显著性水平Sig.值为0.000，小于0.05，故拒绝原假设，说明隐性协作变量间不全独立，它们之间有简单的线性关系，数据可作因子分析。

表8-18为对多团队运行状况进行主成分因子分析的结果。因子分析将多团队运行状况量表的11个题项分为了2个因子，且研发多团队运行状况的所有测量题项因子载荷均大于0.6，其他则低于0.3。2个因子累计解释变异量为58.971%。公因子方差显示了2个因子对各指标的共同度，所有题项的共同性值均大于标准0.2，表明这2个公因子，即期望和动态调整可以反映原变量的大部分信息。

表8-18　多团队运行状况探索性因子分析结果

变量	维度	题项	因子载荷		公因子方差
			因子1	因子2	
MTS运行状况	团队沟通	EF1-1	0.857		0.780
		EF1-2	0.864		0.783
	知识共享	EF2-1		0.717	0.539
		EF2-2		0.650	0.463
		EF2-3		0.661	0.482
		EF2-4		0.766	0.600
		EF2-5		0.746	0.570
		EF2-6		0.709	0.572
		EF2-7		0.730	0.609
		EF2-8		0.740	0.565
		EF2-9		0.702	0.523
方差百分比（%）			16.46	45.511	
累计方差百分比（%）			16.46	58.971	

（2）研发多团队过程绩效阶段性成果的效度分析

在因子提取前，首先需要进行KMO和Bartlett球形检验，结果如表8-19所示：

表 8-19　多团队阶段性成果量表的 KMO 值和 Bartlett 球形检验结果

KMO样本测试		0.745
Bartlett球形检验	Approx. Chi-Square	431.849
	Df	28
	Sig.	0.000

从表8-19中可以看出，大样本测试中多团队阶段性成果量表检验的KMO值为0.745，与小样本测试中的0.771差别不大，近似卡方值为431.849，自由度为28。球形检验结果表明，在原假设为"相关数矩阵是一个单位矩阵"的前提下，得出的显著性水平Sig.值为0.000，小于0.05，故拒绝原假设，说明隐性协作变量间不全独立，它们之间有简单的线性关系，数据可作因子分析。

表8-20为对多团队阶段性成果进行主成分因子分析的结果。因子分析将多团队阶段性成果量表的8个题项分成了3个因子，且研发多团队阶段性成果的所有测量题项因子载荷均大于0.6，其他则低于0.3。3个因子累计解释变异量为69.638%。公因子方差显示了2个因子对各指标的共同度，所有题项的共同性值均大于标准0.2，表明这2个公因子，即预算控制、研发业绩、支持反应可以反映原变量的大部分信息。

表 8-20　多团队阶段性成果探索性因子分析结果

变量	维度	题项	因子载荷			公因子方差
			因子1	因子2	因子3	
MTS阶段性成果	预算控制	ER1-1	0.854			0.761
		ER1-2	0.867			0.767
	研发业绩	ER2-1		0.662		0.568
		ER2-2		0.785		0.653
		ER2-3		0.801		0.690
		ER2-4		0.734		0.552
	支持反映	ER3-1			0.887	0.803
		ER3-2			0.851	0.776
方差百分比（%）			20.564	29.091	19.983	
累计方差百分比（%）			20.564	49.655	69.638	

8.5 相关变量的相关分析

变量之间的相关关系可分为确定性和不确定性2种。相关关系通常是用来描述2个连续变量间虽不存在某种特定的函数关系，但实际上又存在着某种程度的不确定关系。相关分析是用来研究各研究变量间的密切程度的一种统计分析方法，同时也是研究各研究变量间不确定性关系的统计方法（马庆国，2002）。在对本研究的调查数据进行回归分析前，需要对各研究变量间的相关关系进行分析。本研究采用Pearson相关系数来衡量多团队隐性协作、多团队运行状况（包括团队沟通和知识共享）和多团队阶段性成果（预算控制、研发业绩和支持反应）之间的相关关系。

8.5.1 MTS隐性协作的相关性分析

在本研究中，多团队隐性协作分为期望和动态调整2个维度，它们之间的相关系数如表8-21所示：

表 8–21　MTS 隐性协作因子相关性分析

	期望	动态调整
期望	1	0.247[**]
动态调整	0.247[**]	1

注：**表示在显著水平为0.01时（双尾）显著相关，p<0.01。

相关系数R的取值范围为-1—1，当R为负数时，表示变量之间存在负相关关系，R值越小，表明变量间的负相关度越高；当R为正数时，表示变量之间存在正相关关系，R值越大，表明变量间的正相关度越高。一般认为，若因子间相关系数的绝对值小于0.4时，表示低度相关，在0.4（含）和0.7（含）之间则表示具有中度相关性，大于0.7表示高度相关。（吴明隆，2010）。从表8-21中的统计数据可以看出，在0.01的显著性水平上，MTS隐性协作的2个维度之间表现出低度正相关关系，相关系数为0.247。即当团队成员能够在不进行直接沟通的情况下，能够对彼此的行动进行准确预期时，就能提高团队成员的主动适应能力，主动调整自己的行为以达成团队总体目标。反之亦然。

8.5.2 MTS过程绩效相关性分析

本研究把多团队过程绩效分为了多团队运行状况和多团队阶段性成果2个维度。每个维度又包含了多个不同的因子，它们之间的相关性分析统计结果如表8-22所示：

表 8-22 MTS 过程绩效因子相关性分析

	团队沟通	知识共享	预算控制	研发业绩	支持反应
团队沟通	1				
知识共享	0.459**	1			
预算控制	0.168*	0.220**	1		
研发业绩	0.272**	0.330**	0.337**	1	
支持反应	0.223**	0.264**	0.169**	0.348**	1

注：**表示在显著水平为0.01时（双尾）显著相关，$p < 0.01$；*表示在显著水平为0.05时（双尾）显著相关，$p < 0.05$。

从表8-22中的统计数据可以看出，在0.01的显著性水平上，MTS过程绩效内部的5个要素之间表现出不同程度的中、低度正相关。相关系数最大为0.459，最小为0.168。即当团队沟通比较顺畅有效，团队成员间的知识能够充分共享时，研发项目的预算也能得到有效控制，研发业绩也能得以上升，支持反应也能提高。也就是说，当多团队运行状况比较好的情况下，团队的阶段性成果也就能够得到提升，反之亦然。

8.5.3 MTS隐性协作与过程绩效的相关性分析

多团队隐性协作与过程绩效的相关性分析结果如表8-23所示：

表 8-23 MTS 隐性协作与过程绩效各因子的相关性分析

	期望	动态调整	团队沟通	知识共享	预算控制	研发业绩	支持反应
期望	1						
动态调整	0.247**	1					
团队沟通	0.202**	0.595**	1				
知识共享	0.382**	0.387**	0.459**	1			
预算控制	0.240**	0.286**	0.168**	0.220**	1		
研发业绩	0.456**	0.294**	0.272**	0.330**	0.337**	1	
支持反应	0.276**	0.225**	0.223**	0.264**	0.167**	0.348**	1

注：**表示在显著水平为0.01时（双尾）显著相关，$P < 0.01$；*表示在显著水平为0.05时（双尾）显著相关，$P < 0.05$。

从表8-23所呈现的数据中可以看出，在0.01的显著性水平上，所有变量之间呈现出不同程度的中、低度正相关关系，相关系数在0.167—0.595之间，即多团队隐性协作各维度与研发多团队过程绩效的各维度间呈现出不同程度的正相关关系。

8.6　相关变量的多元回归分析

在前文中，已经对本研究所包含的各研究变量进行了相关性分析。数据分析结果表明，各研究变量之间均存在不同程度的正相关关系。但相关分析只能确定各研究变量之间是否存在相关性，以及相关的方向和相关程度，无法对自变量和因变量加以区别，也无法确定自变量和因变量之间的因果关系，所以本研究通过对研究变量进行多元回归分析来进一步明确变量间相关的具体形式，以及变量间的具体作用关系。回归分析是建立在相关分析基础上的，是确定2种或2种以上变量之间相互依赖关系的一种统计方法，根据研究中自变量的数量可分为一元回归分析和多元回归分析，又可依照自变量与因变量之间的关系类型而分为线性和非线性回归。接下来，本研究会采用多元回归法来进一步明确各研究变量间的具体作用关系。且从本研究的研究模型可知，多团队隐性协作包括期望和动态调整，多团队过程绩效包括运行状况和阶段性成果，它们之间是一个不断循环交替的过程，各阶段之间会互相影响，所以本研究通过多元回归分析中的阶层分析法来研究各变量间的相互关系，首先分析期望对因变量多团队过程绩效各维度的影响作用，之后再加入动态调整，分析双阶层的共同影响作用。

在对数据进行回归分析之前，需要对各自变量进行共线性判断，来检测各自变量间是否存在共线性问题。所谓共线性的产生，是由于自变量间的相关性太高，即进入多元回归方程中的自变量存在近似的线性关系，如果它们同时进入回归方程，就会使得偏回归系数不稳定且发生回归系数无法解释的矛盾。一般来说，判断各变量之间是否存在共线性关系，可通过自变量间的容忍度（TOL）和方差膨胀系数（VIF）来加以辨别，且通常情况下，不存在绝对的共线性，多表现为近似共线性。容忍度TOL值越接近0，表明回归分析中存在越严重的近似共线性，TOL值小于0.2时，表明可能存在近似共线性。方差膨胀系数为容忍度值的倒数，即VIF值越大，自变量间的共线性问题越严重，通常认为，当VIF值大于5时，自变量间可能存在共线性问题（吴明隆，2010）。

8.6.1　研发多团队运行状况的多元回归分析

8.6.1.1　团队沟通的回归分析

根据团队沟通的回归分析表8-24，作者发现，当未投入动态调整变量，只考虑多团队隐性协作中的期望对团队沟通的影响时，整体检验在0.05的显著水平上的F值为8.656，拟合方程仅能解释研发多团队运行状况中团队沟通维度的4.1%的变异量，表明期望构建回归系数达到显著。标准化回归系数 β 值为0.208（P=0.004），由于 β 值为正数，表明只考虑将期望构建成一个过程时，其对团队沟通存在显著正向影响。当再投入动态调整变量，则整体变异增加了31.6%（ΔR^2），显著性改变的F值为56.161，且达到了0.001的显著水平，拟合方程能解释研发多团队运行状况中团队沟通维度的35.7%的变异量，这与阶层一相比有了显著提高，但投入动态调整后，期望的标准化回归系数不再显著，而动态调整的标准化回归系数在0.001上达到了显著水平，为0.83，容忍度TOL值为0.939，不存在共线性问题。

在阶层一的回归分析中，"期望"的预测力达到了显著，表明该自变量可以解释"团队沟通"因变量，但在阶层二的回归分析中，当把动态调整也投入回归模型中后，"期望"维度被排除在模型之外，即预测力未达到0.05的显著水平。因而，在未考虑动态调整时，期望对团队沟通的预测力显著；但如果同时考虑多团队隐性协作2个维度时，则期望对团队沟通的解释力很低，主要由动态调整来解释。所以，本研究的研究假设H11不被支持，H21得到了验证。

表 8-24　团队沟通回归分析结果摘要

阶层			阶层一			阶层二	
变量		β	t值	TOL	β	t值	TOL
期望		0.208	2.942	1.000	0.06	1.008	0.939
动态调整					0.83	9.973***	0.939
回归	F值		8.656			56.161***	
模型	R^2		0.041			0.357	

续表

阶层			阶层一			阶层二	
摘要	ΔF		–			47.505[*]	
	ΔR^2		–			0.316	

注：***p<0.01, **p<0.05, p>0.05。

8.6.1.2　知识共享的回归分析

根据对知识共享的回归分析（见表8-25）发现，当未投入动态调整变量，只考虑多团队隐性协作中的期望对知识共享的影响时，整体检验在0.001的显著水平上的F值为34.588，拟合方程能解释研发多团队运行状况中知识共享维度的14.6%的变异量，表明期望构建回归系数达到显著。标准化回归系数 β 值为0.382（P=0.000），由于 β 值为正数，表明只考虑将期望构建成一个过程时，其对知识共享存在显著正向影响。当再投入动态调整变量，则整体变异增加了9.1%（ΔR^2），显著性改变的F值为31.314，且达到了0.001的显著水平，拟合方程能解释研发多团队运行状况中知识共享维度23.7%的变异量，这与阶层一相比有了一定提高，在此阶层中，多团队隐性协作的2个维度的标准化回归系数 β 值均在0.001水平上显著，分别为0.305和0.434，容忍度TOL值为0.939，不存在共线性问题。

在阶层一的回归分析中，"期望"的预测力达到了显著，表明该自变量可以解释"知识共享"因变量，在阶层二的回归分析中，"期望"和"动态调整"的预测力均达到显著，表明这2个变量可以同时解释因变量"知识共享"。所以，本研究的假设H12和H22得到了验证。

表 8-25　知识共享回归分析结果摘要

阶层			阶层一			阶层二	
变量		β	t值	TOL	β	t值	TOL
期望		0.382	5.881[***]	1.000	0.305	4.800[***]	0.939
动态调整					0.434	4.910[***]	0.939
回归	F值		34.588[***]			31.314[***]	
模型	R^2		0.146			0.237	
摘要	ΔF		–			3.274[***]	
	ΔR^2		–			0.091	

注：***P<0.01, **P<0.05, P>0.05。

8.6.2　多团队阶段性成果的多元回归分析

8.6.2.1　预算控制的回归分析

由表8-26对预算控制的回归分析结果发现，当未投入动态调整变量，只考虑多团队隐性协作中的期望对预算控制的影响时，整体检验在0.001的显著水平上的F值为12.436，拟合方程能解释研发多团队阶段性成果中预算控制维度的5.8%的变异量，表明期望构建回归系数达到显著。标准化回归系数 β 值为0.329（P=0.001），由于 β 值为正数，表明只考虑将期望构建成一个过程时，其对预算控制存在显著正向影响。当再投入动态调整变量，则整体变异增加了5.4%（ΔR^2），显著性改变的F值为12.800，且达到了0.001的显著水平，拟合方程能解释研发多团队阶段性成果中预算控制维度的11.2%的变异量，这与阶层一相比有了一定提高。在此阶层中，多团队隐性协作的2个维度的标准化回归系数 β 值均在0.05水平上显著，分别为0.328和0.248，容忍度TOL值为0.939，不存在共线性问题。

在阶层一的回归分析中，"期望"的预测力达到了显著，表明该自变量可以解释"预算控制"因变量，在阶层二的回归分析中，"期望"和"动态调整"的预测力均达到显著，表明这2个变量可以同时解释因变量"预算控制"。所以，本研究的假设H31和H41得到了验证。

表 8-26　预算控制回归分析结果摘要

阶层		β	t值	TOL	阶层一	t值	TOL
变量		β	t值	TOL	β	t值	TOL
期望		0.329	3.526*	1.000	0.248	2.639***	0.939
动态调整					0.460	3.530*	0.939
回归	F值		12.436*			12.800***	
模型	R^2		0.058			0.112	
摘要	ΔF		–			0.364***	
	ΔR^2		–			0.054	

注：***p<0.01，**p<0.05，P>0.05。

8.6.2.2　研发业绩的回归分析

从表8-27可以看出，当未投入动态调整变量，只考虑多团队隐性协作中的期望对研发业绩的影响时，整体检验在0.001的显著水平上的F值为53.412，拟合方程能解释研发多团队阶段性成果中预算控制维度20.8%的变异量，表明期望构建回归系数达到显著。标准化回归系数β值为0.390（P=0.001），由于β值为正数，表明只考虑将期望构建成一个过程时，其对研发业绩存在显著正向影响。当再投入动态调整变量，则整体变异增加了3.5%（ΔR²），显著性改变的F值为32.482，且达到了0.001的显著水平，拟合方程能解释研发多团队阶段性成果中研发业绩维度24.3%的变异量，这与阶层一相比有了一定提高，在此阶层中，多团队隐性协作的2个维度的标准化回归系数β值分别在0.001和0.05水平上显著，分别为0.349和0.229，容忍度TOL值为0.939，不存在共线性问题。

在阶层一的回归分析中，"期望"的预测力达到了显著，表明该自变量可以解释"研发业绩"因变量，在阶层二的回归分析中，"期望"和"动态调整"的预测力均达到显著，表明这2个变量可以同时解释因变量"研发业绩"。所以，本研究的假设H32和H42得到了验证。

表 8-27　研发业绩回归分析结果摘要

阶层			阶层一			阶层二	
变量		β	t值	TOL	β	t值	TOL
期望		0.390	7.308*	1.000	0.349	6.469***	0.939
动态调整					0.229	3.059*	0.939
回归	F值		53.412*			32.482***	
模型	R²		0.208			0.243	
摘要	ΔF		—			20.93***	
	ΔR²					0.035	

注：***P<0.01，**P<0.05，P>0.05。

8.6.2.3　支持反应的回归分析

由表8-28对支持反应的回归分析结果，我们发现，当未投入动态调整变量，只考虑多团队隐性协作中的期望对支持反应的影响时，整体检验在0.001的显著水平上的F值为16.761，拟合方程能解释研发多团队阶段性成果中支持反应维度7.6%的变异量，表明期望构建回归系数达到显著。标准化回归系数β值为0.348（P=0.001），由于β值为正数，表明只考虑将期望构建成一个过程时，其对支持反应存在显著正向影响。当再投入动态调整变量，则整体变异增加了2.7%（ΔR²），显著性改变的F值为11.542，且达到了0.001的显著水平，拟合方程能解释研发多团队阶段性成果中支持反应维度11.542%的变异量，这与阶层一相比有了一定提高，在此阶层中，多团队隐性协作的2个维度的标准化回归系数 β 值均在0.05水平上显著，分别为0.296和0.293，容忍度TOL值为0.939，不存在共线性问题。

在阶层一的回归分析中，"期望"的预测力达到了显著，表明该自变量可以解释"支持反应"因变量，在阶层二的回归分析中，"期望"和"动态调整"的预测力均达到显著，表明这2个变量可以同时解释因变量"支持反应"。所以，本研究的假设H33和H43得到了验证。

表 8-28　支持反应回归分析结果摘要

阶层			阶层一			阶层二	
变量		β	t值	TOL	β	t值	TOL
期望		0.348	4.094*	1.000	0.296	3.413***	0.939
动态调整					0.293	2.432*	0.939
回归	F值		16.761*			11.542***	
模型	R^2		0.076			0.103	
摘要	ΔF		–			5.219***	
	ΔR^2		–			0.027	

注：***$p<0.01$，**$p<0.05$，P>0.05。

8.6.3　假设检验结果

以上通过SPSS 19.0对研究调查数据进行了相关分析及回归分析，对所提出的假设进行了验证。结果表明，多团队隐性协作对过程绩效存在正面影响，并且具体分析了多团队隐性协作2个维度与多团队过程绩效各维度间的作用关系，现将假设检验结果总结为表8-29：

表 8-29　假设检验结果

假设	内　容	验证结果
H1	期望对过程绩效的运行状况有显著正向影响	部分成立
H11	期望对团队沟通有显著正向影响	不成立
H12	期望对知识共享有显著正向影响	成立
H2	动态调整对过程绩效的运行状况有显著正向影响	成立
H21	动态调整对团队沟通有显著正向影响	成立

假设	内　容	验证结果
H22	动态调整对知识共享有显著正向影响	成立
H3	期望对过程绩效的阶段性成果有显著正向影响	成立
H31	期望对预算控制有显著正向影响	成立
H32	期望对研发业绩有显著正向影响	成立
H33	期望对支持反应有显著正向影响	成立
H4	动态调整对过程绩效的阶段性成果有显著正向影响	成立
H41	动态调整对预算控制有显著正向影响	成立
H42	动态调整对研发业绩有显著正向影响	成立
H43	动态调整对支持反应有显著正向影响	成立

8.7　研究结论与启示

8.7.1　主要研究结论

本研究通过对国内外已有文献的回顾和整理，构建了多团队系统、多团队隐性协作以及基于多团队系统理论的过程绩效理论体系，并用实证研究的方法探索了基于多团队系统理论的多团队隐性协作与过程绩效的关系，由此得出了以下主要结论：

结论一：多团队隐性协作包括期望和动态调整2个维度，而且这2个维度并不是作为独立个体而单独存在的，它们之间呈现出显著的正相关关系，且彼此之间会相互影响，由此而构成了多团队隐性协作。

结论二：多团队隐性协作中的动态调整维度对多团队过程绩效的运行状况有显著正向影响，而期望维度对其的显著影响不成立。研究结果显示，多团队隐性协作中的动态调整维度对研发多团队过程绩效运行状况的团队沟通维度有显著正向影响，表明如果多团队成员能够根据多团队其他成员的预期行动来调整自己的行动，并由此做出适应性行为时，就能够显著改善团队沟通，使成员间彼此的沟通更为有效，更愿意分享与工作有关的各种信息，彼此之间也能进行更好的合作。然而遗憾的是，通过研究分析结果可知，多团队隐性协作中的期望维度对团队沟通有显著影响这一假设被否定了，这是在我们预期之外的。可能是由于多团队成员在对其他成员的行为进行预期的过程中，会因为自己的主观判断，导致对其他成员的预期进行错误的估计，反而影响团队沟通。此外，多团队隐性协作的2个维度对运行状况中的知识共享维度均有显著正向影响，这表明期望和适应性的调整行为都将有助于团队成员间进行知识的共享。

结论三：多团队隐性协作对多团队过程绩效的阶段性成果有显著影响。根据已有研究的基础，本研究认为MTS过程绩效的阶段性成果包括3个维度：预算控制、研发业绩以及支持反应。多团队隐性协作中的期望维度和动态调整维度均对过程绩效阶段性成果的预算控制存在显著正向影响，表明通过对多团队其他成员的行动和需要进行预期，以及为达成多团队目标而相应地进行适应性调整会对研发项目的费用支出起到良好的控制以及约束作用。此外，多团队隐性协作对研发绩效具有显著正向影响，表明多团队隐性协作的提高能对研发过程中的研发资源进行有效管理，能够很好地控制研发进度以及对后续研发计划以及阶段性成果的鉴定起到积极的促进作用。最后，多团队隐性协作对支持反应也存在显著作用，表明在研发项目的进行中，多团队成员若能够有效进行隐性协作，则能促进多团队系统内部进行更好的互动和知识成果共享，多团队成员也能通过研发项目得到自我提升。

8.7.2　研究启示

本章以高新技术企业研发多团队为研究对象，探讨了多团队隐性协作与多团队过程绩效之间的作用关系，为现有的团队以及协作领域做出了一定的理论贡献，并为高新技术企业的研发项目团队的管理提供了一定的借鉴，研究所得出的结论对于研发项目的团队管理主要有以下几点启示：

第一，本研究是以多团队系统理论为研究基础的，研究成果丰富和拓展了已有的多团队系统理论，为多团队层面的研究提供了一定的借鉴。多团队系统领域是一个全新的研究领域，绝大多数理论成果均引自国外，国外的研究多数也是以理论来进行推导或者采用模拟实验的方式来进行的，很少采用实证的方式来进行检验，研究缺乏一定的普适性。本研究以已有的理论为基础，采用了实证的方法来进行检验，一方面继承了已有的理论成果，另一方面将其理论引进国内，以国内研发企业为背景，为将来多团队系统的研究提供了一定的方法指导。

第二，本研究的自变量"隐性协作"是以协作为基础，但却在很大程度上颠覆了人们对协作的理解，丰富了现有的协作领域，使其从协作中被单独作为变量提出来进行研究。通过对以往的文献梳理发现，通常人们所说的协作实际上是由2个不可分割的部分所组成的，即显性协作和隐性协作。我们以往过多地把注意力放在了对显性协作的研究上。本研究通过将协作中的隐性协作放入多团队系统理论中进行实证研究，发现其对多团队过程绩效存在着重要影响。尤其是在全球化竞争不断加剧的背景下，对隐性协作的重视能够帮助企业研发团队对绩效的改善提供一定的帮助，同时如何提高隐性协作也成了研发项目成功与否的关键部分。

第三，本研究变量中的多团队过程绩效，提供了一个新的绩效测量思维。对于过程绩效的提法常见于与组织管理理论相关的文献中，国内外有关研究表明，绩效除了包括简单的结果输出之外，还包含团队成员的行为表现以及团队成员的满意度、团队士气等。本研究将对绩效的结果整体评价转换成对过程绩效的测量，在一定程度上丰富了绩效管理领域。此外，根据本研究的实证研究结果，我们得出对绩效的关注不应该只注重团队成员之间的沟通和知识共享，还应该关注预算控制、研发业绩以及支持反应。只有将个人和团队的成长有效结合在一起，才能够保证研发工作的顺利进行，从而实现研发项目的成功。

第9章 多团队互依性、协作过程与有效性关系的实证研究
——以互联网多团队为研究对象

9.1 研究目的

随着"互联网+"时代的到来，作为拉动世界经济增长的新引擎，互联网正在以它独有的方式掀起新的创新与变革浪潮。科学技术、消费、生产、信息传播、组织管理、商业模式等方面都将受到这一变革浪潮的影响。为了高效地开发产品，在互联网企业中，通常是由多个不同职能的团队组成一个多团队互相配合完成目标。相互依存和协作过程是互联网多团队的2个重要特性。有效地管理互联网团队中的互依性和协作行为对于提高互联网多团队的有效性十分重要。

本研究选择我国互联网企业中以产品为核心的多团队为研究对象，总结国内外有关多团队系统、互依性、协作过程和有效性相关研究成果，结合我国互联网企业中产品多团队的特点，构建多团队互依性、协作过程和有效性之间的关系模型，验证互依性和协作过程对多团队有效性的作用方式，从而为互联网企业多团队的建设提供理论基础。

9.2　理论基础

9.2.1　互联网多团队

9.2.1.1　互联网团队的特点

现在人类已经进入互联网时代这样一个历史阶段。这是一个全球化的潮流，而且这个互联网时代对人类的生活、生产、生产力发展都具有很大的推动作用。

为了全面透彻理解互联网的精髓，除了要把握它本身是什么，还有必要了解这个行业的特点。

（1）跨界融合

过去传统工业的结构化模式，在互联网、移动互联网乃至大数据技术的冲击下，正在被颠覆。像易宝支付、B2B模式可以进入企业的一些关键结点，促进整合协同，提高效能。像腾讯做连接器，开放了平台，可以让人、物、服务、机构互联，影响了我们智慧生活的方式、与世界对话的方式。互联网就像蒸汽和电，它服务于工业，但不会取代工业。互联网给其他产业带来冲击是必然的，而且是不可逆的。

（2）创新驱动

互联网以新一代信息技术为统领的技术创新与产业变革浪潮正汹涌澎湃，颠覆式创新、跨界创新密集发生，新业态、新技术、新商业模式层出不穷，为各个产业及各行业领域的转型升级，以及新增长点的培育，提供不竭的支撑和动力。

（3）重塑结构

互联网变迁了结构关系，摧毁了固有身份，如用户、伙伴、股东、服务站等身份在一定条件下可以自由切换。互联网改写了地理边界，也摧毁了原有的游戏规则以及管控模式（信息传播规律完全被改写）。互联网打破了固有的边界，减弱了信息不对称性；互联网降低了整个社会的交易成本，提升了全社会的运营效率。互联网让组织、雇佣、合作都被重新定义。

（4）尊重人性

尊重人性是互联网最本质的文化。互联网除却冷冰冰的技术性，其力量之强大最根本也来源于对人性的最大限度的尊重、对用户体验的敬畏、对人的创造性的重视。例如UGC（用户生成内容）、卷入式营销、分享经济，多是透视人性、尊重人性的产物。小到一次互动，大到一个平台，都要基于人性思考、开发、设计、运营、创新和改进。

（5）开放生态

互联网行业处在一个开发的生态圈中，在这个生态圈中，各个公司、产业相互依赖生存和发展。因为在一个开放的生态里，互联网才能通过跨界找到一些和外界其他要素之间的共同点，把企业内部生态圈延伸出去，和外部的生态系统进行协同，如互联网技术和金融结合的生态、产业和研发连接的生态。生态是互联网非常重要的特征，而生态本身就是开放的。

（6）连接一切

理解互联网，就一定要把握它和连接之间的关系。跨界需要连接，融合需要连接，创新需要连接，连接是一种对话方式，一种存在形式。腾讯提出微信要做互联网的连接器，其真正的野心其实就是——微信是人、物、机构在"互联网＋"社会中的唯一的ID！当然这也更体现了互联网未来将如何对这个社会、世界施加影响。

9.2.1.2　互联网多团队的组成、运作方式

正是由于互联网行业本身所独有的创新、高效和开放的特点，因此在组织结构上也更加趋向于扁平化、去中心化。为了满足多变的用户需求，就必须不断地进行产品创新，因此互联网企业更多的是以团队的方式进行工作，尤其是多个团队通力合作。在互联网企业中，大多采取以产品为核心的多团队方式进行运作，在这个多团队中，每个团队的分工和作用都不同，但是在产品开发的工作流程上都缺一不可。

下面介绍一下比较经典的互联网企业中以产品为核心的多团队的组成。一般一个互联网产品会有一个产品负责人，产品负责人实际上是多团队中的领导者。如图9-1所示。产品负责人的任务是统领整个多团队，联系设计、策划以及开发人员通力合作，共同打造高质量的产品，这样的工作模式就要求产品负责人为消费者说话，并把这些理念传递给相关的团队，因此产品负责人是把握整个多团队对产品开发的发展方向。产品多团队的具体组成方式见图9-1。

（1）产品子团队

产品子团队中至少包括产品经理、交互设计师和视觉设计师3个角色。产品

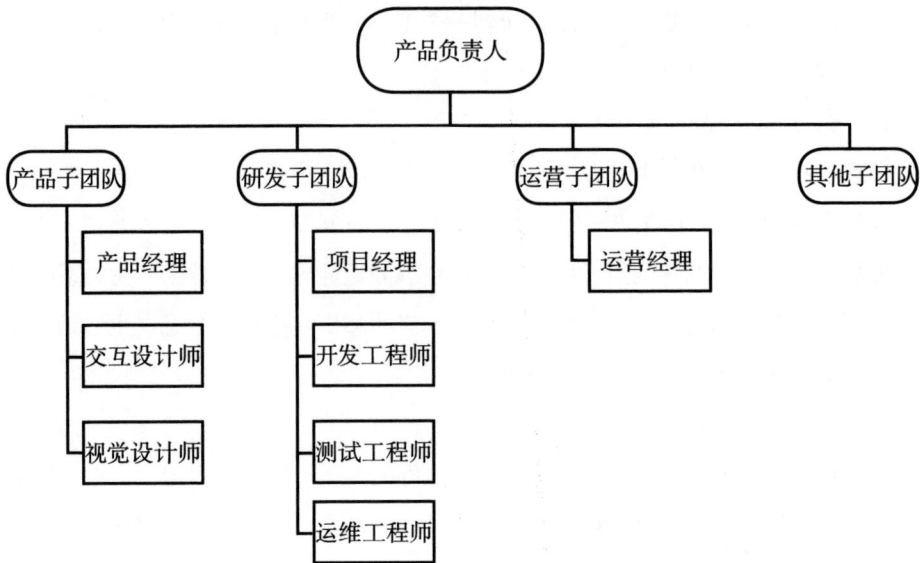

图 9-1 互联网产品多团队组织结构

经理是整个团队中最关键的角色，他对整个产品生命周期负责，是整个产品开发过程中的动力来源。产品经理会与用户进行多种方式的沟通和互动，充分挖掘用户现有的以及潜在的需求，并将需求进行梳理和整合，据此对产品进行规划。交互设计师与产品经理之间是亲密的合作伙伴，他会与产品经理共同探讨和寻找什么形式的产品交互方式最符合用户的习惯从而带来更好的交互体验，而视觉设计师则是在寻求最佳的色彩搭配和最完美的图片展现来吸引用户眼球带来美的体验。由产品经理、交互设计师和视觉设计师3个角色构成的产品团队会合力完成整个产品初期的设计和规划。

（2）研发子团队

产品初步的设计和规划完成后，就到了联合研发子团队对产品进行开发的阶段。项目经理作为与产品团队在需求方面的对接人，在研发子团队中起到非常重要的作用。项目经理必须充分知晓优质产品与先进技术之间的关系，在对产品的研发需求充分了解的情况下，对研发任务进行排期，并在团队内部进行任务分配，还要制定一系列详实的产品发布计划。在项目经理的协调下，开发工程师会按照计划的排期有节奏地进行产品开发。测试工程师会在产品功能开发完成后介入，他们会对产品所有的功能进行完整的测试和验证，确保产品的性能，如果发现产品存在漏洞则需要提报至开发人员处进行完善。早在产品上线之前，运维工程师就已经参与到研发工作流程中了，他不仅保证开发工程师能够正常地在公司平台上对产品进行开发，还需要保证产品上线后系统的稳定运作，为整个研发子团队保驾护航。

（3）运营子团队

运营经理在互联网多团队中是一个不可或缺的角色（但这个岗位在其他传统行业中常常被忽略）。产品开发完成上线后到了用户手中，如何帮助用户正确地按照产品思维去使用产品，提高用户的活跃度，增强用户黏性，都是运营经理的工作范畴。运营经理通过全方位数据的监控、收集和分析，为产品经理提供产品优化方案，让产品更好地满足用户需求。

（4）其他子团队

其他子团队包括一些横向支持的团队，比如风控团队，负责审核产品发布、运营是否存在风险，并且帮助产品更好地规避风险；数据分析团队，利用大数据技术收集产品相关的数据，并对这些数据进行统计分析，为市场推广、用户拉新、产品迭代更新提供决策支持；法务团队，负责产品合规性、法律风险的审核，为产品的发布和正常运营保驾护航。

以上所列举的多团队架构和运作方式只是比较典型的以产品为核心的互联网多团队组成方式。不过，这并不代表互联网企业中所有的多团队都必须应用此类的模式。因为多团队的组成和运作方式与公司产品自身所具有的特点、性能以及技术方面的开发模式都存在关联，许多互联网企业都是在这个基础上进行一些符合企业自身和产品特性的定制化设计。

9.2.2　MTS互依性

9.2.2.1　互依性定义及分类

社会化大分工的背景下，大多数组织都运用团队的模式相互协作来达成目标。互依性这个概念就是在这样情境下被研究者提出的，指的是在实现团队目标的过程中团队成员彼此协作、互动和交流的水平。目前，国内外学者对互依性的概念尚未形成一致的定义。Kiggundu（1983）把互依性定义为团队内部成员之间为了完成任务必须进行交换信息以及共享资源的程度。Scott（1992）把互依性定义为完成工作所需的因素或者工作过程本身是相互联系的，以至于一种因素状态的改变会影响另一种因素状态改变的程度。Campion et a1.（1993）把互依性定义为团队成员为了完成共同任务所需要通力合作以及一起配合的程度大小。Mollenman et al.（2006）把互依性定义为一个个体的行动对另一个体的行动所依赖的程度。

通过对互依性相关文献的总结，发现互依性来源大多集中于以下4个方面：①团队工作的输入，如工作技能、时间、资源的分布，以及任务如何定义（团队成员认为自己是在为个人工作还是为团队工作）；②团队成员完成任务的过程；③工作目标定义及实现的方式；④激励团队成员的依据和方法，比如进行奖励时依据的是团队成果还是个人成果。学者们依据上述来源对互依性进行类型的划分。

针对互依性这一颇具丰富内涵的概念，探究它的不同类型可以帮助我们正确地研究和有效地运用互依性。Wageman（1995）把互依性分为作业互依性和目标互依性。作业互依性被定义为一种存在于团队成员中的共享关系的一类结构化的属性：当团队成员为了达到期望的绩效或产出必须共享资源、信息、专业知识时，团队成员之间就存在作业互依性。当工作变得更加困难，团队成员执行任务过程中需要从其他团队成员处获得更多支援和协助时，作业互依性的程度明显增加。目标互依性被定义为团队成员被授以共同的团队目标以及接收到自己与团队目标关联反馈的程度。Gerben（2003）把互依性分为2类：作业互依性，一个团队成员为了达成其目标必须依赖从其他成员那里获取的资源、信息和帮助的程度；目标互依性，团队成员对他们所被授予的目标是团队目标的认可，以及所得到的信息是基于组织反馈的信任程度（Saavedra et al.，1993）。

Campion et a1.（1993）将互依性分为3类：作业互依性，团队成员在达成团队目标时相互依赖、互相合作的属性；目标互依性，目标不仅存在于组织中，单个成员的目标也必须和组织的目标相联系以达到最大的效用；反馈和薪酬互依性，通常也叫作产出互依性，个体获得反馈信息和酬劳与团队整体目标实现互相关联的程度。

Mintzberg（1979）发现组织中互依性的存在类型可能与企业运行的方式高度相关，比如企业所采取的生产产品的技术，或者其目标客户所在市场的特性。根据他的理论,他提出了组织中可能存在4类互依性:生产流程互依性、运营过程互依性、规模互依性和关系互依性。

部分学者对任务互依性进行更加深入的分类。如Thomas（1957）把任务互依性分为发起任务互依性（initiated interdependence）和接受任务互依性（received interdependence）。比如,两人一起开展市场调查,成员甲把调研方案传递给了成员乙,成员乙则是执行这个市场调查,成员甲的方案传送为成员乙提供了市场调研的方法和措施,因此,成员甲相对于成员乙具有发起任务互依性,成员乙相对于成员甲具有接受任务互依性。

Thompson（1967）将任务互依性分为以下3类。集合型互依性（pooled interdependence）:成员甲与成员乙之间不存在直接交流。次递型互依性（serial interdependence）:比如,成员甲的任务执行必须先于成员乙,因为成员乙的任务执行依赖于成员甲,这种执行上的依赖是单向传递的。循环型互依性（reciprocal interdependence）:成员甲的输出是成员乙的输入,反之,成员乙的输入也是成员甲的输出。在Thompson对任务互依性3种分类的基础上,Van de Ven（1980）补充了第四种类型:协作型互依性（team interdependence ）。团队成员共同对问题合力进行诊断和排查,互相帮助解决问题,通过合力协作来达成目标。根据以往对互依性文献的研究我们可以得出,根据组织运行的过程,互依性大致分为输入互依性、过程互依性和产出互依性3类。具体细分维度见表9-1。

表 9-1　不同学者对互依性维度的划分及划分依据

学者	互依性维度的划分	划分依据
Gerben; Mithcell et al.	任务互依性和目标互依性	信息、资源共享;协同工作;共同目标、基于集体的反馈
Campion	任务互依性、目标互依性、反馈和薪酬互依性	工作过程中相互依赖;目标相互关联;反馈和薪酬基于组织绩效
Mintzberg	生产流程互依性、运营过程互依性、规模互依性和关系互依性	生产产品的方法,或者市场服务的特点,与组织中互依性的模式直接相关
Marks; Mathieu et al.	输入互依性、过程互依性和输出互依性	资源、信息共享;过程协作;目标、反馈、绩效关联
Thomas; Moses et al.	发起任务互依性、接受任务互依性	感受到被依赖完成任务;受到其他工作流影响
Vander Vegt	发起互依性、接受互依性、产出互依性	感受到被依赖完成任务;受到其他工作流影响:结果相关

Thompson	集合型互依性、次递型互依性、循环型互依性	协同工作的紧密程度
Vande Ven	集合型互依性、次递型互依性、循环型互依性、协作型互依性	协同工作的紧密程度；共同解决问题

9.2.2.2 MTS 互依性的内涵以及维度的提出

多团队系统的一个关键特点是贯穿于整个系统的互依性（Interdependence）。Zaccaro et al.（2012）指出，多团队之所以区别于以部门为基础的大型组织，除了其成员团队之间的跨界联系之外，还在于其成员团队内部和成员团队之间的较高程度的循环型互依性。MTS中任何一个成员团队与系统中至少另外一个成员团队存在一定程度上的相互依赖（Mathieu,2001）。Marks et al.（2001）把MTS互依性定义为多团队中各类实体（个人、团队以及系统）在MTS作业过程中所具有的决心、信念、相互作用、相连利益关系，这种互依性受到多团队目标层级内部机制的影响，而多团队的目标层级会影响多团队中成员团队的行为，于是他们根据团队过程将互依性分为3种类型：

输入互依性：在多团队系统中，各成员团队在人才、关键信息、科技、资源等方面的共享和依赖程度。

过程互依性：在完成MTS规定目标期间要求的团队间相互配合的程度，比如跨界活动、信息交流和时间协调等。

产出互依性：MTS中各成员团队目标完成情况以及所获得的反馈和收益取决于系统中另外成员团队目标完成的程度。

Zaccaro et al.（2012）认为多团队必须满足2个条件：①MTS中的子团队必须至少与系统中另外一个子团队存在某种程度的互依性。②不满足这一条件的团队不属于MTS。更重要的是，MTS是一个以团队为基础的集合体，其中每个个体都来自其中一个子团队。他们还指出，在许多其他类型的组织中，并不是以团队为单元进行运作的，因此成员们不会处在一种大量集成性的协作活动中。即便当这些组织以团队作为单位运行（Mohrman et al.，1995），由于不存在MTS中的这种互依性，他们相较MTS而言其协作会比较松散。传统组织内所产生的协作行为大多是源于强制力或者集合互依性和某些次递互依性，在这过程中一个团队可能会

为了工作的后续流程把自己的工作成果传递给另一个团队。MTS中的互依性更类
似于Tesluk（1997）所概括的循环型互依性（reciprocal interdependence），成员团
队会不断交换和更替着各个成员团队的输入和输出，通过紧密的协作来完成共同
的目标。Marks et al.（2005）以紧急事故援助多团队为例，说明了多团队中的互
依性模型，详见图9-2。

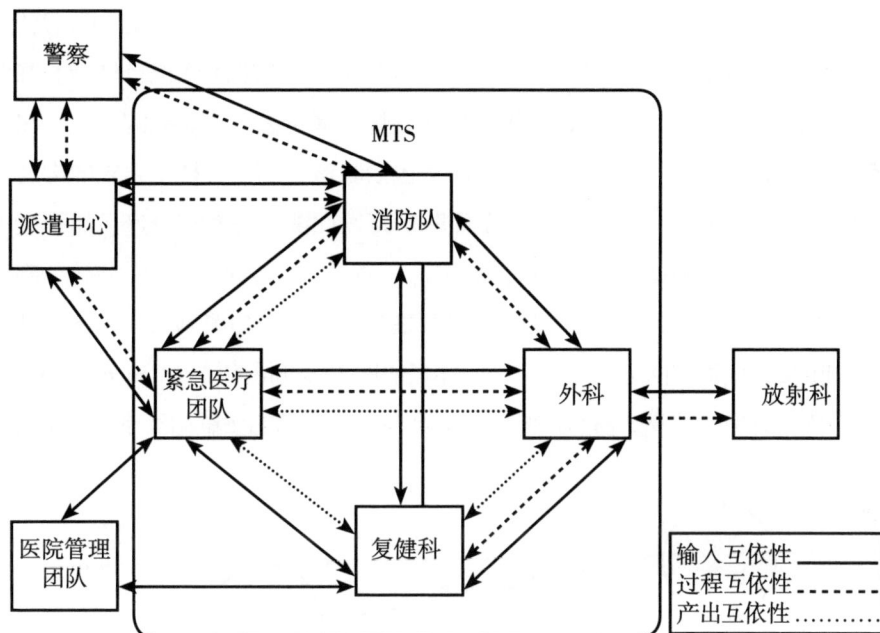

图 9-2　紧急事故援助多团队互依性模型

　　Rentsch et al.（2012）认为，多团队中互依性的本质以及整个系统中的互依
性的类型的研究应该成为多团队研究中的一个重要研究分支。时间安排、各阶段
任务重要性和具体要求，以及建立或者维持这种联系的困难或者容易程度，是互
依性一个方面的特点。他们在文章中重点讨论有关作业互依性的形式。在多团队
系统层面，互依性有潜在的动态性和嵌入式的跨水平的特点，互依性体现为团队
和跨团队水平。并且，MTS系统中互依性的类型和程度变化应该引起管理者和学
者的重视。互依性程度和本质会在不同的阶段和执行任务的过程中转换。比如，
通常情况下团队互依性一般以循环互依性的形式存在，在某些情况下会以强化互
依性的形式存在。一个鲜明的例子就是软件开发团队（如图9-3），这种团队一
般都是处在波动和动态运行的环境中（Brown et al.，1997）。因此，这些团队需

要在产品开发的过程中对互依性的类型和程度的改变进行适当的管理（Hoegl et al.，2005）。

如图9-3所示，这是一个处在产品开发环节的软件企业MTS，这个MTS中也具有明显的互依性。研究团队针对客户需求产生对新的软件的灵感，并且向开发领导团队传递这个灵感。这就使得研究团队和开发领导团队之间存在次递互依性（sequential interdependence），因为只有当研究团队将新产品的概念和灵感传递给开发领导团队，开发领导团队才可以开始着手为开发的工作进行排期。开发领导团队与开发团队（即成员团队）共同将整个程序进行模块化的开发。在最初的过渡阶段，开发领导团队的主要任务包括职责分配和对技术要求的沟通。在此期间，这些任务将会委派给开发团队。开发团队为开发这个产品而开展工作，为完成这个任务成员团队之间需要进行互动、信息传递。当他们将这些部分程序组成一个软件产品时，开发团队要对整个软件进行功能测试。在产品开发的最初阶段，成员团队之间形成一种循环互依性（reciprocal interdependence）。当这个软件开发完成后，质量控制团队将会参与到产品的测试和复诊中。质量控

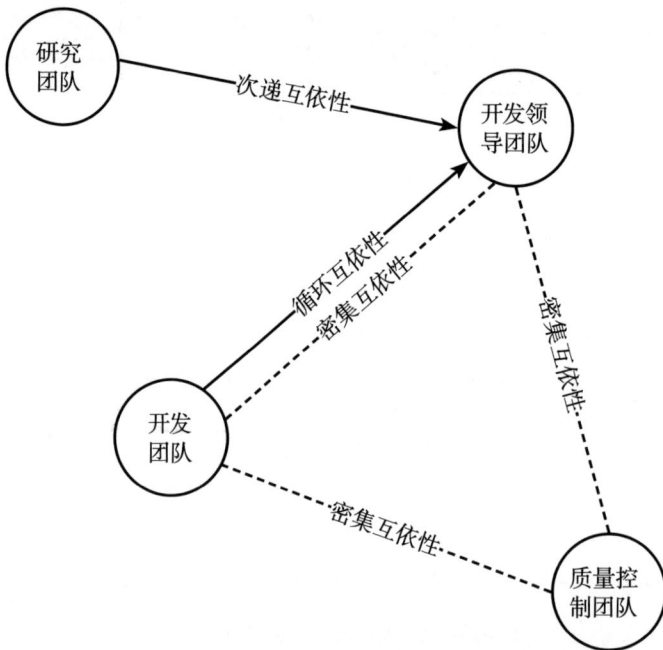

图9-3　软件开发多团队互依性模型

制团队需要解决故障和提高产品性能，因此其和所有的开发成员团队都形成了一种循环互依性（reciprocal interdependence）。质量控制团队可以发现产品所存在的瑕疵并且提高产品的性能。这个过程可以同时存在于质量控制团队和开发团队中，在后期的产品开发阶段会形成一种更为紧密和强化的互依性（intensive interdependence）。为了响应质量控制团队的反馈，开发团队必须要互相协作对产品进行优化和改善。某一个团队对程序微小的改变都可能会引起整个产品一系列的大变化。所以，虽然在产品开发最初阶段，开发团队就存在循环互依性（reciprocal inter- dependence），但当产品开发进入后一阶段，为了创造出更好的产品，这种互依性会变得更加紧密。这种形式的MTS可以看成是一种循环至强化动态的形式。这个例子说明了在MTS中会存在不同形式的互依性，并且随着环境和任务的变化，这种互依性会发生变化。

Mathieu et al.（2001）指出，属于多团队系统的一个鲜明特点就是贯穿于整个系统之中的互依性（Functional interdependence）。功能互依性是指多团队中的实体在完成目标的工作过程中所具有的相互依赖的特性，相互影响以及共同利益关系的程度。

多团队系统中各实体之所以存在互依性，其最主要的原因之一是多团队系统中所共享的目标层级，多团队的远期目标和近期目标促使成员团队之间互依、互惠地协调工作，成员团队在作业过程中会不断交换着输入和输出，通过紧密的协作来完成共同的目标，因此本研究基于前人的研究成果并结合互联网多团队的实际特点，对多团队互依性选取目标互依性和作业互依性2个维度。

9.2.3 MTS协作过程

9.2.3.1 MTS 协作过程基本概念

根据研究对象的不同，协作有着不同的定义。个体水平的协作（coordination）可理解为"个人为达到共同的能够预见的目标的过程中的交互行为"（Blau，1962）；组织层面的协作可定义为"为完成一系列共同的任务，组织中来自不同部分的资源、信息、人员整合和连接的过程"（Van de Ven，1971）。以上关于协作过程的定义虽然进行了概括性的描述，但是缺乏对协作过程定义更深入的整合。Dechurch et al.（2001）给予了团队协作过程（Coordination Process）更精确和完善的定义，他们将团队协作过程定义为，为了达成共同的目标和预期的绩效，团队成员之间以及与团队外界通过沟通、行为、冲突管理等一系列互动方式将团队输入转化为输出的行为过程。团队协作过程的核心是团队成员与其他成员及任务环境所发生的相互作用。杨俊辉等（2008）在对虚拟团队的研究中把团队协作过程定义为团队成员通过沟通、资源调配、有效分工来完成任务、实现团队目标等一系列与人和物发生的互动过程。

不论学者对协作过程如何进行定义，究其根本，协作的关键在于对人、信息和物的协调活动，因此所有的协作过程都与交流和互动息息相关（Taxen, 2003）。由此，协作过程的定义大都集中在2个维度——以正确的次序完成互依性任务和时间的恰当安排。从这方面看，Mathieu在2001年提出的协作过程是"对互依行动在时间和次序上的恰当安排"，这包括对协同性和同时性活动的管理，信息交流和行为的相互调整，以使团队成员的步调和次序得到整合来实现共同目标的过程。

在多团队协作过程中，包含团队内协作和跨团队协作。跨团队协作表现得更加显著，可以理解为"整合团队间具有互依性行为的时间和次序的过程"（De Church et al.，2006）。De Church（2010）认为，在充满不确定性和复杂多变的环境中，MTS中的相互依赖、协作的过程发生在3个层次：①团队内，即单个子团队内部；②团队间，即整个多团队系统中的团队之间；③跨系统，即跨越多团队的边界。

基于前人对团队协作过程和MTS协作过程的研究成果，作者将MTS协作过程定义为协调与任务相关的成员互动行为和任务顺序，从而促使团队间有效地沟通和资源互补，实现多团队共同目标的过程。

9.2.3.2 MTS 协作过程的相关研究

多团队作为一种新兴组织模式，与其相关的研究并不多见，关于其协作过程的研究更是凤毛麟角。与以往单独团队相比，多团队系统组成更加复杂，变化方式更加多样，能及时地预测环境的变化从而快速地做出转变。但多个团队组成的多团队系统同样具有团队所具备的特征，研究者对多团队系统协作过程的研究大多都衍生自团队协作过程的研究理论。

由于MTS不是由个体构成，而是由许多团队组成的，所以有必要首先理解单一团队的运作机制。研究小组和团队的主要范式是Mc Grath（1984）介绍的输入—过程—输出模式（inputs-processes-outcomes IPO），如图9-4所示。输入是指那些促使成员相互作用的前导变量，包括个体成员特质（如能力和个性）、团队层次变量（如任务结构、外部领导施加的影响）以及环境变量（如组织结构、环境复杂性）。这些前导变量的组合驱动着团队的相互作用以完成任务。过程，即团队成员相互作用的方式，非常重要，因为它们决定了团队输入是如何转化为结果的。输出是指团队活动的成果和副产品，包括绩效（例如，质量和数量）和成员的情感反应（如满意感和承诺）。

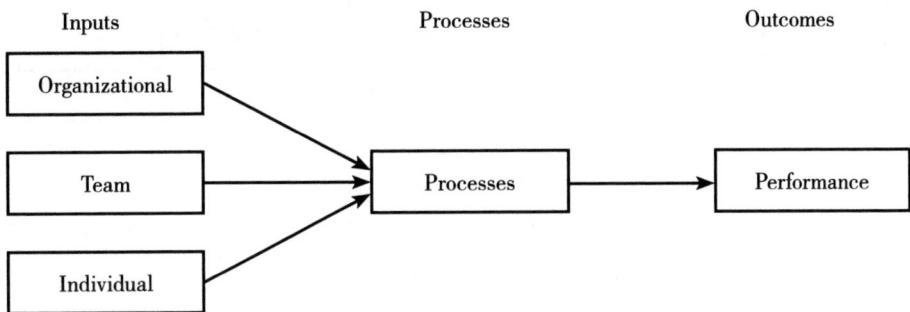

图 9–4　Mc Grath 提出的 IPO 团队过程模型

从输入到输出，团队在运作中存在人与人的互动、人与各类物质资源的交互作用。团队运作存在2种活动：其一是作业协作（taskwork），指团队中的个体与作业、工具、设备、系统等运作环境的交互作用，这是由作业本身的特点决定的，它会影响团队在该项特定作业上的表现；其二是团队协作（teamwork），这是指团队成员之间的互动与协调，不受作业具体内容局限，具有普遍意义。本研究所指的团队过程（team processes）是后者，是队员根据任务要求进行的互动活动，实现了协调彼此的行动，整合成团队产出的功能（Brannick et al.,1995）。

IPO模型为团队研究提供了非常有价值的指导，但也遭到了不少的批评。越来越多的学者开始强调时间在团队运作过程中的重要作用，但典型的IPO模型并没有考虑时间这一因素（Marks et al., 2001）。IPO模型将团队运作过程看作是一个静态的过程，而实际上团队的运作是一个动态连续的过程。在过去的十几年中，涌现了一些有价值的动态的团队工作模型，其中有2个较为最重要的模型，即团队发展模型和团队循环阶段模型。团队发展模型描述了随着团队的不断发展，他们是如何产生质的变化的（Kozlowski et al.，1999），并描述了团队发展不同的不同阶段，团队内部相互作用的特点。Marks et al.（2001）提出了另一个重要的动态团队运作模型——循环阶段模型，如图9-5所示。有别于传统的IPO模式那样将团队运作视为静止的过程，或像团队发展模型那样认为它只是在一个团队的运作周期里出现，循环阶段模型认为团队过程被看作是一系列相互联系的事件，每个事件都包括输入—处理—输出联系，并且最重要的是，前一事件的结果成为后一事件的输入。

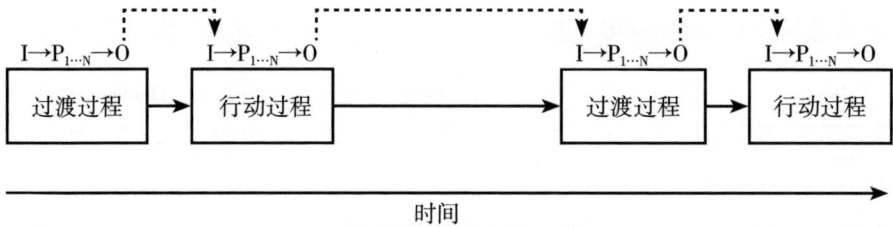

图 9-5　Marks et al. 提出的团队循环阶段模型

Marks et al.（2001）在总结以往研究中有关团队输入、过程和输出相关的变量时，依据时间顺序将团队过程变量进行整合和排序，提出以下团队协作过程的分类模型，如图所示9-6。

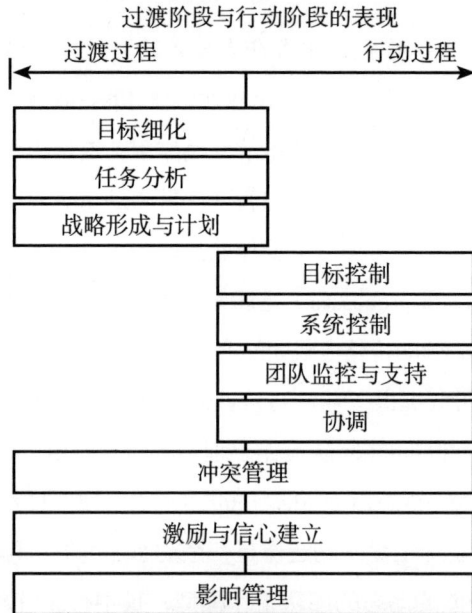

图 9-6　团队协作过程的分类模型

过渡阶段协作（Transition Phase Coordination，TPC）主要集中在目标设定和战略方案的制定阶段。过渡阶段由目标细化、任务分析以及战略形成与计划这3个具体过程组成。行动阶段协作（Action Phase-Coordination，APC）主要集中在各成员团队通过资源整合、行为调整来完成多团队任务、达成期望目标的互动过程，主要包括目标控制、系统控制、团队监控与支持。人际阶段协作贯穿于整个团队过程的前后，包括激励与信心建立、冲突管理等有关心理和人际方面的协调。

2002年，Mathieu将由Marks（2001）构建的团队过程分析模型应用到了多团队系统中。其中与团队层次最大的不同在于，在MTS中，相比团队内部的协作，成员团队之间的行为调整对于整个多团队层面的目标实现起着更重要的作用。De Church et al.（2012）指出，由于各团队工作方式、技术特点和人员组成的差异，MTS中成员团队之间的作用方式更具有复杂性和不确定性。相较单个团队而言，多团队中必须更高效地对复杂的边界进行管理，建立有效的协作机制，才能确保系统层面任务的达成和目标的实现。

肖余春等（2011）构建了在绩效片段视角下的中国高新技术企业中新产品开发多团队的协作过程模型。该模型认为多团队的协作过程由过渡阶段协作（Transition Phase Coordination，TPC）和行动阶段协作（Action Phase Coordination，APC）构成，其中过渡阶段协作过程由任务分解、目标设置和方案制定3个维度构成，行动阶段协作过由目标调整、系统监测和支持反馈3个维度构成，并且发现过渡阶段协作对行动阶段协作有正向影响。

沈淑红（2013）将多团队系统协作过程分为3类：过渡阶段协作、行动阶段协作、人际阶段协作。在过渡阶段，团队成员聚焦于任务的分析、目标的细化、战略的形成，这一阶段主要是对已完成团队活动的评价以及对未来活动的计划；在行动阶段则聚焦于任务的完成，对过程及系统的监督，团队成员之间的合作以及对同事的工作的监督与支持；而人际阶段协作则贯穿团队过程的始终，包括冲突管理、激励和信心建立、情感管理。

通过前人的研究，可以发现，学者们对多团队协作过程的研究大多是基于Marks et a1.（2003）对团队协作过程的划分，从过渡阶段、行动阶段2个维度展开。因此，本研究以Marks的多团队协作过程理论作为基础，并结合互联网多团队的特点对协作过程的维度进行划分。例如，在以产品为核心的互联网多团队中，首先要对用户需求进行定义，然后产品团队将产品需求与开发团队进行需求评审和方案讨论（过渡阶段协作），开发团队会根据需求对开发日程进行排期，在产品开发完成后，测试工程师会对产品功能进行检验，测试工程师会反馈产品相关的信息至开发工程师处，提出优化方案或者改进意见（行动阶段协作）。从工作流程上来看，互联网多团队协作过程也分为过渡和行动阶段协作，所以我们选这2个维度。

9.2.4 MTS有效性

9.2.4.1 团队有效性的概念

目前有关团队绩效（team performance）与团队有效性（team effectiveness）的概念在学术界尚未形成统一的定义。总的来说，学者们所研究的有关团队绩效的定义并不如团队有效性所涵盖的内容广泛。团队绩效侧重强调团队最终活动的客观结果，如达成目标的结果、任务情况、项目进展等。团队有效性所涵盖的内容相对全面，既关注过程的效率，又关注产出的效率，具体包括：过程有效性、产出有效性、组织有效性、环境有效性等。笔者将学者们对团队有效性所做的定义以及划分总结于表9-2中。

由表9-2所列出的团队有效性的概念以及划分我们可以看出，团队有效性关注的不仅是团队的客观产出，也关注团队的软实力比如团队协作过程、成员工作能力以及内部成员的心理感受。因此，相对团队绩效而言，有效性所考察的内容更加丰富。

表9-2 团队有效性概念以及划分

	学者	定义
团队有效性	Cohen et al.（1997）	团队有效性主要包括3个方面：①团队业绩，即团队的效率、生产力、反应速度、质量、顾客满意度以及创新等；②成员态度，即成员满意度，承诺以及对管理层的信任；③成员的行为，即成员的缺勤、离职和安全等
	Paris（2000）	团队有效性是由个体所组成的团队有效的协调性产出，而并不仅仅是加减汇总的反映
	吕晓俊等（2001）	团队有效性包括：①团队业绩，包括有形的产量和无形的服务；②团队可持续发展能力，包括团队成员满意感、团队承诺和对创新环境的容忍度

续表

学者	定义
吴志明、武欣（2005）	团队有效性包括团队业绩以及成员的满意度
徐佩、章仁俊（2006）	团队有效性是指团队投入、团队运行过程、团队产出3个环节统一、协调、整合后所呈现出的动作状态以及由此产生的动作效果。其中，团队投入是一种广义的概念，可分为2个层次：①环境层次：如组织管理层有效地提供的物质等支持、绩效评估和奖酬体系等；②团队层次：如团队成员资源、团队规模等。团队动作过程指实现团队目标和维持团队功能的过程。团队产出指团队的工作成果，从概念层面上讲，团队产出等同于一般意义上的团队绩效
Howard（2001）	有效性就是指有效地完成目标并及时地给予项目支援。项目团队的有效性包括5个方面：①目标；②客户；③及时性；④质量；⑤生产力
Rose（2014）	全面的团队有效性包括过程和结果：①团队过程绩效；②团队人际关系；③团队成果及绩效

（左侧纵列合并单元格标题：团队有效性）

9.2.4.2 团队有效性的模型发展

关于团队有效性的模型发展，最早应该追溯至由Mc Grath（1964）提出的IPO即"输入—过程—输出"模型。后来不同学者都提出了自己关于团队有效性的模型，但大都是基于IPO模型之上。

Hackman（1983）提出了规范性模型。规范性模型认为团队的产出在很大程度上会受到团队内部互动过程的影响，而团队互动过程的影响因素则更加广泛，比如团队的设计情况以及组织的系统因素。Hackman提出的有效性模型的进步之处在于，对于如何去设计和构建影响有效性的因素已经进行初步的探讨，而不仅限于罗列出这些因素。

Campion（1996）在总结前人研究的基础上，将影响团队有效性的因素划分为5种类型，并据此提出了自己的团队有效模型。团队有效性受到来自团队运行过程因素的重要影响是该模型论述的侧重点，并且他通过实证研究对模型进行了检验。模型的不足之处在于他将5类影响因素视作影响团队有效性的前因变量，只是考察其对团队产出的影响，却缺乏对这五类因素之间的相互作用的研究。

启发式模型在一定程度上算是对Campion等人的五因素模型的补充，是由Cohen et al.在1997年提出的。影响团队运行过程的各类因素被清楚地归为以下6类——环境因素、任务设计、团队构成、组织环境、团队内外部过程、团队心理特征，并描述了各种影响因素之间直接或间接的相关路径。遗憾的是，启发式模型并未进行过实证检验，而是在理论上对团队运行的IPO逻辑表达进行了论述。

虽然团队有效性的IPO模型被当时的研究者广泛接受和采纳，但是随着研究的深入，许多学者提出了有关IPO模型的局限性。其局限性大概为以下几个方面：以往学者引入的IPO模型中作为中介变量的并不都是真正的过程变量，而是情感和认知等心理因素，从而使真正意义上的行为过程概念处于孤立状态（Marks et al., 2001）。被描述为由输入到输出的单环路径，但是在实际中团队行为过程会重新作用于团队输入从而影响有效性。所以说，一些学者认为IPO模型在一定程度上限制了未来研究的发展。Ilgen et al.等人为了弥补这一缺陷，在2005年提出IMOI模型（Input-Mediator-Output-Input），如图9-7所示，用中介变量"M"代替过程变量"P"，并加入反馈环，进而反映从输入—中介—结果—输入（中介）的动态变化。

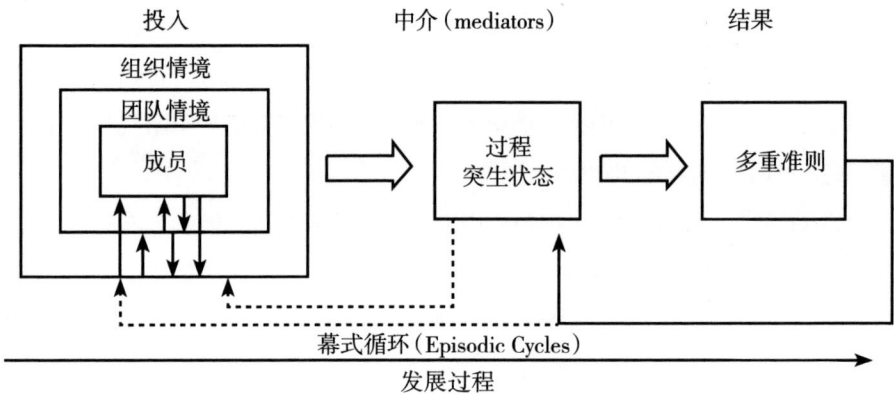

图 9–7　IMOI 团队有效性模型

9.2.4.3　MTS 有效性的相关研究

Zaccaro et al.提出，所有的MTS都由一些属性构成，正是由于这些属性的不同，从而使得各个MTS都独一无二，他们把这些属性归为三大类属性：成分属性（compositional attributes）、连接属性（linkage attributes）和发展属性（developmental attributes）。成分属性指的是MTS整个成员的特征以及相关的成员团队的特征，包括数量、规模、地理分布、文化多样性以及功能多样性。MTS中最表层的成分属性指的就是成员团队的数量以及组成的成员团队中成员的数量。连接属性指的是MTS中成员团队的独一无二的联系机制，包括互依性程度、层级设置、权利分布还有沟通网络和沟通方式。由多团队发展方向、发展状态和多团队成员发展等几个方面所构成的MTS所独有的动态发展特征和发展方式是MTS中的发展属性。以上这3种属性会形成不同的团队内部以及团队间过程，团队内部和团队间的过程成为3种属性和多团队有效性的中介变量，因此提出了以下模型，见图9-8。

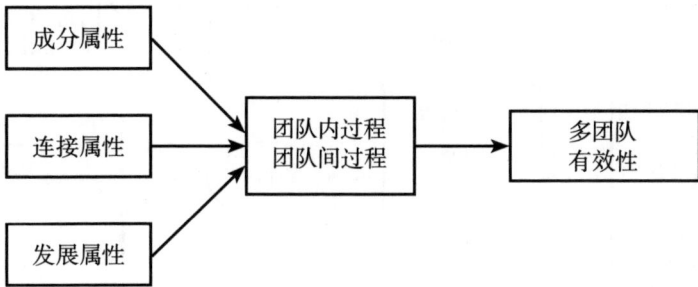

图 9-8　A model of multiteam system effectiveness 多团队有效模型

Joseph et al.（2005）提出的联合运作效能模型（ Joint Operations Effectiveness Model）（见图9-9）有助于我们清晰地理解多团队过程是如何作用于多团队有效性的。在模型中我们可以看出，MTS有效性受到MTS过程与团队有效的影响，而团队有效性的影响受到团队过程的影响，同时MTS中的认知构建会同时对团队过程、MTS过程以及有效性产生影响。在模型中，团队过程细分为许多小过程，每一个过程都会对MTS的最终产出产生影响。

Guthrie et al.选取其中2个他们认为对MTS有效性影响较大的过程进行了深入探讨。他们认为在所有过程中需要对沟通和领导多加重视，不仅在于沟通和领导在整个系统中作用机制更加复杂，还在于这2个过程会分散其他活动过程的精力和资源，因此其对整个MTS的有效性来说影响程度是非常大的。成员团队中的个体一般都是从其领导处获得与工作、任务相关的必要信息，而成员团队的领导需要与其他团队的领导进行沟通协调才能确保目标的顺利实现。随着MTS所处环境的不确定性以及任务的复杂性的增强，多团队系统内部需要建立有效的信息共享方式，才能确保其正常运作。因此，领导在沟通过程中起到了非常重要的作用。在MTS中建立有效的共享心智模型对于提高多团队有效性是十分必要的。

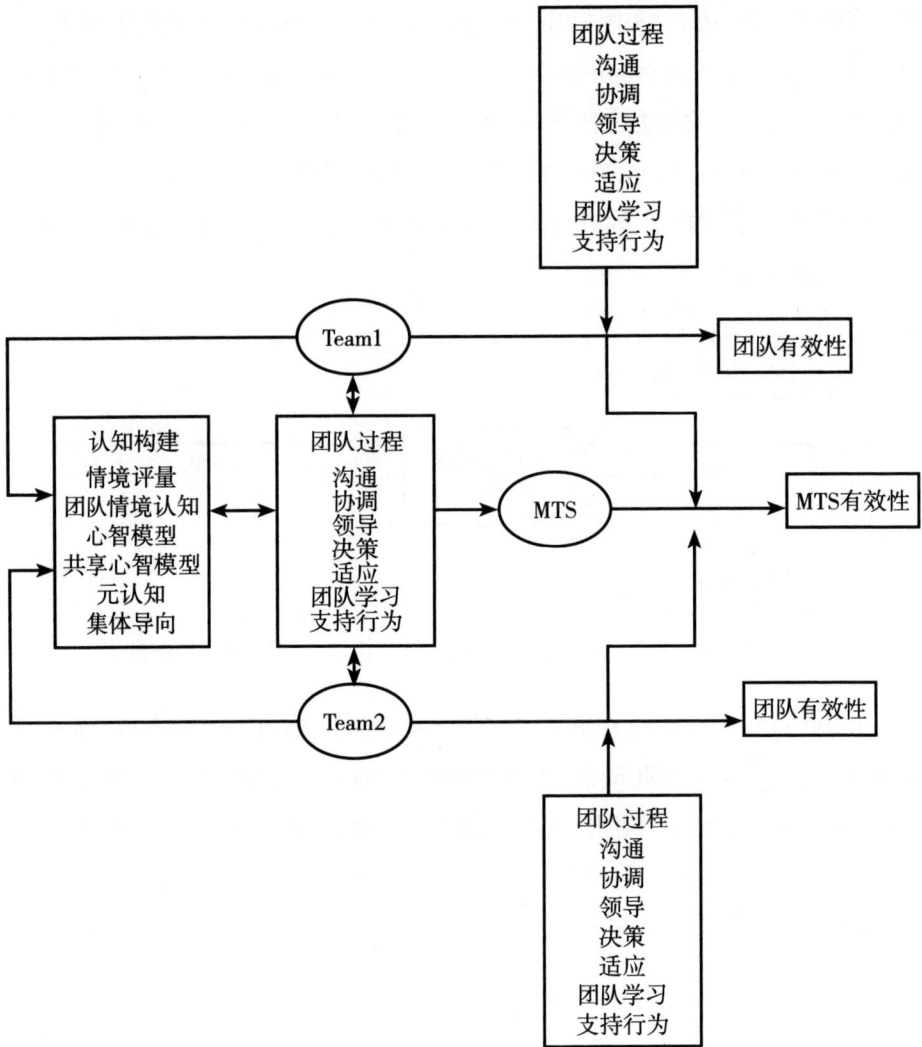

图 9-9　联合运作有效性模型

9.2.5　互依性、协作过程与有效性的关系研究

现在，越来越多的企业把员工满意度、团队弹性等指标纳入人力资源管理有效的考核中，说明企业不仅重视业绩，对软实力也更加看重。这样的转变也体现在团队研究领域。针对一些工作周期较长、技术复杂、环境不确定性强的团队，如复杂产品研发团队、项目工程团队，他们的绩效在短期内难以考察和衡量。还有一些从事非作业类工作的团队，比如管理团队和顾问团队等，这些团队的绩效

指标难以量化，所以考察结果的客观性难以保证。针对这一缺陷，学者们引入了团队有效性（Team Effectiveness）这个概念，将其作为考察的结果变量之一。为了更全面地探究互依性对团队结果变量的影响，部分学者探究了总体互依性与团队有效性之间的相关关系，并发现了不同类型互依性的主效应。Campion et al.（1993）以顾问团队为研究对象探究互依性对有效性的影响，他们把团队有效性分为3个维度：生产率、员工满意度、经理评定。研究结果表明，总体互依性对这3个变量均有显著正向影响，但是作业互依性只与团队生产率显著相关，目标互依性只与经理评定显著相关，而反馈与薪酬互依性则只与员工满意度显著相关。Wageman（1995）以工程团队为研究对象对有效性进行研究时，利用多个维度对有效性进行评价，包括作业规范、人际关系、工作动机、相互学习程度、合作满意度。他发现，整体互依性对这些有效性变量均存在显著相关，但是不同类型的互依性存在不同的主效应。整体互依性与作业规范、人际关系、合作满意度之间存在正相关，主要是由于存在作业互依性的主效应。整体互依性与工作动机之间存在负相关，则是由于存在薪酬互依性的主效应。Tohnson et al.（2001）挑选了47名美国学生进行为期6周的实验研究，以任务互依性、资源互依性为自变量，以个人绩效和团队绩效为因变量，研究它们之间的作用关系。结果显示，当资源互依性与任务互依性都较高时，团队绩效最高；资源互依性较高时团队绩效较低，资源互依性对个人绩效有显著的负向影响。

上述学者都是研究多种互依性对结果变量的影响，部分学者只针对其中一类互依性与团队结果变量的关系进行研究。Dean（2001）以虚拟项目团队作为研究对象，研究结果表明，积极作业互依性与消极作业互依性相比，团队成员更乐于进行协作、资源互补、相互学习，具有更高的自我成就感。Alper et al.（1998）对自我管理团队进行了研究，考察了目标互依性与团队决策有效性的关系，研究发现，在高度合作目标下的团队，成员在决策过程中的争论是开放的和建设性的，这就提高了他们的相互信任，从而提高了团队决策的有效性；反之，竞争的目标就妨碍了建设性的争论、信任和决策的有效性。Meenakshi（2010）对软件研发项目团队采取了访谈和问卷调查，探索目标互依性对团队有效性的影响，结果表明，因为目标互依性与团队内的组织公民行为存在正相关，组织公民行为和团队有效性存在显著正相关，因此对团队有效性起到正向作用。

大部分学者在互依性与团队有效性的研究过程中都将有效性这个结果变量分为多个指标。另外，部分学者在研究中对有效性的测量只采用一个指标。

Van（2006）以IT企业为研究对象，考察了积极的目标互依性和作业互依性对研发绩效的影响，结果发现目标互依性和作业互依性存在复杂的交互效应，只有当目标互依性与作业互依性相匹配时，目标互依性能与研发绩效呈正相关，而当作业互依性与目标互依性不匹配时，则与研发绩效不存在显著相关。Then（2007）也对管理团队进行了研究，考察了积极的目标互依性对团队决策有效性的影响，发现积极的目标互依性和冲突类型存在复杂的交互效应，只有在人际冲突妨碍了作业冲突的时候，积极的目标互依性才会促进有效的决策，而在作业冲突和人际冲突并存或没有冲突的情况下，则不存在这样的效应。

此外，学者们对互依性与团队成员的心理因素的关系进行了探究。Van Der Vegt et al.深入地研究了互依性与情感反应之间的关系。他们在2000年对技术顾问团队进行了研究，结果表明，作业互依性与个体工作满意度、团队满意度、工作承诺、团队承诺都呈正相关，并且这种正相关受到产出互依性的调节。他们还发现，高作业互依性和高产出互依性的这个特定匹配，比"低作业互依性—高产出互依性"或"高作业互依性—低产出互依性"这样的不匹配情况，更能够达到积极的情感反应。

李琼（2013）在对研发多团队信任、互依性和过程绩效三者关系的探索中，发现功能互依性各维度对过程绩效影响的不同。功能互依性中过程协作和产出关联既能促进过程绩效的运行状况，又能促进过程绩效的阶段性成果，而功能互依性中资源共享对过程绩效的运行状况和阶段性成果的影响不显著。功能互依性中过程协作和产出关联对研发多团队过程绩效显著影响，这与研发多团队的任务特征和类型有很大关系，高新技术企业是知识密集型企业，研发团队的工作性质要求各团队之间彼此要相互依赖，利用各自的技术专长凝聚在一起完成产品的开发。并且发现在研发活动中，功能互依性的资源共享维度在情感信任与阶段性成果的关系中起到部分中介作用，在认知信任与阶段性成果的关系中起部分中介作用，在情感信任与运行状况、认知信任与运行状况间的中介作用不显著。

综合以上研究者对互依性的研究，可以发现，互依性不仅与团队的客观产出（绩效）高度相关，与团队的心理变量（工作满意度、团队承诺等）也存在关联。并且不同种类的互依性对结果变量的影响是不同的。在多团队中，存在不同类型和不同程度的互依性，其作用机制尚不明确，所以如何找到互依性的最佳匹配状态，对于提高多团队的有效性意义十分重大（Staniewicz, 2012）。

9.2.6 协作过程与有效性的关系研究

De Shon et al.（2004）以建筑项目团队为研究对象，研究成员间的协作过程对绩效的影响，研究表明，战略目标设定（过渡阶段协作）和行动计划调整、实施（行动阶段协作）对工程质量、成本控制（团队绩效）有显著正向影响。Mathieu et al.（2006）在对销售多团队的研究中，构建多团队协作过程模型，全面、深入地揭示了协作过程对多团队绩效的作用方式和影响程度。研究结果，表明协作过程与目标绩效、客户满意度存在显著相关。他们将过渡、行动和人际3个维度的协作过程对绩效的影响进行分别研究，发现行动协作过程与目标绩效、客户满意度存在显著正相关，过渡协作过程只对目标绩效有正向影响，人际协作过程对这2个变量的作用都不显著。Mathieu et al.（2006）在对紧急事故援救多团队的研究中发现，在多团队成员面对意外事故、紧急情况时，行动阶段协作相比其他维度的协作显得更为关键。突发的事件、不确定的环境因素迫使多团队成员不得不通过资源互补、紧密协作来突破困境从而完成系统目标，在这个阶段的协作程度对最后的任务结果和目标实现起着关键的作用。对于多团队软实力方面而言，在紧急情况下成员之间的信息沟通、协作相较往常更为频繁和紧密，对多团队之间的凝聚力、持续工作的意愿起到非常重要的作用。

De Church（2006）以由64个学生组成的2个多团队进行消防事故救援情景模拟实验研究，事先他们对其中的一个多团队进行了有关领导职能的培训，培训的内容大致为如何在处理事故过程中更好地发挥领导职能，引导成员们的过渡阶段协作和行动阶段协作。结果表明，相较未接受培训的多团队而言，接受领导职能培训的多团队在实验中领导发挥了有效的积极作用，并且促进了各成员团队之间的协作，最终提高了多团队的绩效。

Zaccaro（2010）的研究指出，团队内部协作与团队的结果变量（绩效、有效性）存在高度相关，在多团队中这种关系表现得更加复杂，多团队中不仅存在着团队内部的协作，同样也存在成员团队之间跨团队的协作，并且两者对多团队绩效的影响程度也存在差异。他们通过计算机模拟军事作战实验，结果发现在多团队系统中团队内部的协作对多团队绩效影响更加显著。

李伟阳（2012）以高新技术企业研发MTS为研究对象，发现协作对过程绩效有显著的正向影响作用。这种正向作用具体体现为，MTS过渡阶段协作既能促进过程绩效的运行状况，也能促进过程绩效的阶段性成果，同样，MTS的行动阶段协作也能同时促进MTS的运行状况和阶段性成果。这种正向促进作用具体到每一个细分维度又有所不同，如目标制定能促进知识共享、预算控制和研发业绩，但在考虑完整的MTS协作的情况下，却不能促进团队沟通和人才培养；同样，任务分析能促进预算控制、研发业绩和人才培养3个维度，却不能促进团队沟通和知识共享；而系统控制只能促进团队沟通和预算控制。总之，MTS协作的2个过程都能促进MTS过程性绩效的运行状况和阶段性成果2个方面，只是其中起作用的协作维度不同而已。

从以上的研究中可以发现，虽然不同的协作过程对绩效和有效性的作用方式和影响程度大不相同，但是团队协作过程对团队结果变量的影响十分显著。因此，许多学者也认为在多团队系统层面，协作过程对有效性同样起到十分关键的作用。Kozlowski（2006）指出，团队成员之所以能够进行快速和有效的协作，其中一部分重要原因是环境的不确定性和任务的复杂性使得他们必须通过资源互补、信息互通来达成组织目标。另一方面，团队营造的良好的分享和协作文化会让成员们积极主动地分享知识、共享资源和相互协助，从而形成良性循环。所以从客观结果上看，协作过程的确有利于促进目标的实现、任务的完成等客观绩效，从成员感受上看，协作过程让成员互相紧密地沟通、交流和互助，还有助于提高整体成员的满意度水平，让成员们持续不断地为达成团队目标而努力。

上述学者都把协作过程作为影响团队结果的因变量来进行研究，有些学者却认为团队协作过程在许多因变量与团队绩效之间起到中介作用。Howard（2011）以来自12个不同国家和地区的团队组成的全球IT项目团队（global IT project teams，GPT）为研究对象，探索知识共享、信任、协作过程和有效性之间的关系，结果表明，知识共享对信任、协作和有效性均有显著的正向影响，并且验证了团队协作过程在知识共享和有效性之间起到中介作用。Mathieu et al.（2006）通过对121个技术服务团队的调查研究表明，团队协作过程在团队授权与团队绩效之间起中介作用。

9.2.7 互依性与协作过程的关系研究

"互依性"这一概念自提出之后，就有不同领域的学者对其进行研究。在20世纪80年代，组织理论学者认为互依性是组织工作流程中固有的特性，由于组织成员所掌握的技能不同，因此在工作流程上会对不同的技术产生需求，所以互依性是无法人为改变的组织结构属性。社会学家认为，由于资源、信息和人员的分布不同，从而产生协作需求，互依性是工作过程中的一种行为特质。随着组织管理理论的发展，90年代以后，许多学者表示，即使组织中存在同样的工作流程与相似的技术、资源和信息的需求，不同类型互依性在其程度上也存在差异。因此，学者们大都认可互依性的产生是由于组织内部协作的需要，并且互依性是组织中可以人为改变的结构特质，互依性的水平是可以通过流程设计和目标调整等方式人为操纵的。

MTS的存在是为完成个人、团队所无法完成的目标。在多团队中存在目标层级（goal hierarchy），即多团队目标会通过逐级分解形成个人和成员团队的目标。Mathieu（2001）通过观察研究发现，当多团队系统中目标互依性增强时，其对协作的要求就上升。由于多团队中存在复杂的高级目标，是无法依靠单一团队达成的，因此对跨团队协作的需求就显著提升。因此，可以认为多团队中目标互依性是解释其对协作过程高要求的原因之一。

Saavedra（1993）在研究中发现，团队协作过程只有在互依性处于较高水平时，才会对团队绩效起着显著作用，反之则不显著。这对于MTS也是适用的，高度互依的目标层级之间的关系会产生更高水平的跨团队协作需求，使得只有通过高效的跨团队协作才能完成系统目标。

Le Pine et al.（2008）通过元分析发现，高效的协作过程不仅在提高团队绩效方面起到重要的作用，在协作过程中也有利于培养团队成员的工作能力、协调能力和抗压能力，同时有利于提高成员的满意度和持续工作的欲望，营造良好的团队氛围，而优秀的团队氛围又会促进成员的协作行为，从而形成良性循环。许多研究者对影响协作过程和行为的因素进行探究发现，当处在极其恶劣和复杂的环境中，任务又极具挑战性且个人无法完成时，团队成员更趋向于资源互补和互相帮助，此时具有作业互依性；当成员就团队目标达成共识，成员认可团队目标时，他们也会更倾向于相互合作。相反，任务相对简单，团队成员对目标和产出缺乏共识，联系不紧密，互依性对协作过程的作用就不显著。

因此，综合上述的研究可以得出，互依性对于多团队来说不仅是其本身固有的特征，更是促进协作过程的重要因素之一。

9.2.8 小结

通过对多团队互依性、协作过程、有效性这三者的有关文献梳理和回顾，可以得出：

（1）有关互依性和有效性之间的作用机制是否普适仍然需要经过验证。首先，几乎所有的研究都是选取某一行业某一类团队作为研究对象，但是这些团队所处的环境和工作流程的复杂程度存在差异，研究结果是否对所有类型团队普适尚待检验。其次，针对有效性这个结果变量，不同学者在研究中的测量指标并不相同，有些学者直接采用客观任务绩效作为指标，有些学者则更加侧重对合作满意度等情感变量的关注。即使这些结论或多或少都能部分揭示互依性对有效性的作用机制，但是这些研究结论无法轻易运用到实际管理中。这就是目前互依性研究所存在的主要不足，也是未来研究的方向之一。

（2）国内外各个领域的学者都通过选取不同的研究对象对互依性、协作过程以及有效性进行不同目的、不同层面的研究，这些结果既具有理论指导意义，又具有现实实践意义。虽然相关研究结论随着对象选取的不同、研究方法的差异而不同，但是大部分研究结果都表明互依性与团队的过程变量及结果变量都存在显著相关。但是，几乎没有学者重点研究过，到底是什么传递了互依性对团队结果变量的影响，即互依性对团队有效性的作用机制尚不明确。因此，本研究选取中国互联网企业中以产品为核心的多团队，研究多团队互依性、协作过程和有效性之间作用机制是对前人研究结果的深化和发展，让研究结论更加符合行业和团队类型的针对性要求。

因此，本研究结合中国互联网多团队的特性，以多团队理论为基础，探索在互联网多团队中互依性是如何通过协作过程对有效性产生影响的，希望为互联网多团队构建良好的协作机制和运作方式提供理论支持。

9.3　研究模型与假设

9.3.1　研究模型

根据前文对相关文献和理论的回顾与总结，建立起本研究的概念模型，如图 9-10 所示，多团队（MTS）协作过程是互依性和有效性之间的中介变量，互依性通过协作过程影响多团队有效性。

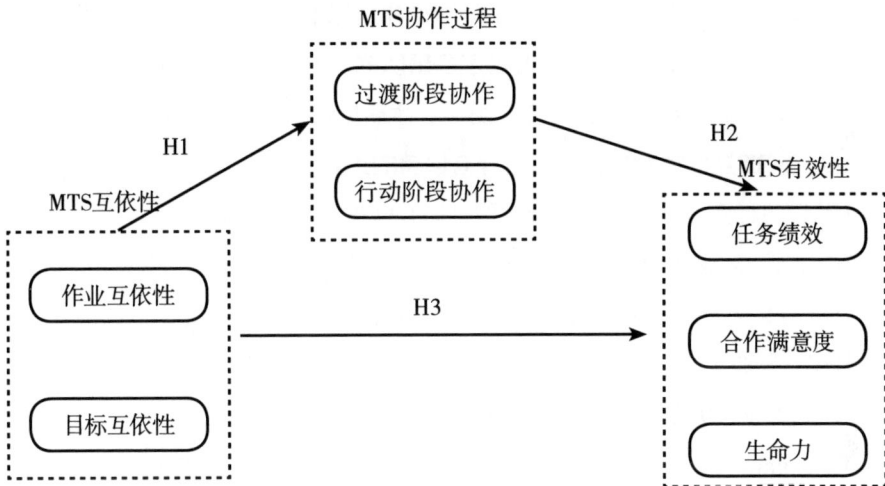

图 9-10　研究模型

9.3.2　研究假设

9.3.2.1　互依性与协作过程的关系假设

互联网多团队处在一个复杂多变的环境中，由于其任务本身的复杂性。项目节奏的不确定性，其自身的互依性就一直处于较高的水平，当系统中互依性增强时，高效的跨团队协作显得十分重要（Marks et al.，2005）。

Le Pine et al.（2008）通过元分析发现，高效的协作过程不仅在提高团队绩效方面起到重要的作用，在协作过程中也有利于培养团队成员的工作能力、协调能力和抗压能力，同时有利于提高成员的满意度和持续工作的欲望，营造良好的团队氛围，而优秀的团队氛围又会促进成员的协作行为，从而形成良性循环。许多研究者对影响协作过程和行为的因素进行探究发现，当处在极其恶劣和复杂的环境中，任务又极具挑战性且个人无法完成时，团队成员更趋向于资源互补和互相帮助，此时具有作业互依性；当成员就团队目标达成共识，成员认可团队目标时，他们也会更倾向于相互合作。相反，任务相对简单，团队成员对目标和产出缺乏共识，联系不紧密，互依性对协作过程的作用就不显著。

因此，综合以上研究结果可得出，互依性对于互联网多团队来说不仅是作业本身固有的特征，更是促进团队协作的重要因素之一。在知识经济的时代，互联网多团队面对瞬息万变的外部环境、日新月异的消费者需求，仅仅依靠个人或者某个团队是无法达成商业目标的。正是这种在目标上的统一，在工作流程上的相互依赖、相互合作的需求，大大促进了多团队的协作，因此认为互依性是促进多团队协作过程的重要原因。基于以上分析，本研究提出如下假设：

H1：MTS互依性对MTS协作过程有显著的正向影响；

H1a：目标互依性对过渡阶段协作过程有显著的正向影响；

H1b：目标互依性对行动阶段协作过程有显著的正向影响；

H1c：作业互依性对过渡阶段协作过程有显著的正向影响；

H1E：作业互依性对行动阶段协作过程有显著的正向影响。

9.3.2.2 互依性与有效性的关系假设

Wageman（1995）以工程团队为研究对象对有效性进行研究时，利用多个维度对有效性进行评价，包括作业规范、人际关系、工作动机、相互学习程度、合作满意度。他发现，整体互依性对这些有效性变量均存在显著相关，但是不同类型的互依性存在不同的主效应。整体互依性与作业规范、人际关系、合作满意度之间存在正相关，主要是由于存在作业互依性的主效应。

Van Der Vegt et al.深入地研究了互依性与情感反应之间的关系。他们在2000年对技术顾问团队进行了研究，结果表明，作业互依性与个体工作满意度、团队满意度、工作承诺、团队承诺都呈正相关；并且这种正相关受到产出互依性的调节。他们还发现，高作业互依性和高产出互依性的这个特定匹配，比"低作业互依性—高产出互依性"或"高作业互依性—低产出互依性"这样的不匹配情况，更能够达到积极的情感反应。

Chen（2007）也对管理团队进行了研究，考察了积极的目标互依性对团队决策有效性的影响，发现积极的目标互依性和冲突类型存在复杂的交互效应，只有在人际冲突妨碍了作业冲突的时候，积极的目标互依性才会促进有效的决策，而在作业冲突和人际冲突并存或没有冲突的情况下，则不存在这样的效应。

以产品为核心的互联网多团队，其最终的目标就是在于如何快速有效地开发和完善超出用户期望的产品，因此他们在目标上是一致的。此外，由于商业和技术环境的复杂性，只有整合多个团队的信息、资源和人力才能达成商业目标，多团队系统中这种在作业方面的相互依赖的特性伴随着整个工作流程的始终，对有效性产生显著影响。基于以上分析，本研究提出如下假设：

H2：多团队互依性对多团队有效性有显著的正向影响；

H21：目标互依性对任务绩效有显著的正向影响；

H22：作业互依性对任务绩效有显著的正向影响；

H23：目标互依性对成员满意度有显著的正向影响；

H24：作业互依性对成员满意度有显著的正向影响；

H25：目标互依性对生命力有显著的正向影响；

H26：作业互依性对生命力有显著的正向影响。

9.3.2.3　协作过程与有效性的关系假设

Mathieu（2006）在对紧急事故援救多团队的研究中发现，在多团队成员面对意外事故、紧急情况时，行动阶段协作相比其他维度的协作显得更为关键。突发的事件、不确定的环境因素迫使多团队成员不得不通过资源互补、紧密协作来突破困境从而完成系统目标，在这个阶段协作的程度对最后的任务结果和目标实现起着关键的作用。对于多团队软实力方面而言，在紧急情况下成员之间的信息沟通、协作相较往常更为频繁和紧密，对多团队之间的凝聚力、持续工作的意愿起到非常重要的作用。

De Church et al.（2006）以由64个学生组成的2个多团队进行消防事故救援情景模拟实验研究，事先他们对其中的一个多团队进行了有关领导职能的培训，培训的内容大致为如何在处理事故过程中更好地发挥领导职能引导成员们的过渡阶段协作和行动阶段协作。结果表明，相较未接受培训的多团队而言，接受领导职能培训的多团队在实验中领导发挥了有效的积极作用，并且促进了各成员团队之间的协作，最终提高了多团队的绩效。

对于互联网多团队而言，团队合作本身就是一种企业文化，因为在面对激烈的竞争环境、多变的客户需求时，缺乏有效的协作是无法推出满足市场和客户需求的产品的。并且大多数的互联网产品多团队来自初创型公司，人力资源在一定程度上不足，因此多团队的协作过程对有效性的重要性不言而喻。基于上述分析，本研究提出如下假设：

H3：多团队协作过程对多团队有效性有显著的正向影响；

H31：过渡阶段协作过程对任务绩效有显著的正向影响；

H32：过渡阶段协作过程对成员满意度有显著的正向影响；

H33：过渡阶段协作过程对生命力有显著的正向影响；

H34：行动阶段协作过程对任务绩效有显著的正向影响；

H35：行动阶段协作过程对成员满意度有显著的正向影响；

H36：行动阶段协作过程对生命力有显著的正向影响。

9.3.2.4 协作过程的中介作用假设

Mathieu et al.（2006）通过对121个技术服务团队的调查研究表明，团队协作过程在团队授权与团队绩效之间起中介作用。

Howard（2011）以来自12个不同国家和地区的团队组成的全球IT项目团队（global IT project teams，GPT）为研究对象，探索知识共享、信任、协作过程和有效性之间的关系，结果表明，知识共享对信任、协作和有效性均有显著的正向影响，并且验证了团队协作过程在知识共享和有效性之间起到中介作用。

对多团队互依性、协作过程、有效性的三者相关研究的回顾总结发现，绝大部分研究者认为互依性能促进团队有效性的提升，而其中的一部分学者通过研究表明，互依性是通过一系列的中介变量作用于绩效的，如信息传递、资源互补、行动协调等。通过前面对团队过程的综述，我们可以发现，协作过程可以作为一个重要的中介变量。在MTS中，环境更加复杂，各子团队的互依性更高，因此对多团队的各个协作过程显得更加重要，所以多团队互依性也会通过多团队协作过程作用于有效性。

因此，在互联网多团队中，作者认为协作过程在互依性和有效性之间起中介作用。基于上述分析，本研究提出如下假设：

H4：多团队协作过程在互依性与有效性之间起中介作用；

H41：过渡阶段协作过程在目标互依性与任务绩效之间起中介作用；

H42：过渡阶段协作过程在目标互依性与合作满意度之间起中介作用；

H43：过渡阶段协作过程在目标互依性与生命力之间起中介作用；

H44：过渡阶段协作过程在作业互依性与任务绩效之间起中介作用；

H45：过渡阶段协作过程在作业互依性与合作满意度之间起中介作用；

H46：过渡阶段协作过程在作业互依性与生命力之间起中介作用；

H47：行动阶段协作过程在目标互依性与任务绩效之间起中介作用；

H48：行动阶段协作过程在目标互依性与合作满意度之间起中介作用；

H49：行动阶段协作过程在目标互依性与生命力之间起中介作用；

H410：行动阶段协作过程在作业互依性与任务绩效之间起中介作用

H411：行动阶段协作过程在作业互依性与合作满意度之间起中介作用；

H412：行动阶段协作过程在作业互依性与生命力之间起中介作用。

9.4 研究设计与研究方法

9.4.1 变量操作性定义

本研究中变量的操作性定义如下：

多团队互依性：在互联网多团队中各类实体（个人、团队以及系统）在多团队作业过程中所具有的决心、信念、相互作用、相连利益关系。本研究中互依性包括2个维度：目标互依性和作业互依性。

目标互依性：互联网多团队中各个成员团队目标的相关性。多团队成员对其他成员团队目标以及整体目标的认同度。

作业互依性：互联网多团队成员在工作流程上的关联程度。在开发产品过程中成员团队资源互补、信息互通和相互学习时，就存在作业互依性。

多团队协作过程：在互联网多团队工作过程中，协调与任务相关的成员互动行为和任务顺序，从而促使团队间有效地沟通和资源互补，实现多团队共同目标的过程。本研究将多团队协作过程分为2个维度：过渡阶段协作和行动阶段协作。

过渡阶段协作：互联网多团队成员在任务分解、目标设置和计划制定方面的协作。比如各个子团队在产品开发前所做的需求评审、流程制定和任务排期。

行动阶段协作：互联网多团队成员在行动调整、系统监测和支持反馈方面的协作。比如当市场环境发生变化时，多团队成员需要共同决定是否需要对计划进行调整，部分成员团队是否需要给予支持和帮助。

MTS有效性：互联网多团队投入、运行过程、产出3个环节统一、协调、整合后所呈现出的运作状态以及由此产生的运作效果。本研究中MTS有效性包括3个维度：任务绩效、成员满意度和生命力。

任务绩效：互联网多团队的客观产出。包括产品开发进度控制、产品推广程度、用户活跃程度、用户需求满足程度等。

合作满意度：互联网多团队成员在协调资源、共享信息等方面的满意程度，包括对整个多团队的满意程度、任务完成情况的满意程度和沟通协作过程的满意程度。

生命力：在互联网多团队完成商业目标的过程中，互联网多团队成员持续作业的状态和对创新环境的容忍度。

9.4.2　问卷设计与变量测量

在对研究设计的变量操作性定义界定的基础上通过查阅关于互依性、协作过程和有效性方面的资料，借鉴以往成熟的量表，并在充分考虑到互联网企业多团队的特性基础上形成初始问卷。

本研究的问卷包括2个主要部分。第一部分为多团队互依性量表、多团队协作过程量表和多团队有效性量表；第二部分主要为调查者的基本信息。第一部分采用李克特7点量表进行勾选打分，从"1"—"7"分别表示"非常不符合""不符合""有点不符合""中立""有点符合""符合""非常符合"。下面具体说明各部分的来源：

（1）多团队互依性量表

本研究将多团队互依性分为目标互依性、作业互依性2个维度在对这2个维度的测量上，作业互依性主要借鉴Billings et al.（1977）的研究，编制了3个测量题项；目标互依性主要借鉴Van der Uegt et al.（2001）的研究，编制了5个测量题项。

（2）多团队协作过程量表

本研究将多团队协作过程分为过渡阶段协作和行动阶段协作2个维度。在对这2个维度的测量上，过渡阶段协作主要借鉴Marks et.al.（2005）的研究，编制了

6个测量题项，行动阶段协作主要借鉴Hackman et al.（2005）的研究，编制了6个测量题项。

（3）多团队有效性量表

本研究将多团队有效性分为任务绩效、合作满意度和生命力3个维度。在对这3个维度的测量上，任务绩效主要借鉴Lurey et al.（2001）的研究，编制了4个测量题项，合作满意度主要借鉴黄国青等（2008）的研究，编制了3个测量题项，生命力主要借鉴Barrick et al.（1998）的研究，编制了4个测量题项。

9.4.3　数据分析方法

本研究在数据分析的过程中，采用SPSS 17.0和AMOS 17.0统计软件作为分析工具，主要采用描述性统计分析、信度分析、效度分析、相关分析和结构方程建模的方法对样本结构及变量之间的关系进行实证分析。

9.4.3.1　描述性统计

描述性统计分析是统计分析研究的第一步，从数据的基本特征、分布及随机变量之间的关联出发，系统地计算和反映统计数据的结构、变异、分布等特征。本研究的描述性统计主要是通过频数分析，对样本的基本资料包括性别、年龄、学历、多团队规模、企业所属子行业等基本信息进行统计分析，从而了解样本的分布特征，粗略了解数据来源的大致情况。

9.4.3.2　信度分析

信度（Reliability）分析指在社会测量中，采取相同的方法对同一对象重复进行测量时，其获得结果的一致性程度，它反映了测量工具的可靠性或稳定性。信度分析常用的检测方法是Cronbach's α系数，通常认为，信度系数应该在0—1之间，系数越大，表明测量的可信程度越高，如果量表的信度系数在0.7以上，表示各分量表的内部一致性信度基本可以接受；如果量表的信度系数在0.7与0.35之间，表示各分量表的信度尚可；如果量表的信度系数在0.35以下，表示各分量表信度低，有些项目需要抛弃。

9.4.3.3　效度分析

效度（Validity）即有效性，它是指测量工具或手段能够测量出所需测量的事物的准确性程度。效度是指所测量到的结果对所想要考察内容的反映程度，效度越高，表示测量结果与想要考察的内容越吻合。效度分为2种类型：内容效度和结构效度.内容效度指的是测量题项对相关内容或行为取样的适用性，从而确定测量是否能代表是想要测量的行为领域；结构效度是指测量结果体现出来的某种结构与测值之间的对应程度。由于本研究所用的量表都是根据前人的量表分析和理论基础所提取的，所以内容效度基本可以得到保证。本研究采用因子分析对量表的结构效度进行测量。

在进行因子分析之前，首先需要通过KMO和Bartlett球形检验对问卷相关性进行检验，判断问卷是否适合做因子分析。KMO统计量是计算变量间的偏相关性，取值范围为0—1之间，一般认为，KMO值越接近于1，表示变量间的相关性越强，越适合做因子分析；KMO大于0.9时效果最好，0.7以上为尚可，0.6左右为很差，0.5以下则不适合做因子分析（黄润龙，2010）。Bartlett球形检验用于检验相关矩阵是否为单位矩阵的假设，以判断变量间是否独立，如果检验量显著，说明变量间存在联系。

9.4.3.4　相关分析

相关分析是从数量的角度出发，精确界定变量间的关系，把变量之间关联的紧密程度用数量方法予以反映，即相关系数；相关系数越大，说明变量间的关联度越高，反之说明变量间的关联比较松散。本研究用Pearson相关系数分析变量间的相关程度，一般相关系数等于0，则两变量不相关；相关系数介于0—0.3之间（含），则两变量弱相关；相关系数介于0.3—0.5（含）之间，则两变量低度相关；相关系数介于0.5—0.8（含）之间，则两变量显著相关；相关系数介于0.8—1之间，两变量高度相关；相关系数等于1，则两变量完全相关。

9.4.3.5　结构方程模型与其主要拟合指标

结构方程模型（SEM）整合了因素分析和路径分析2种统计方法，同时检验模型中包含的显性变量、潜在变量、干扰或误差变量间的关系，进而获得自变量对因变量影响的直接效果、间接效果或总效果。SEM模型与多元回归分析并不一样，SEM除了同时处理多组回归方程式的估计外，对变量间的处理更具有弹性。在回归分析模型中，变量仅区分为自变量与因变量，这些变量均为无误差的观察变量，但在SEM模型中，变量间关系除了具有测量模型关系外，还可以利用潜在变量来进行观察值的残差估计。此外，在回归分析中，因变量被自变量解释后的残差被假设与自变量间的关系是相互独立的，但在SEM模型分析中，残差项是允许与变量之间有关联的（吴明隆，2010）。一般而言，整体模型适配度指标是否达到适配标准可从以下几个指标来判断：

卡方值（χ^2）。卡方值越小表示整体模型的因果路径图与实际数据越适配，一个不显著（P＞0.05）的卡方值表示模型的因果路径图与实际数据不一致的可能性较小，但卡方值容易受到样本大小的影响，因此需要同时考虑卡方自由度比值（χ^2/df），其值小于1表示模型过度适配，大于3表示模型适配度不佳，介于1—3表示模型适配度良好，较严格的适配度准则是介于1—2之间。

渐进残差均方和平方根（root mean square error of approximation，RMSEA）。RMSEA是一种不需要基准线模型的绝对性指标，其值越小，表示模型的适配度越佳，一般而言，当RMSEA大于0.1时，模型的适配度欠佳；当RMSEA介于0.08—0.1之间时，模型尚可，具有普通适配；在0.05—0.08之间表示模型良好，即有合理适配；小于0.05表示模型适配度非常好。

适配度指数（goodness-fit index，GFI）。GFI指标用来显示观察矩阵中的方差与协方差可被复制矩阵预测得到的量。GFI值越大，表示理论构建复制矩阵能解释样本数据的观察矩阵的变异量越大，二者的契合度越高。一般的判别标准是GFI大于0.9，表示模型路径图能良好适配实际数据。但也有学者建议可采用0.85作为可接受的下限值（侯杰泰等，2004）。

非规范适配指数（tacker-lewis index，TLI）。TLI指标用来比较2个对立模型之间的适配程度，或者用来比较所提出的模型对虚无模型之间的适配程度，其值介于0（模型完全不适配）到1（模型完全适配）之间。

规范适配指数（nonmed fit index，NFI）。NFI指标用来比较提出的模型与虚无模型之间的卡方值差距，相对于该虚无模型卡方值的一种比较。其值介于0至1之间，越接近于1表示模型适配度越好，越小表示模型契合度越差。

增值适配指数（incremental fit index，IFI）。该指标是比较设定模型的拟合与独立模型的拟合之间取得的，其值介于0至1之间。越接近于1表示模型适配度越好，越小表示模型契合度越差，当数据完全拟合模型时，等于1。

比较适配指数（comparative fit index，CFI）。该指标是通过比较设定模型与独立模型来评价拟合程度，其值介于0至1之间。越接近于1表示模型适配度越好，越小表示模型契合度越差，当数据完全拟合模型时，CFI等于1。

9.4.4 小样本测试

本研究所采用的问卷题项大多是参考国外文献翻译而成的，为了提高问卷的信度和效度，使得问卷题项更加符合互联网多团队成员的思维习惯和提问方式，提高题项含义和逻辑清晰程度，在开展正式研究之前先进行小范围的样本测试。根据小样本测试信效度分析结果对问卷进行修正，提高正式研究的科学性。

在小样本调查中，在电子商务、社交平台、网络娱乐、互联网金融、生活服务和移动互联网等细分行业中的互联网企业发放问卷95份，总共回收73份，其中得到有效问卷64份，有效问卷回收率67.39%。在发调查问卷之前，首先通过交谈判别这家公司中是否存在以产品为核心的互联网多团队，并获得有关该多团队的工作流程的相关信息，从而判别是否符合研究对象的标准，且要求填写问卷的尽量是实质参与整个工作流程的多团队成员。

9.4.4.1 信度分析

（1）MTS互依性量表的信度分析

对作业互依性和目标互依性分别进行信度检验，结果见表9-3。目标互依性维度中的题项目标互依性2"我们时常能得到有关整体团队运行的反馈"的CITC为0.367，小于0.4，删除该项，结果整体α系数提高，因此去除这个题项。删除后，各题的α系数和CITC均可接受。

MTS互依性中另外一个维度——作业互依性的 α系数为0.851，大于 0.7，CITC值位于0.684和0.745之间。所以，可以认为作业互依性的问卷题项之间具有较好的内在信度。

表 9-3　MTS 互依性量表的信度分析

变量	维度	题项	CITC	删除该项目后的α系数	最终CITC	α系数
MTS互依性	作业互依性	作业互依性1	0.738	0.772		
		作业互依性2	0.684	0.824		0.851
		作业互依性3	0.745	0.769		
	目标互依性	目标互依性1	0.773	0.832	0.835	
		目标互依性2	0.367	0.881	删除	初始
		目标互依性3	0.796	0.825	0.829	α=0.795
		目标互依性4	0.750	0.841	0.844	最终
		目标互依性5	0.662	0.831	0.839	α=0.884

（2）MTS协作过程量表的信度分析

对过渡阶段协作和行动阶段协作分别进行信度检验，结果见表9-4，其 α 系数分别为0.866和0.844，均大于0.7，CITC值位于0.519—0.793之间，均大于0.4。所以，可以认为多团队协作过程2个维度——过渡阶段协作和行动阶段协作的问卷题项之间存在较好的内在信度。

表 9–4 MTS 协作过程量表的信度分析

变量	维度	题项	CITC	删除该项目后的 α 系数	α 系数
MTS协作过程	过渡阶段协作	过渡阶段协作1	0.623	0.846	0.866
		过渡阶段协作2	0.690	0.837	
		过渡阶段协作3	0.605	0.850	
		过渡阶段协作4	0.736	0.825	
		过渡阶段协作5	0.625	0.848	
		过渡阶段协作6	0.793	0.833	
	行动阶段协作	行动阶段协作1	0.684	0.802	0.844
		行动阶段协作2	0.590	0.821	
		行动阶段协作3	0.674	0.804	
		行动阶段协作4	0.647	0.809	
		行动阶段协作5	0.519	0.834	
		行动阶段协作6	0.621	0.818	

（3）MTS有效性量表的信度分析

对任务绩效、合作满意度和生命力分别进行信度检验，结果见表9-5。任务绩效维度中的题项任务绩效1"在多团队工作中，我们实际研发进展和预先计划相差不大"的CITC值为0.396，小于0.4，删除该项，结果整体 α 系数提高，因此，去除这个题项。删除后，各题的 α 系数和CITC均可接受。MTS有效性中另外2个维度——合作满意度和生命力的 α 系数分别为0.836—0.899，均大于0.7，CITC值位于0.603和0.793之间。所以，可以认为合作满意度和生命力的问卷题项之间存在较好的内在信度。

表 9-5　MTS 有效性量表的信度分析

变量	维度	题项	CITC	删除该项目后的 α 系数	最终CITC	α 系数
MTS有效性	任务绩效	任务绩效1	0.396	0.841	删除	初始 α =0.795
		任务绩效2	0.727	0.775	0.849	
		任务绩效3	0.626	0.731	0.770	最终 α =0.844
		任务绩效4	0.690	0.701	0.717	
	合作满意度	合作满意度1	0.603	0.863		0.836
		合作满意度2	0.762	0.711		
		合作满意度3	0.752	0.721		
	生命力	生命力1	0.777	0.867		0.899
		生命力2	0.771	0.870		
		生命力3	0.793	0.861		
		生命力4	0.758	0.874		

9.4.4.2　效度分析

（1）MTS互依性量表的效度分析

表 9-6　MTS 互依性量表的 KMO 和 Bartlett 球形检验结果

KMO样本测试		0.853
Bartlett球形检验	近似卡方	201.681
	Df	21
	Sig.	0.000

　　从表9-6中可以看出，MTS互依性的KMO值为0.853，大于0.7，同时Bartlett球形检验值的显著性为0.000，结果显示数据能够进行因子分析。

　　从表9-7中，可以得出：目标互依性的4个题项对因子1的载荷都大于0.744；作业互依性的3个题项对因子2的载荷都大于0.799。对这7个测量题项进行因子分析，得出2个因子，累计解释方差为76.19%，所有因子载荷均大于0.5。结合以往研究文献关于互依性的分类和检验结果，可以认为因子1代表目标互依性，因子2代表作业互依性。

表 9–7　MTS 互依性量表探索性因子分析结果

变量	维度	题项	因子载荷		公因子方差
			因子1	因子2	
MTS互依性	作业互依性	作业互依性1			0.811
		作业互依性2			0.881
		作业互依性3			0.799
	目标互依性	目标互依性1	0.877		
		目标互依性2	0.744		
		目标互依性3	0.830		
		目标互依性4	0.832		

（2）MTS协作过程量表的效度分析

从表9-8中可以看出，MTS协作过程的KMO值为0.855，大于0.7，同时，Bartlett球形检验值的显著性为0.000，结果显示数据能够进行因子分析。

表 9–8　MTS 协作过程量表的 KMO 和 Bartlett 球形检验结果

KMO样本测试		0.855
Bartlett球形检验	近似卡方	349.875
	Df	66
	Sig.	0.000

从表9-9中，可以得出：行动阶段协作的6个题项对因子1的载荷都大于0.545，过渡阶段协作的6个题项对因子2的载荷都大于0.531。对这12个测量题项进行因子分析，得出2个因子，累计解释方差为64.54%，所有因子载荷均大于0.5，结合以往研究文献关于协作过程的分类和检验结果，可以认为因子1代表行动阶段协作，因子2代表过渡阶段协作。

表 9-9　MTS 协作过程量表探索性因子分析结果

变量	维度	题项	因子载荷	
			因子1	因子2
MTS协作过程	过渡阶段协作	过渡阶段协作1		0.827
		过渡阶段协作2		0.852
		过渡阶段协作3		0.833
		过渡阶段协作4		0.683
		过渡阶段协作5		0.566
		过渡阶段协作6		0.531
	行动阶段协作	行动阶段协作1	0.545	
		行动阶段协作2	0.686	
		行动阶段协作3	0.803	
		行动阶段协作4	0.720	
		行动阶段协作5	0.775	
		行动阶段协作6	0.662	

（3）MTS有效性量表的效度分析

从表9-10可以看出，MTS有效性的KMO值为0.864，大于0.7，同时，Bartlett球形检验值的显著性为0.000，结果显示数据能够做因子分析。

表 9-10　MTS 有效性量表的 KMO 和 Bartlett 球形检验结果

KMO样本测试		0.864
Bartlett球形检验	近似卡方	384.665
	Df	45
	Sig.	0.000

从表9-11中，可以得出：任务绩效的3个题项对因子3的载荷都大于0.525，合作满意度的3个题项对因子2的载荷都大于0.547，生命力的4个题项对因子1的载荷都大于0.657。对这10个测量题项进行因子分析，得出3个因子，累计解释方差为79.24%，所有因子载荷均大于0.5。结合以往研究文献关于有效性的分类和检验结果，可以认为因子1代表生命力，因子2代表合作满意度，因子3代表任务绩效。

表 9-11　MTS 有效性量表探索性因子分析结果

变量	维度	题项	因子载荷		
			因子1	因子2	因子3
MTS有效性	任务绩效	任务绩效1			0.525
		任务绩效2			0.813
		任务绩效3			0.860
	合作满意度	合作满意度1		0.547	
		合作满意度2		0.851	
		合作满意度3		0.818	
	生命力	生命力1	0.679		
		生命力2	0.745		
		生命力3	0.768		
		生命力4	0.657		

9.4.5　正式测试

本研究问卷发放的企业大多为杭州、上海、安徽、江苏和北京互联网公司，问卷的发放对象为互联网公司中以产品为核心的互联网多团队中的成员，包括产品团队、技术团队、运营团队以及一些横向支持团队（市场、风控、数据分析等）。在发放调查问卷之前，首先了解这家公司中是否存在以产品为核心的互联网多团队，并深入了解有关该多团队的工作流程的相关信息，从而判别是否符合研究对象的标准，且要求填写问卷的尽量是实质参与整个工作流程的多团队成员。

问卷的发放时间为2015年3—7月，总共发出280份问卷，回收243份，问卷回收率为86%，去掉一些不合格问卷，符合标准的问卷为226份，问卷有效回收率为81%。样本的基础情况见表9-12：

表 9-12　样本基本情况（n=226）

变量名称	变量选项	数量	百分比（%）
所在细分行业	移动互联网	23	10.18
	电子商务	32	14.16
	社交网络	15	6.64
	网络营销	4	1.77
	网络娱乐	17	7.52
	网络媒体	21	9.29
	网络服务	11	4.87
	数据行业	17	7.52
	互联网金融	53	23.45
	生活服务	33	14.60
公司性质	国有或集体企业	25	11.06
	民营企业	66	29.20
	外资企业	102	45.13
	合资企业	33	14.60
企业规模	100人以下	30	13.27
	100—500人	45	19.91
	501—1000人	79	34.96
	1001—3000人	43	19.03
	3000人以上	29	12.83
多团队规模	5人以下	27	11.95
	5—10人	91	40.27
	11—15人	73	32.30
	15人以上	35	15.49

由表9-12所示，从被调查者所在公司所属细分行业看，主要分布于互联网金融（23.34%）、生活服务（14.60%）、电子商务（14.16%）这3个互联网细分行业。从公司性质分析，国有或集体企业占11.06%，民营企业占29.20%，外资企业占45.13%，合资企业占14.60%。从企业规模分析，规模在100人以下的企业占13.27%，规模在100—500人的企业占19.91%，规模在501—1000人的大中型企业占多数，占34.96%，规模在1001—3000人的企业占19.03%，规模在3000人以上的企业占12.83%。另外，从多团队规模分析，规模为5—10人的多团队占40.27%，占比最大。

9.5 相关变量的信、效度分析

9.5.1 信度分析

本研究大样本问卷调查的信度分析结果如表9-13所示，能够得出，各变量的 α 系数都大于0.7，CITC值位于0.520—0.825之间，符合大于0.35的要求。因此本研究的问卷题项具有良好的信度。

表 9-13 问卷的信度分析

变量	维度	题项	单项-总项CITC相关系数	删除后该项后的 α 系数	Cronbach's α 系数	参考值
MTS 互依性	作业互依性	作业互依性1	0.520	0.766	0.831	≥0.7
		作业互依性2	0.582	0.737		
		作业互依性3	0.662	0.696		
	目标互依性	目标互依性1	0.627	0.795	0.863	
		目标互依性2	0.639	0.786		
		目标互依性3	0.689	0.777		
		目标互依性4	0.583	0.807		
MTS协作过程	过渡阶段协作	过渡阶段协作1	0.697	0.849	0.876	
		过渡阶段协作2	0.703	0.848		
		过渡阶段协作3	0.690	0.851		
		过渡阶段协作4	0.777	0.836		
		过渡阶段协作5	0.583	0.868		
		过渡阶段协作6	0.633	0.863		
	行动阶段协作	行动阶段协作1	0.654	0.842	0.868	
		行动阶段协作2	0.618	0.849		
		行动阶段协作3	0.682	0.838		
		行动阶段协作4	0.698	0.834		
		行动阶段协作5	0.601	0.851		
		行动阶段协作6	0.729	0.833		
MTS阶段性成果	任务绩效	任务绩效1	0.639	0.848	0.844	
		任务绩效2	0.713	0.771		
		任务绩效3	0.772	0.717		
	合作满意度	合作满意度1	0.597	0.869	0.838	
		合作满意度2	0.770	0.703		
		合作满意度3	0.753	0.721		
	生命力	生命力1	0.824	0.886	0.917	
		生命力2	0.782	0.900		
		生命力3	0.825	0.884		
		生命力4	0.805	0.891		

9.5.2 效度分析

9.5.2.1 探索性因子分析

（1）MTS互依性量表的探索性因子分析

MTS互依性各维度的KMO和Bartlett球形检验，结果如表9-14所示：

表 9-14　MTS 互依性量表的 KMO 和 Bartlett 球形检验结果

KMO样本测试		0.809
Bartlett球形度检验	近似卡方	752.625
	Df	21
	Sig.	0.000

MTS互依性的KMO值为4.809，同时，Bartlett球形检验的近似卡方为752.625（自由度为21），Bartlett球形检验值的显著性为0.000，分析结果显示数据能够做因子分析。

从表9-15中，可以得出：目标互依性的4个题项对因子1的载荷都大于0.690；作业互依性的3个题项对因子2的载荷都大于0.824。对这7个测量题项进行因子分析，得出2个因子，累计解释变异量为64.545%，所有因子载荷均大于0.5。结合以往研究文献关于互依性的分类和检验结果，可以认为因子1代表目标互依性，因子2代表作业互依性。

表 9-15　MTS 互依性量表的探索性因子分析结果

变量	维度	题项	因子载荷	
			因子1	因子2
MTS互依性	作业互依性	作业互依性1		0.845
		作业互依性2		0.838
		作业互依性3		0.824
	目标互依性	目标互依性1	0.781	
		目标互依性2	0.690	
		目标互依性3	0.870	
		目标互依性4	0.902	
初始平方和负荷量	特征值		6.142	1.603
	解释变异量（%）		51.186	13.359
	累计解释变异量（%）		51.186	64.545

变量	维度	题项	因子载荷	
			因子1	因子2
旋转平方和负荷量	特征值		4.407	3.338
	解释变异量（%）		36.725	27.820
	累计解释变异量（%）		36.725	64.545

（2）MTS协作过程量表的探索性因子分析

对MTS协作过程各维度进行KMO和Bartlett球形检验，结果如表9-16所示：

表 9-16　MTS 协作过程量表的 KMO 和 Bartlett 球形检验结果

KMO样本测试		0.952
Bartlett球形度检验	近似卡方	4460
	Df	66
	Sig.	0.000

MTS协作过程的KMO值为0.952，同时，Bartlett球形检验的近似卡方为4460（自由度为66），Bartlett球形检验值的显著性为0.000，分析结果显示数据能够做因子分析。

从表9-17中，可以得出：行动阶段协作的6个题项对因子1的载荷都大于0.723，过渡阶段协作的6个题项对因子2的载荷都大于0.637。对这12个测量题项进行因子分析，得出2个因子，累计解释变异量为72.933%，所有因子载荷均大于0.5。结合以往研究文献关于协作过程的分类和检验结果，可以认为因子1代表行动阶段协作，因子2代表过渡阶段协作。

表 9-17　MTS 协作过程量表的探索性因子分析结果

变量	维度	题项	因子载荷	
			因子1	因子2
MTS协作过程	过渡阶段协作	过渡阶段协作1		0.790
		过渡阶段协作2		0.868
		过渡阶段协作3		0.680
		过渡阶段协作4		0.738
		过渡阶段协作5		0.637
		过渡阶段协作6		0.818
	行动阶段协作	行动阶段协作1	0.742	
		行动阶段协作2	0.842	
		行动阶段协作3	0.723	
		行动阶段协作4	0.814	
		行动阶段协作5	0.844	
		行动阶段协作6	0.797	
初始平方和负荷量	特征值		10.772	0.380
	解释变异量（%）		59.770	13.163
	累计解释变异量（%）		59.770	72.933
旋转平方和负荷量	特征值		6.005	5.147
	解释变异量（%）		40.040	32.893
	累计解释变异量（%）		40.040	72.933

（3）MTS有效性量表的探索性因子分析

对MTS有效性各维度进行KMO和Bartlett球形检验，结果如表9-18所示：

表 9-18　MTS 有效性量表的 KMO 和 Bartlett 球形检验结果

KMO样本测试		0.855
Bartlett球形度检验	近似卡方	2060
	Df	45
	Sig.	0.000

MTS有效性的KMO值为0.855，同时，Bartlett球形检验的近似卡方为2060（自由度为45），Bartlett球形检验值的显著性为0.000，分析结果显示数据能够做因子分析。

从表9-19中，可以得出：任务绩效的3个题项对因子3的载荷都大于0.705，合作满意度的3个题项对因子2的载荷都大于0.731，生命力的4个题项对因子1的载荷都大于0.634。对这10个测量题项进行因子分析，得出3个因子，累计解释变异量84.192%，所有因子载荷均大于0.5。结合以往研究文献关于有效性的分类和检验结果，可以认为因子1代表生命力，因子2代表合作满意度，因子3代表任务绩效。

表 9-19 MTS 有效性探索性因子分析结果

变量	维度	题项	因子载荷		
			因子1	因子2	因子3
MTS有效性	任务绩效	任务绩效1			0.709
		任务绩效2			0.705
		任务绩效3			0.881
	合作满意度	合作满意度1		0.731	
		合作满意度2		0.813	
		合作满意度3		0.877	
	生命力	生命力1	0.812		
		生命力2	0.685		
		生命力3	0.869		
		生命力4	0.634		
初始平方和负荷量	特征值		6.844	0.881	0.694
	解释变异量（%）		68.440	8.813	6.940
	累计解释变异量（%）		68.440	77.253	84.192
旋转平方和负荷量	特征值		3.270	2.687	2.462
	解释变异量（%）		32.698	26.872	24.622
	累计解释变异量（%）		32.698	59.570	84.192

9.5.2.2 验证性因子分析

（1）MTS互依性模型的验证性因子分析

对MTS互依性模型利用AMOS 17.0进行验证性因子分析，从图9-11和表9-20可以看出，所有指标对应所测变量的标准化路径系数分布在0.68—0.88之间，所有标准化路径系数都在0.001水平上显著，目标互依性和作业互依性的平均提取方差（AVE）分别为0.644和0.665，大于0.5的标准（Fornell et al., 1981），说明题项具有较好的效度。

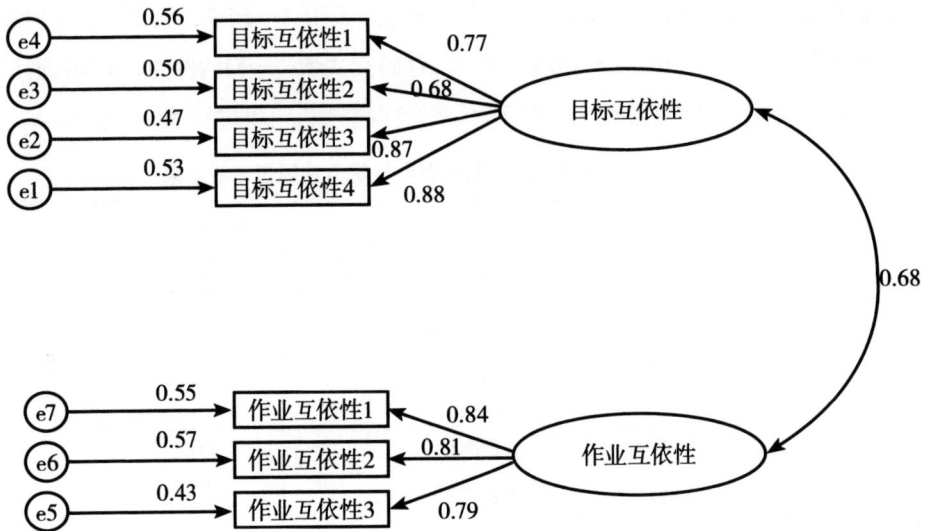

图 9-11 MTS 互依性验证性因子分析模型

表 9-20 MTS 互依性二维因子结构的参数估计

	AVE	非标准化路径系数	标准化路径系数	S.E.	C.R.	P
目标互依性1 ← 目标互依性		0.885	0.771	0.095	9.316	***
目标互依性2 ← 目标互依性		0.796	0.682	0.085	9.365	***
目标互依性3 ← 目标互依性	0.644	0.997	0.865	0.101	9.871	***
目标互依性4 ← 目标互依性		1.000	0.876			
作业互依性1 ← 作业互依性		1.061	0.839	0.121	8.769	***
作业互依性2 ← 作业互依性	0.665	1.028	0.813	0.113	9.097	***
作业互依性3 ← 作业互依性		1.000	0.794			

注：***表示p<0.001。

从表9-21可以得出，MTS互依性模型整体拟合指标中，χ^2值为21.306（df=13），P=0.109，大于0.05，同时χ^2/df的值为1.689，大于2，这说明该模型的拟合效果较好；RMSEA值为0.021，小于0.05，GFI为0.968，NFI为0.958，CFI为0.976，全部大于0.90，表明MTS互依性模型具有良好的拟合度。

表 9-21 MTS 互依性模型的主要拟合指标

拟合指标	χ^2	df	χ^2/df	P	RMSEA	GFI	NFI	CFI
数值	21.306	13	1.689	0.109	0.021	0.968	0.958	0.976

（2）MTS协作过程模型的验证性因子分析

对MTS协作过程模型利用AMOS 17.0进行验证性因子分析，从图9-12和表9-22中可以看出，所有指标对应所测变量的标准化路径系数分布在0.63—0.87之间，所有标准化路径系数都在0.001水平上显著。过渡阶段协作和行动阶段协作的平均提取方差（AVE）分别为0.570和0.621，大于0.5的标准（Fornell et al.，1981），说明题项具有较好的效度。

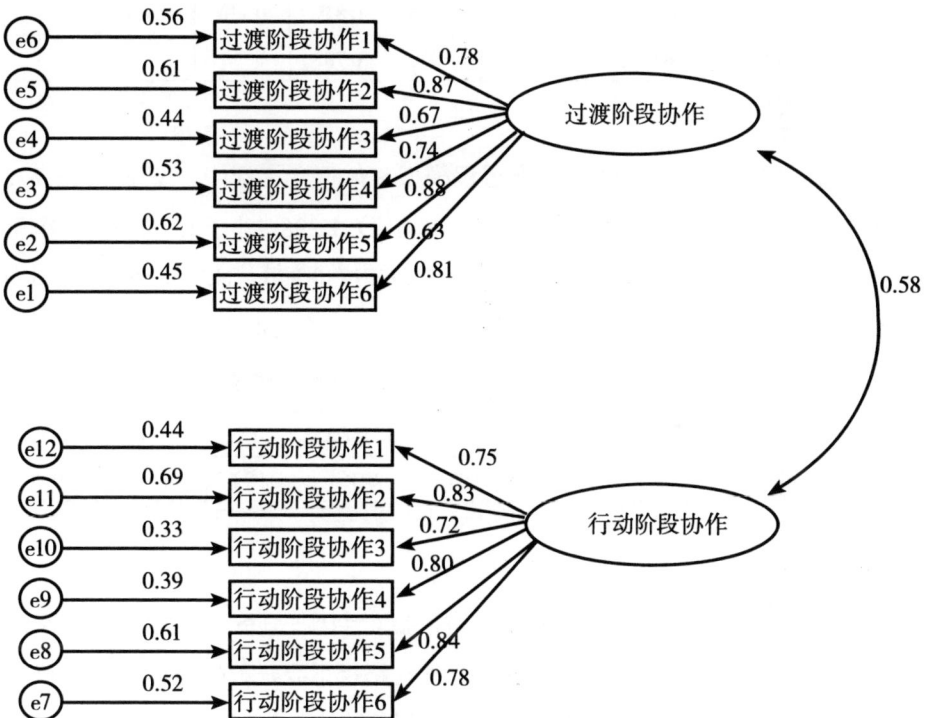

图 9-12 MTS 互依性验证性因子分析模型

表 9-22 MTS 协作过程二维因子结构的参数估计

	AVE	非标准化路径系数	标准化路径系数	S.E.	C.R.	P
过渡阶段协作1 ← 过渡阶段协作		0.975	0.782	0.103	9.466	***
过渡阶段协作2 ← 过渡阶段协作		1.071	0.865	0.108	9.917	***
过渡阶段协作3 ← 过渡阶段协作		0.832	0.673	0.095	8.758	***
过渡阶段协作4 ← 过渡阶段协作	0.570	0.923	0.741	0.098	9.418	***
过渡阶段协作5 ← 过渡阶段协作		0.784	0.634	0.101	7.762	***
过渡阶段协作6 ← 过渡阶段协作		1.000	0.809			

续表

	AVE	非标准化路径系数	标准化路径系数	S.E.	C.R.	P
行动阶段协作1 ← 行动阶段协作		0.965	0.752	0.094	10.266	***
行动阶段协作2 ← 行动阶段协作		1.077	0.833	0.107	10.065	***
行动阶段协作3 ← 行动阶段协作	0.621	0.945	0.718	0.103	9.175	***
行动阶段协作4 ← 行动阶段协作		1.019	0.796	0.101	10.089	***
行动阶段协作5 ← 行动阶段协作		1.076	0.837	0.114	9.439	***
行动阶段协作6 ← 行动阶段协作		1.000	0.782			

注：***表示p<0.001。

从表9-23可以得出，MTS协作过程模型整体拟合指标中，χ^2值为68.772（df=53），P=0.071，大于0.05，同时χ^2/df的值为1.298，小于2，这说明该模型的拟合效果良好；RMSEA值为，小于0.05，GFI为0.923，NFI为0.966，CFI为0.958，全部大于0.90，表明MTS协作过程模型具有良好的拟合度。

表 9-23　MTS 协作过程模型的主要拟合指标

拟合指标	χ^2	df	χ^2/df	P	RMSEA	GFI	NFI	CFI
数值	68.772	53	1.298	0.071	0.36	0.923	0.966	0.958

（3）MTS有效性模型的验证性因子分析

对MTS有效性模型利用AMOS 17.0进行验证性因子分析，从图9-13和表9-24中可以看出，所有指标对应所测变量的标准化路径系数分布在0.62—0.87之间，所有标准化路径系数都在0.001水平上显著，任务绩效、合作满意度和生命力的平均提取方差（AVE）分别为0.583、0.609和0.621，大于0.5的标准（Fornell et al., 1981），说明题项具有较好的效度。

MTS有效性模型的主要拟合指标如表9-25所示。从表9-25中的拟合结果可以看出，χ^2值为56.654（df=32），P=0.062，大于0.05，χ^2/df的值为1.770，小于2，RMSEA值为0.039，小于0.05，GFI为0.942、NFI为0.973、CFI为0.983，全部大于0.90，数据表明MTS有效性模型具有良好的拟合度。

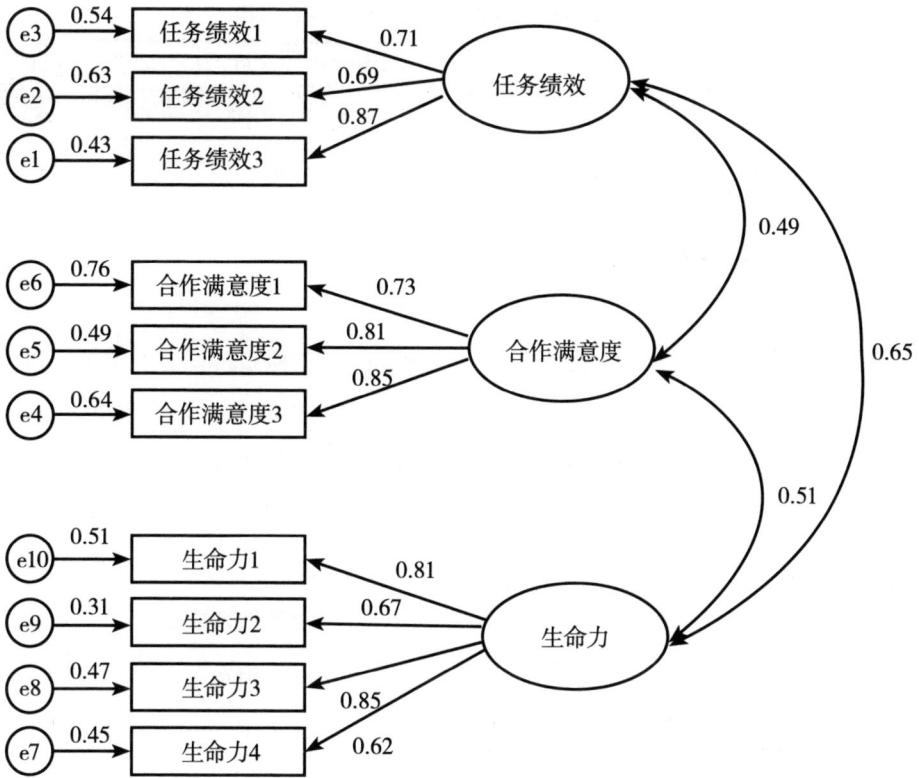

图 9-13　MTS 有效性验证性因子分析模型

表 9-24　MTS 有效性三维因子结构的参数估计

	AVE	非标准化路径系数	标准化路径系数	S.E.	C.R.	P
任务绩效1 ← 任务绩效		0.821	0.714	0.095	8.642	***
任务绩效2 ← 任务绩效	0.583	0.795	0.693	0.084	9.464	***
任务绩效3 ← 任务绩效		1.000	0.872			***
合作满意度1 ← 合作满意度		0.971	0.732	0.097	10.010	***
合作满意度2 ← 合作满意度	0.609	1.101	0.846	0.102	10.794	***
合作满意度3 ← 合作满意度		1.000	0.758			
生命力1 ← 生命力		1.285	0.816	0.105	12.238	***
生命力2 ← 生命力	0.621	1.086	0.673	0.085	12.776	***
生命力3 ← 生命力		1.321	0.849	0.112	11.795	***
生命力4 ← 生命力		1.000	0.621			

表 9-25　MTS 有效性模型的主要拟合指标

拟合指标	χ^2	df	χ^2/df	P	RMSEA	GFI	NFI	CFI
数值	56.654	32	1.770	0.062	0.039	0.942	0.973	0.983

9.6　相关变量的相关分析

相关分析是分析2个或者2个以上变量之间相关的性质及程度的定量分析方法。其目的就是分析变量之间关系的密切程度及其变化规律，找出变量间的关联模式，为采用其他统计分析方法提供参考依据。本研究运用皮尔森（Pearson）法来度量多团队互依性、协作过程和有效性之间关系的密切程度及其变化规律。分析结果如表9-26所示：

表 9-26　MTS 互依性、协作过程与有效性的相关分析

	目标 互依性	作业 互依性	过渡阶段 协作	行动阶段 协作	任务绩效	合作 满意度	生命力
目标互依性	1						
作业互依性	0.523**	1					
过渡阶段协作	0.697**	0.641**	1				
行动阶段协作	0.566**	0.579**	0.514**	1			
任务绩效	0.684**	0.535**	0.542**	0.588**	1		
合作满意度	0.677**	0.514**	0.535**	0.506**	0.552**	1	
生命力	0.708**	0.652**	0.643**	0.539**	0.582**	0.549**	1

从表9-26可以得到，MTS互依性的目标互依性和协作过程的2个维度都呈显著正相关关系（相关系数分别为0.697和0.566）；MTS互依性的作业互依性维度和协作过程的2个维度都呈显著正相关关系（相关系数分别为0.641和0.579）。

还可以看出，MTS互依性的目标互依性和有效性的任务绩效、合作满意度和生命力3个维度都呈显著正相关关系（相关系数分别为0.684、0.677和0.708；MTS互依性的作业互依性和有效性的任务绩效、合作满意度和生命力3个维度都呈显著正相关关系（相关系数分别为0.535、0.514和0.652）。

再者，表9-26中还能反映，MTS协作过程的过渡阶段协作和有效性的任务绩

效、合作满意度和生命力3个维度都呈显著正相关关系（相关系数分别为0.542、0.535和0.643）；MTS协作过程的行动阶段协作和有效性的任务绩效、合作满意度和生命力3个维度都呈显著正相关关系（相关系数分别为0.588、0.506和0.539）。

9.7　相关变量的结构方程模型分析

9.7.1　初始模型及分析

运用AMOS 17.0对本研究提出的多团队互依性、协作过程和有效性的模型进行构建和初始分析，模型中变量之间的标准化路径系数、C.R.值和显著性水平如表9-27所示，初始模型见图9-14。

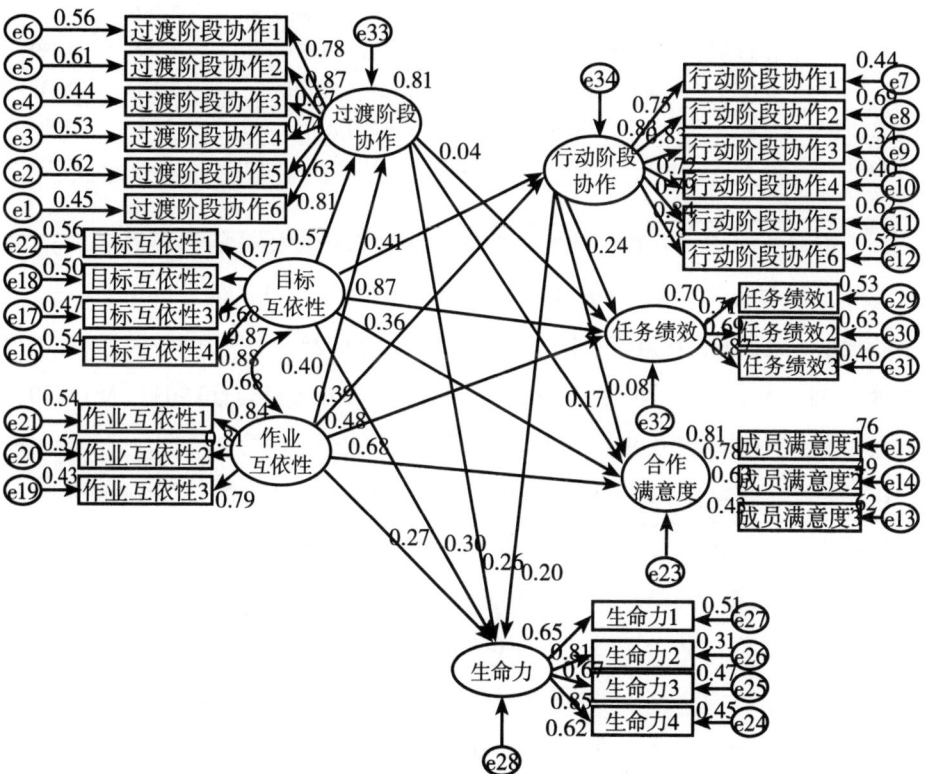

图 9–14　初始结构方程模型

表 9-27　初始模型路径分析结果

假设路径				标准化路径系数		C.R.值	显著性P
过渡阶段协作 ← 目标互依性				0.569		5.956	***
过渡阶段协作 ← 作业互依性				0.405		3.575	***
行动阶段协作 ← 目标互依性				0.411		3.302	0.001
行动阶段协作 ← 作业互依性				0.394		4.664	***
任务绩效 ← 目标互依性				0.873		2.808	0.008
合作满意度 ← 目标互依性				0.363		3.971	***
生命力 ← 目标互依性				0.298		3.639	***
任务绩效 ← 作业互依性				0.478		2.942	0.004
合作满意度 ← 作业互依性				0.684		2.753	0.007
生命力 ← 作业互依性				0.268		3.381	***
任务绩效 ← 过渡阶段协作				0.035		1.059	0.135
合作满意度 ← 过渡阶段协作				0.170		2.338	0.005
生命力 ← 过渡阶段协作				0.264		3.434	***
任务绩效 ← 行动阶段协作				0.243		3.561	***
合作满意度 ← 行动阶段协作				0.078		1.356	0.089
生命力 ← 行动阶段协作				0.203		2.776	0.007
拟合指标	χ^2	df	χ^2/df	P	RMSEA	GFI	NFI	CFI
数值	522.284	360	1.451	0.179	0.025	0.855	0.873	0.903

　　观察图9-14和表9-27，初始结构方程模型拟合数据分析结果显示，χ^2为522.284，模型的自由度为360，P=0.179，大于0.05，χ^2/df的值为1.451，小于2，说明模型与数据配合程度好；模型的RMSEA值为0.025，小于0.05的参考值；GFI值为0.855，大于0.85，NFI的值为0.873，接近于0.90，CFI的值0.903，大于0.90。一般来说，当GFI大于0.9时，对理论模型的拟合效果才可符合要求，但是当 CFI＞0.9的时候，只有GFI＞0.85，才能够认为该理论模型具有比较满意的拟合度（Bentley et al.，192）。

　　关于变量之间的路径系数分析，观察图和表能得到，只有"任务绩效←过渡阶段协作"（P=0.135，大于0.05）、"合作满意度←行动阶段协作"（P=0.089，大于0.05）、"任务绩效←目标互依性"（P=0.08，大于0.05）、"合作满意度←作业互依性"（P=0.07，大于0.05）和"生命力←行动阶段协作"（P=0.07，大于0.05）这5条路径不满足路径检验的显著性要求。

　　从上述分析结果得出，虽然初始模型拟合效果尚可接受，但是需要对其进行进一步的修正。模型修正大多为对初始模型进行模型扩展（Model Building）及模型限制（Model Trimming），研究者一般根据初始模型的参数结果和模型调整指标（Modification Indices，MI）来进行判别和操作。模型扩展一般为利用释放某些路径以及增添某些新路径，让假设的模型结构趋于合理，该种方法可以用于优化模型拟合效果；模型限制一般为利用删除以及限制某些路径，让假设的模型结构趋于合理，该种方法能够用于增强模型的识别程度。因此在模型修正的过程中作者会根据有关理论，同时结合模型修正指标和拟合结果来修正模型。

9.7.2　修正模型及分析

虽然AMOS软件对研究模型计算的修正指数（Modification Indices，MI）可以作为添加某个路径期望产生 χ^2 的依据，模型拟合指数对于模型本身而言非常必要，但是对于数据分析来说更重要的是模型结论必须具有理论依据，换句话说，模型的结果要可以被相关领域的理论所解释。而且一个参数的修正同时会引起模型中其他参数的变化，因此在模型修正的过程中，每次修正只能调整一个参数或一条路径（侯杰泰等，2004）。查看初始模型的各个路径系数的显著性，发现有5条路径不显著，其中"任务绩效→过渡阶段协作"的显著性在所有路径系数中最低（P=0.135，大于0.05），再者本条路径标准化回归系数仅仅为0.035。然后，从实际的研究角度看，过渡阶段协作对任务绩效的作用可能较小，所以，我们先把这条路径从初始模型中删除，结果见表9-28。

表 9-28　修正模型一路径分析结果

假设路径	标准化路径系数	C.R值	显著性P
过渡阶段协作 ← 目标互依性	0.568	5.956	***
过渡阶段协作 ← 作业互依性	0.405	3.576	***
行动阶段协作 ← 目标互依性	0.413	3.312	0.001
行动阶段协作 ← 作业互依性	0.392	4.689	***
任务绩效 ← 目标互依性	0.489	4.216	***
合作满意度 ← 目标互依性	0.351	4.038	***
生命力 ← 目标互依性	0.304	3.734	***
任务绩效 ← 作业互依性	0.271	3.542	***
合作满意度 ← 作业互依性	0.684	2.753	0.007
生命力 ← 作业互依性	0.269	3.407	***

续表

假设路径	标准化路径系数	C.R 值	显著性P
合作满意度 ← 过渡阶段协作	0.168	2.368	0.005
生命力 ← 过渡阶段协作	0.277	3.468	***
任务绩效 ← 行动阶段协作	0.258	3.512	***
合作满意度 ← 行动阶段协作	0.078	1.356	0.089
生命力 ← 行动阶段协作	0.203	2.776	0.006

拟合指标	χ^2	df	χ^2/df	P	RMSEA	GFI	NFI	CFI
数值	489.516	361	1.356	0.173	0.037	0.877	0.884	0.915

从图9-15和表9-28中可以看出，修正模型一的 χ^2 值489.516（df=361），比初始模型的 χ^2 值减少了32.768，P=0.173，大于0.05，χ^2/df的值为1.356，小于2。模型的RMSEA值提高至0.037，小于0.05；GFI增加了0.022变为0.877，NFI增加了0.011，变为0.884，CFI增加了0.012，变为0.915，拟合指数均有部分改善。观察修正模型一，会发现路径"合作满意度←行动阶段协作"（C.R.绝对值=1.356，小于1.96；P=0.089，大于0.05）尚未达到结构方程模型拟合的标准，所以模型需要进行进一步修正。考虑到目前所有路径中只有"合作满意度←行动阶段协作"的显著性水平最低（P=0.089，大于0.05），并且该路径的标准化回归系数只有0.078。然后，从实际的研究角度看，行动阶段协作对合作满意度的作用可能较小。因此，在修正模型一的基础上删除"合作满意度←行动阶段协作"的路径，得到修正模型二，见表9-29。

表9-29　修正模型二路径分析结果

假设路径	标准化路径系数	C.R.值	显著性P
过渡阶段协作 ← 目标互依性	0.576	6.070	***
过渡阶段协作 ← 作业互依性	0.402	3.578	***
行动阶段协作 ← 目标互依性	0.413	3.302	0.001
行动阶段协作 ← 作业互依性	0.391	4.789	***
任务绩效 ← 目标互依性	0.465	4.541	***
合作满意度 ← 目标互依性	0.351	4.038	***
生命力 ← 目标互依性	0.304	3.734	***
任务绩效 ← 作业互依性	0.271	3.542	***
合作满意度 ← 作业互依性	0.218	3.313	0.002

续表

假设路径		标准化路径系数	C.R.值	显著性P
生命力 ← 作业互依性		0.268	3.407	***
合作满意度 ← 过渡阶段协作		0.166	2.375	0.005
生命力 ← 过渡阶段协作		0.277	3.408	***
任务绩效 ← 行动阶段协作		0.261	3.414	***
生命力 ← 行动阶段协作		0.191	2.884	.004

拟合指标	χ²	df	χ²/df	p	RMSEA	GFI	NFI	CFI
数值	497.432	362	1.374	0.154	0.034	0.893	0.905	0.912

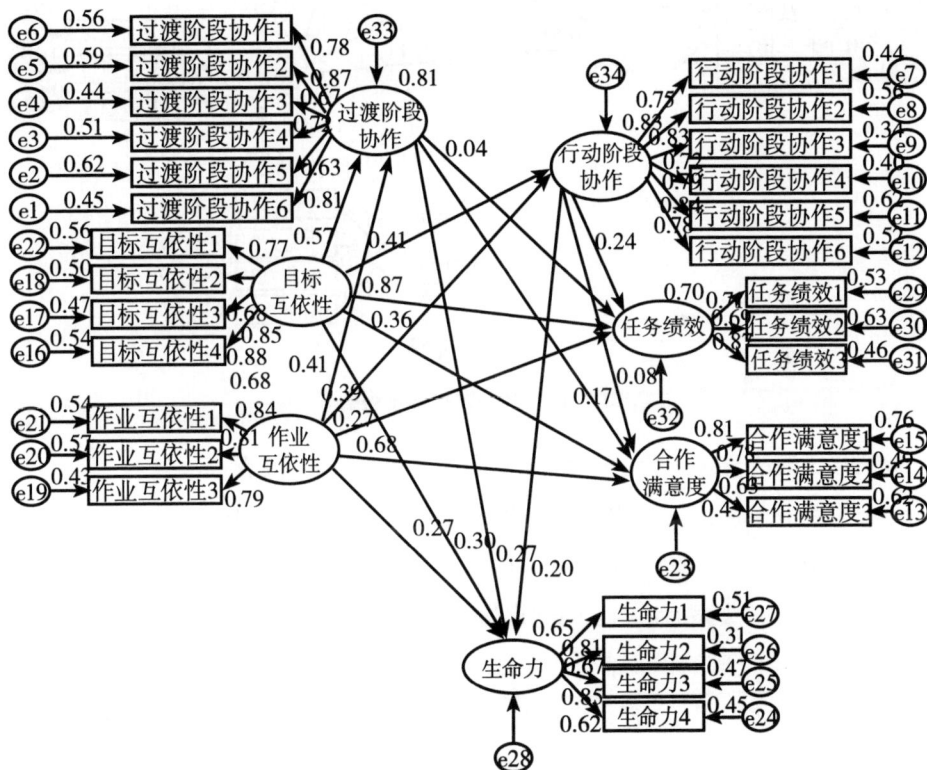

图 9-15　结构方程修正模型一

从图9-16和表9-29中可以看出，修正模型二的 χ²值497.432（df=362），比修正模型一的 χ²值仅增加7.9，P=0.154，大于0.05，χ²/df的值为1.374，小于2；模型RMSEA为0.034，小于0.05；GFI增加0.016，变为0.893，NFI增加了0.021，变为0.905，CFI减少了0.003，变为0.912。经过对模型的两次修正，较多拟合指标都在

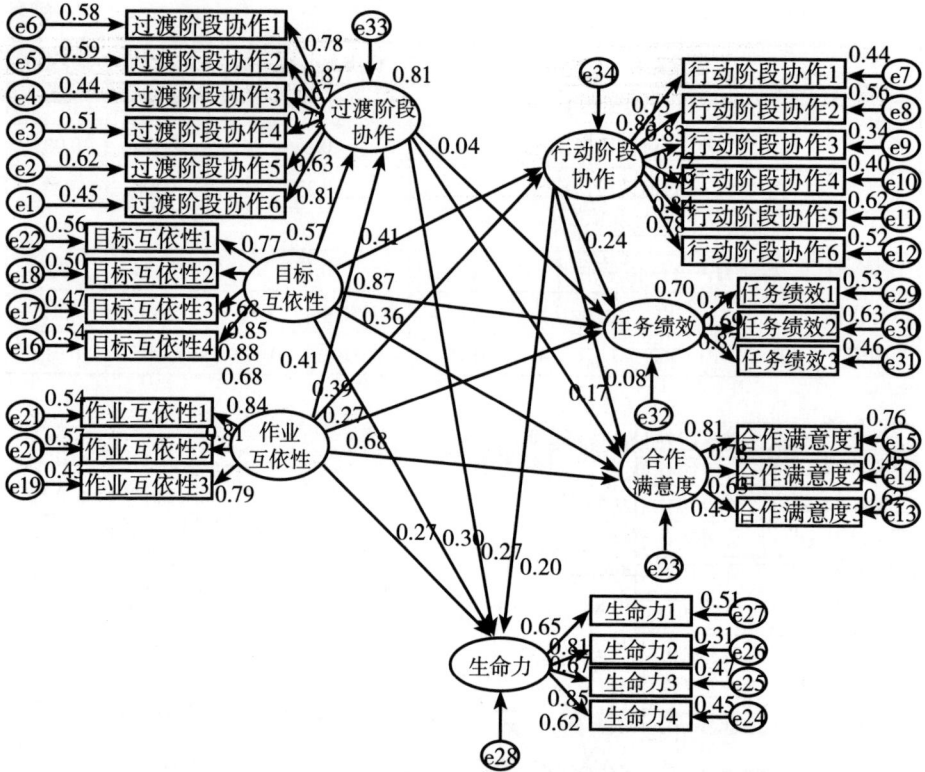

图9-16 结构方程修正模型二

一定程度上有所改善，不过离理想的拟合标准仍然存在一定距离。

下面考虑利用修正指数对模型进行调整，e14与e15的MI值最大，为16.047（即使e13和e24之间的MI值最大为21.351，可是因为它们并不属于同一个潜变量的因子，因此无法添加它们之间的相关路径），表明如果我们增加合作满意度1与合作满意度2之间的相关路径，会让模型的χ^2显著降低。从实际考虑，正是因为多团队成员之间相互信任才会让彼此之间沟通流程和沟通效果比较满意，因此考虑增加e14到e15之间的相关路径，得到修正模型三，如表9-30和图9-17：

表9-30 修正模型三的分析结果

假设路径	标准化路径系数	C.R.值	显著性P
过渡阶段协作 ← 目标互依性	0.554	5.938	***
过渡阶段协作 ← 作业互依性	0.423	4.257	***
行动阶段协作 ← 目标互依性	0.410	3.473	***

续表

假设路径	标准化路径系数	C.R.值	显著性P
行动阶段协作 ← 作业互依性	0.419	6.345	***
任务绩效 ← 目标互依性	0.445	4.361	***
合作满意度 ← 目标互依性	0.344	3.975	***
生命力 ← 目标互依性	0.284	3.628	***
任务绩效 ← 作业互依性	0.262	3.451	***
合作满意度 ← 作业互依性	0.216	3.196	0.001
生命力 ← 作业互依性	0.258	3.372	***
合作满意度 ← 过渡阶段协作	0.177	2.543	0.002
生命力 ← 过渡阶段协作	0.289	3.673	***
任务绩效 ← 行动阶段协作	0.261	3.394	0.001
生命力 ← 行动阶段协作	0.181	2.768	0.002

拟合指标	χ^2	df	χ^2/df	P	RMSEA	GFI	NFI	CFI
数值	478.954	361	1.327	0.201	0.029	0.901	0.923	0.957

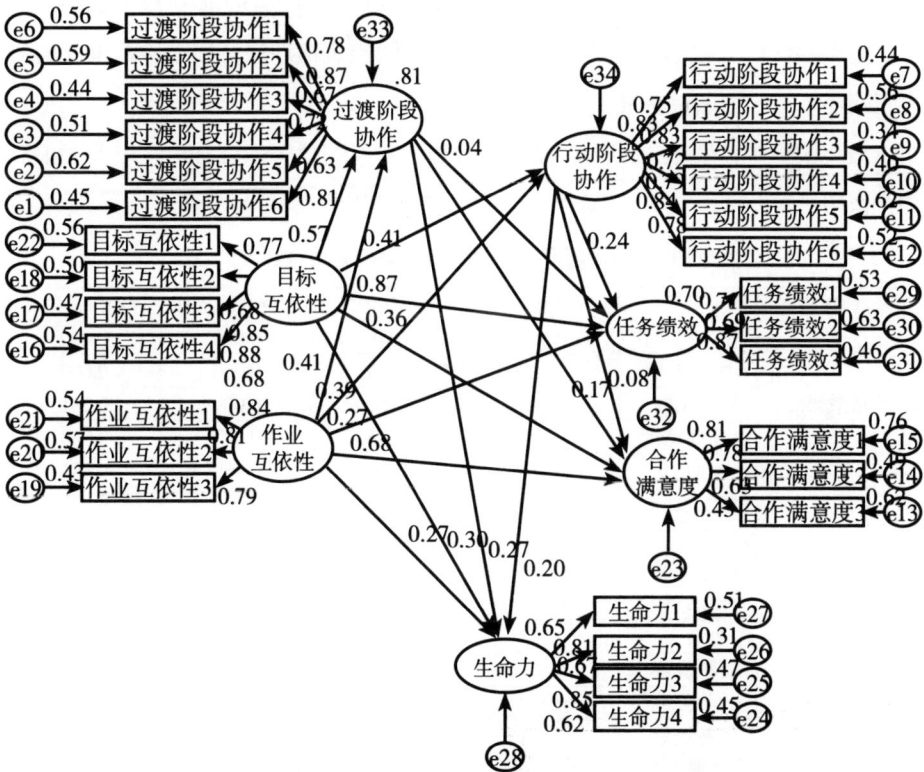

图 9-17　结构方程修正模型三

观察图9-17和表9-30得出，修正模型三的 χ^2 值478.954（df=361），比修正模型二的 χ^2 值减少了18.5，P=0.201，大于0.05， χ^2/df 的值为1.327，小于2，模型与数据的拟合度好；模型的RMSEA为0.029，小于0.05；NFI、GFI和CFI均增加了，GFI=0.901，大于0.90，NFI=0.923，大于0.90，CFI=0.957，大于0.90。各变量之间的标准化路径都符合显著性水平的标准。由以上分析可以得出，经过修正所得到的模型三拟合效果理想，且修正所得模型三的拟合指标都比最初的理想，无须再进行修正，因此最终模型确立。

9.7.3　最终模型和假设检验结果

对226份有效样本数据构建结构方程模型深入分析变量之间的关系，结合理论基础，依照模型拟合指数和修正指数对最初的模型进行完善和调整，删除"任务绩效←过渡阶段协作""合作满意度←行动阶段协作"的2条路径，再添加e14和e15之间的相关路径，修正所得最终模型的拟合指标都比最初模型的更加理想，得到最终研究模型，见图9-18（模型中实线代表路径符合显著性标准，虚线代表路径不符合显著性标准）。

最终模型中各变量之间的直接、间接和总效果的分解效应分析，以及相关的中介作用见表9-31：

表 9-31　各变量的直接效果、间接效果与总效果汇总

效果类型		目标互依性	作业互依性	过渡阶段协作	行动阶段协作
直接效果	过渡阶段协作	0.554	0.410	0.000	0.000
	行动阶段协作	0.423	0.419	0.000	0.000
	任务绩效	0.445	0.262	0.000	0.261
	合作满意度	0.344	0.216	0.177	0.000
	生命力	0.284	0.258	0.289	0.181
间接效果	过渡阶段协作	0.000	0.000	0.000	0.000
	行动阶段协作	0.000	0.000	0.000	0.000
	任务绩效	0.106	0.109	0.000	0.000
	合作满意度	0.122	0.108	0.000	0.000
	生命力	0.234	0.194	0.000	0.000
总效果	过渡阶段协作	0.554	0.410	0.000	0.000
	行动阶段协作	0.423	0.419	0.000	0.000
	任务绩效	0.551	0.371	0.000	0.261
	合作满意度	0.466	0.324	0.177	0.000
	生命力	0.518	0.452	0.289	0.181

MTS协作过程

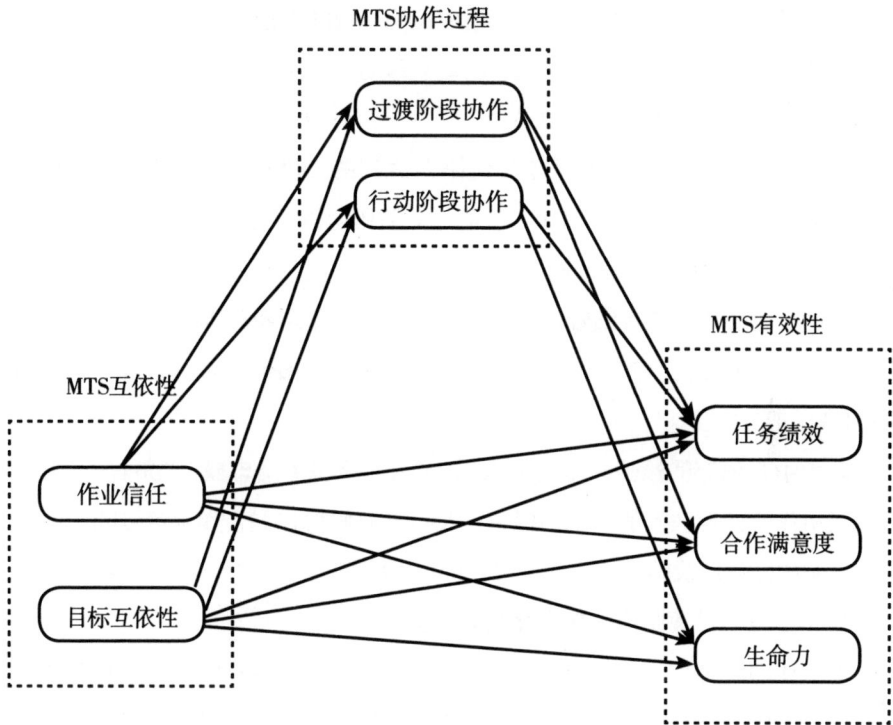

图 9-18　本研究最终模型

结合表9-30、表9-31和图9-18可以得出，目标互依性与过渡阶段协作和行动阶段协作的标准化路径系数分别为0.554（P＜0.001）和0.423（P＜0.001），表明目标互依性对过渡阶段协作和行动阶段协作均有显著的正向影响，假设H1a和H1b成立。作业互依性与过渡阶段协作和行动阶段协作的标准化路径系数分别为0.410（P＜0.001）和0.419（P＜0.001），表明作业互依性对过渡阶段协作和行动阶段协作均有显著的正向影响。因此，假设H1e和H1d成立。

目标互依性与任务绩效、合作满意度和生命力的标准化路径系数分别为0.445（P＜0.001）、0.344（P＜0.001）和0.284（P＜0.001），表明目标互依性对任务绩效、合作满意度和生命力均有显著正向影响。因此，假设H2a、H2b和H2e成立。作业互依性与任务绩效、合作满意度和生命力的标准化路径系数分别为0.262（P＜0.001）、0.216（P=0.001）和0.258（P＜0.001），表明作业互依性对任务绩效、合作满意度和生命力均有正向影响，假设H2b、H2d和H2f成立。

由于过渡阶段协作与任务绩效和行动阶段协作与合作满意度的标准化路径系

数并不显著，因此在修正模型的过程中删除了这2条路径，所以过渡阶段协作对任务绩效并不存在显著的正向影响，行动阶段协作对合作满意度并不存在显著的正向影响，因此H3a和H3e不成立。

过渡阶段协作与合作满意度和生命力之间的标准化路径系数分别为0.177（P=0.002）和0.289（P<0.001），表明过渡阶段协作对合作满意度和生命力有显著正向影响，假设H3b和H3c成立。

行动阶段协作与任务绩效和生命力之间的标准化路径分别为0.261（P<0.001和0.181（P=0.002），表明行动阶段协作对任务绩效和生命力有显著正向影响，假设H3d和H3f成立。

对于中介效应的检验，本研究采用Sobel检验法（温忠麟，2004）。由于过渡阶段协作对任务绩效的作用不显著以及行动阶段协作对合作满意度的作用不显著，依照中介作用检验方法，必须进行Sobel检验。

9.7.3.1 过渡阶段协作中介效应检验

由上述内容可知，对过渡阶段协作在目标互依性与合作满意度之间的中介效应，过渡阶段协作在目标互依性与生命力之间的中介效应，过渡阶段协作在作业互依性与合作满意之间的中介效应，过渡阶段协作在作业互依性与生命力之间的中介效应进行检验，由于系数a、b、c都显著，且C'也显著，所以中介作用显著，起到部分中介的作用。因此H4b、H4c、H4e和H4f成立。

根据上述各表可知，过渡阶段协作对任务绩效的直接效应不显著（P=0.096，大于0.05），即系数b不显著。根据中介作用检验原理，需要进行Sobel检验。

首先，检验过渡阶段协作在目标互依性和任务绩效之间是否存在中介作用。

â =0.576，b=0.082，Sa=0.097，Sb=0.09。

Sobel检验：

$$Z = \frac{\hat{a}\hat{b}}{\sqrt{\hat{a}^2 S_b^2 + \hat{b}^2 S_a^2}} = 0.901 > 0.9$$

Sobel检验结果显著，P<0.05，因此过渡阶段协作在目标互依性和任务绩效关系间的中介作用显著，由于C'显著，所以是过渡阶段协作起到部分中介作用，假设H4a成立。

其次，检验过渡阶段协作在作业互依性和任务绩效之间是否存在中介作用。

â=0.412，b=0.082，Sa=0.097，Sb=0.09。

$$Z = \frac{\widehat{ab}}{\sqrt{a^2S_b^2 + b^2S_a^2}} = 0.890 < 0.9$$

Sobel检验结果不显著，P>0.05，因此过渡阶段协作在作业互依性和任务绩效之间的中介作用不显著，假设H4d不成立。

9.7.3.2　行动阶段协作中介效应检验

由上述内容可知，对行动阶段协作在目标互依性与任务绩效之间的中介效应，行动阶段协作在目标互依性与生命力之间的中介效应，行动阶段协作在作业互依性与任务绩效之间的中介效应，行动阶段协作在作业互依性与生命力之间的中介效应进行检验，由于系数a、b、c都显著，且C'也显著，所以中介作用显著，起到部分中介的作用。因此H4g、H4i、H4j、H4l成立。

根据上述各表可知，行动阶段协作对合作满意度的直接效应不显著（P=0.085，大于0.05），即系数b不显著。根据中介作用检验原理，需要进行Sobel检验。

首先，检验行动阶段协作在目标互依性和合作满意度之间是否存在中介作用。

â =0.410，b=0.058，Sa=0.198，Sb=0.063。

$$Z = \frac{\widehat{ab}}{\sqrt{a^2S_b^2 + b^2S_a^2}} = 0.841 < 0.9$$

Sobel检验不显著，p>0.05，因此行动阶段协作在目标互依性和合作满意度之间的中介作用不显著，假设H4h不成立。

其次，检验行动阶段协作在作业互依性和合作满意度之间是否存在中介作用。

â =0.425，b=0.058，Sa=0.065，Sb=0.063。

$$Z = \frac{\widehat{ab}}{\sqrt{a^2S_b^2 + b^2S_a^2}} = 0.911 > 0.9$$

Sobel检验显著，p<0.05，因此行动阶段协作在作业互依性和合作满意度之间的中介作用显著，由于C'显著，所以行动阶段协作起到部分中介作用，假设H4k成立。

作者在对226份来自杭州、上海、安徽、北京等地互联网多团队样本数据分析的基础上检验了前文提出的模型和假设，假设检验结果见表9-32。

表 9-32　假设检验结果

序号	假　　设	验证结果
H1a	目标互依性对过渡阶段协作过程有显著的正向影响	支持
H1b	目标互依性对行动阶段协作过程有显著的正向影响	支持
H1c	作业互依性对过渡阶段协作过程有显著的正向影响	支持
H1d	作业互依性对行动阶段协作过程有显著的正向影响	支持
H2a	目标互依性对任务绩效有显著的正向影响	支持
H2b	作业互依性对任务绩效有显著的正向影响	支持
H2c	目标互依性对合作满意度有显著的正向影响	支持
H2d	作业互依性对合作满意度有显著的正向影响	支持
H2e	目标互依性对生命力有显著的正向影响	支持
H2f	作业互依性对生命力有显著的正向影响	支持
H3a	过渡阶段协作过程对任务绩效有显著的正向影响	不支持
H3b	过渡阶段协作过程对合作满意度有显著的正向影响	支持
H3c	过渡阶段协作过程对生命力有显著的正向影响	支持
H3d	行动阶段协作过程对任务绩效有显著的正向影响	支持
H3e	行动阶段协作过程对合作满意度有显著的正向影响	不支持
H3f	行动阶段协作过程对生命力有显著的正向影响	支持
H4a	过渡阶段协作过程在目标互依性与任务绩效之间起中介作用	部分中介
H4b	过渡阶段协作过程在目标互依性与合作满意度之间起中介作用	部分中介
H4c	过渡阶段协作过程在目标互依性与生命力之间起中介作用	部分中介
H4d	过渡阶段协作过程在作业互依性与任务绩效之间起中介作用	不支持
H4e	过渡阶段协作过程在作业互依性与合作满意度之间起中介作用	部分中介
H4f	过渡阶段协作过程在作业互依性与生命力之间起中介作用	部分中介
H4g	行动阶段协作过程在目标互依性与任务绩效之间起中介作用	部分中介
H4h	行动阶段协作过程在目标互依性与合作满意度之间起中介作用	不支持
H4i	行动阶段协作过程在目标互依性与生命力之间起中介作用	部分中介
H4j	行动阶段协作过程在作业互依性与任务绩效之间起中介作用	部分中介
H4k	行动阶段协作过程在作业互依性与合作满意度之间起中介作用	部分中介
H4l	行动阶段协作过程在作业互依性与生命力之间起中介作用	部分中介

9.8　研究结论与启示

9.8.1　主要研究结论

本研究以多团队为研究视角，以中国本土互联网多团队作为研究对象，在已有研究理论的基础上，结合互联网多团队的特点，对多团队互依性、协作过程与有效性三者之间的关系进行了研究，通过对国内外现有文献的回顾总结并结合最新互联网发展动态，提出本研究的研究假设，并通过因子分析、相关分析、结构方程模型检验分析验证了多团队互依性、协作过程与有效性三者之间的关系。有如下结论：

（1）在以产品为核心的互联网多团队中，互依性对协作过程有显著的正向影响作用。这种正向作用具体体现为：多团队目标互依性既能促进多团队过渡阶段的协作，又能促进多团队行动阶段的协作；同样多团队作业互依性既能促进多团队过渡阶段的协作，又能促进多团队行动阶段的协作。Wagema（1995）根据前人的研究总结：较高的互依性水平比个体作业导致更多的沟通、帮助行为和信息共享，而团体水平的薪酬增加了协作行为。De Dreu（2007）认为团队的目标结构决定了团队成员的交互模式，而目标互依性作为重要的社会动机因素，使得成员彼此之间处于互利与互惠的情形，提高了成员互惠互助的积极性，从而激发了团队中的协作行为。现实中，在以产品为核心的互联网多团队中，要想实现产品功能上线、更新迭代从而满足用户需求，仅仅依靠产品经理一个人是远远不够的。在数字化智能时代，PC端和移动端的产品功能实现离不开技术团队的鼎力支持；如何让产品在用户的手中更加便捷地使用，如何增强用户对产品的黏性，如何监测产品活动推广的实时数据从而提出产品改进的建议，都离不开产品运营团队的辛勤劳动。因此，正是这种在目标上的相互依存，在工作流程上的相互依赖，促进了互联网多团队内部各个方面的协作。

（2）在以产品为核心的互联网多团队中，互依性对有效性有显著的正向作用。这种正向作用具体体现为：目标互依性既能促进多团队任务绩效，也能促进多团队的合作满意度，还能促进多团队的生命力；同样，作业互依性既能促进团队的任务绩效，也能促进多团队的合作满意度，还能促进多团队的生命力。De Dreu（2007）等认为合作目标互依性可以通过激发信息共享来影响团队决策与团队有效性。合作—竞争理论也认为，高程度的目标互依性下，整个团队处于一种"共同沉浮"（swim or sink together）的状态（De Dreu，2007），这种状态有利于团队成员互相支持、互相启发、彼此信任并形成共享的目标和共同的愿景，因而能够激发团队成员全身心投入创造活动中，勇于提出新颖的、有用的想法和点子，从而刺激创造性成果的产生。在以产品为核心的互联网多团队中，其高效的原因之一就是具备"全角色"团体，这个多团队以产品所需要的岗位为准，通过这样一个完整的、互相依赖的、密不可分的多团队，他们在目标上相互依存（共同打造优秀的产品），在工作流程上互补，这样的设置能够达到独立、高效的产出一款互联网产品的目的，这样的配合，实际上是最高效的，也是最满意的状态。

（3）在以产品为核心的互联网多团队中，不同维度的协作过程对有效性的作用不同。过渡阶段协作对合作满意度和生命力有显著的正向作用，但对任务绩效却没有显著的影响。行动阶段协作对任务绩效和生命力有显著的正向作用，但对合作满意度却没有显著的影响。De Church et al.（2008）研究了团队计划对团队效能的影响，最后发现过渡阶段的蓄意计划和应急性计划对团队协作具有促进作用，行动阶段的反应性战略调整能促进这种协作并最终促进团队绩效目标的实现。这可能与互联网行业自身用户需求变化快、不断拥抱变化的特点有关，过渡阶段协作主要是集中于任务分析、目标设置及策略路线制定上的协作，而这恰恰与互联网多团队"能拿结果"和"敢于试错"的风格是背道而驰的。当互联网多团队发现市场上有某个用户需求后，如果过度地耗费精力在设置目标和制定战略上，那么结果很可能是其他竞争对手在用户方面抢占了先机。著名的Facebook公司拥有一个名为"Hack"的文化，其核心意思就是"要快速地把事情完成，即使完成后的效果不一定理想，第一个产品版本虽然不好，不过没关系，可以持续更新和修改"。产品上线后就能够很快地获得来自用户和团队成员的反馈，或者可能自己找到问题，然后就明白问题的所在，知道如何修改。他们并不要求产品一开始就是完美的，但是对每次修改和更新的速度要求很高，如此就能使产品向着用户需求的方向发展。这也是互联网的另外一个特点——尊重人性，因为无论产品经理觉得产品如何完美，但是拿到用户面前就完全不是那么回事儿，所以产品经理需要更快地推出产品去聆听客户的声音，从而不断改进。Facebook的产品多团队就是在不断快速地迭代更新、不断地倾听用户声音的摸爬滚打中渐渐成为世界互联网公司的巨头。这恰好也证明了为什么行动协作阶段能够显著地正向影响任务绩效和生命力。行动阶段协作集中成员团队在行动调整、系统监测和支持反馈方面的协作。在互联网行业中，大多数的工作者都是"85后"和"90"后，他们更向往个性和坚持自我，在互联网多团队中，目标的制定都是协商一致的结果，虽然多团队的目标需要随着内外部环境的不断变化进行调整从而达到任务绩效，但是这在一定程度上不符合这些年轻群体的文化，会让他们感到内心失落从而产生不满意的情绪，因此行动阶段协作对合作满意度不存在显著的正向影响。

（4）在以产品为核心的互联网多团队中，过渡阶段协作在目标互依性与有效性中的任务绩效、合作满意度和生命力3个维度之间起到部分中介作用；过渡阶段协作在作业互依性与有效性中的合作满意度、生命力的2个维度之间起到部分中介作用，过渡阶段协作在作业互依性与任务绩效之间不存在中介效应。基于前文的分析结果，作业互依性表示的是团队成员在完成团队作业的过程中合作和交互工作的程度，过渡阶段协作更多的是在对目标的设置和策略的制定上的互动行为，因此过渡阶段协作对任务绩效并不存在显著正向影响，作业互依性对任务绩效的正向作用无法通过过渡阶段协作来传递。因此，提高目标互依性，可以促进过渡阶段协作，从而提高任务绩效、合作满意度和生命力；提高作业互依性，可以促进过渡阶段协作，从而提高合作满意度和生命力。行动阶段协作在目标互依性与有效性中的任务绩效和生命力的2个维度之间起到部分中介作用，行动阶段协作在目标互依性和合作满意度之间不存在中介作用。目标互依性是成员对整体目标的认同程度和目标之间的关联度，成员对整体目标的认可才会更加主动地承担工作，从而达到更高的绩效。但是，行动阶段协作更多是在于行动的调整、系统的监控。互联网企业中大多数员工都是"80后"与"90后"，他们更在乎组织对自我的认同，如果在协商一致的目标下对实际行为进行调整，可能会让他们觉得不被认可，反而会降低合作满意度，因此行动阶段协作在目标互依性和合作满意度之间不存在中介作用。行动阶段协作在作业互依性与有效性的任务绩效、合作满意度和生命力3个维度之间起到部分中介作用。因此，提高目标互依性，可以促进行动阶段协作，从而提高任务绩效和生命力；提高作业互依性，可以促进行动阶段协作，从而提高任务绩效、合作满意度和生命力。

9.8.2 管理启示

本研究通过对互联网企业中以产品为核心的多团队中互依性、协作过程和有效性三者关系的研究，结合本研究的研究结论，针对互联网多团队的管理有以下几点建议。

第一，提高多团队的互依性。本研究发现，在以产品为核心的互联网多团队中，提高互依性，对整个多团队的有效性有着正向影响。从现实中来看，互联网多团队首先就是一个"全角色"的集合，以产品所需要的岗位为标准，组成一个完整、相互依赖、密不可分的多团队，能够达到独立、高效的产出一款互联网产品的目的，这样的配合，实际上是最高效的状态。各个团队的成员不同，导致在思维方式和工作方式上的不同，如果想要提高整个多团队的有效性，就需要首先在目标上达成共识（目标互依性），比如产品和研发团队在进行项目需求评审时，产品的同学就需要产品经理团队的成员通过将与产品相关的产品生命周期、产品营销结构、为消费者说话的理念传递给研发团队，使产品的体验和质量更加完美。马化腾曾经说过："40—50%的产品最终体验应是由开发人员决定的。"这就要求多团队不论在目标上，还是在工作流程中，都有必要加强多团队内部的互依性，才能提高整个多团队的绩效。比如，谷歌的办公室就有别于其他传统独立的办公室隔间，而是提供一个相对"拥挤"的开放环境，在他们眼里，办公区域的状态应该促进成员的沟通和交流，使得大家在工作时能够畅所欲言、思维碰撞。正是这种"一起吃住、并肩作战"的办公习惯，才能不断地激发灵感，产生创意。

第二，积极引导协作行为。从本研究中可以得出，多团队的协作过程会对多团队的有效性产生正向影响。优秀的互联网多团队都应该具有"分工但不分职"这样的特点。互联网多团队为了高效地开发产品，就必须进行合理的分工，因此产生了不同的岗位。但是如果各子团队的成员因为岗位的划分就各人自扫门前雪，是无法打造出好产品的。优秀的互联网多团队，其成员一定各有所长且有明确的工作职责，但是又能够随时资源互补、相互激励和共同协作。只有在互联网多团队内部建立这样有效的主动协作机制，才能让多团队永远处于一种创业的状态，高效地产出超出用户期望的产品。管理者可以通过树立恰当的协作观念和意识来促进多团队成员的自发性的协作，就比如在阿里巴巴公司中，"团队合作"就是公司价值观中的"六脉神剑"之一。

第三，鼓励快速行动，敢于试错，不断调整。在本研究中有一个意外的发现，在互联网多团队中，集中在目标确定和策略制定方面的过渡阶段协作对多团队的任务绩效不存在显著正相关，而集中在行动方面的行动阶段协作对多团队的任务绩效有显著正向影响。这也是区别于其他行业多团队的一个明显特征。随着科技的进步和信息的互通，有关产品的实验和失败的成本显著下降，在互联网行业里，几个工程师、研发者和设计者组成一个小团队，构想并合理打造新产品，选定一个顾客群试用，判断产品的优点及缺陷，对产品进行调整，再次试用，不断从失败中总结经验，放弃失败的产品、重新再来，以便提升用户体验。产品研发的过程变得越发灵活快速，这些品质越来越好的产品并非"站在巨人的肩膀上"，而是得益于反复的调整、修改和试错。因此，在互联网多团队中，关于产品的创意和完善要快速付诸行动，提高整个多团队的执行力，快速行动，敢于试错。

参考文献

[1] 段光，庞长伟. 基于多团队成员身份情境的团队边界活动对团队绩效的影响研究[J].研究与发展管理，2020，32(05):97-110.

[2] 段万春，李美，孙永河. 创业多团队个体间协作互信过程及评价研究[J].重庆理工大学学报(社会科学)，2019，33(12):104-112.

[3] 付娉娉. 基于情景推演的非常规突发事件应急决策研究[D].哈尔滨：哈尔滨工业大学，2015.

[4] 付瑞平，温志强，李永俊. 中国特色应急管理体系的内涵与架构[J].中国应急管理，2019(11):13-14.

[5] 付音.多团队隐性协作与过程绩效的实证研究[D].杭州：浙江工商大学，2015.

[6] 郭永芳. 突发公共事件应急管理体系的构建[J].城市管理与科技，2017，19(05):58-59.

[7] 贾宝金，张怡. 突发公共卫生事件预警启动的现状、困境及措施[J].公关世界，2020(22):75-76.

[8] 姜卉，黄钧. 罕见重大突发事件应急实时决策中的情景演变[J].华中科技大学学报(社会科学版)，2009，23(01):104-108.

[9] 李菲菲，庞素琳. 基于治理理论视角的我国社区应急管理建设模式分析[J].管理评论，2015，27(02):197-208.

[10] 李宏伟. 国外突发公共事件应急管理机制的经验及启示[J].公民与法(综合版)，2020(02):35-40.

[11] 李湖生. 应急管理阶段理论新模型研究[J].中国安全生产科学技术，2010，6(05):18-22.

[12] 李尧远，曹蓉. 我国应急管理研究十年(2004-2013):成绩、问题与未来取向[J]. 中国行政管理，2015(01):83-87.

[13] 刘宏杰. 边疆民族地区突发事件应急机制研究[D].北京：中央民族大学，2010.

[14] 刘霞，严晓. 我国应急管理"一案三制"建设:挑战与重构[J].政治学研究，2011(01):94-100.

[15] 彭增圆. 多团队互依性、协作过程和有效性关系的实证研究[D].杭州：浙江工商大学，2016.

[16] 清华大学危机管理研究中心SARS危机应急课题组.突发公共卫生事件的应急管理美国与中国的案例[J].世界知识，2003，{4}(10):8-15.

[17] 任婧. 突发事件应急管理机制探析[J].郑州航空工业管理学院学报(社会科学版),2012,31(03):107-109.

[18] 沈淑红. 基于多团队理论的多团队系统协作过程与效能的作用机制研究[D].杭州：浙江工商大学，2014.

[19] 司佳. 多团队跨界协作与绩效关系的实证研究[D]. 北京：北京邮电大学，2019.

[20] 谭振华. 新媒体时代突发事件中媒体如何提升舆论引导力[J]. 新媒体研究，2020，6(08):63-65.

[21] 汤敏. 山地型特大地震衍生效应下的区域韧性研究[D]. 杭州：电子科技大学，2020.

[22] 唐承沛. 中小城市突发公共事件应急管理体系与方法[D]. 上海：同济大学，2007.

[23] 童星. 中国应急管理的演化历程与当前趋势[J]. 公共管理与政策评论，2018，7(06):11-20.

[24] 薛澜. 学习四中全会《决定》精神,推进国家应急管理体系和能力现代化[J]. 公共管理评论,2019,1(03):33-40.

[25] 颜志琼. 多团队系统协作机制与绩效的关系[D]. 南京：南京大学，2019.

[26] 杨月巧. 新时代应急管理机制体系分析[J].中国安全生产，2020，15(06):27-29.

[27] 于瑛英. 应急预案制定中的评估问题研究[D]. 合肥：中国科学技术大学，2008.

[28] 肖余春，李伟阳. 多团队系统理论及其在现代企业管理中的应用[J]. 自然辩证法通讯，2012，34(04):67-72+127.

[29] 肖余春，李伟阳. 团队管理研究新视野——MTS 理论研究综述[J]. 外国经济与管理，2012，34(06):33-40.

[30] 肖余春，沈淑红，郑喜燕. 多团队系统协作机制的结构方程模型研究——以高新技术企业 NPD 多团队系统为例[J].科学学研究，2013，31(03):422-429.

[31] 肖余春，王晓辰，郑喜燕. 网络协作过程中团队成员信任机制的实验研究[J]. 心理科学，2011，34(03):657-663

[32] 肖余春，张雅维. 国际范围内多团队系统理论的最新演进与热点分析[J].河南社会科学，2020，28(05):64-74.

[33] 肖余春，张雅维. 绩效片段视角下我国制造企业多团队凝聚力影响因素动态分析[J].商业经济与管理，2020(01):27-39.

[34] 肖余春. 基于MTS理论的浙江民营企业团队学习水平的调查研究[J].商业经济与管理，2009(03):22-26.

[35] ALLISON B B, SHUFFLER M L. Getting the "I" out of multi team systems: A case study from the financial services industry [M]// Pushing the Boundaries: Multi team Systems in Research and Practice, 2014, 16:185-203.

[36] BRAUN C C, BOWERS C A, HOLMES B E , et al. Impact of Task Difficulty on the Acquisition of Aircrew Coordination Skills[J]. Proceedings of the Human Factors & Ergonomics Society Annual Meeting, 1993, 37:1262-1266.

[37] DECHURCH L A, MARKS M A. Leadership in multi team systems[J]. Journal of Applied Psychology, 2006, 91(2):311-29.

[38] T DINGSØYR, MOE N B, SEIM E A .Coordinating Knowledge Work in Multi-Team Programs: Findings from a Large-Scale Agile Development Program [J]. Project management journal, 2018, 49(6):64-77.

[39] GIAZGRANADOS D, DOW AW, PERRY S J, et al. Understanding patient care as a multiteam system [M]// Pushing the Boundaries: Multiteam Systems in

Research and Practice, 2014, 16:95-113.

[40] GULATI R , WOHLGEZOGEN F , ZHELYAZKOV P . The Two Facets of Collaboration: Cooperation and Coordination in Strategic Alliances[J]. Academy of Management Annals, 2012, 6(1):531-583.

[41] LAURIE PEARCE. Disaster Management and Community Planning, and Public Participation: How to Achieve Sustainable Hazard Mitigation [J]. Natural Hazards,2003,28(2-3):

[42] LEX DONALDSON. Coping with Crises: The Management of Disasters, Riots and Terrorism [J]. Australian Journal of Management,1991,16(1):

[43] PARSONS D. Emergency Management: Principles and Practice for Local Government [Book Review][J]. Australian Journal of Emergency Management, 2008, 23(2).

后 记

2010年以来，本人带领团队持续研究多团队行为学机制，对基于多团队系统理论的团队复杂行为进行了多年的探索。复杂性与动态性是多团队行为研究的难点，应急管理中的多团队协作行为既具有多样化，又是一种动态的互依过程，是在危机救援过程中为了达成共同目标而在团队间和团队内确定时间和顺序的互依互动行动。

近年来频发的重大突发事件（如COIVD-19疫情）对我国应急管理协作水平提出了高要求。应急管理中的多团队协作是对突发事件中各小组成员合理的安排和各个活动的先后次序以及关键的时间点的有效衡量，是各项活动能够同时有序进行的基础。应急管理中的多团队协作研究对突发事件中的人与组织行为的管控，提升应急管理效率，建立现代化应急管理体系具有重要意义。

本书在对应急管理、突发事件管理、多团队系统理论、多团队协作机制等进行理论研究的基础上，完成了5个实证研究。这是本人主持国家自然科学基金面上项目《重大突发事件应急管理的多团队协作机制研究（编号：72074195）》和教育部人文社会科学研究规划基金项目《团队知识结构对即兴能力的影响研究：基于实时知识创造的视角》（编号19YJA630092）等课题的阶段性成果。

本书的主要创新点：理论上首次把多团队协作理论结合到我国突发事件应急管理的现实需求中进行研究，丰富了团队行为学理论；方法上在以往多采用实验研究的基础上使用问卷测量模型检验等方法进行实证研究；目前，还在继续引入社会网络分析方法对突发事件中多团队协作行为机制进行探索。

感谢参与研究的赵巧云、沈星星、黄以诺、薛佳乐、赵斯雨、罗静、郑喜燕、李伟阳、付音、彭增圆、沈淑红、张雅维、叶苏扬、刘淑伟等硕士、博士研究生。感谢浙江工商大学出版社和郑建副总编对本书出版的大力支持！

浙江工商大学工商管理学院　肖余春

2021年11月26日